中国产业金融年鉴（2013）

中国产业金融年鉴编委会　组编

赵　远　编著

机 械 工 业 出 版 社

《中国产业金融年鉴（2013）》是一本研究型年鉴。当前实体经济正在经历着复杂的转型与升级，产业的发展向金融业提出了复杂的金融需求。商业银行、投资银行、直接投资机构、融资租赁机构的一些业务和发展方向更加系统地转向实体经济。随着2008年的金融危机不断蔓延，金融领域的过度创新出现票据化、虚拟化等特征，现代金融的发展在一定程度上脱离了实体经济的需求。中国的金融业不再简单地遵循拿来主义，而是不断地发展金融理念、业务实践和业务类型。

产业金融作为一种新的金融业态和理念，正在对中国的国家产业战略和国家产业政策产生深远影响。

图书在版编目（CIP）数据

中国产业金融年鉴．2013/中国产业金融年鉴编委会组编；赵远编著．—北京：机械工业出版社，2013.12

ISBN 978-7-111-46046-6

Ⅰ．①中…　Ⅱ．①中…　②赵…　Ⅲ．①金融事业-中国-2013-年鉴
Ⅳ．①F832-54

中国版本图书馆CIP数据核字（2014）第040387号

机械工业出版社（北京市百万庄大街22号　邮政编码100037）
策划编辑：赵丽敏　　责任编辑：赵丽敏　郑　婷
责任校对：舒　莹　　封面设计：任燕飞装帧设计工作室
责任印制：乔　宇
北京汇林印务有限公司印刷
2014年4月第1版第1次印刷
184mm×260mm·26.5印张·2插页·606千字
标准书号：ISBN 978-7-111-46046-6
定价：400.00元

凡购本书，如有缺页、倒页、脱页，由本社发行部调换

电话服务	网络服务
社服务中心：（010）88361066	教材网：http://www.cmpedu.com
销售一部：（010）68326294	机工官网：http://www.cmpbook.com
销售二部：（010）88379649	机工官博：http://weibo.com/cmp1952
读者购书热线：（010）88379203	**封面无防伪标均为盗版**

前　言

当代的金融服务业正处于十分复杂的历史背景下，由于传统行业的转型与升级，以及许多新兴产业的发展，社会提出了比以往更为复杂的金融需求，包括金融业务体系的需求，金融产品的需求，金融思想及理念的需求，金融发展模式的需求，等等。然而，在传统金融的知识体系和业务体系中，似乎还没有合理化和科学化的答案。

许多产业的转型和发展缺乏与科学化金融业务体系的有效对接，许多经济发展的理念与实践缺乏金融领域的有效支撑。中国许多行业的“十二五规划”战略，也缺乏有效的科学化的金融服务。

金融业正面临着100多年来最艰难的发展抉择。金融界的思想、理念、定义、业务体系、知识体系、理论体系和产品体系正经历着复杂的变化，这种变化的结果在很大程度上将决定着这个时代产业转型和升级的前景。

《中国产业金融年鉴（2013）》的编纂，试图反映这个时代复杂的产业金融需求，试图反映金融领域中的新变化，试图反映围绕着实体经济和所谓的新经济所形成的金融内容和类型。

《中国产业金融年鉴（2013）》的目录，也试图反映出与产业发展相关的金融内容和类型。但由于时间关系，我们没有进行系统化、合理化和科学化的整理，有些研究的成果也没有反映在《中国产业金融年鉴（2013）》的目录及相关内容中，我们计划在《中国产业金融年鉴（2014）》出版时，从目录和内容上系统化地体现出我们的研究成果。

产业金融的概念和业务发展，正在成为中国金融业发展中最重要的趋势之一。在新的历史时期，金融服务业也在经历着从衍生品金融向实体化金融的转型，这种转型将会为中国金融业带来革命性的转变，甚至一些衍生品金融的业务体系和产品类型，也将更多地对接实体经济的需要。在本次《中国产业金融年鉴（2013）》的编纂过程中，我们也考虑到了产业金融的业务内容和类型，考虑到了在金融发展中新的业态和体系，因此，增加了数据金融、指数金融和信用金融等分类。

但对相关的内容的认识、分析和整理还不充分，仍需要继续研究和探讨。

目　录

第一部分
发展与展望

产业金融的概念与思路

赵 远

1. 产业金融的历史背景

2012年，人类的经济文明正在经历着复杂的变革和艰难的选择。我们已经熟悉的经济文明正在复杂的市场变化中改变规则、改变方向。我们熟知的许多经济学答案也忽然变得充满着不确定性。

自2008年全球金融危机以来，一些主权国家争先恐后地开动印钞机，试图以“印刷文明”拯救全球的经济文明，而印刷出来的“财富”似乎正在引导全球经济走向一个更不确定、更为复杂的未来。

欧元正在经历着自诞生以来的最大危机，由于欧洲许多国家经济发展状况的恶化，许多债务合约无法有效地履行，有些经济学家悲观地预言欧元发展的历史正在终结。

中国具有商品制造大国和商品消费大国的地位，却无法争取到对全球大宗商品交易价格的定价权。温州许多企业由于不能偿还到期债务，出现一些企业家跑路的现象。中国的PE投资仍然在无序而投机性的业务怪圈中挣扎，中国的商业银行仍然无法找到适合于钢铁交易、汽车零部件交易的高效能和产业化的业务模式。

在过去的一百多年中，人类金融发展的历史是由一级资本市场到二级资本市场转变的历史，是以二级资本市场为中心的历史，是各种金融衍生品形成和发展的历史，是将各种经济类别、商品类别和经济活动实施票据化的历史。这种历史也反映了过去一百多年中人类经济文明的发展趋势，也造就了全球的金融理念、金融思想和金融业务方向。

受到2008年金融危机的影响，全球许多产业正面临着复杂的转型，包括产品的转型、商业模式的转型、市场运营模式的转型。中国的绝大多数经济领域也都在经历着这种复杂的转型，包括汽车零部件商业模式的转型、新能源汽车产业化的转型、新能源产业产业化的转型、钢铁贸易商业模式的转型，各种类型的商品交易平台和金融资产交易平台也都在面临着交易模式和管理模式的转型。其中绝大多数的产业转型符合当今全球化产业转型的方向，更符合国家的产业规划和产业发展战略。

中国的金融业不能再继续简单地遵循“拿来主义”，否则只能继续在国际产业和国际金融下游的池塘里游泳。中国需要进行金融理论创新、金融思想创新和金融实践创新，打造出中国品牌的产业金融理论体系，并有效地指导中国产业的发展和中国金融的发展。

2. 产业金融的理念与思想

产业金融理念与思想的提出，在一定程度上也是由全球金融危机所引发的深刻反思，目前人类对产业发展的反思和对金融发展的反思仍在持续。由于金融工具和金融产品的过度创新，造成了金融业和产业的严重脱节，同时也造成了金融业务与实体经济的严重脱节。一方面，实体经济所涉及的许多产业在产业发展和产业转型的过程中，出现了许多复杂的金融需求；另一方面，金融业现有的业务体系和金融服务，无法有效地推动产业的发展和转型。在这种背景下，需要重新鉴定金融的思想、理念、服务、业务体系和产品工具。作为服务业来说，金融从本质上就是要对社会经济的发展提供有效的服务，而在目前的背景下，金融业的服务体系已经远远落后于产业转型和产业升级的要求，也远远落后于国家的产业发展战略和国家的产业政策规划的要求。

因此，我们的时代需要一种针对实体经济更为有效的金融业务体系和金融工具，金融需要为产业的转型和升级提出产业化的、集成化的新业务和新服务。在这种意义上，产业金融可以理解为实体经济金融或一级市场金融。产业金融要求不同类型的金融机构针对产业发展的实际需求提出系统化、集成化、产业化的产品体系、服务体系和工具体系。产业金融所涉及的业务应包含所有类别的金融机构，包括商业银行、投资银行、直接投资机构、融资租赁机构、保险机构、投资担保机构、资产管理机构、信托投资机构、金融数据机构、管理咨询机构、财务顾问机构、资产评估机构，以及会计师事务所和律师事务所等。

产业金融也可以理解为根据不同产业的发展需要而出现的适合本行业的金融业态，如汽车产业金融、农业产业金融、装备制造产业金融和钢铁产业金融等。

任何定义都有其局限性，当然对产业金融的定义也不例外。在目前的历史时期，产业金融的定义应当至少符合以下几个要点：①一级市场的金融业务。②集成化的金融业务。③产业主题化的金融业务。④针对产业的金融资源配置。⑤实体经济型金融业务。

3. 产业金融的发展沿革

从严格意义上来说，产业金融在中国正处在形成和发育的阶段。因为产业金融是在全球金融危机的背景下、在中国乃至全球产业转型和产业升级的背景下，产生出来的新的理念、新的思想和新的知识体系。产业金融将在很长一段时间内处于一种思想碰撞、理论碰撞和实践多元化的状态。随着全球化经济结构的调整和中国诸多领域产业转型与产业升级发展，产业金融也将在理论体系建设和实践上日趋成熟。

产业金融实际上包括了许多不同类型的金融领域类型，每一种金融业务都有着不同的发展的理由、历史和实践。从某种意义来说，所有的金融业务都有着不同的与产业互动的历史、与产业共同成长的历史，或者与产业共同经历失败的历史。从这个角度来说，自从有了金融服务，也有了一定程度上的产业金融的运作实践，只不过这种实践是基于传统的理念和思想形成的。

商业银行的产业金融发展与商业银行为企业提供服务的历史一样久远。商业银行为企业提供信贷、资金管理、结算服务等业务的历史，在一定程度上，也可以说是商业银行从事产业金融业务的历史。只不过在原有的产业发展形态中、在原有的区域化经济和全球化经济的格局中，商业银行对产业的服务只是基于对个别企业的服务，而缺乏产业链的系统化服务。

财产保险和企业信用保险的历史也可以理解为一种产业型保险业务的历史。同样的，保险公司所建立的保险业务体系也缺乏系统化和产业化的理念和实践。因此，也可以说保险公司的产业化的发展才刚刚开始。

直接投资在中国甚至全球范围内，已经演变成了一种投机性强、以二级市场上市流程为主要目的的业务类型。尽管包括 PE、风险投资在内的不同类型的直接投资机构，在过去很长的时间内持续为产业链中的许多企业实施投资。但由于这些投资的模式化、流程化、二级市场化、投机化和报表化，并没有形成实际意义上的产业投资。因此，产业投资的历史也刚刚开始。

同样的，信托投资、融资租赁、投资担保和资产管理都经历着不同形式的产业金融发展历史，但其对产业链的业务把握能力、对产业链的融资能力、对产业链的资产管理和资产处置能力也处于胚胎期和发育期。一方面，这些不同类型的金融机构均有着不同性质的产业服务的历史；另一方面，在产业与金融服务结合方面，也正开启新的历史阶段。

截至 2008 年，我们时代的金融业务，特别是产业的发展转型和升级所涉及的金融业务，基本上还是一种原生态的金融业务，一种根据各种金融行业传统理念、传统思想、传统商业模式和传统产品模式而运行的金融体系。现代金融也是一个复杂而多元化的体系。

金融体系至少包括商业银行业、投资银行业、融资租赁业、投资担保业、资产管理业等。一方面，传统金融业在二级资本市场的过度参与和过度服务，在某种程度上，引发了 2008 年的金融危机。另一方面，传统金融业对全球范围内正在进行的多种领域的产业的转型与产业的升级缺乏有效的助力，这种情况一直延续到 2012 年。

无论是在纽约、苏黎世、东京或者是在上海，这些全球化或区域化的金融中心还都无法有效地建立起新的产业金融体系，以有效地支持目前在全球范围内正在发生的多种类型的产业的转型。在一定程度上，是因为现代金融理念从本质上而言还是一种传统金融理念，它的业务类型、产品类型、专业化团队的支持结构都不能符合现代产业发展的核心需求。

在这种情况下，尽管美国、欧洲和中国的政府部门做出了巨大的努力，制定了新的产业政策，以推动产业的转型与升级，但目前还收效甚微，原因之一是现存的金融机制和金融服务无法形成规模化的产业金融服务。

尽管在过去的经济发展中，各种类型的产业发展都获得了不同类型的金融机构的大规模和持续化的支持，但由于这些金融业务建立在个案化的基础上，无法对产业形成系统化的支持。许多产业过去长期处于低能级的运作状态，造成了这些产业服务的各种类型金融机构也只能提供低能级的业务和金融产品。而在目前全球发生大规模产业转型与升级的时代，原有的金融服务必须做出某种系统化的调整才可以满足时代的需要。

中国采用政府主导的产业运作模式，中国政府为多种类型的产业制定了宏大的发展战略，但支持这一战略的金融体系仍然是传统式的金融，而不是产业化的金融。因此，国家许多宏伟的战略还无法获得有效的实施。

4. 企业金融还是产业金融

企业金融并不是指金融服务的对象，而是指金融运作的理念。在我们这个时代，尽管大多数金融机构的业务类型和产品类型都是为企业提供的，但这种服务本质上还是一种撮合性的、个案性的金融，而不是根据产业链的特征而设定的产业金融。

《产业金融学》第2章传统金融与产业金融指出，在商业银行的业务中，公司业务大都是以企业的制造需求、采购需求、营销需求、并购需求为业务核心。在直接投资领域中，PE基金更多的是根据企业的业务模式和对报表的分析来进行投资，而不是根据产业链的产业升级要素进行投资。在融资租赁领域中，大多数业务是通过对企业资产、信用、管理、运用等因素的分析而实施的。对相关产业链的发展核心价值、风险因素都缺乏有效的认识。投资担保公司的业务也基本上是许多个案化业务的组合，这些业务之间几乎完全忽略了许多重要的产业特征。

尽管许多金融机构在从事企业金融服务时有一套内部的业务模式和业务流程，但这些模式和流程在执行过程中，也基本上是一种个案化的操作。同时，这种业务模式及业务流程也停留在表面的业务制定方面，并没有反映出许多产业重要的敏感要素和发展要素。

在当今时代，当金融机构试图更为有效地介入产业转型和产业升级的时候，往往发现目前的业务模式、管理模式、产品模式和团队能力都存在不足。

产业金融所关注的重点是产业链的价值要素、发展要素、转型的和升级的敏感要素以及产业链中的风险要素。产业金融从理念、业务类型、产品类型到风险管理类型都更加符合不同领域的产业发展规律和趋势，更能有效地为产业链的发展提供相应的金融服务。

在产业金融思想的指导下，商业银行对企业的服务应当从目前企业式的金融服务转型成为产业式的金融服务，应对该种类型的企业在产业链中的地位、角色、功能做出更有价值和前瞻性的判断。因为一种企业的需求可能只是企业股东和管理者的需求，与整个产业发展、产业转型和产业升级毫不相干，甚至可能截然相反，有许多企业由于其企业本身业务能级和管理能级的低下，企业的发展战略和发展策略也可能是错误的，是不符合产业发展规律、产业转型与升级趋势的。但如果商业银行、直接投资机构及融资租赁公司等还是根据该企业的需求提供金融服务，那么金融机构将会与该企业一起走向一个错误的发展方向，最终可能导致该企业运营的失败和金融业务的失败。

产业金融是一种思想、一种理念，在具体运作层面上分为产业投资银行、产业融资租赁、产业投资担保、产业信托投资、产业资产管理等。

产业金融与企业金融相比有着明显的功能优势与发展优势。产业金融的思想和理念要求不同类型的金融机构针对不同类型的产业的发展模式做出更为有效的系统化应对。对不同类型的产业的转型模式和升级模式进行有效的和系统化的业务应对，使金融机构对企业的金融服务建立在更为理性、更为系统化的、更符合企业发展的本质需求的基础上。从某种意义上来说，也大大提升了各类型金融机构在产业型服务平台获得更为有效的系统化的收益，同时也规避了产业转型中的许多系统化的风险。

在具体的金融业务实践中，不同类型的金融机构在建立产业金融业务体系时也应当灵活地运用现有的金融工具以及金融产品。并不需要完全颠覆目前的金融模式，而是优化现有的金融业务模式、金融服务产品以及金融管理。

5. 集市化金融还是集成化金融

中国现有诸多产业领域中，产品的采购、制造、交易、仓储、物流管理等基本上还是一种集市化模式，建立在这个基础上的多种类型金融机构所提供的业务也基本上是一种集市化的金融业务。

就大宗商品交易领域而言，汽车产品、钢铁产品、贵金属产品、农业及畜牧业产品、化工产品等，许多都采取典型的集市化和撮合式的商业模式。而金融机构在参与商品交易的过程中，也只能提供集市化和撮合式的金融产品。

目前，大宗商品的交易领域正在经历着深刻的变革，许多行业的商品交易正在走向集成化。因此，建立在集市化业务基础上的金融机构如何适应这一产业的转型趋势和升级趋势，已成为各类金融机构的当务之急。

集市化的金融只能在集市化商业运行的层面上开展其相关业务，不仅其产品和业务类型呈现集市化的特点，其风险管理、产品创新、专业团队培训与对外合作类型都呈现出集市化的特征。在一些大型商业银行的日常业务运行中，在集市化业务能级和产品能级的机制下，产生了许多零售式的金融服务。集市化的金融思想和模式试图服务于一个正在集成化的产业发展过程，这本身具有逻辑上的混乱和能级上的不足。

集成化金融符合目前全球化产业转型和产业升级的趋势和需求，有助于不同类型的金融机构对相关的产业发展提供集成式和综合化的金融服务。集成化金融包括三个层面，首先是某种金融机构内部业务集成及服务集成，也就是说，本身业务类型和产品类型的集成化。如商业银行要针对产业转型实施集成化的金融服务，就需要整合商业银行内部的业务资源、产品资源和团队资源。

其次，集成化的金融包括金融机构所实施的同业的资源集成和业务集成。由于产业发展的需要，某种类型金融机构需要和外部的同类型金融机构进行业务、产品及管理的集成。此类集成化金融是一种同业的金融业务集成。

最后，集成化金融也包括金融机构与外部其他类型的金融机构所形成的混业金融服务的集成，即不同类型的金融机构所形成的金融业务集成、金融产品集成和业务管理的集成。

金融服务的集成化是产业金融的要点之一，它在某种程度上反映了金融领域的思想革命和实践革命，反映了这个时代许多传统产业转型和升级的需要，也反映了这个时代许多新兴产业规模化的需要。集成化的金融服务根据具体产业领域的不同，可以是一种加法式的金融服务集成，也可以是一种乘法式的金融服务集成。总之，金融服务的集成化或者说集成化的金融服务已成为我们时代金融业发展的必然选择和发展趋势。

首先，集成化金融是解决目前许多产业升级与转型的金融解决方案的思想基础。否则，试图以集市化金融的模式推动许多产业的转型、升级和规模化都是不可能完成的任务。其次，集成化金融也反映了金融业需要进行新的资源整合、业务整合和产品整合。因为一个类型的金融机构在提供金融服务方面有着一定的局限性，而产业的发展、升级与转型所需要的金融服务往往超越了任何一家金融机构的资源能力和业务能力。

集成化金融并不是一种简单的现有金融资源、金融业务和金融产品的相加，而是应当建立在不同类型金融业务能级提升的基础上，形成一种有效的集成化金融。

6. 票据金融还是实体金融

从某种角度来说，现代金融就是票据金

融，无论何种类型的金融机构在实施业务的过程中，基本上都是一种票据化的、数据化的或者称表格化的业务。票据金融的特点在二级资本市场上表现得相当典型，二级市场上的股票交易、衍生品交易、商品指数交易、黄金及贵金属交易在很大程度上是一种凭证的交换。

尽管在股票市场上也反映着许多实体经济的重要需求和特征，但从根本上来说，也是实体经济经营要素、价值要素、管理要素、风险要素、创新发展及发展战略和发展策略的票据化。票据金融的核心是相关数据的整合和对相关数据的运用。这种票据金融从本质上符合二级资本市场所制定的复杂而多元的各项规则，并不一定符合在所谓实体经济运作中那些重要的金融需求和其他发展要素。

在产业发展、转型和升级的过程中，正在出现两种极端的现象：一方面是上市企业各种产业要素或企业要素的票据化；另一方面是这些票据金融的理念和业务模式无法支持实体经济的多元化需求，无法支持国家各项产业政策和产业规划，也无法有效地推动中国区域性的产业发展规划。

产业金融在某种程度上就是实体金融。尽管实体经济是一种不确定的、难以定义的说法，但基本上是指各种类型的产业在原生态市场上或一级资本市场上的业务运行和发展。一级资本市场是一种金融化的说法，是从金融和资本的角度进行的某种界定。而对企业来说，其本质上就是实体经济。从产业来说，一级资本市场本质上就是产业型经济。只是由于有了二级资本市场的概念才使相关产业和资本市场的表述有了复杂和多元化的概念。

产业金融的理念要求各种类型的金融机构对实体经济提出更为有效和适用的金融解决方案。商业银行如何对所谓实体经济提出有效的金融服务模式，直接投资机构如何针对实体经济制定其投资策略，融资租赁机构、投资担保机构、信托投资机构和资产管理机构如何针对实体经济提出更为专业的业务类型和产品类型，都是目前产业界和金融业需要共同解决的课题。

实体金融并不排斥票据金融，因为许多产品和业务模式需要通过某种票据化的形式才能有效地实现。但票据化的金融模式应当更为有效地服务于实体经济，而不是以实体经济的发展和转型为代价，反过来符合某种票据金融的模式。

当然，实体经济也应当根据产业发展与升级的理念和实践加以衡量，一种不符合产业发展、转型和升级的实体经济将逐步被淘汰，而不是通过金融手段加以强化。在一些上市公司的运作中，一些明显不符合产业发展趋势的企业，由于其法律结构、盈利模式、商业模式和发展战略都符合票据金融和二级资本市场的理念，这些公司仍然能够得到上市的机会。表面上金融业支持实体经济的发展，事实上却妨碍了相关产业的发展和升级。

产业金融是一种在实际运作过程中发展起来的金融运作模式，是一种实体金融的运作模式或者叫一级市场的金融运作模式。实体经济的强化与发展关系到许多产业领域，其业务能级的提升和发展能级的提升，也关系到许多大宗商品领域如何更为有效地运行和如何促进实体经济链中不同环节的运营质量。

政府已将促进实体经济发展作为新的国家战略，在这种国家宏观政策的背景下，应当加速产业金融运作模式的研究与实践，建立起一个更为有效的实体经济金融，增加产业发展能级、增加大宗商品定价的话语权、增加中国企业国际化的业务能级和金融服务能级。

需要强调的是，实体金融必须实现其规则化才有可能有效地实施，其规则化至少包括业务类型的规则化、服务产业的规则化、风险监管的规则化、金融资源整合的规则化和产业资源整合的规则化等。

7. 艺术化金融还是科学化金融

艺术化金融是一种个案化金融、特质化金融，是一种根据企业类型及业务类型需要超越一般标准化服务的金融。目前在中国的大多数产业领域，由于这些企业所依存的市场环境、经营环境和法律环境缺乏某种标准化和一致化的因素，因此，这些企业的金融需求也呈现出复杂化和多样化趋势。金融机构为了业务发展和业务竞争的需要，往往采取一些个案化与特质化的方式为某些大中型企业提供金融服务。这种金融服务的内容虽然能够起到较好的业务效果，但难以实现业务模式和业务内容的持续化复制。

许多金融机构把个性化金融服务的理念作为一种业务发展策略，仅仅以艺术化金融的运作方式将无法有效判断产业发展的规律、产业发展的价值、产业转型与升级过程中出现的系统化的价值。商业银行过度实施艺术化金融也会妨碍自身有效介入产业转型与升级的能级。直接投资机构过度实施艺术化投资或个案化投资，也会使自身成为报表式投机性的投资机构，从而难以掌握产业发展过程中的系统化机遇和系统化价值。

科学化金融是一种系统化金融、可复制的金融，是一种与产业发展、产业转型和产业升级的系统化需求相适应的金融。科学化金融要求不同类型的金融机构在其业务实施过程中实现管理、业务、产品和风险控制的科学化。

科学化金融并非排斥艺术化金融，因为不同类型的金融机构在业务实施过程中也会有许多艺术化金融的需求，一个理想的金融服务模式应当是艺术化金融与科学化金融的结合。从产业发展的角度来看，应当强调科学化金融；从业务类型、产品类型的角度来看，也应强调科学化金融；在具体项目和具体企业的实施策略上，则需要艺术化金融。总之，科学化金融的理念与实施也需要艺术化金融的运作策略，如需更好地推动对企业的艺术化金融服务，必须有科学化金融的理念与思想的基础才可有效地实施。

对金融机构而言，科学化金融应当是一种科学战略和科学思想，艺术化金融应当是一种实施策略。在具体的金融服务实践中，应根据实际情况制定出不同的实施方案。

科学化金融是产业发展的需要，也是国家制定产业政策和金融政策的需要。科学化金融的理念和思想不仅更容易符合产业发展的根本需求，也能提高金融机构的业务和产品水平，更能降低金融运行的系统化风险。科学化金融的核心是规范化和可复制化。艺术化金融的过度应用也加剧了 2008 年全球金融危机，因此，在金融实践中，即使需要艺术化金融的业务及产品也应当在系统化金融的机制中运行。

金融机构是否能够为产业提供科学化金融的业务模式和产品模式，标志着该金融机构是否具备相应的业务能力和产品质量，也标志着该类型金融机构实施产业金融战略的能力和业务水平。

8. 平面化金融还是立体化金融

平面化金融是现代金融运作模式中一种常见的金融理念和金融服务模式。其特点是产业资源、金融资源、政策运用、专业团队、业务合作、业务产品等的平面化。

平面化金融在很大程度上是目前产业结构和企业发展历史的产物。在商业银行运作实践中，对工业品和房地产的抵押贷款大都采取一种平面化金融服务的模式。在保险公司的业务模式中，对产业链中某一阶段的产业或业务提供担保，则是一种常见的保险业务平面化运作模式。

平面化金融的优点是业务模式简单、管理模式简单、风险控制模式简单且适用于一些常规的业务类型。但随着许多业务模式、产业发展及转型要素、市场上商业模式，以及业务风险要素的复杂化，使平面化金融难以形成更为立体化的资源整合、商业模式和风险管理。此外，由于业务类型的复杂化，使具有单一经验的工作团队可能无法满足产业发展的业务需求。

立体化金融是产业发展与金融发展的共同需要，产业化金融也是产业资源、金融资源、政策运用、专业团队、业务合作和业务产品等的立体化。

在金融实践中，立体化金融的模式已经有了一些初步的推动，如商业银行对钢材贸易商的联保式的信贷业务以及厂商银行联动的信贷业务，但这类立体化的金融业务还是个案式、企业化和集市化的，没有真正形成产业化、集成化和科学化。

立体化金融是产业金融业务实施的重要理念。仅就金融机构本身来说，对一种业务形态和产业形态的分析和判断也需要立体化、多元化及专业团队的支持体系。立体化金融的模式更容易解决在金融实践中所遇到的复杂问题。所谓立体化应当是一种标准化的，而不是个案化的立体化；是一种集成化的，而不是集市化的立体化；是一种实体化的，而不是票据化的立体化。尽管在具体业务的实践中，产业金融也需要艺术化和个案化的产品与业务，但这些应当在立体化的运作理念中进行，而不是在平面化理念中进行。

许多金融业务适合于平面化金融的运作，但另一些产业的需求则适合于立体化金融的运作。在实际运营中，平面化金融和立体化金融都有其运用的空间，只是在金融发展战略上、金融业务及产业研发上，应当建立起立体化金融的理念和思想。因为许多传统产业的转型引发了许多复杂的需求，这些需求只有通过立体化金融模式才有可能满足。如何在标准化和集成化的基础上实施立体化金融服务战略，已成为金融业发展的必然。

9. 作坊式金融还是模式化金融

作坊式金融是一种零售式金融、店铺式金融。尽管作坊式金融在其业务服务和业务类型上也有着某些固定的流程和模式，但整体而言，它针对的是个性化的需求。作坊式金融尽管能够满足许多企业的实际需求，但却不适合在产业链发展中有效地介入和有效地发展。作坊式金融的实践也反映了经济发展的历史和产业发展的历史，因为在绝大多数的产业领域，发展的形态也是一种从作坊式向模式化过渡的历史。近年来，原生态的实体经济也正在面临着更高水平的、模式化的发展需求。因此，这将对金融机构提出新的业务要求、产品要求与合作要求。

目前许多投资银行业务，特别是小型商业银行的信贷业务、许多融资租赁公司及保险公司的业务，也停留在作坊式金融的运营阶段。在某种程度上来说，一些作坊式的金融仍然是我们的社会所需要的金融服务类型，比如小额贷款公司、存证银行以及一般性的投资担保公司，但这种类型的金融服务仍然需要一种模式化金融的运作模式，也需要从产业发展的角度来确定业务类型和金融产品。

目前许多村镇银行及小额贷款公司强调的是为小型和微型企业服务，但仅仅强调企业的规模和企业金融需求的便利化，无助于这些小型和微型企业的发展。为缺乏先进产业理念的小型和微型企业服务，可能在满足企业需求的基础上，助长了一种落后的企业发展模式；也可能会强化小型和微型企业的运营风险，最终导致企业和金融机构的共同损失。为小型和微型企业提供的作坊式金融服务并不能简单地强调金融服务的便利性，还要强调金融服务的产业性。

模式化金融更强调的是一种商业模式、管理模式、风险机制、库存、业务与产品的标准。金融的模式化也是金融科学化的一部分，但其在实际运营当中有着独立的适用性的运作机制。

模式化金融并不是使金融服务模式一成不变。一方面，模式化金融强调的金融服务是任何业务类型都需要遵守的某种固定的业务标准和管理标准。另一方面，业务标准、市场标准及产品标准也需要强化，同时根据市场和业务的需求对模式化标准进行有序的调整。

目前中国的金融业正在面临深刻的改革，其中一项就是在许多地方推行中小企业金融服务和微型企业服务，推动村镇银行、小额贷款公司的发展和民间投资体系与融资体系的便利性与合法性。但在这一过程中应强调模式化金融的思想和理念，而不应过度强调作坊式金融理念，否则也会引发系统化的金融风险。

10. 其他中介机构的转型与升级

在产业金融理念的影响下，中国金融业必将从事连续性的金融业务并推进金融产品的转型与升级。但在这一过程中，相关的专业中介机构如何适应这一发展趋势也将影响着产业金融发展的效果。目前，资产管理公司的专业运作还不能适应产业金融的高端需求；会计师事务所的财务服务、审计服务和会计服务也大都适应传统金融的业务模式，对如何按照产业金融的理念与思想建立其业务体系和服务内容还缺少经验；律师事务所的许多法律实践也建立在传统金融的需求上，对产业金融所需要的业务类型、产品类型、资源整合的类型也缺乏相应的法律分析和法律管理的经验。这些都需要在各类产业金融的实践中予以解决。

目前，对资产评估公司、会计师事务所、律师事务所以及某些评级机构来说，对商业银行、投资银行、融资租赁和投资担保公司的产业型业务还都缺乏合作的经验以及服务内容。这些需要相应的专业中介机构与上述不同类型的金融机构进行共同研发和创新才有可能有效地解决。

所以，相关的中介机构在参与产业金融的转型与变化的过程中，还需要一定时间的学习和探索，其现有的专业经验还不能简单地运用在诸多领域的产业金融实践中。同样的，上述的专业中介机构对产业发展的敏感因素、产业转型和产业升级的诸多要素，还缺乏理解和认识，对中国各项复杂的产业政策也缺乏专业的分析及归纳，对中国不断出台的各种行业性的法律条款也缺乏专业的分析及认识，这样就会影响一些专业机构从事相关专业服务时的业务质量。

产业金融在不同产业领域的服务也是一种系统化的服务，也需要相关专业中介机构提供专业化的系统化服务。

摘自《产业金融学》

金融发展与天津市产业金融发展战略

崔津渡

产业金融是古往今来长盛不衰的常规产业，也是当今经济发展方兴未艾的特殊产业。在经济全球化和金融国际化背景下，研究促进产业金融发展的政策制度措施，使之成为更新思想观念、传播经济思想、转变发展方式和促进经济发展的载体，具有重要作用和现实意义。

1. 产业金融的产生和发展

(1) 钱币业与实体经济发展

中国原始社会使用实物货币。夏商周后期出现金属称量货币，春秋时期出现金属铸币，战国时期建立金属铸币制度，秦朝统一货币制度，直至明清时期一直实行金属铸币制度，包括早期流通的铁币，中期同时流通的铁币和铜币，以及晚期同时流通的铜币和银币，始终没有流通金币。由于金属铸币在币种、重量、成色方面有很大差别，加之同时发行钱票和庄票等纸币，因此产生了银钱兑换业，并随着经济发展逐步具备了信用的功能。宋代出现的“交子”是世界上最早的纸币，以金属铸币汇兑为基础，具备了存储、兑现、支付、清算等纸币的功能，形成了金属货币与纸币同时流通的货币制度，以及专营存贷款业务的钱庄、票号和商业信用。票据是在纸币基础上发展起来的信用工具和支付工具，早期的票据与现代的票据相比，有相当于本票的凭帖、支票的兑帖、远期支票的期帖、承兑汇票的上帖、商业承兑汇票的上票，以及有条件兑付汇票的壶瓶帖等。自唐朝开始至明清历代，金融机构大有发展，但始终没有质的提升，主要的金融机构包括主营存贷款、发行银钱票和以银钱票兑钱的钱庄，主营商业借贷业务的账局（账庄），主营钱币汇兑业务的票号（票庄），主营质押和典当业务的典当铺（质库、当铺），主营钱币兑换、存贷款并发行钱帖和银帖的银号，主营对贫民放印子钱的印局，兼营货币兑换业务的商铺，以及主营熔化白银、铸造行化宝银、鉴定银币含量和发行银锭票据业务的炉房等。在相当长的历史时期广泛存在于世界各国的钱币业，始终为实体经济发展服务，孕育了近代金融机构，成为金融业发展的基础。

(2) 租赁业与实体经济的发展

租赁产生于原始的农耕社会，广泛地存在于中国和欧洲等农业发达地区，是与钱币业同期发展起来的金融行业，远远早于产业金融的其他行业。原始的租赁关系是，土地所有者将土地出租给农户以获取收益，农户以支付地租的方式使用生产资料，双方建立了以实物地租借贷土地的经济关系。随着生产发展和生产水平提高，产生了商品交换关系和经营租赁关系，出现了租赁物所有者以获取租金让渡使用权，而租赁物使用者以支付租金获得使用权，约定期限届满时物归原主的经营租赁关系和经营租赁业，属于纯粹的融物租赁。1952 年，专营租赁业务的美国租赁公司成立，它是世界上第一家租赁公司，带动了生产（厂）商租赁公司发展。生产商租赁公司将租赁业务作为扩大销售的手段，将自产的机械设备出租给若干个承租者，租赁物是自产自租，以产为租，以租定产，产租结合，租期之内只向承租人转移租赁物使用权，租约到期可以约定的条件让渡租赁物所有权，融物租赁的性质包含了融资租赁的成分。1988 年 5 月，在加拿大渥太华召开的国际外交会议通过了国际统一私法协会制定的《国际融资租赁公约》，尽管公约因签约国未达到约定数量而未能生效，但公约的内容为国际社会普遍接受，标志着融资租赁产业具备了国际化发展条件。公约规定的融资租赁交易，是指租赁公司与供货人签订合同购买租赁物，与承租人签订合同出租租赁物，租赁公司向承租人收取租金以支付购货款并获取收益的经济关系，以融物租赁为基础的融资租赁成为现代租赁业的主导。公约的宗旨是，坚持公正均衡原则，鼓励利用国际融资租赁方式，促进国际贸易发展；调整出租人、承租人和供货人的三方关系，维护各方正当权益；消除各国在经营国际融资租赁业务方面的法律障碍，确定纠纷调解适用的统一的国际规则。租赁业历经自然经济、商品经济和市场经济形态，原始的租赁逐步发展成为现代的经营租赁、融资租赁和金融租赁。

（3）产业金融与实体经济的发展

自然经济、商品经济和市场经济发展的基础是企业组织（经济组织）。自然经济阶段的经济组织是为生存而劳作的自然人，是没有或不承担契约责任的自然人。早期的企业组织是农夫、商人和手工业者，以后出现了单一出资人出资的业主制企业，如东家雇用掌柜和伙计的东伙制企业组织。16 世纪时的欧洲出现了从事工商业活动的业主制企业。商品经济阶段的经济组织是为生存而劳动的劳动力，是负有无限责任或契约责任的自然人，或自然人以劳动力相结合的企业，这种经济组织一直延续发展到现在，成为典型的人合制公司。有代表性的是欧洲在 18 世纪出现的合伙制企业。市场经济阶段的经济组织是以出资人支配的资本和以资本支配的劳动者相结合的有限责任公司，这种企业组织一直延续发展到现在，成为典型的资合制公司。有代表性的是欧洲在 18 世纪出现的由合伙制企业演化出来的公司制企业。经济组织不断发展完善为近现代的企业，并且与社会和政府相互作用，产生了企业、社会和政府相结合的社会经济制度安排。19 世纪末，欧美国家出现企业并购，产生了康采恩、辛迪加、托拉斯等企业财团，产业金融成为企业财团的重要组成部分，至“二战”以后发展为持有金融机构牌照的成熟产业。产业金融的一般体现是科技金融、航运金融、矿业金融、商贸金融、消费金融和农业金融等，产业金融的具体体现如 GE 资本公司的大型设备销售租赁、UPS 资本公司的代收货款和国际贸易融资、IBM 金融服务公司的商业保理等。为企业服务的产业金融与为社会服务的商业金融结合，成为早期欧洲经济发展的基础。

（4）私募基金与场外交易市场的发展

私募基金是面向机构投资人和富人以非公开方式募集的基金。美国是私募基金最为发达的国家，有天使基金、创业风险投资基金、私募股权投资基金、成长基金、夹层资本、并购基金和对冲基金等。中国主要有创业风险投资基金和私募股权投资基金。私募基金与公募基金相比，其特点是，只接受机构投资人和富人的出资，出资人能够识别或承担风险；聘请职业经理人管理经营，投资和管理的专业化程度更高；出资人与经理人之间的委托代理关系严密、利益分配关系紧密、激励约束机制有效；基金一般是向实体投资，与投资对象的亲和力更强、契合度更高；平均收益率较高，而平均风险率较低。鉴于私募基金的诸多特性和优势，各国政府一般对私募基金设定框架性法律，豁免注册登记，允许私募基金以公司制、信托制、契约制、合伙制及虚拟制等组织形态发展，以封闭式、开放式以及周期开放式等方式申赎，准予银行、保险等金融机构和教育、退休等公众基金出资。私募基金具备非管制金融优势，是现代金融的重要组成部分，是最具活力和个性的新金融主体，成为在世界各国并购企业和整合全球市场资源的强大力量。与私募基金共生的是场外交易市场，是对应场内交易市场而言的柜台交易市场，为非上市公司的股份报价转让市场。就私募股权投资基金而言，购入公司股权是投资，退出公司股权是收益，一般要在场外交易市场实现，投资者和融资者共同创建了此类市场。

(5) 投资银行与资本市场的发展

投资银行起源于主办银行承兑汇票业务的银行投资家，以及企业债和政府债发行。早期的证券市场规则不严密、监管不充分、市场风险大，政府一般限制银行从事证券市场业务，而一些私人投资机构包括私人银行则开办投资银行业务，商业银行大都是混业经营。美国为应对1929年经济危机，于1933年和1934年颁布《证券法》、《格拉斯-斯蒂格尔法》和《证券交易法》，成立美国证券交易委员会作为证券监管机构，要求混业经营改为分业经营，将投资银行分立为独立法人。“二战”后，美国经济和金融业借助美元世界货币地位强劲增长，资本市场和投资产品迅速发展，投资银行与做市商和咨询机构等形成一个新兴行业。投资银行设立共同基金，将社会资金转化为市场资本，连同证券公司和保险公司等开办的客户理财业务，既为出资人带来了丰厚的回报，也为企业提供了低成本的资金。而银行继续低利率吸储和高利率放贷，致使银行部分客户流失，因此间接融资比重不断下降，而直接融资比重相对上升。1979年石油危机后，金融业和资本市场爆发式增长，各国研究金融现代化趋势，监管机构逐步放松金融管制。1999年，美国通过《金融服务现代化法案》，率先重新开放混业经营制度，而美国的投资银行业已经发展为独大的体系，成为在全球拓展业务的国际化金融主体。

(6) 波罗的海交易所与航运中心的发展

英国波罗的海交易所（Baltic Exchange）创建于1744年，从事航运业务的议价撮合交易。1823年，波罗的海俱乐部成立，专设付费会员航运业务交易室，全部是实物和现货交易。1929年经济危机爆发后，交易所国际会员大量流失，实物和现货交易大减，至1935年时转化为全球海运交易市场。1949年，交易所成立航空运费交易所和空运经纪人联合会，交易范围扩展至包括海运和空运在内的多式运输体系。1985年，交易所推出货运运费指数期货，实现了向价格指数期货交易的根本性转变。交易所设立指数编制委员会，收集各航线运价和各航班租价，编制运价指数和综合指数，诸如干散货运价、油轮运价、船舶估价和拆船估价、干散货海运市场租船成交记录和干散货市场报告，以及指数期货运费信息等。英国波罗的海交易所与大批航运公司、经纪公司、劳埃德船级社、劳埃德保险社、伦敦国际仲裁院，以及主导国际海事法和海商法的法律机构一起，造就了全球独一无二的国际航运中心。

（7）伦敦金属交易所与要素市场的发展

第一次工业革命后，英国需要进口金属等工业原料，但海上运输时间长，金属价格波动很大。1877 年，一些金属交易商发起设立伦敦金属交易所（LME），做铜和锡的交易。交易所根据铜和锡从智利和印度尼西亚等国进口的运输时间，将标准合约交割期设定为 3 个月，为最早的金属标准期货合约。伦敦金属交易所陆续推出了锌、铅、铝、镍、白银、聚乙烯和聚丙烯等交易品种，2000 年 4 月创立期货指数产品。伦敦金属交易所采用做市商制度，各经纪公司对客户的报价取决于交易量大小和市场状况等因素，标准期货合约按照 3 个月期、15 个月期、27 个月期和 63 个月期连续滚动交易。伦敦金属交易所有三种交易方式，即场内交易（Ring），为场内叫价交易；综合交易（Kerb），同时交易所有金属产品和期货价格指数；办公室交易即在线交易（inter－office），为 24 小时电子盘交易。

2. 商业金融、国家金融和国际金融的产生和发展

（1）商业银行与商业金融的发展

早期的西欧有货币兑换业，货币兑换商为客户兑换和保管货币，收取保管费和手续费，类似于中国宋代的交子铺。货币兑换商用积余的货币发放贷款，以获取利息而增加收益，货币兑换业由此具备了银行性质。1580 年，意大利威尼斯银行创立。此后有意大利米兰银行（1593 年）、荷兰阿姆斯特丹银行（1609 年）、德国纽伦堡银行（1621 年），以及汉堡银行（1629 年）等相继设立。这些银行都是获得特许权或专业资质，体现出资人意志，以营利为目的的商业银行。此后，欧美各国先后出现了一批跨国银行，如德国的德意志银行、荷兰的荷兰银行、法国的法国巴黎国民银行、英国的渣打银行和美国的花旗银行等。1929 年经济危机爆发以后，各国采取加强金融监管措施，将混业经营改为分业经营，银行专注于资金经营和信贷主业，投资银行分立成为独立法人，与做市商和咨询机构等形成了新兴行业，由此形成了资金市场与资本市场的共同发展。

（2）商业保险与商业金融的发展

原始的保险起源于海运，基本原理是大数法则和损失分担。起初是以船舶和货物抵押贷款，船主以支付高息为代价获取一旦出现损失可以豁免债务的保证，后来这种贷款演化为以付费获取相应风险保障的原始保险。1384 年，佛罗伦萨诞生了第一份保单，为法国阿尔兹运抵意大利的货物承担保险。1676 年，德国汉堡火灾保险社成立，为第一家火灾保险机构。1666 年 9 月 2 日伦敦失火，八成的房屋和财产被焚毁，牙医巴蓬翌年设立了办理住宅火险的营业处，1680 年成立火灾保险营业所，1705 年改组为凤凰火灾保险公司。1710 年，伦敦保险人公司成立，后改称太阳保险公司，专门经营动产保险。1693 年，著名的天文学家哈雷，以西里西亚的勃来斯洛市市民民政统计为基础，编制了第一张生命表，创建了生命周期寿险精算；1762 年，伦敦公平保险社成立，是第一家根据保险技术基础设立的人身保险组织。1774 年劳埃德保险社（劳合社）成立，为国际保险机构服务，1871 年英国议会通过有关法案，劳埃德保险社注册为国际保险社团组织，历经 100 多年发展成为世界最大的保险国际组织。

（3）中央银行与国家金融的发展

1694 年，英国英格兰银行经英王特许开业，银行的 120 万英镑资本金向社会筹集，

是世界上第一家股份制商业银行。1844 年，英国国会通过《银行特许条例》，授予英格兰银行法定发行权。1928 年英格兰银行成为拥有本币和利率以及外币和汇率管辖权，体现政府意志但在国内行使管辖权的中央银行。1800 年，法国创立法兰西银行，按照国家法令发行纸币，1848 年成为全国唯一发钞行，以后历经 30 年演变为法国中央银行。1913 年，美国联邦储备系统设立，由联邦储备委员会、联邦储备银行及联邦公开市场委员会组成，是美国的中央银行。1948 年，中国人民银行成立，履行国家银行职能，承担货币发行、经理国库、金融监管和支持国家建设任务。1956 年社会主义改造完成后，所有公私合营银行全部纳入中国人民银行体系，建立了单一的全能的国家银行。1969 年，中国人民银行与财政部合署办公，中央银行和商业银行职能全面弱化。1983 年，中国人民银行开始专门行使中央银行职能，以后又将银行监管职能转给中国银监会，由此升华为中国的中央银行。

（4）国际货币与国际金融的发展

1816 年，英国颁布《金本位制度法案》；1921 年，正式放弃金银复本位制，开始推行金本位制，英镑成为英国标准货币单位，每 1 英镑为 7.32238 克黄金。金币是天生的等价物和可兑换货币，金镑成为可兑换的国际货币，不仅经常项下可兑换，而且资本项下可兑换。英国以其强大的经济实力，使金本位货币最早成为国际货币，英格兰银行成为第一家体现国家意志并拥有国际货币管辖权的中央银行。1865 年，法国联合比利时、意大利和瑞士组成拉丁货币同盟，后来有西班牙、希腊、罗马尼亚和塞尔维亚等国家加入，以法国金法郎为国际货币，发行了货币史上流通最久的金法郎，建成了早期的国际货币制度体系，包括铸币赋税制度、清算结算制度、利率汇率制度和货币储备制度等。金法郎成为世界第一个为同盟成员国认可的国际货币，法兰西银行成为世界第一家管理国际货币的中央银行。继英国英镑和法国法郎之后，欧美国家银本位货币制度退出历史舞台，相继实行金本位货币制度，由此奠定了货币国际化的基础。

（5）国际货币区与国际金融的发展

美国是第一次世界经济危机的发源地，又是危机应对得当的国家，实施了借用危机、赢得全球的全盘谋划。第一，在贸易政策方面，美国于 1930 年 5 月实施《霍利-斯穆特关税法》，率先提高关税水平遏制进口。法国、英国被迫放弃自由贸易政策，各国都以贸易保护主义谋求自保。第二，在财政政策方面，罗斯福总统实施新政，以复兴（Recovery）、救济（Relief）和改革（Reform）即“3R”为主要内容，摒弃放任的资本主义经济理论，改为奉行凯恩斯的国家干预政策，以刺激经济和增加就业。第三，在货币政策方面，英国于 1931 年 1 月联合英联邦、英国殖民地国家建立了英镑集团，9 月放弃金本位制，宣布英镑贬值。美国于 1933 年 3 月放弃金本位制，关闭纽约金融中心；1934 年联合北美洲、南美洲和美国殖民地国家组成了美元集团；同年实施《购银法案》，按照三金一银的比例增购白银，图谋垄断世界金融，中国等国家的白银流向美国，出现前所未有的通货紧缩。法国于 1936 年 9 月放弃金本位制，1939 年联合殖民地、托管地等国家和地区建立了法郎集团。至此全球金本位货币体系彻底垮台，三个国际货币集团后来发展为三个国际货币区。英格兰银行、美国联邦储备局和法兰西银行成为各自国际货币体系的中央银行，争夺以本币作为国际货币以统治世界的地位。

(6) 美元世界货币体系与国际金融的发展

1941 年 11 月，日本突袭珍珠港，美国太平洋舰队遭重创，遂放弃中立立场而向日本宣战。美国介入第二次世界大战（1937—1945 年）的本意并不是派兵参战，而是主导同盟国对抗轴心国，借机攫取世界霸权地位。1942 年，美、英、苏、中等 26 国签署《联合国家宣言》，建立世界反法西斯联盟。1944 年 7 月，美国组织召开布雷顿森林会议，通过了美国的《怀特计划》，否决了英国的《凯恩斯计划》。1945 年，成立国际货币基金组织和国际复兴开发银行（世界银行），建立美元国际货币体系，实行金汇兑本位制，美元纸币与黄金挂钩，官价为 35 美元兑 1 盎司黄金；各国货币与美元挂钩，实行可调整的钉住汇率制度，各国货币对美元的汇率在 1%幅度内波动，超过波幅时政府应当干预以稳定汇率。美元成为世界货币，打掉了与之抗衡的英镑区和法郎区。但布雷顿森林体系难以同时满足诸多互相矛盾的条件，加之战后经济危机频繁爆发，美国连续发动朝鲜和越南等战争，财政预算赤字和国际收支赤字不断扩大，黄金储备减少，美元持续贬值，先后引发了七次美元危机。1971 年 8 月 15 日，美国宣布实行“新经济政策”，美元与黄金脱钩，各国货币与美元及黄金脱钩，布雷顿森林体系就此解体。国际货币基金组织 1976 年 1 月在牙买加召开会议，就建立多元化国际货币体系和国际储备制度并与浮动汇率制相结合的国际货币体系达成协议。就此，国际货币制度改为纸币本位制，美国以发行纸币而不再动用黄金作为国际支付结算手段，增强了经济扩张、资本输出和资源集聚能力，强化了世界经济中心和金融中心地位。

(7) 资本市场与国际金融的发展

荷兰于 1609 年摆脱西班牙统治而独立，是第一个资本主义国家；同年建立了阿姆斯特丹证券交易所，是第一家证券交易所；最早形成了以银行、保险公司为主体的金融体系，以及以证券交易所和证券公司为主体的资本市场。英国是金融业发展最早的国家之一，1744 年设立波罗的海交易所，从事干散货船、集装箱船和油轮等航运价格指数交易；1773 年设立伦敦证券交易所，从事证券交易；1877 年设立伦敦金属交易所，从事贵金属、有色金属和石化产品等交易。美国是金融业发展稍晚但发展很快的国家，1792 年设立纽约证券交易所，1848 年设立芝加哥商品交易所，1870 年设立纽约商品交易所等。欧美国家设立各种类型的资本市场，包括场内交易市场和场外交易市场、本币市场和外汇市场、资金市场和债券市场、现货市场和期货市场、原生产品市场和衍生产品市场、实体产品市场和虚拟产品市场等，同时发展各类资本市场的交易主体、中介机构和会员组织，成为完整的全球资本市场体系。

(8) 商品市场、资金市场与资本市场的发展

发达国家的市场经济发展是自下而上、自然而然和持续不断的经济市场化过程，其中一个重要内容是商品经济发展为商业社会，形成了多层次资本市场体系。国际资本市场发展客观上发挥了扩大交易规模、降低运行成本、促进金融创新、增强竞争实力等功效，主观上则是主导国家以资本市场和金融产业为支柱，强化本国经济全球化条件下优势地位的整体安排。资本市场有效地集中集聚资源和要素，灵敏地反映商品市场、资金市场与资本市场的多层次多元化供求，以大众化和个性化产品，以多元化和多层次市场，将

企业商品转化为社会资金，将社会资金转化为市场资本，解决商品变现、资金过剩而资本不足的结构性矛盾，投融资双方可优选资本组合，促进资本市场与产业资本结合，适应市场竞争和集约化经营要求，市场配置资源的基础性作用得以发挥。

3. 天津发展产业金融的基本任务

（1）新时期改革开放赋予天津金融改革创新任务

中国的改革开放发展按照时段与顺序划分，在产业和区域方面具有同一性和关联性，产业推进与区域推进相结合取得了巨大成就。20 世纪 80 年代，推行以家庭联产承包责任制为主要内容的农村改革，重点是发展第一产业和粮食生产；同时推进深圳等经济特区的开发开放，重点是打破计划经济体制，建立市场经济体制，带动珠江三角洲发展。90 年代，推行以国有企业为重点的改革，包括与深化改革相关的扩大开放，重点是发展第二产业和实现工业化；同时推进上海浦东新区的开发开放，重点是建立市场经济体制，带动长江三角洲发展。21 世纪初，推行传统服务业和现代服务业改革开放，重点是发展第三产业和优化经济结构；同时推进天津滨海新区的开发开放，推进综合配套改革试验和金融改革创新，重点是建立市场经济体系，解决制约科学发展的体制机制问题，成为经济第三增长极。天津滨海新区承担金融改革创新任务，金融改革创新提升到国家战略层面，反映了经济转型升级的客观需要，体现了国家履行职能的本质要求。

（2）实现天津城市定位赋予天津产业金融发展任务

自金代以来的近一千年，天津借助河海交汇、沟通南北之地利，在对外开埠、同光中兴、洋务运动、北洋政府等不同时期发展工商各业和国际贸易，在 20 世纪 20 年代已经成为工商业中心和金融中心。金融中心主要包括以北四行为代表的银行业，以裕善防险会和太平水火保险公司为代表的保险业，以天津证券花纱粮食皮毛交易所为代表的证券业，以天津大沽造币局、天津北洋铸造银元总局、天津户部铸造银钱总局、中国财政部天津造币总厂代表的造币业和货币发行业，以及以解放路金融街集中集聚的金融机构为代表的金融产业等，延续了千年金融历史，积蓄了深厚金融文化。1949 年 1 月，中国人民银行在天津首次发布人民币汇率；同年 6 月，中央政府批准设立天津证券交易所；在生产资料社会主义改造中和计划经济时期，发展天津口岸进出口贸易，发展一商、二商、粮食、物资、外贸和供销社的物资集散和商品批发功能，天津金融业保留了与一般地区不同的职能。21 世纪初，中央从全局和战略高度出发，做出加快天津滨海新区开发开放的重大战略决策，要求全面推进综合配套改革试验和金融改革创新；批准天津城市发展规划并确定天津城市定位，把天津建设成为国际港口城市、北方经济中心和生态城市。天津紧紧抓住难得的历史发展机遇，以产业金融为重点，促进实体经济发展，发挥应有作用，赢得应有地位。

（3）天津初步建立了现代产业金融服务体系

国务院 2006 年发布的关于推进天津滨海新区开发开放有关问题的意见，批准天津滨海新区为全国综合配套改革试验区，要求把金融改革创新列为近期工作的首要任务，在金融企业、金融业务、金融市场和金融开放等方面的重大改革，原则上安排在天津滨海新区先行先试。国家发改委2009年批复的天津滨海新区综合配套改革试验金融创新专项方案，要求按照科学审慎和风险可控原则，全面推进金融改革创新和先行先试，发展产业金融、直接融资、健全金融服务体系、开展外汇改革试点、建立场外交易市场和改善金融发展环境。天津全面推进金融改革创新，促进金融业加快发展，初步建立了以传统金融为基础、以现代金融为主干、以产业金融为特色的多元化金融服务体系，基本实现了填补机构空白、发挥协同效益、健全金融功能、完善金融布局的发展目标。

(4) 发展科技金融，建成科技金融服务体系

财政集中投资发展科技型中小企业，全面提高科研成果转化能力和内生发展动力。搞好科技与金融相结合试点，实施支持科技金融改革创新的意见和方案。通过政府拨款、借款和股权投资等方式，支持科技中小企业发展。支持设立银行、保险、小额贷款、融资担保、第三方保理和企业信用共同体等科技金融专营机构，发展科技金融服务集团，搭建科技贷款和科技贷款保证保险平台，搞好科技型中小企业股权融资和资本对接。

(5) 发展农村金融，建成农业金融服务体系

完善农村金融改革创新和农村金融发展政策和制度，搞好区县和乡镇农村金融试点，健全农村金融服务体系。支持农村商业银行发展，完成深化农村信用社改革任务，在农业区县设立村镇银行，引导金融机构在乡镇设立机构，提供专业化和个性化金融服务，发展商业性金融。支持农业发展银行和商业保险公司发展农村金融业务，普及种植业、养殖业和农民住房、农民家庭财产保险，发展政策性金融。在各乡镇和行政村设立农村金融服务站，支持农民发展农村金融合作社，发展合作性金融。

(6) 发展航运金融，建成航运金融服务体系

实施国务院批准的北方国际航运中心核心功能区建设方案，搞好船舶产业投资基金试点，发展飞机租赁基金和航空产业投资基金。搞好航运税收政策和租赁公司出口产品出口退税政策试点，支持飞机进口和船舶出口，完善航运税收政策环境。制定船舶特案登记制度试点方案，建立与国际接轨的船舶特案登记制度。支持租赁公司设立海外公司和单一项目公司，完善公司法人治理结构，适应租赁业务国际化发展需要。发展航空、海运、邮轮业，提高客货运输和口岸集输能力，全面建成现代航运物流业。

(7) 发展矿业金融，建成矿业金融服务体系

发展以矿业权为矿业企业核心资产的股权融资、基金融资、信托融资和债券融资，建立矿产风险勘查资本市场，建立以资源、资产、资本和资信四位一体的矿产风险勘查体制机制。开展矿产资源管理综合配套改革试点，建立有序开放和有效监管的国际矿业金融市场。支持中国矿业企业到境外开发矿产资源，吸引国外投资勘查开发企业落户示范基地，为矿业企业提供国际化金融服务。设立矿业风险投资基金，研究中国矿业国际标准，建设矿业权评估、矿业监理、矿业咨询和储量评审等中介服务体系，建成国际矿业金融集聚区和国际矿业金融改革示范基地。

(8) 发展消费金融，建成消费金融服务体系

支持中德住房储蓄银行增加资本金，扩大政策性住房信贷服务，拓展商业性住房信贷业务，增加全国分行机构布局，建成为中

低收入群众购买中低价位和中小户型住房提供支持的专业银行。继续搞好保障性住房投资基金，为发展保障型住房提供直接融资服务。支持消费金融公司发展，支持商务服务公司搞好银联预付费公司卡运营模式试点，发展消费卡、权益卡、旅游卡等预付费卡业务。支持城市一卡通公司发展银联标准芯片卡，发行通用标准的银行卡，拓展公共交通服务能力，提高公共交通服务水平。支持消费金融业务发展，把拉动内需和科学消费作为经济发展的持续动力。

发展商贸金融，建成商贸物流资金结算中心。支持金融租赁公司和融资租赁公司集中集聚，规范母子公司和单一项目公司的法人治理，创立租赁客户资产轻量化和城乡基础设施融资租赁业务模式。支持商业保理公司集中集聚，规范保理风险资产管控，发展产业链、贸易链和固定客户群保理业务模式。支持金融服务外包公司集中集聚，发展票据分配、档案管理、信息处理、现钞管理等第三方外包和支付融资模式。发展物资流、信息流和资金流，建立生产资料交易体系和生活资料销售体系，保证交割安全，节约交易成本，降低物流成本。

(9) 发展产业金融，强化产业基础

人类最初的金融活动是反映产业化发展需求的产业金融，其后依次出现的是反映商业化发展需求的商业金融，反映社会化发展需求的国家金融，以及反映全球化发展需求的国际金融。产业金融是为企业服务的以资本经营为主业的金融活动，产业为本，金融为用。商业金融是为客户服务的以资金经营为主业的金融活动，资金为本，金融为用。国家金融是为社会服务的以货币经营为主的金融活动，货币为本，金融为用。国际金融是为国家服务的以本币经营为主的金融活动，本币为本，金融为用。产业金融与人类生产活动和实体经济共存，提供产业发展金融解决方案，实现资源、资产、权属以及未来价值的资本化，随着生产力发展而发展，是生产力的重要组成部分，是商业金融、国家金融和国际金融的基础。

(10) 发展产业金融，强化金融先导

自然经济走向商品经济形成市场经济的成果，依次生成了一次产业、二次产业和三次产业，依次发展了商品流通、资金流动和资本运作，依次建立了商品市场、资金市场和资本市场。当今世界经济发展和经济转型的趋势表明，参与经济全球化和金融国际化，要大力发展商品市场、资金市场和资本市场，建立适应经济全球化和金融国际化的经济体制，在更好参与和推进经济全球化的进程中，取得参与和推进金融国际化的地位，从而不断提升国际分工地位，发挥世界经济引擎和重要经济体作用。金融的基础是集合了各种要素和各类工具的资本市场和市场资本，是代表经济发展客观因素与反映公共管理主观因素的中和体。资本表象特征是外化的逐利机制，而本质作用是内生的集约机制，能够发挥优化资源配置的基础性作用。以金融资本支持产业资本是各国的基本政策，金融是现代经济核心的意义，不仅是基础产业，而且是先导产业。

提升大宗商品融资竞争力

陈四清

在全球经济及贸易一体化大背景下，大宗商品贸易规模不断扩大，交易模式日趋复杂，市场对大宗商品融资的需求日益凸显。

中国商业银行应调整经营理念，紧随大宗商品贸易蓬勃发展的趋势，积极发展大宗商品融资业务，在满足市场多元化需求的同时，提升核心竞争力。

1. 复杂的金融综合运用体系

大宗商品是指，可进入流通领域但非零售环节，具有商品属性，用于工农业生产与消费的大批量买卖的物质商品。

在金融市场，大宗商品是指同质化、可交易、被广泛作为工业基础原材料的商品，根据性质不同，可以分为硬性、软性及能源三大类：硬性商品主要包括有色金属、黑色金属等基础金属产品；软性商品主要包括大豆、棉花等农产品；能源商品包括原油、煤炭等动力类商品。

服务于大宗商品产业链的大宗商品融资业务由来已久，在国际市场上已有100多年的发展历史，形成了完整而健全的业务理念。

一般来说，银行为大宗商品企业提供的一切金融服务，均属于大宗商品融资业务范畴，既包括信用证、押汇、保函、备用信用证、应付款暗保等传统贸易金融产品，货押融资、仓单融资、装船前融资、预付款融资、加工融资等结构性贸易金融产品，也包括项目融资以及商品交易所场内、场外交易的期货、期权等衍生金融工具。

以油品行业为例，银行可在油田勘探开采环节提供项目融资，在油品加工环节提供加工融资，在油品仓储环节提供货押融资、仓单融资，在油品贸易环节提供信用证、押汇、保函、应付款暗保、装船前融资等各类贸易结算及融资服务，并可根据企业的避险需求，在不同环节匹配油品套期保值。

总体来看，大宗商品融资业务以行业特点明显、交易模式复杂的大宗商品为融资标的，以贸易金融为基础，业务涉及商业银行、投资银行、物流公司、期货交易机构等众多参与主体，为大宗商品产业链的勘探、开采、贸易、仓储、加工、分销等各环节提供一体化金融服务方案，是复杂的金融产品综合运用体系。

2. 更好地服务实体经济

发展大宗商品融资业务能够更好地服务于实体经济。

首先，发展大宗商品融资业务有助于促进经济升级转型，加快我国从以出口为主向进出口并重经济模式的转变，拓宽大宗商品进口来源，促进我国工业升级与贸易结构调整。

其次，发展大宗商品融资业务有助于支持企业"走出去"，协助中国"走出去"企业尽快适应当地市场环境和竞争格局，支持其开展全球布局，获取大宗商品资源。

最后，发展大宗商品融资业务有助于维持战略重要性行业稳定发展，大宗商品贸易及其配套金融服务的发展将极大影响后续各行业生产经营的稳定性，如粮棉油、石化、钢铁、装备制造等战略及民生行业，都依赖于稳定发展的大宗商品贸易作为支撑。

在更好地服务于实体经济的同时，发展大宗商品融资业务也有助于推动银行业金融创新。大宗商品贸易模式复杂多样，不同行业需求各异，要求金融机构结合自身业务实际，开展产品方案与服务模式创新，提升金融创新的内生动力。

这还有助于银行业务升级转型。大宗商品融资业务综合运用各类对公金融产品，具有结构化特点，当前在利率市场化的背景下，有助于商业银行跳脱过度依赖传统公司信贷利差的藩篱，提升中间业务收入，转变盈利模式。

同时也有助于商业银行国际化发展。大宗商品贸易全球化特点显著，要求中国金融机构紧随企业“走出去”步伐，服务企业全球产业链整体需求，有助于中国金融机构与国际接轨，推动跨境经营。

近年来，中国大宗商品交易蓬勃发展，2013 年一季度，中国铜、铁矿石及原油进口量分别达到 318.8 万吨、1.86 亿吨及 6 897 万吨，继续保持世界第一大铜、铁矿石进口国和第二大原油进口国的市场地位，大宗商品融资业务市场空间广阔。

此外，受金融危机影响，主导大宗商品融资业务的外资银行渐呈收缩之势，为中国商业银行发展大宗商品融资业务提供了有利契机。中国商业银行应紧随贸易发展趋势，把握市场机遇，将大宗商品融资业务置于战略高度，全力推进业务发展。

3. 促使经营理念转变

外资银行涉足大宗商品金融服务由来已久，实践经验丰富，通过建立专业化业务体系，为大宗商品企业提供全产业链的综合金融服务。近年来，中国商业银行积极响应大宗商品企业需求，开展业务实践，如中国银行充分发挥集团多平台优势，不断完善业务体系，在新加坡成立了中资银行的首家专业大宗商品融资中心，中银国际成为多家主流国际商品期货交易所清算会员，为企业提供涵盖贸易金融及套期保值产品的综合服务方案，支持中资企业“走出去”参与全球竞争。

但总体来看，中国商业银行尚未建立、健全完善的业务组织架构及专业化风险管理体系，应用的产品仍以进口信用证、背对背信用证、备用信用证、押汇等传统国际结算与贸易融资业务为主，业务专业化经营水平还十分有限，亟须转变经营理念，从组织架构、风险管理、产品创新等多维度推进业务发展。

(1) 转变组织理念，推行垂直纵向管理模式

大宗商品融资业务具有专业性强、技术壁垒高的特点，为强化业务的集中管理及专业化经营，国际大宗商品专业银行往往在不同区域设立直属于总部贸易融资或结构融资部门的区域中心，拉直路线，扁平作业，有效提升业务效率及专业性。

中国商业银行应转变组织理念，吸取国际同业先进经验，结合自身经营实际，从客户营销、产品研发、风险管理等维度推行对业务的垂直纵向管理，通过由总部直属的区域中心建设或行业事业部建设，建立、健全

符合大宗商品融资业务发展需要的组织架构。

(2) 转变风险理念，推进专业化风险管理

大宗商品融资业务的健康发展，需要与之相适应的风险管理体系的有力支撑，国内商业银行亟须转变风险管理理念，提高大宗商品融资风险管理专业化水平。

推进以债项评级为核心的大宗商品融资专业化授信管理体系的建设，在评估企业自身财务状况的同时，以货物和货权为核心，重点关注交易商品和贸易流程，整体评估大宗商品融资项目的自偿性；设置专门授信尽责和审批人员，专项负责大宗商品融资业务的审批，提高授信审批的时效性和专业性，为业务的发展提供保障；积极推进专业化的市场风险控制体系建设，加强行业研究，进一步完善盯市机制，以市场价格波动为依据，对业务风险敞口进行动态管理，并通过套期保值等手段，锁定商品价格风险。

(3) 转变创新理念，推广结构化解决方案

大宗商品融资业务不仅仅是对贸易融资产品在大宗商品贸易领域的简单运用，而是一项复杂的系统工程。中国商业银行应转变创新理念，逐渐由对单一产品的研发推广向综合结构化服务方案的设计过渡，在深入分析行业交易特征的基础上，加强传统产品与结构性产品的组合，综合运用商行、投资银行、保险等金融产品元件，为客户设计涵盖上游勘探、开发，中游生产、加工、库存管理，乃至最终下游销售全产业链的结构化服务方案，在有效缓释业务风险的基础上，提高大宗商品融资业务的市场竞争力。

4. 政策支持建议

中国是大宗商品的贸易大国，但还不是大宗商品的金融大国，大宗商品融资业务实践仍处于初级阶段，业务规模还相对有限，服务水平尚待提高，亟须国家出台相关扶持政策，营造支持鼓励大宗商品融资业务发展的外部环境，为我国大宗商品贸易的蓬勃发展奠定坚实基础。

首先，支持大宗商品贸易人民币计价与结算。

目前全球大宗商品定价体系中，外币（如美元）占主导地位，定价权也被国外一些主要交易市场和交易商控制，对我国企业从事大宗商品贸易极为不利。

建议我国政府与非洲、中东、拉美等地区的资源出口国进行协商，对于我国进口量占据全球市场较大比重的商品，如能源、矿产、粮食等，推动其以人民币定价和结算，从而推进大宗商品贸易的人民币跨境结算业务的发展，支持中资商业银行为大宗商品企业产业链全过程提供以人民币为基础货币的综合金融服务。

其次，完善境内商品期货交易市场。

大宗商品交易过程中，期货市场发挥了重要的价格发现和风险规避作用，为大宗商品企业规避价格波动风险、维持稳定经营提供了有力保障。

目前，国际知名商品期货交易所主要分布在发达国家，如英国伦敦金属交易所、美国芝加哥商品交易所等，我国虽然在上海、郑州、大连建立商品交易所，但可交易商品种类相对单一、交易量较小，在世界范围内影响力仍相对有限。

建议国家层面吸取国际先进经验，进一步完善国内商品期货交易市场，增加交易商品品种，丰富商品衍生品交易工具，优化监管政策，营造大宗商品交易的良好环境，逐步将境内商品期货交易所建成具有国际影响力的世界性交易所，从而影响和掌握国际大宗商品定价权。

摘自《财经》杂志

相关研究机构观点

产业金融作为一个新的学科领域，无论是在从理论体系、知识体系还是教育上体系的建设都得到了一定程度的发展。由于2012年中国许多行业正在面临大规模的产业升级，在这其中出现了对金融机构更为专业性和复杂性的需求，比如汽车行业、钢铁行业、工程机械行业、农业、环境科学、航运港口业等，都在面临新的发展。

有些产业领域的金融服务，在2008年出现重大的金融危机后，原有的商业模式受到冲击，传统的金融服务模式也蒙受了重大损失。当前是金融机构在相关产业领域重新建立业务模式和产品模式的时代，如钢铁领域2012年受国际国内经济形势的影响，我国钢铁行业有重大滑坡，许多从事钢铁贸易的企业普遍出现大面积亏损，银行的债务也无法如期偿还，因此，造成了整个行业的资金链的断裂。这些企业原有的产业金融业务体系和产品体系也都经历了失败，包括商业银行在内的许多金融机构也受到牵连。如何在钢铁贸易领域重新建立起有效和低风险的业务体系和产品体系，则成为当务之急。

另外，有些商品领域，近年来其交易量和民间资产的总量也在大幅度提升，但始终没有建立起有效的金融业务体系，金融和行业的商业形态基本脱节。比如，在文物收藏领域，无论是古代收藏品还是现代艺术品，由于受以往的交易模式、交易规则的限制，金融机构始终没有形成系统化的、有效的金融产品。而随着市场交易的日益活跃，无论从市场方面还是从金融机构方面，都需要产业金融的解决方案。在某种程度上，无论是黑色金属还是文物收藏领域，银行等专业机构的业务体系限制了产业的相关发展。同样的，相关产业商业模式的落后也限制了包括商业银行在内的金融机构的产业金融业务发展。因此，在2012年，金融领域和产业领域如何进行有效的匹配与互动，已经成为影响国家实现产业升级和国家发展目标的关键问题之一。在这些方面，学术界和教育界还没有做好充分准备，学术界开始围绕着产业金融的理论建设、思想建设和知识体系建设，进行了一些有益的研究，不同的学者也从不同的层面发表了对产业金融的研究成果。

我国的产业金融在教育体制建设方面也存在许多不足，整体而言，我国的研究机构和教育体系还不能很好地在产业变革和升级的时代找到相应的、复杂的金融需求的构成和规律，研究与教育机构也不能在大变革时代研究金融的发展规律。目前为止，产业金融实际上是一种实践性和摸索性的研究和教育，常规性的学历性的教育几乎没有产业金融的系统和教材，所学的知识还缺乏时代需求的知识体系，相反，在一些短期培训班还出现了应用性的产业金融班。比如，北京电影学院开设的影视产业与金融投资人班、中国社会科学院研究生院与中国艺术产业研究院联合主办的中国艺术金融产业博士生课程班和新疆的文化产业投融资培训班。

据不完全统计，2012年，全国进行产业

金融研究的机构包括：国务院发展研究中心产业经济研究院、中国科学院产业金融研究基地、湖南大学产业金融研究院、广东产业金融研究院、北京大学金融与产业发展研究中心、北京产业研究院、对外经贸大学中国汽车金融研究中心、北京大学房地产金融研究中心、北京大学文化产业金融研究中心、河南财经政法大学产业与金融发展研究院。

1. 中国银行业协会

我们的实体经济已在很大程度上市场化，资金价格的市场化当然要跟进。资金价格的市场化是整个经济改革、金融改革势在必行的一个动作。对此，我们整个银行业金融机构是否做好了准备？利率市场化后，利差必然缩小，银行业的盈利空间必然压缩，利率会更频繁地波动，商业银行面临的市场风险增加，除了这些挑战，我们还须重视定价问题。

利率市场化后，商业银行有了定价自主权，这对商业银行而言，与其说是得到了一种权利，恐怕更是一种挑战。这种挑战，犹如长期被关在笼子里的动物"放生"所面临的挑战，"放生"后的动物往往需要相当长一段时间才能适应生存环境的变化。我们的商业银行一定要意识到这种挑战。

其一，利率市场化后，商业银行有了定价自主权，并不意味着可以随意定价，而是必须遵循一定的市场价格规律及其所决定的规则。"定价自由"是对"定价必然"的认识。

其二，要准确地把握定价规律及其所决定的规则，既要研究市场价格一般规律，还要研究金融市场价格特殊规律。

其三，不同市场结构及态势决定不同定价规则及其行为。

其四，利率市场化定价决策，是一个复杂开放系统中的系统决策，需要充分"知己知彼"，方可"百战不殆"。

其五，利率市场化下的竞争性定价或价格竞争，无规则、无协调，陷入"恶性竞争"混战，后果不堪设想，必须建立相应的同业规则和协调机制。

2. 埃森哲咨询管理公司

伴随我国经济的持续高速发展，我国企业的全球化进程业已进入快速轨道。我国经济的持续发展和企业的全球化布局，是我国商业银行国际化的直接动因；而我国商业银行自身良好的财务状况和进步中的管理能力，也为其国际化奠定了基础。

我国经济的高速增长使得我国对能源和自然资源的需求大增；也有越来越多的我国企业在世界范围内拓展它们的市场和营销渠道，进行投资或并购，获得创新技术，追求资本收益。过去三十多年，我国一直是最大的对外直接投资的主要东道国，现在我国对海外的直接投资逐年增加，成为世界主要的对外投资主体之一。根据商务部的统计，我国对外直接投资（非金融企业）在 2010 年年末达到了 590 亿美元，同比增长 23.4%，是 2000 年的 64 倍。

在我国企业对外投资的过程中，不仅需要资金支持其贸易和日常经营、海外固定投资、并购等活动，也需要更为全球化的集团财务管理，还需要具备降低财务成本、规避投资风险、投资中转以及参与境内外招投标的能力。满足客户海外发展的金融需求，成为我国银行海外扩张的直接动力。

全球金融危机之后，以美元为主的贸易

支付和清算体系受到重大挑战，人民币的国际化进程开始进入议事日程。从长期来看，出于风险管理的要求，国际贸易体系和世界经济对美元的依赖会逐渐减少。在这一过程中，主权国家或跨国公司有可能将人民币作为外汇储备及风险管理的重要货币之一，这有助于增加我国经济的世界影响力。

由于我国商业银行的业务集中于国内市场，在金融危机中受到影响较小，目前其整体财务状况优于许多其他国家银行，2008年、2009年行业利润分别达到854亿美元、979亿美元。健康的资产负债表状况为其海外发展创造了条件。

我国商业银行还将资产质量和资本充足率的不断提高列为其工作的重点之一，在资产质量和资本充足率等方面逐步提高，截至2010年年末，我国商业银行不良贷款率为1.14%，资本充足率达到12.2%，较2009年年末都更为优良。同时，在人民币升值的大背景下，国内市场总体流动性仍然相对充裕，使得上市银行较容易从资本市场融资。良好的资本状况及资金获取能力为其海外扩张奠定了基础。

除了良好的财务状况，国内商业银行在改制及引进战略投资者的过程中，其公司治理结构、经营管理水平、服务能力和风险控制能力也有相当的程度提升。一些主要的银行在零售银行业务、信息技术与电子银行、风险管理、全球现金管理、财务和人力资源管理等领域与国际银行开展战略合作，借此提高管理能力，增强产品开发、风险控制能力等。组织结构、管理能力和技术的进步，使我国商业银行有能力踏上海外扩张之旅。

3. 德勤管理咨询

在过去十年里，国有大型企业、政府平台、房地产项目都被银行视为首选优质客户或项目。银行放贷给这些客户或项目既能得到稳定的利差，又能带来大量的存款资源，且能保证贷款的安全性，故而信贷规模和银行资源不断集中在这类客户和项目上。特别是2008年金融危机和随后的经济刺激政策实施过程中，我国地方融资平台贷款自2008年的1.5万亿元暴增至10万亿元左右；2010年金融机构房地产人民币贷款新增2.02万亿元，占全部人民币新增贷款7.95万亿元的25.4%；2010年年底城市商业银行的政府平台和房地产项目贷款余额占比超过50%并非偶然现象，这种畸形的资产结构在任何时候对商业银行都是不合适的，更何况随着全球金融危机的不断演化和国内经济结构的调整，这类客户和项目的信贷风险正在积聚甚至暴露，比如出现了云南高速公路建设融资平台近千亿元贷款“只付息不还本”的违约函事件。无论监管机构还是银行自身，都迫切要求进行资产结构调整，降低信贷资产在大型企业、政府平台和房地产项目中的比例。而中小企业业务是很好的代替选择。根据德勤管理咨询的了解，一些城市商业银行的目标是把目前10%左右的中小企业贷款余额占比在未来3～5年中增至30%以上。

诚然，商业银行在发展中小企业业务的过程中面临诸多挑战，这些挑战既来自于中小企业业务的特殊性，也来自于对银行长期形成传统的变革；既来自于技术层面，也来自于部门间的利益调整。正确合理地应对这些复杂的挑战，对于银行发展中小企业业务至关重要。

德勤管理咨询认为组织架构的合理选择是解决资源重新配置的关键，对中小企业业务的长远发展非常重要。银行需要综合考虑对战略的支撑度、实施难度和风险等因素，选择最为合适的模式，而非选择所谓最优的组织模式。根据德勤管理咨询的观察，在现实中主要有三种不同的组织架构存在，分别是传统的总分层制、国际银行普遍采用的垂直事业部制以及处于二者之间的矩阵式事业部制。

事业部制是不少银行的目标模式，是解决资源在条线内自主配置的最有效方式。但与国外银行采用事业部制不同的是，国内银行实施事业部制是对现有总分行制的变革，而变革需要考虑业务稳定性和实施难度，并且相对于对公业务而言，中小企业业务更需要借助支行和网点的力量。

发展中小企业业务是银行调整资产和业务结构，实现可持续发展的必由之路，但也是一条艰辛的变革之路。银行不应也无法照抄照搬，而需摸索出适合自身发展之路。在变革的过程中，也必然会遭遇不同利益和文化的碰撞。正因如此，商业银行应坚定决心，按照既定战略定位，提前规划，详细设计，稳步地推进中小企业业务。

4. 德勤会计师事务所

2012 年 4 月，德勤会计师事务所发布的《2012 年中国银行业十大趋势与展望》报告显示，尽管我国的实体经济笼罩着增长下滑和硬着陆的风险，但我国银行业在 2011 年的利润仍然相当可观，业绩也保持着高速增长的势头。与此同时，我国的银行必须注意潜在的风险及其他国际和国内不确定因素的影响等。

（1）不良贷款率将温和上升

预计 2012 年，地方政府融资平台贷款风险基本可控，但银行的不良贷款率将温和上升。地方政府融资平台贷款虽然存在潜在风险，但并不会演化成大规模的坏账。

（2）积极应对潜在信贷风险

在严格的房地产政策调控下，房地产市场已经呈现弱势下行的局面，并且有很大可能在 2012 年上半年持续。银行业作为房地产行业的主要融资渠道，应积极把握房地产市场的宏观趋势，谨慎应对房地产信贷风险。

（3）商业银行积极参与破解中小企业融资困局

中小企业是一个富有活力的经济群体，在促进我国经济繁荣等方面发挥着越来越重要的作用。因此，商业银行应积极参与破解中小企业融资困局。

（4）推进涉农金融服务

政府和监管机构将会继续鼓励和强化金融机构的涉农金融服务。不仅是农村金融机构，商业银行也将加快推进农村金融服务的建设。同时，农村金融机构的股份制改革会加快步伐。

（5）中资银行国际化版图正加速推进

随着全球经济一体化逐步推进以及我国改革开放的不断深入，我国银行业“走出去”的步伐日渐加快。然而，我国银行业国际化发展仍处于初级阶段，我国的银行进行海外扩张时要特别注意市场风险、信用风险、操作风险，以及更为复杂的国际政治风险、法律风险、国别风险、国际市场风险等。

（6）逐步迈入移动金融服务时代

我国移动金融服务稳步发展，截至 2011 年 10 月底，我国手机用户数达 9.64 亿，3G 用户数超过 1.1 亿。这为银行逐步迈入移动金融服务时代提供了契机。

（7）私人银行业务成战略新兴市场

2011 年，在我国拥有千万元财富和亿万元财富的人数分别达 96 万和 6 万。私人银行业务是各商业银行角逐的战略新兴市场。然而，银行要对发展私人银行业务时面临的欠缺差异化、财富管理业务多元化和本地专业人才等挑战有足够的认识，并做出有效的应对。

（8）外资银行将持续大力开发中国市场

随着我国银行业的改革与开放，外资银行逐步发展壮大并已经发展成为我国银行业的重要组成部分。外资银行与中资银行将会在竞争和合作之间达到互利共赢的局面。

（9）影子银行业务强力挑战行业规则和监管

在 2011 年上半年的经济金融形势通报分析会上，我国银行业监督管理委员会将影子银行风险列为银行业当前三大主要风险之一。这对监管部门谨慎对待监管的效率和风险之间的平衡提出了更高的要求。

（10）监管机构强化银行业监管

随着全球金融市场的快速发展，市场竞争日趋激烈，金融创新引起的产品多样化加大了风险管理和控制的难度。展望 2012 年，如何应对国际会计准则理事会出台的《国际财务报告准则第 9 号——金融工具》的推出将是银行运营面临的一项重大挑战。

5. 波士顿咨询

资本市场与投资银行业（CMIB）正处于历时多年的转型过程中，必须做出许多艰难的战略选择。对于大多数投资银行来说，税后 15%～20%的资本回报率似乎已经成为历史。2012 年年底，这一数据的平均水平资本回报率介于 10%～13%之间。据估计，监管法规所带来的负面影响可能进一步导致该比率下降 3 个百分点。但总体而言，资本市场与投资银行业机构仍将在全球经济中发挥主要作用。本报告探讨了关键的市场发展趋势，分别从客户和产品的视角介绍了投资银行面临的不同选择，并提出了 BCG 认为最具优势的 6 种业务模式。理论上而言，这些业务模式有可能实现投资者要求的最低 12%的资本回报率——这一许多参与者难以企及的水平。然而，在每一种业务模式中，只有相对少数机构能够实现较高的资本回报率并更加接近金融服务行业其他领域的绩效水平。

第二部分
商业银行和政策性银行

一、基本情况

截至2012年年底，我国银行业金融机构共有法人机构3 746家，从业人员336.2万人。包括2家政策性银行及国家开发银行、5家大型商业银行、12家股份制商业银行、144家城市商业银行、337家农村商业银行、147家农村合作银行、1 927家农村信用社、1家邮政储蓄银行、4家金融资产管理公司、42家外资法人金融机构、67家信托公司、150家企业集团财务公司、20家金融租赁公司、5家货币经纪公司、16家汽车金融公司、4家消费金融公司、800家村镇银行、14家贷款公司，以及49家农村资金互助社。

截至2012年年底，银行业金融机构资产总额为133.6万亿元，比年初增加20.3万亿元，增长17.9%；负债总额为125万亿元，比年初增加18.9万亿元，增长17.8%。从机构类型来看，资产规模较大的依次为：大型商业银行、股份制商业银行、农村中小金融机构和邮政储蓄银行，占银行业金融机构资产的份额分别为44.9%、17.6%和15.6%。

截至2012年年末，主要商业银行的不良贷款余额3 892.14亿元，比年初增加333.14亿元；不良贷款率0.92%，比年初下降0.04个百分点。其中，大型银行不良贷款率0.99%，比年初下降0.09个百分点；股份制商业银行不良贷款率0.72%，比年初上升0.12个百分点。

截至2012年年末，银行业金融机构本外币各项存款余额94.29万亿元，比年初增加11.63万亿元，同比增长14.06%；各项贷款余额67.28万亿元，比年初增加9.11万亿元。

2012年，银行业金融机构实现税后利润为1.51万亿元，同比增长20.7%；资本利润率为19.0%，同比下降0.16个百分点；资产利润率为1.2%，同比上升0.02个百分点。其中，商业银行实现税后利润为1.24万亿元，同比增长19.0%；资本利润率为19.8%，同比下降0.55个百分点；资产利润率为1.3%，与2011年同期持平。从利润来源看，64.9%为利息净收入，主要源于以信贷为主的生息资产规模的增长。

截至2012年年底，银行业金融机构平均流动性比例为47.8%，同比上升3.07个百分点；存贷款比例为73.5%，同比上升0.74个百分点。商业银行人民币超额备付金率为3.5%，同比上升0.42个百分点。

2012年，银行业金融机构通过多种方式补充资本1.41万亿元，其中留存收益9 842万亿元，股权融资2 267亿元，混合资本债券和次级债券融资2 032亿元。截至2012年年末，商业银行资本充足率13.25%，比2011年提高0.54个百分点。其中，大型商业银行资本充足率13.42%，比2011年提高0.8个百分点；股份制商业银行资本充足率11.74%，比2011年提高0.2个百分点；城市商业银行资本充足率13.68%，比2011年提高0.11个百分点。截至2012年年末，商业银行实收资本占核心资本净额的34.99%，资本质量处于国际同业较高水平。

16 家主要商业银行资产构成表（表 2-1）。

表 2-1 16 家主要商业银行资产构成

项 目	金额/亿元		比率（%）	
	2011 年	2012 年	2011 年	2012 年
存放中央银行款项	118 791.32	132 489.03	16.50	15.85
存放同业款项	26 890.68	35 709.11	3.73	4.27
贷款	338 717.31	377 590.44	47.04	45.18
贴现	7 115.46	9 567.38	0.99	4.24
贸易融资	23 737.05	35 450.75	3.30	1.14
拆放同业	17 852.76	20 130.81	2.48	2.41
投资	142 957.27	162 110.34	19.85	19.40
买入返售资产	32 265.11	49 560.37	4.48	5.93
其他	11 802.41	13 063.69	1.64	1.56
总资产	720 129.37	835 671.93	100.00	100.00

数据来源：中国银监会。

截至 2012 年年末，主要商业银行各项贷款余额 42.26 万亿元，比年初增加 6.39 万亿元，增长 17.81%。其中，大型商业银行各项贷款余额 31.23 万亿元，增长 17.4%；股份制商业银行各项贷款余额 11.03 万亿元，增长 18.86%。

截至 2012 年年底，49 个国家和地区的银行在华设立了 42 家外资法人机构、95 家外国银行分行和 197 家代表处。

截至 2012 年年底，37 家外资法人银行、54 家外国银行分行获准经营人民币业务，30 家外资法人银行、25 家外国银行分行获准从事金融衍生产品交易业务，6 家外资法人银行获准发行人民币金融债，3 家外资法人银行获准发行信用卡。

截至 2012 年年底，外资银行在中国 27 个省（市、区）、59 个城市设立了机构，初步形成具有一定覆盖面和市场深度的总、分、支行服务网络，在提供中小企业特色金融服务、支持中资企业“走出去”，以及促进区域协调发展等方面贡献了力量。

截至 2012 年年底，在华外资银行业营业机构资产总额（含外资法人银行和外国银行分行）为 2.38 万亿元，同比增长 10.66%；各项存款余额为 1.43 万亿元，增长 7.74%；各项贷款余额为 1.04 万亿元，增长 6.23%；流动性比例为 68.77%；实现税后利润 163.39 亿元；不良贷款率为 0.52%；外资法人银行资本充足率为 19.74%，核心资本充足率为 19.25%。从总体上看，在华外资银行业营业机构主要指标均高于监管要求，基本面健康。

我国结合银行业改革发展实际，稳妥推进《巴塞尔协议》在我国的实施，相继制定出台了《商业银行杠杆率管理办法》、《商业银行资本管理办法（试行）》和《关于商业银行资本工具创新的指导意见》等一揽了监管新标准。

2011 年 6 月，《商业银行杠杆率管理办法》出台，根据《巴塞尔协议Ⅲ》定义了杠杆率的分子、分母和披露要求，考虑了中国杠杆率总体水平偏高的特点，将杠杆率最低监管标准确定为4%，高于《巴塞尔协议Ⅲ》中3%的要求。系统重要性银行和非系统重要性银行将分别于2013年年末和2016年年末前达到上述标准。

2012年6月，《商业银行资本管理办法(试行)》出台，并于2013年实施。该办法进一步严格了资本定义，强调普通股和留存收益在资本中的主导地位，规范普通股、一级资本和二级资本的计入标准，明确资本扣减项；扩大了资本覆盖范围，除信用风险和市场风险外，增加了操作风险的资本要求；提高了监管资本的最低要求，核心一级资本充足率、一级资本充足率和总资本充足率要求分别为5%、6%和8%，并设置了2.5%的储备资本要求。

2012年年末我国主要上市银行资本充足率（表2-2）。

表2-2 中国主要上市银行资本充足率（2012年年末）

商业银行	资本充足率（%）	核心资本充足率（%）	商业银行	资本充足率（%）	核心资本充足率（%）
中国工商银行	11.6	9.5	中国民生银行	8.4	8
中国建设银行	12.3	11	中国光大银行	9.30	
中国银行	11.6	10	兴业银行	9.30	8.9
中国农业银行	10.30	10	平安银行	11.37	8.59
交通银行	11	9	华夏银行	10.85	8.18
招商银行	9.5	9	北京银行	12.9	10.9
浦发银行	9.60	9.2	南京银行	14.98	12.13
中信银行	10.5	10.1	宁波银行	15.65	11.49

数据来源：各上市银行2012年年报。

埃森哲报告称，中国商业银行仍处于商业化的学习和成长阶段，虽然规模和市值排名靠前，但在世界舞台上的竞争力还有待增强。此外，中国商业银行在产品开发、技术应用、风险管理能力等方面和西方发达国家银行相比还有相当的差距，在海外发展的过程中进一步认识自身的优势和不足，对其长期健康发展大有裨益。尽管中国商业银行海外发展的环境逐渐成熟，但其全球扩张之路仍然面临着一定的挑战。这些挑战既包括金融机构在海外扩张中所普遍面临的进入新市场的风险，也包括发展中国家金融机构在海外发展中面临的一些特有风险，如平衡海内外市场、缺乏国际化管理经验、建立品牌和市场影响力等。

二、商业银行产业金融服务概述

2012年6月和7月，中国人民银行进一步扩大金融机构存贷款利率浮动区间，中国利率市场化又迈进了重要一步，给商业银行带来更多机遇。一是银行将拥有更大的自主定价权，可以根据自身需求在更大范围内确定存贷款利率，实现风险收益对称。二是有利于银行主动管理资产负债，利用价格对利率敏感性缺口进行调整。三是给以利率为标的物的金融产品创新提供发展空间，有利于激发银行拓展中间业务。

根据英国《银行家》(The Banker) 杂志2012 年 7 月的评选结果，工商银行、农业银行、中国银行、建设银行分别位列全球银行净利润总额第 1 位、第 2 位、第 3 位和第 5 位，一级资本排名分别为第 3 位、第 6 位、第 10 位和第 9 位。大型商业银行财务状况（见表 2-3）。2013 年中国十大银行排行榜（见表 2-4）。2011 年金融衍生产品市场有关政策（见表2-5）。2012 年社会融资规模统计表（见表2-6）。

表 2-3　大型商业银行财务状况

单位：亿元

银行名称	总资产		净利润		资本充足率		不良贷款率	
	2003 年	2012 年	2003 年	2012 年	2003 年	2012 年	2003 年	2012 年
中国工商银行	52 791	175 422	25	2 387	−8.81%	13.66%	21.24%	0.85%
中国农业银行	34 940	132 443	19	1 451	N/A	12.61%	30.66%	1.33%
中国银行	39 800	126 806	287	1 455	5.40%	13.63%	16.28%	0.95%
中国建设银行	35 531	139 728	224	1 936	6.50%	14.32%	13.68%	0.99%
交通银行	—	52 734	—	584	—	14.07%	—	0.92%

数据来源：根据大型商业银行年报数据整理。

表 2-4　2013 年中国十大银行排行榜

中国农业银行	最早可追溯至 1951 年成立的农业合作银行，世界 500 百强企业，国有控股商业银行，中国农业银行股份有限公司
中国工商银行	成立于 1984 年，中国最大的国有独资商业银行之一，世界 500 百强企业，上市公司，中国工商银行股份有限公司
中国银行	成立于 1912 年，中国最大的国有商业银行之一，世界 500 强企业，中国十大银行（中资）品牌，中国银行股份有限公司
中国建设银行	成立于 1954 年，中国市场处于领先地位的股份制商业银行，世界 500 强企业，中国建设银行股份有限公司
招商银行	成立于 1987 年，国内第一家采用国际会计标准的上市公司，世界 500 强企业，享誉国际，中国招商银行股份有限公司
交通银行	始于 1908 年，全国性的国有股份制商业银行，是中国早期的发钞行之一，上市公司，中国交通银行股份有限公司
中国邮政储蓄银行	于 2007 年成立，国内覆盖面最广营业网点最多的商业银行，极具市场竞争力，中国邮政储蓄银行股份有限公司
兴业银行	1988 年成立于福建，经国务院、中国人民银行批准成立的首批股份制商业银行之一，兴业银行股份有限公司

（续）

中信银行	中国最早参与国内外金融市场融资的银行之一，国内资本实力最雄厚的商业银行之一，中信银行股份有限公司
中国民生银行	于1996年成立，中国首家主要由非公有制企业入股的全国性股份制商业银行，上市公司，中国民生银行股份有限公司

数据来源：博思数据。

表 2-5　2011 年金融衍生产品市场有关政策

时　间	政　策	发布单位
1月5日	银行业金融机构衍生产品交易业务暂行管理办法	中国银监会
2月14日	关于人民币对外汇交易的有关问题的通知	国家外汇管理局
3月28日	全国银行间同业拆借中心利率互换交易确认细则	全国银行间同业拆借中心
5月25日	关于签署《全国银行间同业拆借中心利率互换交易确认功能使用承诺函》相关事宜的通知	中国外汇交易中心
11月8日	关于银行办理人民币对外汇期权组合业务有关问题的通知	国家外汇管理局

资料来源：课题组整理。

表 2-6　2012 年社会融资规模统计表

单位：亿元

项　目	2012.01	2012.02	2012.03	2012.04	2012.05	2012.06	2012.07	2012.08	2012.09	2012.10	2012.11	2012.12
社会融资规模	9 754	10 431	18 703	9 637	11 432	17 802	10 522	12 475	16 462	12 906	11 225	16 282
其中：人民币贷款	7 381	7 107	10 114	6 818	7 932	9 198	5 401	7 039	6 226	5 054	5 220	4 546
外币贷款（折合人民币）	−148	526	950	96	302	1 040	70	743	1 764	1 290	1 045	1 486
委托贷款	1 646	394	770	1 015	215	789	1 279	1 046	1 449	941	1 218	2 079
信托贷款	247	522	1 018	37	557	988	384	1 238	2 012	1 444	1 802	2 598
未贴现银行承兑汇票	−214	−284	2 821	279	380	3 113	218	−846	2 155	729	−489	2 637
企业债券	442	1 544	1 974	887	1 441	1 982	2 486	2 579	2 278	2 992	1 820	2 126
非金融企业境内股票融资	81	229	565	190	184	246	316	208	158	88	107	135

注：1. 社会融资规模是指一定时期内实体经济从金融体系获得的资金总额，是增量概念。
2. 数据为正式数。
3. 数据来源于中国人民银行、发展和改革委员会、证券监督管理委员会、保险监督管理委员会、中央国债登记结算有限责任公司和银行间市场交易商协会等。

1. 商业银行参与债券市场情况

随着中国金融市场尤其是债券市场的继续深化发展、稳步迈进，商业银行从业务运营到风险管理，从服务定位到盈利模式，从产品创新到规模扩张，都将发生深刻变化。

商业银行成为金融市场上最为重要的投资人，中国银行业金融机构资产规模巨大，截至 2012 年年末，境内银行业金融机构资产规模超过 131 万亿元，占金融业资产总规模的90%左右。以债券市场为例，2012年年末，银行间市场主要债券品种托管量为22.2万亿元，而商业银行和信用社共持有14.7万亿元，占比66.4%，其中全国性商业银行持有11.8万亿元，占比53.3%。

商业银行成为金融市场规模成长的重要供给方，2013年2月，商业银行板块市值超过7万亿元，占全部市值的比重接近30%。截至2013年1月末，银行间市场上商业银行债和政策性银行债的存量规模分别为1.27万亿元和7.88万亿元，二者合计占全部债券存量的38.3%。

同时，商业银行也成为金融市场上重要的交易人。2012年，银行间市场现券交易规模达到70.8万亿元，而商业银行和信用社的买入和卖出规模分别为48.9万亿元和49.1万亿元，占比分别达到69.1%和69.4%。在质押式回购和买断式回购中，商业银行也是最为重要的交易主体。

债券市场发展也为商业银行开展金融创新提供了便利条件，商业银行是最多运用金融创新的机构，而债券市场是金融创新最密集的市场。目前，各国金融市场上最前沿的、对商业银行发展具有积极意义的创新型产品，如信用衍生产品、资产证券化产品等都是依托债券市场产生的。长期来看，债券市场发展对于提高商业银行运营效率的积极作用更为重要。

2. 国家的金融政策

由于2012年国内的许多产业都发生了复杂的变化，有些产业也经历了全面性的困难，对商业银行的业务、商业银行的收益水平以及商业银行的风险均带来了较大的影响。中国银行业监督管理委员会和中国人民银行均就许多产业的银行业务提出了新的政策，在房地产、汽车、钢铁、文化行业，都专门颁布了相关的文件和制定了政策法规，很多商业银行对某些行业信贷规模、信贷产品进行了大幅度的收缩，而对汽车、铁路、交通运输、农业、文化产业等行业则提出了新的支持措施。对商业银行业务的影响，还反映在作为央行的中国人民银行多次调整利率和存款准备金率。2012年，中国人民银行共调整存贷款基准利率1次，调整存款准备金率2次（见表2-7）。

2012年中国人民银行存款准备金率调整情况表（见表2-8）。

黄金、外汇储备（见表2-9）。

表2-7 中国人民银行人民币存贷款基准利率调整情况表（2012年）

调整时间：2012年6月8日	调整前（%）	调整后（%）
一、城乡居民和单位存款		
（一）活期存款	0.50	0.40
（二）整存整取定期存款		
三个月	3.10	2.85
半年	3.30	3.05
一年	3.50	3.25
二年	4.40	4.10
三年	5.00	4.65
五年	5.50	5.10

（续）

调整时间：2012 年 6 月 8 日	调整前（%）	调整后（%）
二、各项贷款		
六个月	6.10	5.85
一年	6.56	6.31
一至三年	6.65	6.40
三至五年	6.90	6.65
五年以上	7.05	6.80
三、个人住房公积金贷款		
五年以下（含五年）	4.45	4.20
五年以上	4.90	4.70

数据来源：中国人民银行。

表 2-8 中国人民银行存款准备金率调整情况表（2012 年）

次　数	时　间	调整前	调整后	调整幅度
1	2012 年 2 月 24 日	（大型金融机构）21%	20.5%	−0.5%
		（中小型金融机构）17.5%	17%	−0.5%
2	2012 年 5 月 18 日	（大型金融机构）20.5%	20%	−0.5%
		（中小型金融机构）17%	16.5%	−0.5%

数据来源：中国人民银行。

表 2-9 黄金、外汇储备

年　份	黄金储备/万盎司	外汇储备/亿美元	外汇储备比上年增长（%）
1995	1 267	736.0	42.6
1996	1 267	1 050.3	42.7
1997	1 267	1 398.9	33.2
1998	1 267	1 449.6	3.6
1999	1 267	1 546.8	6.7
2000	1 267	1 655.7	7.0
2001	1 608	2 121.7	28.1
2002	1 929	2 864.1	35.0
2003	1 929	4 032.5	40.8
2004	1 929	6 099.3	51.3
2005	1 929	8 188.7	34.3
2006	1 929	10 663.4	30.2
2007	1 929	15 282.5	43.3
2008	1 929	19 460.3	27.3
2009	3 389	23 991.5	23.3
2010	3 389	28 473.4	18.7
2011	3 389	31 811.5	10.7
2012		33 115.9	4.1

数据来源：中国人民银行。

三、商业银行产业金融服务创新

2012年2月中国银监会召开2012年创新监管工作会议，中国银行业启动股份制改造和市场化改革以来，银行业金融创新活力和主动性有了较大提升，核心竞争力和服务能力稳步提高，金融产品不断丰富，金融服务便利性得到改善，创新监管能力建设不断增强，坚持了有序发展和风险可控的均衡统一。

2012年5月，中国人民银行、银监会、财政部联合下发《关于进一步扩大信贷资产证券化试点有关事项的通知》(以下简称《通知》)，停滞4年之久的信贷资产证券化重新启动，根据国务院批复，额度共500亿元。

2013年7月，中国银监会与国家林业局联合印发了《关于林权抵押贷款的实施意见》(银监发［2013］32号)，明确提出林农和林业生产经营者可以用承包经营的商品林做抵押，从银行贷款用于林业生产经营的需要，实现了林业资源变资本的历史性突破。

国家开发银行、进出口银行、中国银行、中国工商银行、中国农业银行、中国建设银行等先后与文化部建立了合作机制。各家银行加大了对文化企业的信贷支持力度，创新金融产品，优化授信模式，为各类文化企业提供全方位的金融服务。数据显示，截至2011年11月底，国家开发银行文化产业贷款余额达1 182亿元，居全国银行业首位；截至2011年9月末，五大商业银行文化产业贷款余额为2 000亿元左右。虽然五大商业银行贷款数额相对不大，但为文化产业提供融资的增幅显著加快。

2012年，中国建设银行围绕国家产业政策，抓住基础设施建设领域的发展机遇，支持拉日铁路、紫坪铺水利枢纽工程等国家重点项目建设的融资需求。严格控制对高能耗、高污染、产能过剩行业的信贷投放，对于该类行业客户贷款增加拨备计提，同时加大对属于绿色环保、节能减排项目的信贷支持力度，重点支持国家循环经济试点以及传统高耗能高污染企业的节能降耗技改项目。中国建设银行通过经济杠杆引导信贷资源合理配置，支持传统产业升级，产能过剩行业贷款余额持续下降。

2012年，兴业银行成立可持续金融部，全方位统筹发展“绿色金融”业务；推出以项目未来收益权质押的合同能源管理融资业务，有效缓解节能服务公司融资担保难题；推出排污权综合金融服务，提供排污权交易、清算、抵押授信等一揽子产品与服务；与国际金融公司联合推出专项服务欠发达地区中小企业节能减排融资项目，有效破解欠发达地区中小企业节能减排融资难的问题。截至2012年年底，兴业银行已累计为上千家企业提供绿色金融融资，支持的项目在中国境内年节约标准煤为2 316万吨，年减排二氧化碳为6 683万吨，年节水量为25 579万吨。

2012年2月，中国民生银行推出“齐心贷”支持“三高六新”和“七大战略新兴产业”。“齐心贷”是中国民生银行在综合考虑中小企业未来发展前景、企业自然人股东和高管个人资产实力等因素的基础上，以企业自然人股东和高管个人连带责任保证为核心担保方式，向授信申请人发放的短期融资。“三高六新”是指高增长、高科技、高附加值以及新经济、新农村、新服务、新能源、新材料、新模式。“七大战略新兴产业”是指节能环保、新兴信息产业、生物产业、新能源、新能源汽车、高端装备制造业和新材料。

2012 年 5 月开始，12 家银行将连续 3 年为上海市实体产业滚动提供总额 6 600 亿元融资支持。该次金融支持实体产业经济明确十大重点产业领域，分别是高端装备制造产业、以新能源汽车制造为核心的汽车制造产业、精品钢材产业、以生物医药为核心的医药制造产业、新一代信息技术产业、新材料产业、新能源产业、节能环保产业、文化创意和旅游商贸产业、服务贸易和服务外包产业等。

2012 年，房地产贷款增速有所回升，但仍低于 2011 年水平。截至 2012 年年末，主要金融机构（含外资）房地产贷款余额 12.1 万亿元，同比增长 12.8%，增速自 5 月以来逐月回升，但仍比 2011 年年末低 1.1 个百分点，比 2010 年 4 月最高点低 33.5 个百分点。房地产贷款余额占各项贷款余额的 19.8%，比 2011 年年末低 0.3 个百分点。全年新增房地产贷款 1.3 万亿元，同比多增 897 亿元。房地产贷款新增额占各项贷款新增额的 17.4%，比 2011 年全年水平低 0.1 个百分点。

中国民生银行大连分行依托辽宁省内大连港、北良港、营口港、锦州港、葫芦岛和丹东港，着手打造港口金融服务。港口金融是中国民生银行根据港口经济的特点，围绕港口经济主要辐射产业，针对进出港口的物流和资金流，为满足核心企业及其上下游企业的需求而设计的，提供与港口经济各产业的自身特点和商品交易模式相适应的融资、结算、配套服务及资产保值等一系列个性化金融服务方案。港口金融主要针对的商品是大宗生产原料，如矿石、原油、橡胶、煤炭、棉花、纸浆、钢材、化肥、水产品等，也可以是汽车配件、船舶，以及其他符合银行存货质押管理办法规定的物理化学性质稳定、易变现的商品。为加大对港口建设、港口运营、港口运输和港口贸易企业的支持力度，推进港口金融发展，中国民生银行大连分行对港口金融提供“绿色通道”融资审批，港口及其辐射的企业优先享受信贷支持。目前，中国民生银行大连分行港口金融服务主要通过给予各港口监管额度，由港口方向民生银行推荐客户，中国民生银行经独立审查，在符合其授信政策的情况下，批量为客户办理动产质押、股权质押、不动产抵押或设备抵押等融资业务。

2007 年，中信银行青岛分行在解构山东半岛经济特点、研发服务辖区经济特色产品时，就实现了金融和港口经济的成功嫁接，并创立了一项具有里程碑意义的供应链金融服务特色品牌——“中信港口金融”。该品牌不仅实现了金融与港口的对接，也有效地带动了城市经济的发展。“中信港口金融”是对其创新意识和能力最经典的诠释。据了解，该品牌推出 5 年来，共服务港口金融客户 1 134户，累计融资额超过 912 亿元。不仅如此，“中信港口金融”凭借在港口金融业务领域的良好表现荣获“山东省创新及优秀应用成果一等奖”。如今，中信银行青岛分行的港口金融业务已经深入到港口经济的各个环节，并形成了包括：银港融通、船舶融通、油品融通、大宗原料融通、水产品融通、汽配融通、保税融通、本外币增值通在内的八大特色金融服务方案。“中信港口金融”从青岛走向全国，已经升级为中信银行总行级的特色服务品牌，帮助众多港口上下游企业做大做强，结下了累累硕果。更为重要的贡献是，港口金融概念的提出和不断丰富完善，在一定意义上引导着山东港口经济逾越货物装卸、商贸聚集、临港工业聚集三大演进阶段，推动涉海金融向更高的层次发展。

2012 年 12 月 19 日，中国农业银行在荣昌县双河街道铁炉村隆重举行“汽车移动金融服务”启动仪式，宣告全国农业银行系统第一台“三农金融服务车”在荣昌县支行正式启动。

中国农业银行荣昌支行作为银监会“服务三农”的八家联系行之一，先后开展了“惠农通”“惠农卡”“电话银行”“手机银行”等农村金融服务创新，成绩斐然。截至 2012 年 10 月，先后在荣昌县 21 个镇街、167 个社区、行政村布放“惠农通”，行政村覆盖率达到 100%，初步形成以乡镇营业网点为核心、“惠农通”为延伸的乡镇金融服务网络；加大 POS 机、ATM 自助设备投放；开通手机银行上万户，累计交易金额千万余元；开通网上银行的客户上万户，交易金额数十亿元。

2012 年也是商业银行业务创新之年，由于市场竞争和业务创新，商业银行也都开始进行新的机构的调整和新的业务模式的创新，这些调整的目的是增加商业银行产业金融服务的有效性和广泛性，以此增加商业银行的业务收入，降低商业银行运营的系统化风险。

通过转型将业务部门变成以产业类型分类的事业部制，增加产业服务深度，有利于商业银行与产业建立更深的合作体系。商业银行根据产业的类型设立专业性的业务部门，如汽车金融中心、茶业金融中心等。加强金融业务的集成，与其他类型金融机构的合作，如银行与 PE、资产管理公司、信托投资公司及融资租赁公司加强合作，共同推出新的产业金融业务。业务研发与创新，商业银行未来有效地拓展与相关产业的金融服务，需要一系列的产业创新，商业银行在 2012 年非常重视产业金融服务创新，有些创新是在商业银行内部完成的，有些是通过对外委托完成的。随着商业银行产业金融业务发展，很多商业银行的后台服务正在以外包的形式实现，商业银行的产业金融服务产品也通过外包实现创新，特别是大宗商品领域商业银行的产业金融服务，需要在比较复杂的产业资源和金融资源的整合下才能完成。

2012 年，商业银行推出了针对不同产业的新的金融业务（见表 2-10）。

表 2-10 部分商业银行产业金融服务创新

时　间	事　件
2012 年 2 月 14 日	广发银行与中升（大连）集团在广州签订《银企战略合作协议》，全力打造区域汽车金融中心
2012 年 3 月 27 日	中信银行提供具有里程碑意义的供应链金融服务特色品牌“中信港口金融”，支持青岛市政府西海岸经济建设
2012 年 6 月 25 日	中信银行“钢铁金融”针对不同网络制定了业务操作流程及标准协议文本，并表示在未来 3～5 年，把供应链金融作为全行公司银行的战略核心业务
2012 年 6 月	民生交通金融事业部大力推进“路转车”的业务转型，退出包括公路、铁路、机场、港口等基础设施建设为主的业务，转向制造业、流通服务业

（续）

时间	事件
2012年8月21日	中国民生银行大连分行依托辽宁省内大连港、北良港、营口港、锦州港、葫芦岛和丹东港，着手打造港口金融服务
2012年10月10日	杭州市文创办和光大银行杭州分行合作，将推出面向文创产业的“融易贷”基金
2012年11月12日	中国银行上海市分行推出航运金融创新方案并成功完成首单业务

数据来源：课题组整理。

近年来，中国工商银行将文化产业作为推动经济结构转型升级和自身经营结构调整的重要突破口，着力加大金融支持力度，促进了文化产业的健康快速发展。截至2011年年末，中国工商银行对文化产业的贷款余额已达到630多亿元，比年初新增超过120亿元，为3 300多户文化企业提供了贷款支持，贷款余额和增量均在国内商业银行中位居前列。同时，中国工商银行还将中小文化企业作为重点支持的对象，目前中小文化企业客户数量达3 200多户，占到该行全部文化产业客户的近97%，贷款余额占到全部文化产业贷款余额的73%。

四、投资银行业务

根据《银行家》载文称，债务融资工具承销和财务顾问是当前中国商业银行投资银行业务收入的两个主要来源。2012年，在财务顾问业务相对萎缩的同时，多家银行的债务融资工具承销规模都维持了较快增长。其中，中信银行、浦发银行、兴业银行、中国民生银行、北京银行和南京银行的增幅高达80%以上。

2012年，商业银行债务融资工具承销业务热度不减，究其原因，一是在银行信贷长期紧张和贷款基准利率高于发债成本的情况下，一些企业纷纷“弃贷选债”，导致“债热贷冷”现象出现；二是近年来债券审批逐步放宽，债券品种不断增加，激发了企业发债的热情；三是非公开定向债务融资工具（PPN）和以私募方式发行的ABN等新型债务融资工具突破了“发债规模不得超过净资产40%”这一政策限制，因而深受企业追捧。

2012年，中国商业银行的结构化融资业务发展迅猛。一方面，在中国人民银行、银监会和财政部5月份联合印发《关于进一步扩大信贷资产证券化试点有关事项的通知》后，商业银行重新启动沉寂了四年的信贷资产证券化试点，如交通银行和中国银行都发行了首单资产证券化项目。另一方面，根据中国银行间市场交易商协会8月份发布的《银行间债券市场非金融企业资产支持票据指引》，中国工商银行、浦发银行和中信银行承销发行了首批以基础资产的稳定现金流作为还款支持的新型债务融资工具——资产支持票据（ABN）。

就业务品种来看，大型商业银行不仅投资银行业务收入规模遥遥领先，并且其业务收入来源也相对更为全面、均衡。例如，在财务顾问方面，2012 年，大型银行除继续发展企业常年财务顾问业务外，还积极拓展了与企业股权融资、并购重组等相关的高端财务顾问业务；在股权融资及相关顾问业务方面，大型银行能充分利用与境外控股投资银行子公司的业务协同关系，收取企业赴境外上市的手续费和佣金；在结构化融资方面，2012 年，以中国银行、交通银行为代表的大型银行率先试点了信贷资产证券化业务。

2011 年 11 月以来，证监会开始严控上市闸门，申报审核、发行批文双双收紧。2012 年全年，沪深两市主板、中小企业板和创业板首次公开发行（IPO）合计仅有 155 宗，融资金额 1 083 亿元，相比 2011 年的 282 宗及 2 861 亿元分别下降了 45%及 62%。

与此同时，企业上市难这一预期也影响了商业银行相关投资银行业务，如企业上市财务顾问、上市前过桥融资、上市保荐（通过境外控股子公司）、上市收款清算、市值管理财务顾问、上市公司再融资财务顾问等配套业务的发展都因 IPO“堰塞湖”连锁反应而面临困境。

业务结构将向债务融资和新兴投资银行业务倾斜。在财务顾问业务发展趋于谨慎和 IPO 业务依旧充满不确定的情况下，投资银行业务种类间将呈现“此消彼长”的格局。2013 年，各银行将继续围绕债务融资工具的承销份额展开激烈竞争，承销对象也将由短融、中票、企业债、公司债等传统债券品种向金融机构债券、地方政府债券、PPN 和 ABN 等领域全面延伸。此外，过桥融资、并购融资、高端财务顾问、投资银行类理财、信贷资产证券化及信贷资产交易等业务的比重也将明显上升，同时还将与信托、券商资管、保险资管、第三方理财机构等同业机构建立多层次合作交流平台，从而大大丰富投资银行业务产品线。

根据交通银行金融研究中心《2012—2013 年中国商业银行运行分析与展望》报告，到 2012 年上半年，这一高增长势头却戛然而止。在明确披露投资银行业务收入的八家上市银行（中国工商银行、中国建设银行、中国农业银行、中国银行、交通银行、招商银行、中信银行、北京银行）中，除中国工商银行、中国建设银行、中信银行和北京银行仍保持小幅增长外，中国农业银行、中国银行、交通银行和招商银行的投资银行业务收入与 2011 年同期相比均有不同程度的下滑。

就业务品种来看，2012 年上半年，五大银行不仅在投资银行业务收入规模方面遥遥领先，并且投资银行业务收入来源也相对更全面。例如，在财务顾问方面，中国工商银行除继续发展企业常年财务顾问业务外，还积极拓展了与企业股权融资、并购重组等相关的高端财务顾问业务。此外，在股权融资及相关顾问业务方面，五大银行也充分利用与境外控股投资银行子公司的业务协同关系收取企业赴境外上市的手续费和佣金。与之相比，中小银行的投资银行业务较为单一，多数仍局限于短期融资券和中期票据承销、企业常年财务顾问等狭窄领域。

2012 年上半年，尽管商业银行投资银行业务发展不同程度地有所放缓，但银行之间的差距分化却日趋明显。其中，中国工商银行、中国建设银行和中国农业银行的投资银行业务收入远远领先于其他银行，构成了第一梯队（70 亿～150 亿元）；交通银行、中兴银行、兴业银行所在的第二梯队（15 亿～40

亿元）紧随其后；中信银行、民生银行、光大银行、招商银行、浦发银行的投资银行业务收入大致分布于5亿～10亿元区间；北京银行、南京银行、宁波银行、华夏银行、平安银行业务收入基本上都在5亿元以下，暂列第四梯队。

长期以来，中国商业银行普遍缺乏自主开发新产品的动力。这一短板同样体现在投资银行业务领域。由于自主创新能力和意愿不足，各银行，特别是中小银行在开展投资银行业务时多以吸纳性、移植性为主，即通过简单模仿同业的产品进行“研发”。由此带来的后果是，商业银行投资银行业务不仅产品种类相对匮乏，无法满足客户的多样化需求；且同质化倾向严重，各行在产品的研发设计、客户定位、营销渠道和盈利模式等方面都大同小异，难以形成进取向上的良性竞争态势。目前，多数商业银行的投资银行业务收入主要依赖于债务融资工具承销和常年财务顾问等传统业务；而绿色金融、并购重组、IPO及再融资配套服务、资产证券化、高端财务顾问等新兴业务还处于发展初期，尚未形成规模。

投资银行业务种类间将呈现此消彼长的格局。2013年，各银行将围绕债务融资工具的承销份额展开激烈竞争，以弥补财务顾问收入低迷对投资银行业务收入的拖累，承销对象也将由传统的债券品种向企业、金融机构和政府债券“全覆盖”的方向拓展；此外，并购融资、权益融资、银团贷款、投资银行类理财和资产管理等新兴投资银行业务的比重也将明显上升，投资银行业务产品线将更趋丰富。一些银行内部业务流程等管理制度不健全、投资银行业务从业人员素质不高也是造成财务顾问业务混乱的重要因素。2013年，各银行要想重塑财务顾问业务品牌，首先要做的就是对现有投资银行人才队伍进行充实、整顿和提高，设计科学规范的业务流程、审批程序和绩效考核机制，对现有人员进行职业精神和专业技能方面的培训。

商业银行在从事投资银行业务方面有着天然优势：商业银行已有的信誉优势有助于顺利介入新业务和新市场；发展投资银行业务需要有强大的资金来源作为保障，而商业银行恰恰在这方面具备了充分实力；在微观信息资源方面，商业银行拥有遍布城乡的机构网络以及庞大的客户群体，可以获得大量第一手资料。

2011年，中国商业银行持续加大投资银行业务发展力度，业务范围不断扩大，新品种新服务层出不穷，投资银行相关手续费收入保持高速增长，占手续费及佣金收入的比重继续提升。如，中国工商银行加快投资银行业务从信贷市场向债券、资本、并购、私募市场拓展，全年实现投资银行收入255.92亿元，新增70.86亿元，增速为45.7%，占手续费及佣金收入的比重达20.7%。中国银行加强海内外一体化经营及综合金融服务产品，全年实现投资银行收入244.43亿元，新增37.34亿元，增速为18.03%，占手续费及佣金收入的比重达34.9%。中国建设银行以全面金融解决方案为载体，积极推动与客户建立长期合作关系，全年实现投资银行业务收入189.49亿元，新增50.43亿元，增速为36.3%，占手续费及佣金收入的比重达21.2%。

部分上市商业银行投资银行业务收入及变化（见表2-11）。

表 2-11 部分上市商业银行投资银行业务收入及变化

银行名称	收入额/亿元	2011年增速(%)	占比(%)	收入额/亿元	比上年增/减增速(%)	占比(%)
中国工商银行	225.92	45.7	20.7	70.86	22.0	0.8
中国农业银行	162.57	61.7	22.7	62.02	−7.7	1.8
中国银行	244.43	18.0	34.9	37.34	—	−0.1
中国建设银行	189.49	36.3	21.2	50.43	−5.6	0.8
交通银行	62.76	52.9	27.9	21.71	15.0	3.9
招商银行	19.17	83.8	11.3	8.74	5.2	2.9
中信银行	20.04	50.3	21.1	6.71	15.9	0.0
中国光大银行	6.82	41.5	9.2	2.00	−16.3	−0.3

注:"占比"为该项业务收入占手续费及佣金收入的比重。"—"表示银行未公布相关数据。

资料来源:各家银行年报。

1. 中国工商银行

投资银行业务是中国工商银行大力发展的一项新兴业务。中国工商银行发挥在资金实力、信息资源、服务网络等方面的突出优势,可为客户提供高效专业的投资银行服务。中国工商银行投资银行业务部门,以高素质的项目团队承揽重组并购、银团贷款安排管理、直接投资及股权私募、结构化融资顾问、资产证券化、信贷资产转让、企业短期融资券承销、企业上市发债顾问、资产管理、企业常年财务顾问、企业资信服务、政府与机构财务顾问等投资银行业务。创造性地开发股权私募、直接投资等投资银行产品,为企业提供股权融资和债务融资的综合解决方案,为开展资产证券化业务积累了经验。在上述以项目形式提供的服务之外,中国工商银行还为广大企业客户设计了常年财务顾问和资信服务等投资银行服务,向企业提供多种类型的信息咨询服务。

中国工商银行投资银行业务部2008年成立以来,研究中心共为客户提供4大类28种、共计2 100余篇(期)、近1 800万字研究产品,涉及宏观经济、股票市场、债券市场、外汇市场、理财、PE、基金以及金融行业、房地产、煤炭、电力、钢铁、交通运输、汽车、商业零售和食品饮料等多个重点领域(行业)及其领先企业。

(1) 直接投资及股权私募

中国工商银行与诸多国内外机构投资者保持着良好合作关系,可为客户引入优秀的机构投资者,并就融资结构提出专业建议,满足投资者、股东和管理层的要求,具体内容包括:寻找资金来源并协助商务谈判、评估私募方案的可行性、对企业进行估值、协调交易团队等。

银团贷款:银团贷款是指获准经营信贷业务的多家银行或其他金融机构组成银团,基于相同的贷款条件,采用同一贷款协议,向同一借款人提供的贷款或其他授信。

投融资顾问:综合运用和灵活搭配银行贷款、企业债券、信托融资、股权私募、融资租赁等多种融资方式,针对项目投资规模、现金流结构、风险分布等特征,为客户的投融资活动设计风险与收益平衡、结构安排合理、法律条件可行的融资方案,控制融资成本,防范资金风险,增强项目财务弹性及投资价值。

兼并收购：中国工商银行众多的境内外机构和遍布全国的法人客户，为企业并购提供丰富的信息资源。凭借强大数据库支持的重组并购业务信息系统，为客户选择最佳交易对象提供大范围、高效率的筛选咨询服务。与多家国际著名投资银行、境内外投资基金建立了旨在推动跨境并购的战略合作关系，为境内企业引入国际战略投资者、股权或资产转让，以及并购方式开展境外投资提供帮助。

并购贷款：并购指境内企业通过受让现有股权、认购新增股权，或收购资产、承接债务等方式以实现合并或实际控制已设立并持续经营的目标企业的交易行为。并购贷款为符合相关规定的并购行为提供资金支持。中国工商银行已经和北京产权交易所、上海联合产权交易所、南方联合产权交易中心等多家产权交易所签署并购贷款合作协议，并向百联集团、首创股份等企业提供并购贷款，支持优质企业进行行业整合，做大做强。

股权重组：帮助十余家优质国企成功实现机制转型，在国企改制领域拥有丰富的顾问经验，为客户提供从改制方案设计到相关利益主体谈判，从融资安排到政策审批的全过程服务，具体形式包括股份制改造、管理层收购、员工持股、股权结构多元化等。

（2）债务重组

非金融企业债务融资工具承销。非金融企业债务融资工具（以下简称“债务融资工具”），是指经中国银行间市场交易商协会注册通过，具有法人资格的非金融企业在银行间债券市场发行的，约定在一定期限内还本付息的有价证券，目前主要有短期融资券（CP）、中期票据（MTN）、中小企业集合票据（SMECN）、超短期融资券（SCP）等品种。

债务融资工具是优质企业实现公开市场融资的较好选择，具有市场化程度高、融资方案自主灵活、融资成本较低、有利于提升企业形象和品牌等优点。

2. 中国农业银行

（1）融资业务

香港人民币债券承销、金融债券承销、非公开定向债务融资工具承销、超短期融资券承销、短期融资券承销、中期票据承销、中小企业集合票据、银团贷款、并购贷款。

（2）财务顾问类业务

常年财务顾问服务、企业上市财务顾问、并购重组财务顾问、私募股权投资基金投融资财务顾问、清洁发展机制顾问业务、投融资财务顾问、资信业务。

（3）资产管理业务

信贷资产转让、结构化融资、定向融资理财、信贷资产证券化、企业资产证券化。

3. 中国银行

中国银行为大型建设项目的融资结构、融资安排提出专业性方案；企业并购财务顾问业务指中国银行为企业的兼并和收购双方提供的财务顾问业务，中国银行不仅参与企业兼并与收购的过程，而且作为企业的持续发展顾问，参与公司结构调整、资本充实和重新核定，以及对陷于破产和困境局面的公司重组事项等的策划和操作过程。

中国银行的财务顾问业务品种包括：企业投融资、项目融资、并购、资产重组/管理、债务管理、银团贷款安排、企业改制上市、债券及票据发行、管理咨询、研究分析、培训服务和企业“诊断”等方面的顾问业务，以及电子商业汇票转贴现、电子商业汇票贴现、财务顾问、企业短期融资券、企业融资评标、企业中期票据、结构性融资、中银国际投资银行产品、票据贴现、境外本外币融资、境内外币融资、人民币信用拆借、人民币买断式回购、人民币质押式回购、商业汇票双向买断（双买）业务、商业汇票回购业务、商业汇票转贴现、商业汇票委托代理贴现、买方付息票据贴现、人民币债券分销、金融债券承销、短期融资券等。

4. 交通银行

投资银行业务是指帮助客户发行债务融资工具或权益性产品进行直接融资，并提供与资本市场相关的资产管理、财务顾问与咨询服务的业务。

随着国内外资本市场迅速发展，企业的直接融资比重提高，对银行传统存贷款结算以外的创新业务提出要求。商业银行同业纷纷加大在投资银行业务领域的投入，在债券融资、重组并购顾问、结构化融资等投资银行业务领域均突破传统的银行服务方式，通过投资银行业务具体产品满足企业的多元化需求。

交通银行的投资银行业务包括下列方面：

各类债务融资产品：短期融资券（CP）主承销业务、中期票据（MTN）主承销业务、金融债主承销业务、公司债及企业债配套服务、资产支持票据（ABCP/ABMTN）等其他创新类债务融资产品等。

各类权益融资产品：赴港上市保荐及配套业务、境内IPO保荐及配套业务、私募股权融资、企业重组与并购等。

各类资产管理业务：即根据企业不同的资金需求和风险偏好，为企业设计并发售固定收益或权益类理财产品。

银团贷款：交通银行与获准经营贷款业务的多家银行或非银行金融机构采用同一贷款合同，按商定的期限和条件向同一借款人提供资金的贷款方式。交通银行担任牵头行、代理行、参加行、经理行或顾问行。

资产证券化：将缺乏流动性但可以产生稳定的可预见未来现金流的资产，按照某种共同特征分类，形成资产组合，并以这些资产为担保发行可在二级市场上交易的固定收益证券，据以融通资金的技术服务。其主要类型有：信贷资产证券化、企业资产证券化等，投资银行业务还包括个性化的财务顾问与咨询服务等。

5. 中国建设银行

中国建设银行整合多种金融工具，融智融信，推出独具特色的“金融全面解决方案”(Financial Total Solution，FITS)，以最快的速度，最小的半径，最短的时间向客户提供一揽子解决方案，旨在满足政府机构、大型跨国集团企业、上市公司、中小企业、个人客户等不同类型客户以融资为主要特征的需求。

对政府机构客户，提供包括基础设施建设、产业基金管理，以及政府平台融资等在内的“全面方案”；对大型企业，提供从投资、贷款、并购、资产管理、债券发行到基金信托、金融租赁等产品及服务在内的“全套产品”；对中小型企业，在种子期、初创期、成长期、成熟期等不同成长阶段有针对性地提供不同产品与“全程服务”；对个人客户，通过设计推出各种不同风格的理财产品提供“全新理财”服务。

中国建设银行与境内外众多知名投资银

行和机构建立了密切的合作关系，并在境外拥有全投资银行业务牌照的全资子公司——建银国际（控股）有限公司，在境内拥有涵盖信托、租赁、基金等投资银行业务的子公司以及具有丰富客户资源的 38 家分行。以客户为中心，搭建起多元化的业务平台，并建立了有效的联动机制，实现投资银行与商业银行、境内与境外、资本市场与货币市场的业务联动，为客户提供无可比拟的全方位、一体化的金融服务。

6. 招商银行

发展投资银行业务是招商银行应对世界银行业混业经营趋势、实施经营战略调整而采取的重大举措。招商银行是国内最早开展投资银行业务的商业银行之一。凭借其雄厚的资金实力、卓越的信誉和品牌优势及优质的服务，主要为企业提供短期融资券承销、中期票据承销、财务顾问、并购重组等多元化、全方位的投资银行服务，并为客户创造价值。目前招商银行主要服务领域和产品包括：债务融资工具承销业务、财务顾问业务、信贷资产证券化业务、收购兼并业务。

7. 平安银行

结构性融资类产品：银团贷款、并购贷款、结构化融资、赢聚力系列理财、资产证券化、信贷资产转受让、资产支持票据、对公居间服务类产品（包括私募基金、信托融资等）。顾问服务类产品：常年财务顾问、债务融资财务顾问、并购重组财务顾问、私募股权财务顾问、企业上市及再融资财务顾问、结构化融资财务顾问、MBO 及 ESOP 财务顾问、其他专项财务顾问。债务融资工具系列产品：短期融资券、中期票据、超短期融资券、非公开定向发行融资工具、中小企业集合票据。

8. 浦发银行

投资银行业务包括债券融资、股权融资、项目融资、租赁融资、代理融资、资产证券化、兼并收购、财务顾问。

9. 北京银行

融资业务包括：同业授信、本外币资金拆借和借款、信贷资产转让、票据转贴现、代理签发银行承兑汇票、担保业务、本外币互存、银团贷款（同业）、融资业务、财务顾问。

10. 渤海银行

投资银行业务是渤海银行大力发展的一项金融服务业务。渤海银行运用多种复合金融工具进行产品创新，为企业客户提供个性化、高附加值的金融服务。渤海银行投资银行业务部门拥有高素质的项目团队，为客户提供非金融企业债务融资工具承销、企业私募融资、银团贷款安排管理、资产证券化、财务顾问等多种投资银行业务。

11. 中信银行

中信银行投资银行业务包括下列方面：

结构融资：银团贷款、项目贷款、国内保理、出口信贷、委托贷款、绿色中间信贷、转贷款。

债券承销：短期融资券、超短期融资券、

中期票据、非公开定向债务融资工具、资产支持票据、中小企业集合票据、区域集优集合票据、金融债、地方政府债、证券公司短期融资券。

资产管理：理财类资产管理业务、银证合作融资类理财、财产信托受益权类理财、代销类资产管理业务。

财务顾问：常年财务顾问业务、日常服务、增值研究服务、企业理财咨询服务、专项财务顾问业务、并购财务顾问、债务重组财务顾问、股权融资财务顾问、资产管理财务顾问、结构融资财务顾问、企业发债财务顾问、跨境投融资财务顾问、政府财务顾问。

12. 恒丰银行

恒丰银行投资银行业务包括下列方面：

非金融企业债务融资工具承销：非金融企业债务融资工具是指，具有法人资格的非金融企业，在银行间债券市场发行的、约定在一定期限内还本付息的有价证券。银行间债券市场是指依托于全国银行间同业拆借中心和中央国债登记结算公司的，包括商业银行、农村信用联社、保险公司、证券公司等的金融机构。

理财业务：代理机构客户进行的资金投资管理。根据市场状况和客户需求，采用滚动发行或择机发行的方式，发行恒裕金“捷盈”、“稳盈”和“久盈”系列理财产品。

投融资顾问：投融资顾问业务是指商业银行根据客户需要，依托自身在长期经营过程中形成的网络、资金、信息、人才和客户群方面的优势，依据国家金融政策，运用经济、金融、投资、财务、法律、经营管理等方面的专业知识，为客户投融资、理财、资本运作、资产及债务重组、财务管理、发展战略等经济活动提供的金融咨询、经济分析、财务方案设计和策划等有偿性顾问服务。

五、政策性银行和商业银行事业部

（一）政策性银行

1. 国家开发银行

截至2012年年末，国家开发银行总资产7.52万亿元，不良贷款率0.3%，连续31个季度控制在1%以内，实现净利润631亿元，资本充足率10.92%，可持续发展和抗风险能力进一步增强。

国家开发银行认真贯彻国家宏观经济政策，全年新增非个人中长期贷款6 049亿元，同业占比39.3%。其中，新增煤电油运、农林水、通信和公共基础设施贷款3 382亿元，确保一大批“十二五”规划重点项目资金需求；新增中西部贷款3 451亿元，东北老工业基地贷款703亿元，加大对新疆、西藏及四省藏区的支持力度，促进区域协调发展。支持传统产业升级改造，加强对战略性成长型企业的开发培育。支持优质客户跨越式发展。积极开展绿色信贷、低碳金融，全年发放环保和节能减排贷款2 491亿元。新增文化产业贷款234亿元。

新增保障性安居工程贷款1 166亿元，

同业占比超过60%。促进农业现代化，发放农业产业贷款216亿元，新农村建设贷款1 350亿元。通过机制和模式创新缓解中小企业融资难题，新增中小企业贷款2 645亿元。深化与水利部合作，发放水利贷款662亿元。发放助学贷款120亿元，累计支持家庭经济困难学生774万人次。

深化与合作国互利共赢，支持中国企业"走出去"开展海外投资、并购等业务。完成中亚天然气管线等一批重大国际合作项目。截至2012年年末，外币贷款余额2 245亿美元，资产质量持续保持优良。

全年本外币筹资近2.2万亿元，人民币发债量超过1.2万亿元，外汇筹资超千亿美元，为业务发展打下坚实基础。发行次级债200亿元，有效缓解资本约束。首创一揽子关键期限基准债，两次成功发行50年超长债共511亿元，赴港发债共60亿元。

2012年，国家开发银行继续以科学发展观为统领，坚持规划先行、创新驱动，不断深化开发性金融实践和探索，以支持中国城镇化为重点，继续加大对"两基一支"、社会民生、国际合作等重点领域和薄弱环节的支持力度，开拓进取、攻坚克难，为全面建成小康社会做出新的贡献。

国家开发银行（简称国开行）于1994年3月成立，是直属于国务院领导的政府全资拥有的国有商业银行。目前在全国设有32家分行和4家代表处。成立以来，国家开发银行始终认真贯彻国家宏观经济政策，发挥宏观调控职能，支持经济发展和经济结构战略性调整，在关系国家经济发展命脉的基础设施、基础产业和支柱产业重大项目及配套工程建设中，长期发挥融资领域主力银行作用。

2004年以来，国家开发银行把有限的资源集中用于制约国民经济发展的能源、交通等"瓶颈"行业，严格控制贷款投向重复建设高发领域。2004年，国家开发银行在这些领域取得了重要进展，重点支持了国家石油储备、南水北调、北京奥运、上海世博等一大批国家重大项目。截至2004年年底，国家开发银行的信贷资产达13 786亿元。在2004年发放的贷款中，"煤电油运"占比超过60%；在评审承诺的贷款中，电力、铁路、电信、公路、公共设施、石油石化等主要行业占比达82%。与此同时，国家开发银行加大了对中西部地区和东北老工业基地的投入，占全年贷款的近50%。国家开发银行还加强了与有关部门的合作，在西部地区城市规划、长三角、京津冀区域发展规划等方面都发挥了积极的作用。

2008年12月16日，经国务院国家开发银行整体改制成国家开发银行股份有限公司，当日在京挂牌成立，国家开发银行股份有限公司成为第一家由政策性银行转型而来的商业银行，标志着中国政策性银行改革取得重大进展。

新成立的国家开发银行股份有限公司继承原国家开发银行全部资产、负债、业务、机构网点和员工，注册资本3 000亿元。财政部和中央汇金投资有限责任公司分别出资1 539.08亿元和1 460.92亿元，分别持有国家开发银行股份有限公司51.3%和48.7%的股权。

2. 中国进出口银行

中国进出口银行成立于1994年，是直属国务院领导的、政府全资拥有的国家银行，其国际信用评级与国家主权评级一致。中国进出口银行总部设在北京。截至目前，在国内设有20余家营业性分支机构；在境外设有巴黎分行、东南非代表处和圣彼得堡代表处；与1 000多家银行的总分支机构建立了代理行关系。

中国进出口银行的主要职责是为扩大中国机电产品、成套设备和高新技术产品进出口，推动有比较优势的企业开展对外承包工程和境外投资，促进对外关系发展和国际经贸合作，提供金融服务。

主要业务范围：办理出口信贷和进口信贷；办理对外承包工程和境外投资贷款；办理中国政府对外优惠贷款；提供对外担保；转贷外国政府和金融机构提供的贷款；办理本行贷款项下国际国内结算业务和企业存款业务；在境内外资本市场、货币市场筹集资金；办理国际银行间贷款，组织或参加国际、国内银团贷款；从事人民币同业拆借和债券回购；从事自营外汇资金交易和经批准的代客外汇资金交易；办理与本行业务相关的资信调查、咨询、评估和见证业务；经批准或受委托的其他业务。

3. 中国农业发展银行

中国农业发展银行是直属国务院领导的国内唯一的一家农业政策性银行，1994 年 11 月挂牌成立。主要职责是按照国家的法律、法规和方针、政策，以国家信用为基础，筹集资金，承担国家规定的农业政策性金融业务，代理财政支农资金的拨付，为农业和农村经济发展服务。全系统共有 31 个省级分行、300 多个二级分行和 1 800 多个营业机构，服务网络遍布中国内地。

（二）商业银行事业部

中国民生银行是最早推行事业部制的银行，中国民生银行推行金融事业部源于 2007 年，从最初的贸易金融部（属于产品金融事业部）、金融市场部、投资银行部和工商企业部，发展到七个行业事业部即地产金融部、能源金融部、交通金融部、冶金金融部、现代农业金融部和文化产业金融部，最近还成立了石材金融事业部。值得关注的是，石材金融事业部的总部不是设立在北京和其他直辖市，而是设在全国最大的石材集散地——福建省泉州市。

2012 年 7 月，兴业银行试行事业部改革，兴业银行事业部的改革大致为，将总行各业务部门重组改制为公司、零售及资金三大事业部，在事业部旗下再分设相关职能部门，分行也将对应这一模式。

中国农业银行三农金融事业部是在中国银监会 2009 年 4 月 23 日印发的《中国农业银行三农金融事业部制改革与监管指引》的指导下成立的。下一步，农业银行将认真落实国务院政策要求，逐步扩大“三农金融事业部”试点省份范围，积极稳妥地推进三农金融事业部改革试点工作。同时，着力完善事业部管理体制，做实“六个单独”运行机制，及时总结推广试点行的好做法、好经验，构建持续服务“三农”的长效机制。

平安银行于 2013 年年初提出了“三步走”的银行未来发展战略，即银行要在未来 3～5 年以对公业务为主，进入股份制银行第二梯队；5～8 年对公和零售业务并重，进入股份制银行第一梯队；8～10 年后成为以零售业务为主的商业银行。而此次组织架构调整正是依据上述“三步走”目标而设计，旨在通过组织架构调整，使银行能更“接地气”，更加贴近客户和市场，更快洞察客户和市场的需求。

据介绍，平安银行此次组织架构调整以“减少成本中心，增加利润中心”为原则，将总行一级部门数由原来的 79 个精简至 52 个。其中，管理部门（成本中心）压缩至 38 个，新建或整合形成了贸易金融部、离岸业务部、资产托管部、投资银行部、金融同业部、票据业务部、机构金融部等9个产品事业部（准利润中心）以及房地产、能源矿产、金融市场、信用卡及消费金融、私人银行5个行业事业部（利润中心）。此外，此次组织架构调整充分体现了“以客户为中心”的变革理念，围绕客户需求建立了多个产品部门，实行扁平化管理，进一步简化客户服务流程，提高服务效率，提升客户服务体验。

河北银行2013年为大力推进业务转型发展，主动加快事业部改革，资金运营中心、小企业金融服务中心、信用卡中心三大事业部日前正式投入运营。在事业部的经营体制下，该行以客户为中心的经营导向更加突出，各项服务更加贴近市场，风险管理能力更加有效，竞争优势更加明显。截至2013年8月末，该行金融市场业务运作资产规模已达到430.24亿元，同比增长129.78%；货币市场债券交割总量达到1.29万亿元，在城商行排名中位列第14名；开发理财产品231期。

六、中间业务

中间业务，是指商业银行代理客户办理收款、付款和其他委托事项而收取手续费的业务。是银行不需动用自己的资金，依托业务、技术、机构、信誉和人才等优势，以中间人的身份代理客户承办收付和其他委托事项，提供各种金融服务并据以收取手续费的业务。银行经营中间业务无须占用自己的资金，是在银行的资产负债信用业务的基础上产生的，并可以促使银行信用业务的发展和扩大。

中间业务占银行收入比重逐年加大。

商业银行中间业务广义上讲“是指不构成商业银行表内资产、表内负债，形成银行非利息收入的业务”（2001年7月4日中国人民银行颁布《商业银行中间业务暂行规定》）。它包括两大类：不形成或有资产、或有负债的中间业务（即一般意义上的金融服务类业务）和形成或有资产、或有负债的中间业务（即一般意义上的表外业务）。中国的中间业务等同于广义上的表外业务，它可以分为金融服务类业务和表外业务。

中期业绩显示，五大行中，2012年上半年手续费及佣金净收入最多的是中国工商银行，为548.04亿元，中国建设银行以492.43亿元居其次，随后依次是中国农业银行389.29亿元，中国银行342.50亿元，交通银行109.62亿元。

从增长幅度看，2012年上半年手续费及佣金净收入同比增幅最高的为交通银行，达到12.36%，其后依次是，中国农业银行4.83%，中国建设银行3.30%，中国工商银行1.9%，中国银行出现负增长，降幅为2.07%。但值得关注的是，相比2011年同期，五大行手续费及佣金净收入增幅均大幅下降。2011年上半年，除中国银行该项收入增幅为23.56%外，其他银行增幅均在40%以上。

咨询与顾问业务大幅增长。2011年，海外业务的拓展、离岸人民币债券业务的发展、“走出去”金融需求增多、新兴业务的推出，都推动着中国商业银行咨询与顾问业务的快速发展。除中国工商银行与交通银行外，其余 14 家上市商业银行全年咨询与顾问手续费收入合计 591.88 亿元，新增 202.73 亿元，增速为 52.10%，占手续费及佣金收入的比重达 13.45%。其中，中国建设银行并购重组，债务重组、上市及再融资顾问等新型财务顾问收入大幅提高，全年共实现 52.48 亿元，增速为 102%，占该财务顾问总收入的 50%。招商银行财务顾问业务的重点依然集中在并购重组、私募股权、IPO、政府财务顾问等特色财务顾问业务上，全年共实现财务顾问业务收入 13.25 亿元，增速 115%。中国工商银行将咨询与顾问业务融入融资业务中，特别针对并购融资和股权融资形成了"并购+顾问"综合重组并购服务模式和包括股权投资基金主理银行、企业上市顾问、股权私募顾问、直接投资顾问、可认股安排权在内的股权融资产品体系。

中国建设银行以建银国际为平台，在香港组建了第一只以中资银行为背景的投资银行发起设立的人民币基金"建银国际人民币收益基金"。

中国银行旗下中银国际为汇贤产业信托在香港联交所成功挂牌上市融资 100 亿元担任联席账簿管理人、联席牵头经办人、联席上市代理人。

中国工商银行旗下银租赁成功实施了汇福集团两艘远洋货船 5 亿元的租赁项目，成为中国首例跨境人民币租赁项目。

2011 年，面对众多企业对货币资金外流动资产管理的需求，多家商业银行发力票据业务的拓展，将企业票据纳入现金管理服务范畴，帮助企业实现资金管理和票据管理的融通，真正将客户的流动资产盘活，有效提高企业的资产运作效率。如，中国工商银行推出企业票据池业务，开创票据综合管理新模式，该业务包括商业票据集合管理、代保管、质押、融资等服务，是集团客户票据统一管理和统筹使用的高端解决方案。

未来，境内公司类中间业务将更趋成熟，多元化、多层次、系统化、电子化、高端化、精细化、专业化特点将愈发明显。特别是新型融资渠道的不断拓展、期货金融业务的逐步开放，将进一步带动商业银行相关中间业务的发展。

中国人民银行 2012 年 6 月发布的《中国金融稳定报告 2013》显示，截至 2012 年年末，银行业金融机构表外业务（含委托贷款和委托投资）余额 48.65 万亿元，比年初增加 8 万亿元，增长 19.68%。同期商业银行各项贷款余额为 51.7 万亿元，整个银行业贷款余额为 68.59 万亿元。表外业务总量正在逼近表内信贷总量。

截至 2012 年年底，16 家上市银行的信用证、保函、承兑汇票、贷款承诺等或有风险表外项目余额为 15.08 万亿元，其中中国工商银行、中国建设银行、中国银行均超过 2 万亿元；北京银行表外项目为 1 625.62 亿元，同比增长 58.91%，中国民生银行、中国光大银行、交通银行的增速也超过 20%。

从业务类型上看，2012 年各家银行的承兑汇票、信用证、保函增长迅速。

截至 2012 年年底，16 家上市银行承兑汇票余额为 5.66 万亿元，同比增长 22.47%；其中北京银行、兴业银行、华夏银行、中信银行承兑汇票同比增长分别为 64.13%、45.77%、36.44%和 32.23%。

同期，兴业银行开出信用证、保函余额分别为 692.33 亿元、254.29 亿元，同比分别增长 107.75%和 96.61%；民生银行、宁波银行、华夏银行、交通银行信用证同比分别增长

103.39%、72.23%、39.41%和49.88%。

截至2012年年底，存续期银行理财产品3.1万只，资金余额6.7万亿元。2012年针对个人发行的银行理财产品的发行规模达24.71万亿，同比增长45.44%。

《中国金融稳定报告2013》称，当前建立存款保险制度的各方面条件已经具备，实施方案经过反复研究和论证，各方面已形成共识，可择机出台并组织实施。

截至2012年年底，全国共有233家银行业金融机构开展了理财业务，包括：国家开发银行、5家大型商业银行、12家股份制商业银行、89家城市商业银行、96家农村合作金融机构、29家外资银行及邮政储蓄银行。截至2012年年底，银行业金融机构共存续理财产品32 152只，理财资金余额为7.10万亿元。

部分信托公司、证券公司作为商业银行的“通道”，将银行理财资金投资于证券市场和产业市场。理财产品在一定程度上改变了融资过度依赖银行体系的情况，满足了实体经济的部分融资需求。

2011年银信理财产品结构分布情况（见表2-12）。

表2-12　2011年银信理财产品结构分布情况

产品类型	数 量	占比（%）	规模（修正）	占比（%）	平均期限/天	平均年化收益率（%）
信托贷款	266	2.97	1 327.67	5.22	281	4.88
组合投资	7 195	80.43	20 390.62	80.24	88	4.40
权益投资	87	0.97	336.01	1.32	334	5.61
债券类	700	7.82	1 754.35	6.90	84	4.34
外币类	413	4.62	379.26	1.49	185	4.15
证券投资	102	1.14	123.23	0.48	367	5.19
票据类	70	0.78	837.78	3.30	123	5.64
信贷资产	109	1.22	223.08	0.88	220	5.27
奢侈品投资	4	0.04	39.85	0.16	367	5.56
合计	8 946	100.00	25 411.44	100.00	105.10	4.45

数据来源：用益信托。

第三部分

影子银行

一、相关背景

"影子银行"，又称为"影子金融体系"或者"影子银行系统"，是指在金融市场中把银行贷款证券化，通过证券市场获得资金或进行信贷无限扩张的一种融资方式。在中国表现为银信合作理财、地下钱庄、小额贷款公司、典当行、民间金融、私募投资、对冲基金等非银行金融机构贷款。

有观点认为，在中国，由于信托、理财等业务完全处于银监会的监管之下，与金融稳定理事会对影子银行的定义不符，因而不能将其视为影子银行。而对国内"影子银行"的概念至今没有一个明确的界定。只要涉及借贷关系和银行表外业务都属于"影子银行"。2013 年 4 月，中国银监会发布了《中国银行业监督管理委员会 2012 年年报》，首次明确，包括信托公司和商业银行理财在内的六类机构及其业务不属于影子银行。

中国影子银行主要有两部分：一是银行理财产品和非银行金融机构的类信贷类产品；二是以高利贷为代表的民间金融体系。但是，在中国，影子银行通常表现为理财产品、地下金融和表外借贷的形式。

影子银行包括投资银行、对冲基金、货币市场基金、债券保险公司、结构性投资工具（SIV）等非银行金融机构通常从事放款，也接受抵押，是通过杠杆操作持有大量证券、债券和复杂金融工具的金融机构。

目前国内的"影子银行"，并非是有多少单独的机构，更多的是阐释一种规避监管的功能。如人人贷，不受监管，资金流向隐蔽，是"影子银行"。几乎受监管最严厉的银行，其不计入信贷业务的银信理财产品，也是"影子银行"。

刺激影子金融世界形成的一个主要因素是中国对货币价格的严格规定。影子体系得以发展壮大，是因为正规金融领域的利率受到严格管制，并保持在狭窄的区间内。

高盛的经济学家们认为，存款准备金率上调不一定意味着中国政府转向收紧货币政策的立场。更严厉的准备金要求，只能抵消央行其他行动和（企业将海外业务收益汇回国内所导致的）外汇流入的部分影响。

2008 年，中国经济遭遇美国次贷危机的外部冲击，为提振经济增长，中国政府取消了对商业银行的信贷额度控制并敦促后者增加贷款规模。这一举措的直接后果是 2009 年的人民币信贷飙升。然而，尽管信贷飙升显著地刺激了经济增长，但同时也造成通胀率上行与资产价格上涨。因此，一方面，从 2010 年起，央行与银监会开始恢复对商业银行的贷款额度控制；另一方面，在经过了 2009 年的信贷飙升后，商业银行自身也开始面临贷存比与资本充足率的约束。结果造成人民币贷款增量在 2010 年与 2011 年分别下降至 8.0 万亿元与 6.9 万亿元，尽管 2012 年重新回升至 8.2 万亿元，但仍显著低于 2009 年的水平。

2009 年以来，社会融资总量占 GDP 的比例急剧攀升，从 2009 年的 129%升至 2013 年第一季度的 195%，短短 4 年内上升了 60

多个百分点。

2010 年以来，中国影子银行体系发展迅速，已经成为中国金融体系中不可或缺的一大板块。但与此同时，影子银行体系的蓬勃发展也给中国金融市场带来了新的风险。从 2012 年起，中国影子银行体系的违约事件此起彼伏，刚性兑付的局面可能很快被打破。

官方数据显示，2012 年年底中国银行理财业务资产规模约为 7.1 万亿元，而中国信托业管理资产规模约为 7.5 万亿元。而根据惠誉的估算，2012 年年底银行理财业务资产规模约为 13 万亿元。根据官方数据，2012 年年底中国影子银行资产规模约为 14.6 万亿元，占同年中国 GDP 的 29%以及中国银行业总资产的 11%。根据市场数据，2012 年年底中国影子银行资产规模约为 20.5 万亿元，占同年中国 GDP 的 40%，以及中国银行业总资产的 16%。

2012 年中国的“增扩”政府负债占 GDP 的比例高达 45%，而“增扩”财政赤字率为 10%。

从影子银行融资方来看，中国式影子银行的兴起可主要归因于房地产开发商、地方融资平台与中小企业自 2010 年以来持续保持着旺盛的融资需求。中国房地产价格在 2009 年下半年至 2010 年上半期期间再度快速上涨，导致中国政府从 2010 年年初开始对房地产行业实施以限购令为特征的新一轮宏观调控。房地产行业年度贷款增量在 2009 年与 2010 年达到 2.05 万亿元与 2.09 万亿元的高峰后，在 2011 年与 2012 年仅为 1.32 万亿元与 1.37 万亿元。银行贷款的收紧使得房地产开发商面临巨大的融资压力，后者对外部融资的旺盛需求是导致中国式影子银行在 2010 年至今快速发展的重要动力之一。

从 2010 年起，地方融资平台普遍存在的融资需求也为中国式影子银行的兴起提供了动力。地方融资平台参与影子银行融资的主要渠道有二：一是由银行理财资金与信托资金购买地方融资平台发行的城投债；二是由基础设施建设信托（基建信托）为地方融资平台提供新增融资。

2011 年，中国人民银行正式以社会融资规模统计口径取代货币信贷总量，作为金融决策的主要参考，称“新增人民币贷款已不能全面反映实体经济的融资规模”。

据中国人民银行调查统计司最新数据，2002 年到 2011 年，国内社会融资额由 2 万亿元增至 12.83 万亿元，而银行信贷占比却由 91.9%降至 58%。

二、业务类型

2012 年中银国际证券研究所一份报告称，目前“影子银行”有三种最主要的存在形式：银行理财产品、非银行金融机构贷款产品和民间借贷。信贷在社会融资规模占比大幅下降的背后是银行理财产品的崛起，如以银信合作为主的理财产品，2008 年，资产规模大概为 1.2 万亿元，2012 年上半年已达 5.54 万亿元。

信托公司通常处在这些新类型资金流动的中心，运营在正规银行体系与影子银行体系交汇的阴暗领域。信托公司等影子机构在颇具政治敏锐性的房地产市场上尤为活跃。非正规资金流是房地产价格持续上涨的一个重要原因。在中国各地，资金继续流向住宅楼、熠熠生辉的办公大楼和购物中心。由于开发商在拥有土地前无法从银行借款，因此有很多开发商需要从别处筹集资金，他们愿意为此多付出10%的利息。2012年信托资产规模已近券商的3倍，而小贷公司和典当行两个行业加起来还不到信托资产的1/9。

中国银行业与信托投资公司以及其他实体紧密合作，将信托贷款包装成理财产品，提供给投资者超过传统银行存款的年利率。这些产品主要由商业银行及其分支机构或在线出售。通过这些渠道，许多资金进入房地产开发、基础设施建设、制造业和地方政府融资平台。2012年1～10月，国内房产开发资金累计达到了7.64万亿元，其中房产商自筹资金3.15万亿元，而这部分自筹资金，基本上全部源自"影子银行"。信托基金近年十分火爆，通过独立发行和银信合作，吸收了大量资金，其总规模达到7.5万亿元，已经超过保险成为金融行业的第二大资产种类。

证券公司资产管理，在影子银行中算是相对较小的，不过近来却以每天100亿元的速度增长着，大有后来居上超过信托基金的架势。

2007—2012年间，理财产品便从仅仅几百种迅速增长为超过两万种。Fitch Rating认为，理财产品大约在所有商业银行存款中占约16%，而毕马威报告称，信托公司将会很快超过保险公司，成为中国金融业第二大部门。根据一个中国财富管理咨询机构CN Benefit的报告，理财产品的销售在2012年上半年上升43%至121 400亿元（约合19万亿美元）。

一些银行表外理财产品采用混合资金池运作实现资金期限转换；部分信托计划以滚动发行的方式将短期资金投资中长期项目；货币市场基金购买金融债券、投资银行存款、参与货币市场回购交易等行为增加了银行信用和社会信用规模，购买企业债券和短期融资券为企业提供了债务资金支持。截至2012年年末，中国货币市场基金规模达到7 075.41亿元。

中国一些开展融资活动的非金融机构以及金融机构的某些业务具有影子银行特征。开展融资活动的非金融机构包括小额贷款公司、典当行、融资性担保公司、私募股权基金、农村（民）资金互助组织和各种民间借贷组织等机构。截至2012年年末，中国小额贷款公司已达6 080家，贷款余额5 921亿元；典当行6 084家，典当余额706.1亿元；融资性担保公司8 590家；"贫困村村级发展互助资金"试点约1.6万家。

民营企业在经济活动中所占比重超过了国有企业。然而，它们仅能获得官方融资的30%～40%，不得不在地下市场付出更高代价来获得资金。

广发证券于2012年12月14日发布的一份研报称，按照银行理财7万亿元存量规模、券商资管1万亿元、资金信托扣除贷款和股权后的总资产3万亿元、非银行机构信用债持有量4万亿元、委托贷款余额5.4万亿元、信托贷款2.4万亿元、未贴现承兑汇票5.7万亿元、3万亿～4万亿元的民间融资汇总估算，中国影子银行总规模应当在30万亿元左右。

中信银行认为，中国"影子银行"的规模，包括委托贷款、信托贷款、民间借贷等，规模在17万亿元以上。澳新银行发布的大中华区每周经济观察报告预计，中国的"影子银行"规模为15万亿～17万亿元，相当于GDP的三分之一。宏源证券则表示，目前中国“影子银行”规模约有21万亿元，占GDP的40%左右。

影子银行体系是应筹资者和投资者的多样化需求而产生，并依托现代信息业而发展的。从这个意义上说，它们代表的正是金融业未来的发展方向。在确认影子银行体系作为金融业创新发展的重要源泉的同时，如何以创新的精神探讨对之施以有效监管，是包括中国在内的全球金融监管部门面临的真正挑战。对于蓬勃发展、创新频繁的影子银行体系，宏观金融管理部门要适应其发展，改进措施和方法，建立新的宏观金融管理体系。

以银行理财产品为代表的影子银行体系的蓬勃发展和频繁创新是一个积极的动向，它反映了中国的金融业正在从单一功能的传统银行向为客户提供包括融资、金融理财、风险管理、价值提升、支付清算等在内的全面金融服务的新型金融业转换。如此看来，金融危机以来，中国以理财产品、私募基金、证券化、金融租赁、第三方支付、银信合作等为主要特色的银行体系之外的信用供给活动，已经成为中国金融创新的主要源泉。

2012年，共有116家商业银行发售理财产品，累计约2.91万款，募集资金流量达19.01万亿元，同比分别增长45.40%和12.21%。截至2012年年底，银行、信托、券商、基金、保险五大主流财富管理机构的总资产管理规模约合21万亿元，其中银行理财产品的资产管理规模居各类财富管理产品之首。

2010年以来，“银信”合作模式遭遇挑战，银监会严控“银信”合作理财业务风险以及信托兑付风险的频发，证券、基金公司趁机打响“价格战”抢占银行通道业务。尤其是2012年以来，券商资产管理“新政”实施后，原先受到政策限制的银信合作信贷资产和票据资产转让业务，开始借道证券公司的“定向资产管理业务”和基金公司的“专项资产管理计划”广泛开展，“银信”合作理财业务模式逐渐被“银证”合作、“银基”合作模式挤占或取代。

泛资产管理时代，金融机构之间的合作日趋紧密，金融产品的边界日益模糊，跨市场跨领域的现象层出不穷。交叉性金融产品满足了客户对高收益的渴望，对产品个性化、多样化的需求，促进了金融机构间的合作竞争，有利于财富管理市场的创新发展。但在资产池模式运作机制下，金融产品之间、金融机构之间的交叉感染风险是不容忽视的。

三、影子银行的现状

《影子银行与银行的影子》称，任何在正规银行体系之外的信用中介机构和信用中介活动都可以被视为影子银行。“信用中介”一词表明有参与了信用活动（无论是直接参与还是参与了信用中介的一个环节）的机构和行为才可以被纳入影子银行的范围，这就排除了处于正规银行系统之外的类似纯权益交易和外汇交易；而“处于正规银行系统之外的机构和行为”说明影子银行处于审慎监管没有涉及的领域或在同等条件下受到的监管远远少于正规银行机构。

影子银行与传统银行的对比（见表3-1）。

表 3-1　影子银行与传统银行的对比

	传统银行	影子银行
储备/预留头寸	由监管者设定最低水平	最低水平由双方协定
存款保险/抵押	流动性短缺时可向中央银行借款有政府保证	不能从中央银行借款现金、资产抵押证券、贷款等
利率	流动性不足时可提高以吸引存款	资金不足时双方协商可提高
资金负债表	贷款记于资金负债表上	部分证券化的资产可以抵押品的形式记于资产负债表

近年来，随着金融“脱媒化”趋势和商业银行表外业务的快速发展，影子银行体系有了较大的发展。最有代表性的影子银行机构要数金融业中的理财业务相关部门，典型的金融工具是银行理财产品。大部分学者倾向于把影子银行归为高端金融创新的层面。而中国则是传统的体制外民间信用平行于商业银行体系，具有创造信用不受监管的特点。

国内外主要影子银行业务对比（见表 3-2）。

表 3-2　国内外主要影子银行业务对比

国际影子银行体系下的业务	国际影子银行体系下的行为主体	中国金融体系下的行为主体	中国金融机构的业务表现形式
信贷资产的非证券化出表及风险转移（如信贷买卖）	商业银行、投资银行、结构性投资工具（SIV）	商业银行、财务公司 商业银行 商业银行 信托公司 金融资产交易所	信贷资产转让 银行理财计划 利率互换 信托贷款 信贷转让平台
信贷资产或企业资产的证券化出表（如 ABS,CBO）	商业银行、非银行抵押贷款机构、投资银行、对冲基金众多投资机构	商业银行、信托公司、证券公司 资产管理公司、信托公司 证券公司	信贷资产证券化 不良资产证券化 资产证券化（已停）
房地产抵押贷款证券化形式出表（如 MBS、CBS）	两房、投资银行、对冲基金、商业银行	商业银行、信托公司 证券公司、信托公司、房产企业	信贷资产证券化 REITS
购买信用风险对冲产品进行保护（如远期 CDS）	商业银行、投资银行、债券保险公司	商业银行、证券公司	首只信用衍生品（中国版 CDS）2010 年 11 月 5 日正式上线
开发更多结构化产品、衍生金融产品和正在打包（如奇异金融产品、多重 CDO）	投资银行、对冲基金、结构性 投资工具、众多投资机构	无	无
对复杂金融机构进行投资、高杠杆投资或受托投资	私人股本集团、保险机构、投资银行、众多投资机构	证券公司 信托公司 信托公司 基金公司 合伙公司 保险公司 财务公司	券商集合理财计划 资金信托 境外代理财务 一对多财专户 股权投资、私募基金 投资分红类保险 无

资料来源：金融时报，2011 年 5 月 23 日第 008 版。

中国信托业在经历了五次清理整顿以及“一法两规”的规范后，逐步由类同于银行的资产负债业务回归到“受人之托，代客理财”的本业中。然而，从目前信托公司的主营业务来看，虽然在业务形式和内容上有了诸多创新，但中国信托业仍是以融资为导向，以信托贷款等债务类产品为主要资产，为资金供需双方提供具有期限和流动性转换功能的信用媒介，是中国式“影子银行”的重要组成部分。

信托公司的创新主要体现在四个方面：

第一，“资产池”化运作。目前，多数银信合作产品均采用“资产池”运作模式，即大部分受托资金投向债券，少数投向信贷资产或票据资产，且在公开的产品说明书中对各类资产的投资比例的描述较为模糊。

第二，信托受益权。银信合作利用监管部门对银行理财资金投资各种信托受益权管控较宽松的情况，运用理财资金来购买信托受益权以达到为融资企业贷款的目的。其主要模式有两种：一是过桥企业先通过信托公司购买融资企业物业等的信托受益权，再转让给银行理财资金；二是企业设立自益型财产权信托计划，再将信托受益权转让给银行理财资金。在过桥模式计入银信合作业务后，银行和信托公司应对的办法是，虽然实施“过桥”，但不在信托公司进行受益权转让登记，或者一家银行以自有资金购买信托受益权，再转让给另一家银行理财资金。这就导致信托公司公布的银信合作数据并不能反映出银信合作的准确规模。

第三，结构化信托。信托公司根据投资者不同的风险偏好，对信托受益权进行分层设置，按照分层设置中的优先与劣后安排进行收益分配，使具有不同风险承担能力和意愿的投资者通过投资不同层级的收益权来获取不同的收益并承担相应风险。银行理财资金通常以优先投资者进入信托计划，通过劣后级对优先级的保障获取适当的固定收益。

第四，TOT 信托。信托公司发行信托计划（母信托），以募集的资金投入该公司或其他信托公司发行的其他计划（子信托），通过子信托间接投资于信贷资产、票据资产等。

四、影子银行的发展

1. 国际影子银行发展

“影子银行”，又称为“影子金融体系”或者“影子银行系统”，2011 年 4 月金融稳定理事会（FSB）对“影子银行”作了严格的界定，“银行监管体系之外，可能引发系统性风险和监管套利等问题的信用中介体系”。对欧美来说，主要是围绕证券化推动的金融创新工具，这些工具在中国的金融市场里多数不存在。

影子银行大致可以描述为一个涉及实体的信用中介系统，且其活动超出常规银行系统。在发达国家，最大的影子银行玩家通常是对冲基金、风险投资以及私募股权投资基金。

据金融稳定理事会（FSB）发布的《2012 年全球影子银行监测报告》，国际金融危机前，全球影子银行规模由 2002 年的 26

万亿美元快速增长到2007年的62万亿美元。危机爆发后，影子银行规模下降至2008年的59万亿美元，其后很快恢复增长，2011年年底增加至67万亿美元，但与全球GDP总额之比由2007年的128%下降至2011年的111%。在金融机构总资产中的占比也逐渐下降，2007年影子银行规模在金融机构总资产的占比曾达到27%，2009—2011年保持在25%左右。

FSB自2011年起对成员国的影子银行业务进行年度监测。2012年11月，FSB公布的第二份影子银行监测报告显示，2011年影子银行的规模高达67万亿美元，超过了2007年的62万亿美元，相当于被监测国家GDP的111%。影子银行体系在金融中介中的占比由2007年高峰时期的27%降至2009—2011年的25%左右，总体规模约为银行体系的一半，对银行融资的依赖度较大且较多投资于银行资产。美国的影子银行体系规模最大，2011年达23万亿美元。25个被监测国家中，有17个国家的影子银行体系在金融危机后保持增长，其中一半为新兴市场和发展中国家。

2011年，美国影子银行总资产达23万亿美元，在全球的占比由2005年的44%下降到2011年的35%；欧盟影子银行规模为22万亿美元，在全球的占比从2005年的31%上涨至33%；英国影子银行规模为9万亿美元，在全球的占比从2005年的9%上升至13%。

2. 国内影子银行的发展

2009年，中国四万亿元投资计划和中央政府的积极鼓励催生了城投债的首波行情。当年，城投债的发行量达4 080亿元，同比增长239.5%。2010年6月，为了落实国发[2010] 19号文中清理地方政府融资平台的工作，国家发改委一度暂停了城投债的审批，城投债发行随即进入阶段低谷。

政信合作是地方政府通过“影子银行”融资最主要的方式。在这一融资方式下，信托公司与各级政府在基础设施、民生工程等领域开展合作业务，针对基础设施建设项目，信托公司设计信托产品，由商业银行发行，将募集资金交付地方政府融资平台公司开发当地基建项目。信托公司凭借其灵活的投融资手段和平台将社会资金与基础设施项目以多种多样的方式进行优化组合，为城市建设提供大规模资金来源。

政信合作规模及其在信托业务总额中的占比（见表3-3）。

表3-3 政信合作规模及其在信托业务总额中的占比

时　间	政信合作产品余额/亿元	占比（%）	投资于基础产业的信托产品余额/亿元	占比（%）
2010年Q3	3 816	12.91	10 012	35.53
2010年Q4	3 563	11.72	9 946	34.39
2011年Q1	3 239	9.91	9 940	31.81
2011年Q2	2 946	7.87	10 127	28.30
2011年Q3	2 788	6.80	9 771	24.79
2011年Q4	2 537	5.27	10 155	21.88
2012年Q1	2 510	4.74	11 150	21.85

（续）

时　间	政信合作产品余额/亿元	占比（%）	投资于基础产业的信托产品余额/亿元	占比（%）
2012年Q2	3 254	5.88	11 918	22.62
2012年Q3	3 903	6.18	13 918	23.34
2012年Q4	5 016	6.71	16 502	23.62

数据来源：中国信托业协会。

2012年年末地方政府性债务余额约为13.6亿万元，分别较2010年年末的10.7万亿元和2011年年末的11.9万亿元增长了27.1%和14.3%。城投债的大幅增发以及信托计划等“影子银行”融资渠道的快速扩张是地方政府性债务规模上升的主要原因。2012年年末地方政府性债务余额占当年GDP的比重约为26.1%，较2011年年末增加了近1个百分点。

第四部分

银行间市场

一、基本情况

2012年，拆借和回购交易活跃，交易量继续较快增长。银行间市场同业拆借累计成交46.7万亿元，同比增长39.7%；债券回购累计成交141.7万亿元，同比增长42.4%。短期交易占比依然较高，隔业拆借成交40.3万亿元，占拆借成交总量的86.2%；1天质押式回购成交110.9万亿元，占回购成交总量的81.2%，回购市场调节机构流动性的作用突出，市场流动性整体较为充裕。货币市场利率在波动中总体回落。

二、债券市场

银行间债券市场的快速发展，不仅降低了企业的融资成本，为企业开辟了重要的融资渠道，为实体经济的发展提供了助力；同时也优化了企业的融资结构，提高了企业的风险意识和管理水平，对于促进实体经济规范运营、健康发展均具有积极的意义。

根据市场需要，银行间市场交易商协会逐步建立起以短期融资券、中期票据、中小企业集合票据、超短期融资券、区域集优债务融资计划、信用风险缓释工具为基础，以其含权化品种、外币品种、特殊发行主体品种为补充的多层次债务融资工具市场。按照金融市场发展的一般规律，2011年银行间市场交易商协会推出了非公开定向发行方式，促进多层次市场体系建设，解决中国非金融企业直接债务融资“天花板”的问题。这些产品、制度、组织创新，为中国金融市场快速发展注入了新的活力。截至2011年12月29日，债务融资工具存量规模突破3万亿元，达到30 062亿元，银行间市场发展再上新台阶。2011年企业通过交易商协会注册发行债务融资工具1.82万亿元。自短期融资券、中期票据、中小企业集合票据等产品推出以来，累计发行量达5.77万亿元。

债务融资工具发行实施注册制以来，债务资本市场运行效率显著提高，对实体经济的支持力度大幅提升。截至2012年4月末，由交易商协会注册发行的非金融企业债务融资工具余额已经达到3.22万亿元，占中国企业直接债务融资规模的57%。从2005年5月到2012年4月末，由交易商协会注册发行的非金融企业债务融资工具累计发行6.26万亿元，约占中国企业直接债务融资规模的70%。自2009年以来，非金融企业债务融资工具年发行量占当年企业直接债务融资规模的80%左右，有效地满足了既要防通货膨胀，又要保持实体经济平稳较快增长的政策组合的需要。

截至2012年7月31日，债务融资工具累计发行量达到6.9万亿元，占中国企业直接债务融资规模的71.1%；存量规模接近3.6万亿元，占中国企业直接债务融资产品存量的57.7%。目前，由交易商协会注册发行的非金融企业债务融资工具市场已经成为中国企业直接债务融资的主板市场。

截至2012年11月末，银行间债券市场整体发行量达到7万亿元，占同期GDP的比重超过15%；二级市场交易量超过240万亿元，约为同期GDP的6.8倍。而通过中国银行间市场交易商协会注册发行的非金融企业债务融资工具存量规模则突破4.1万亿元，较2011年年底增加1.1万亿元，占社会融资总量约8%，累计发行量达到8.1万亿元，年度发行量近2.5万亿元。

截至2012年4月末，天津市共有27家企业发行66只各类型债务融资工具，累计募集资金891亿元。天津市债务融资工具存量597.5亿元，在全国排名第8位，远高于天津市GDP在全国的排名。近三年，天津市债务融资工具余额年均增长率达到105%，是全国唯一市场规模达到百亿元以上仍增速过百的地区。

截至2012年4月末，天津港集团、天津滨海新区建设投资集团、天津保税区投资控股集团在银行间市场累计融资155亿元。2011年这三家企业债务融资工具发行总额约占当年滨海新区新增投资额的12%。为天津市推进滨海新区开发建设、打造北方国际航运中心，打好结构调整优化升级的攻坚战提供了有力支持。

2012年，债券市场累计发行人民币债券8.0万亿元，同比增长2.4%，其中，银行间市场累计发行人民币债券7.5万亿元，同比增长1.7%。公司信用类债券发行量与上年相比增加显著，全年共发行公司信用类债券3.6万亿元，同比增长60.5%，占全部债券市场发行量的44.5%。截至2012年年末，债券市场债券托管总量达26.0万亿元，其中，银行间市场债券托管量为25.0万亿元，同比增长16.7%。银行间市场参与主体达11 287个，比上年增加415个，包括各类金融机构和非金融机构投资者，银行间市场已成为各类市场主体进行投融资活动和风险管理的重要平台。

2012年，银行间市场现券累计成交75.2万亿元，同比增长18.2%。交易所国债现券累计成交914.17亿元，同比下降27.06%。债券指数总体呈现上行走势，银行间市场债券指数由年初的139.78点升至年末的144.68点，升幅3.5%；交易所国债指数由年初的131.44点升至年末的135.84点，升幅3.3%。2012年，银行间债券市场国债收益率曲线总体呈现平坦化上移趋势。

2012年，债券融资成为直接融资的主渠道，债券市场累计发行人民币债券8.0万亿元，同比增长2.4%。发行公司信用类债券3.6万亿元，同比增长60.5%，占全部债券市场发行量的44.5%，其中，发行超短期融资券5 822亿元，短期融资券8 356亿元，中期票据8 453亿元，中小企业集合票据71亿元，中小企业区域集优票据29亿元，非公开定向债务融资工具3 759亿元，非金融企业资产支持票据57亿元，企业债券6 499亿元，上市公司债券2 550亿元，中小企业私募债94亿元。2012年，债券融资占直接融资的比重达到90%，比2011年上升14.2个百分点，直接融资占社会融资规模比重为15.9%，比2011年上升1.8个百分点。

2012年主要债券发行情况（见表4-1）。

全国银行间市场债券质押式回购交易期限分类统计（见表4-2）。

表 4-1　2012 年主要债券发行情况

债券品种	发行额/亿元	同比增长/%
国债	16 860	−3.1
其中：地方政府债券	2 500	25.0
国家开发银行及政策性银行债	21 399	7.1
金融债券	4 034	14.3
公司信用类债券	35 648	60.5
其中：短期融资券	8 356	4.1
超短期融资券	5 822	159.9
中期票据	8 453	16.3
集合票据	71	36.5
中小企业区域集优票据	29	109.9
非公开定向债务融资工具	3 759	318.2
金融企业资产支持票据	57	—
企业债券	6 499	162.8
上市公司债券	2 550	102.1
中小企业私募债	94	—

注：企业债券不包括铁道部发行的政府支持债券。

数据来源：中国人民银行、证监会。

表 4-2　全国银行间市场债券质押式回购交易期限分类统计表

	9 个月	1 年		成交金额合计/亿元	加权平均利率(%)
	加权平均利率(%)	成交金额/亿元	加权平均利率(%)		
2011 年累计		224.90		966 649.67	
2012 年 01 月	6.30	1.78	6.92	67 662.23	4.68
2012 年 02 月		6.05	5.30	96 337.13	3.58
2012 年 03 月	5.18	42.12	4.75	131 053.28	2.66
2012 年 04 月		22.16	5.13	110 281.53	3.29
2012 年 05 月				138 242.36	2.23
2012 年 06 月	4.50			132 377.83	2.81
2012 年 07 月				128 475.36	2.85
2012 年 08 月	3.82	2.94	3.75	123 479.39	2.87
2012 年 09 月	3.88	3.42	4.00	110 987.66	3.01
2012 年 10 月		9.12	5.80	97 713.10	2.82
2012 年 11 月	4.73	21.00	5.09	115 872.65	2.55
2012 年 12 月	4.57	73.49	3.98	113 691.40	2.62
2012 年累计		182.09	44.71	1 366 173.92	

数据来源：中国人民银行网站。

2012年，中国人民银行会同有关部门继续大力推动债券市场创新。一是稳步推进信贷资产证券化试点工作。5月，中国人民银行会同银监会、财政部发布《关于进一步扩大信贷资产证券化试点有关事项的通知》，鼓励和支持更多符合条件的机构参与资产支持证券的发行、投资和交易。截至2012年年末，国家开发银行等5家金融机构先后获准在银行间市场发行资产支持证券，总计193亿元。二是重启证券公司发行短期融资券。截至2012年年末，中信证券等4家证券公司发行了短期融资券531亿元。三是推出非金融企业资产支持票据。8月，首批3只资产支持票据25亿元成功发行，截至2012年年末，累计注册资产支持票据72亿元，累计发行57亿元。四是试点推动资产管理公司发行金融债券。10月，信达资产管理公司发行100亿元金融债券。

2011年，天津市新增科技型中小企业8 500家，累计达到2.1万家。2011年，天津滨海高新技术中小企业集合票据成功发行，为天津市解决中小企业融资难问题做出实践和探索。

天津市的银行间市场交易商协会会员数从2009年年末的19家增长到2012年的55家。其中，渤海银行作为第一家总行位于天津市的全国性股份制商业银行，到2012年4月末，已有27个主承销项目在协会成功注册发行，规模达217.3亿元，每年实现的承销费等中间业务收入约5 000万元。

截至2013年6月末，福建省共有59家企业，累计发行186只非金融企业债务融资工具，募集资金1 202亿元，余额774.4亿元。2013年1～6月，福建省有35家企业新发行49只非金融企业债务融资工具，募集资金289.5亿元。2009年以来，福建地区债务融资工具市场保持快速发展势头，余额从2009年年末的58.25亿元增加到2013年6月底的774.4亿元，发债企业涵盖港口、海运、纺织、食品、物流等福建省传统优势领域和新兴支柱产业。

针对福建省民营经济比重较大，民营企业小而散的特点，2012年以来，银行间市场交易商推动福建省26家民营企业发行32只债务融资工具，金额合计181.8亿元。福建省宁德市8家民营中小企业发行2只区域集优债务融资工具4.5亿元，为福建省优化民营经济融资环境，解决中小企业融资难问题作出有益的探索。

为推动金融市场发展，提升企业存量资产的利用效率，拓宽企业融资渠道，规范非金融企业在银行间债券市场发行资产支持票据的行为，中国银行间市场交易商协会组织市场成员起草了《银行间债券市场非金融企业资产支持票据指引》，并于2012年8月3日发布施行。资产支持票据产品是新的债务融资产品，在风险隔离、信息披露、投资者保护等方面有其特殊安排。

2012年8月8日，宁波城建投资控股有限公司、南京公用控股（集团）有限公司、上海浦东路桥建设股份有限公司三只资产支持票据成功发行，资产支持票据产品上线。首批发行成功的三只资产支持票据，其基础资产为天然气收费收益权、自来水销售收入、高速公路建设应收款等领域的现金流，募集资金用于民生领域建设。首批三支资产支持票据产品的成功发行，标志着中国债务资本市场又一具有里程碑意义的产品创新成功上线。

2013年1月8日，银行间市场交易商协会发布了《非金融企业债务融资工具信用评级业务自律指引》（以下简称《评级指引》）。作为推动银行间债券市场发展的自律组织，银行间市场交易商协会将加强评级市场自律管理作为工作重点之一，针对市场中出现的新问题、新情况，组织市场成员特别是评级机构制定《评级指引》，通过市场自律管理为行政监管提供探索经验。

民营企业的健康持续发展，离不开金融服务与支持。近年来，直接债务融资已经成为民营企业筹集资金的重要途径。非金融企业债务融资工具的不断推广，对于企业来说具有高效、可控、灵活、综合成本低等特点，能够拓宽企业融资渠道，降低企业资金成本，优化企业负债结构，增强企业的抗风险能力，支持企业健康平稳发展。

中国债券交易市场主要由银行间债券市场、证券交易所债券市场和商业银行柜台市场组成。2012 年，交易所债券市场现货成交金额 9 875.55 亿元，同比增长 43.63%；回购成交金额 39.36 万亿元，同比增长 87.84%。

2012 年交易所各债券品种现货成交金额（见表 4-3）。

表 4-3　2012 年交易所各债券品种现货成交金额

单位：亿元

债券类型	2012 年	2011 年	增减幅（%）
政府债	914.17	1 286.53	−28.94
企业债	2 970.11	1 538.91	93.00
公司债	3 155.10	1 303.81	141.99
可分离债	498.11	528.29	−5.71
可转债	2 275.31	2 217.95	2.59
中小企业私募债	62.75	—	—
现货合计	9 875.55	6 875.49	43.63

数据来源：中国证券监督管理委员会年报（2012 年）。

截至 2012 年年底，交易所债券市场现货交易品种 1 170 只，较 2011 年年底增加 530 只。其中，国债 122 只，地方政府债 3 只，企业债 554 只，公司债 365 只，可转债 23 只，可分离债 16 只，中小企业私募债 87 只。债券现货托管面值 12 456 亿元，较 2011 年年底增加 4 028 亿元；债券现货托管市值 11 882亿元，较 2011 年年底增加 3 630 亿元。

2012 年，中国证监会继续完善公司债券发行审核流程，提升债券发行审核效率，组织交易所举办多期公司债券融资培训活动，提升上市公司债券融资的意识；同时，对 2007 年以来的公司债券发行试点情况进行了系统总结，从弱化行政审批，丰富发行与交易方式，强化市场约束等角度，对《公司债券发行试点办法》进行了全面修订。

2012 年债券市场余额分析（见表 4-4）。

表 4-4　2012 年债券市场余额分析

	余额/亿元	托管只数
全市场	259 604.6	5 177
其中：中央结算公司登记托管的债券	237 569.1	3 570
上海清算所登记托管的债券	16 655.3	1 173
短期融资债券	8 327.0	803
超短期融资债券	3 531.0	88
非公开定向债券融资工具	4 502.3	273
证券公司短期融资券	295	9
中债登登记托管的债券	5 380.2	434
公司债	5 289.4	353
中小企业私募债	90.8	81

数据来源：中央结算公司债券信息部。

2012 年全年信用债券（包括企业债、中票、集合票据、商业银行债券、短融和非金融企业定向融资工具等）在银行间债券市场共发行了 3.8 万亿元，远超过了政府债券 1.6 万亿元。截至 2012 年年末，信用债券托管余额的市场占比达到 30.6%，同比增长超过 5 个百分点，为实体经济发展提供了重要支持。从交易结算量来看，信用类债券 2013 年全年的现券交易量为 32.5 万亿元，同比增长 22.7%，占全市场现券交易结算总量的 42.1%。

近年来，交易商协会充分依托广大市场成员，坚持金融服务实体经济的本质要求，践行市场配置资源的改革导向，大力推动债务融资工具市场规范健康发展。截至 2013 年 5 月 28 日，债务融资工具存量规模突破 5 万亿元，保持了连续五年新增余额过万亿元的良好增长趋势。

目前，债务融资工具市场已基本形成了参与主体丰富、发行方式多样、产品结构完整的市场体系，有效发挥了对实体经济的支持作用。经过近几年的发展，中国企业直接融资比重显著提高，债券融资与信贷融资的比例由 2006 年的 1∶50 提高到目前的 1∶4。

2011 年银行间债券市场信用类债券各品种发行情况（见表 4-5）。

表 4-5　2011 年银行间债券市场信用类债券各品种发行情况

类　　别	发行额/亿元	市场占比/%	同比增长/%
短期融资券	8 032.30	31.63	19.13
超短期融资券	2 090.00	8.23	1 393.33
中期票据	7 269.70	28.63	47.64
中小企业集合票据	66.23	0.26	42.22
企业债券	3 485.48	13.73	−3.90
商业银行债券	3 518.50	13.86	278.54
非银行金融机构债券	10.00	0.04	−80.00
定向发行债务融资工具	919.00	3.61	—
合　　计	25 391.21	100.00	55.50

数据来源：中国银行间债券市场信用评级行业年度报告（2011）。

支持实体经济发展，促进产业结构调整与发展方式转变。当前，债务融资工具市场已经成为中国企业直接融资的重要渠道，涵盖了国家产业政策和区域发展政策支持的主要行业和地区。迄今，能源、交通等国民经济支柱产业已累计募集资金 4 万多亿元；超过 500 家现代农业和小微企业发行债务融资工具近 5 000 多亿元；西藏及四川、云南、甘肃、青海等涉藏地区募集资金近 4 000 亿元用于当地经济发展；文化企业通过发行债务融资工具获得 2 000 多亿元资金支持。债务融资市场的规范发展进一步完善了中国金融市场功能，在支持经济平稳较快发展、推动经济结构调整、加快转变经济发展方式等方面发挥了重要作用。

积极开展自律管理，推动市场规范发展。结合市场发展出现的新情况，交易商协会组织市场成员修订相关规则和工作指引，进一步规范重大事项信息披露、企业内部管理制度建设等内容，实现信息披露制度由注重常态披露向兼顾动态披露与内部治理的方向转变。按照“金融市场先进道德理念的倡导者和传播者”的新型自律组织定位，综合运用多种措施，加强市场道德环境建设，提升市场诚信水平。建立并健全自律处分体系，发布实施《信用评级业务自律指引》，加大对市场主体的合规检查和自律处分力度，加强市场化的行为约束。

推动市场制度和产品创新，深化和完善市场功能。推动运用非金融企业债务融资工具注册信息系统（“孔雀开屏”系统），将注册工作全流程整体展现在公众面前，强化外部监督和约束，使注册工作在“阳光下运行”。同时，优化和丰富债务融资工具产品线，以金融产品创新带动市场规范发展，通过开展资产支持票据产品结构、区域集优债务融资模式等方面的创新，进一步增强了债券市场服务实体经济多元化需求的功能。

自2010年12月第一只超短期融资券产品推出以来，2011年共有7家企业发行25只超短期融资券，发行总额2 090亿元，发行期限扩展至30天、90天、180天和270天，期限结构更趋完整。超短期融资券作为短期货币工具，对发行人的流动性管理能力要求较高，发行人主要集中于能源、交通、电信及公用事业行业等国民经济支柱行业。

2011年，中期票据市场保持了快速平稳的发展趋势。全年，中期票据共发行407只，同比增加184只；发行额为7 269.7亿元，同比增长47.64%；平均单笔发行额17.86亿元，同比下降19.11%。2011年中期票据发行额占当年信用类发行总额的28.65%，占比仅次于短期融资券。截至2011年年末，中期票据托管量为1.97万亿元，占信用类债券总托管量的39.16%，跃居信用类首位。

2011年企业债券增信方式（见表4-6）。

表4-6　2011年企业债券增信方式

增信方式	发行只数（只）	市场占比（%）
资产抵（质）押担保	39	19.21
保证担保	70	34.48
其中：专业担保公司担保	17	8.37
信用增进机构担保	3	1.48
企业担保	42	20.69
专项基金担保	8	3.94
无担保	94	46.31
合　计	203	100.00

数据来源：中国银行间债券市场信用评级行业年度报告（2011）。

2011年4月29日，交易商协会发布《银行间债券市场非金融企业债务融资工具非公开定向发行规则》。5月4日，中国五矿集团公司、中国国电集团公司、中国航空工业集团公司在银行间市场首次成功发行130亿元定向债券融资工具，标志着私募发行的适用范围从上市公司的非公开发行股票、金融机构的私募发行债券扩展到了全部非金融企业法人的债务融资工具发行。2011年全年共发行非公开定向债务融资工具32只，发行总额919亿元。

2011年，共有38家境外商业银行获准进入银行间债券市场，中国人民银行与奥地利国民银行（即奥地利中央银行）于11月10日正式签署了奥地利央行投资中国银行间债券市场的代理协议。这是中国银行间市场首次引入境外央行参与。

外债余额（见表4-7）。

表 4-7　外债余额

债务类型	2006 年	2007 年	2008 年	2009 年	2010 年	2011 年
总计（亿美元）	3 385.9	3 892.2	3 901.6	4 286.5	5 489.4	6 950
按债务类型分						
外国政府贷款	276.7	300.6	324.7	349.2	320.8	333.0
国际金融组织贷款	278.1	283.7	270.5	333.8	355.5	350.0
国际商业贷款	1 635.1	1 820.9	2 010.3	1 986.5	2 701.1	3 375.0
贸易信贷	1 196.0	1487.0	1 296.0	1 617.0	2 112.0	2 492.0
按偿还期限分						
长期债务余额	1 393.6	1 535.3	1 638.8	1 693.9	1 932.4	1 941.0
短期债务余额	1 992.3	2 356.9	2 262.8	2 592.6	3 757.0	5 009.0
构成（%）	100.0	100.0	100.0	100.0	100.0	100.0
按债务类型分						
外国政府贷款	8.2	7.7	8.3	8.1	5.8	4.8
国际金融组织贷款	8.2	7.3	6.9	7.8	6.5	5.0
国际商业贷款	48.3	46.8	51.5	46.3	49.2	54.3
贸易信贷	35.3	38.2	33.2	37.7	38.5	35.9
按偿还期限分						
长期债务余额	35.8	39.4	42.0	39.5	31.6	27.9
短期债务余额	51.2	60.6	58.0	60.5	68.4	72.1

数据来源：国家统计局。

三、票据市场

2012 年，中国票据市场累计签发商业汇票 17.89 万亿元，同比增长 18.81%：累计办理贴现 31.64 万亿元，同比增长 26.40%；累计办理再贴现 2 329.8 亿元，同比增长 19.74%。2012 年年末，未到期商业/汇票余额 8.35 万亿元，同比增长 25.37%；票据贴现余额 2.04 万亿元，同比增长 35.09%；再贴现余额 759.5 亿元，同比增长 70.51%。

天津渤海国有资产经营有限公司，于 2013 年 5 月成功在银行间债券市场注册 100 亿元为期五年的中期票据，即将择机分期发行，实现了直接融资的突破。公司成立以来，与银行、信托等金融机构广泛开展合作，累计融资已达 400 亿元。

目前，渤海国资正在借助银行间债券市场、交易所债券市场等直接融资平台，发行私募债、短期融资券等多种融资工具。今后将继续加强直接融资研究，不断提升融资工作水平，为实现促进该市国有经济产业结构调整、扶持优质国有资产重组和上市改制的重要历史使命而不懈努力。

截至 2011 年年末，在中央国债登记结算有限责任公司开户的投资者共有 11 162 家，较 2010 年增加 927 家，新增投资主体包括 1 家特殊结算成员、38 家商业银行、34 家信用社、13 家非银行金融机构、5 家证券公司、9 家保险机构、720 家基金公司、72 家非金融机构和 35 家其他机构。在上海清算所开户的投资者共有 1 839 家。2011 年，经中国人民银行批准进入银行间债券市场进行试点投资的三类境外机构共计 38 家，进一步丰富了投资者的类型。此外，2011 年 5 月中国证券监督委员会将中期票据纳入证券投资基金的投资范围，证券投资基金与银行间市场的广度进一步拓宽。

2011 年，银行间债券市场共发行信用类债券 1 336 只，同比增长 49.61%，发行总额达 2.54 万亿元，同比增长 55.82%，呈现出快速发展的良好势头。从发行只数看，中期票据、短期融资券、商业银行债券增长较快，非银行金融机构债券有所下降。从债券发行规模看，超短期融资券、商业银行债、中期票据、中小企业集合票据等出现较大增幅，而企业债券、非银行金融机构债券等出现了不同程度的下滑。

第五部分
中国企业海外投资

一、基本情况

商务部、国家统计局、国家外汇管理局联合发布《2012 年度中国对外直接投资统计公报》，正式公布 2012 年中国对外直接投资的年度数据。《公报》分为中国对外直接投资概况、中国对外直接投资特点、中国对主要经济体的投资、对外直接投资者构成、对外直接投资企业的地区和行业分布、综合统计数据等部分。

商务部网站称，2012 年，在全球外国直接投资流出流量较 2011 年下降 17%的背景下，中国对外直接投资创下流量 878 亿美元的历史新高，同比增长 17.6%，首次成为世界三大对外投资国之一。

截至 2012 年年底，中国对外直接投资累计净额（存量）达 5 319.4 亿美元，位居全球第 13 位。但与发达国家相比，由于中国对外直接投资起步较晚，仅相当于美国对外投资存量的 10.2%，英国的 29.4%，德国的 34.4%，法国的 35.5%，日本的 50.4%。

截至 2012 年年底，中国 1.6 万家境内投资者在国（境）外设立对外直接投资企业（以下简称境外企业）近 2.2 万家，分布在全球 179 个国家（地区），覆盖率达 76.8%；其中亚洲地区的境外企业覆盖率高达 95.7%，欧洲为 85.7%，非洲为 85%。2012 年年末，中国对外直接投资存量高度集中，前 20 位的国家（地区）存量累计达到 4 750.93 亿美元，占总量的 89.3%。

2012 年年末，中国对外直接投资覆盖了国民经济所有行业类别，其中存量超过 100 亿美元的行业有：租赁和商务服务业、金融业、采矿业、批发和零售业、制造业、交通运输业/仓储和邮政业、建筑业，上述七个行业累计投资存量 4 913 亿美元，占对外直接投资存量总额的 92.4%。

2012 年，中国企业共实施对外投资并购项目 457 个，实际交易金额 434 亿美元，两者均创历史新高。其中，直接投资 276 亿美元，占 63.6%，境外融资 158 亿美元，占 36.4%。

2012 年，中国对美国投资 40.48 亿美元，同比增长 123.5%，美国成为继中国香港地区之后的中国第二大直接投资目的地。2012 年，中国对外直接投资流向英属维尔京群岛、开曼群岛的投资共计 30.67 亿美元，较 2011 年的 111.45 亿美元下降 72.5%。

2012 年境外企业向投资所在国缴纳的各种税金总额达 221.6 亿美元，年末境外企业员工总数达 149.3 万人，其中雇用外方员工 70.9 万人，来自发达国家的雇员有 8.9 万人。

2011 年，中国对外直接投资净额为 746.5 亿美元，同比增长 8.5%。截至 2011 年年底，中国超过 1.35 万家境内投资者在国（境）外设立对外直接投资企业 1.8 万家，分布在全球 177 个国家（地区），对外直接投资累计净额达 4 247.8 亿美元。年末境外企业资产总额近 2 万亿美元。

初步统计，截至 2011 年年底中国对外直接投资累计 3 823 亿美元，当年共对全球 132

个国家和地区投资 651 亿美元，居发展中国家首位。“十一五”期间，中国对外直接投资累计 2 289.2 亿美元，年均增速 34.3%。

根据清科数据库统计显示，从 2006 年到 2011 年上半年，已经完成的中国海外矿产并购案例数达到了 60 起，其中 56 起披露价格的案例并购总额高达 466.22 亿美元，平均并购金额为 8.33 亿美元。从数据来看，2010 年是中国企业海外矿产资源并购最为活跃的一年，全年共完成 16 起并购案件，实现并购总额 90.27 亿美元。但是由于各个并购案例涉及的金额普遍不大，因此 2010 年的并购总金额没有超过 2009 年的 160.03 亿美元。2007 年国际矿产资源价格涨幅较大，海外并购成本加大，从而导致当年的海外矿产资源并购数量和金额都有所下降。2008 年至今，海外矿产的并购呈逐年上升的趋势。2011 年上半年，仅半年时间完成海外矿产并购 7 起，并购金额达到 65.51 亿美元。

普华永道的一项研究报告显示，2012 年中国对外投资额达 652 亿美元，创历史新高，预计 2013 年还将继续增长。普华永道中国投资事务合伙人蒂埃里·沙尔庞捷指出，外国投资者并没有失去对中国的投资兴趣。随着中国经济增长前景明朗化、新领导人执政施政和外部经济复苏加速，中国境内投资将在 2013 年强劲反弹。报告同时显示，2012 年中国对外投资项目数量虽然比 2011 年有所下降，但投资额却大幅增长 54%。其中，涉及私营部门的对外并购交易额增长 171%。这显示出，私营部门将在中国对外投资中扮演越来越重要的角色。

新华网资讯，东盟已成为中国企业对外投资的第一大市场。2011 年前 10 月，中国对东盟国家非金融类直接投资达 23.36 亿美元。新加坡、缅甸、柬埔寨成为吸引中国投资前三位的东盟国家。近些年，中国对东盟国家非金融类直接投资增长迅猛。据悉，最近三年，中国企业在东盟投资总额达 124.26 亿美元，占中国在东盟历年累计总投资的 90%。

根据清科研究中心统计数据，2009 年至 2013 年上半年，100 多家央企在三年半间完成海外并购交易 35 起，披露交易金额的 32 起交易共涉及 447.37 亿美元，每笔交易的平均金额达 13.98 亿美元；国资企业同期共完成海外并购交易 109 起，其中披露交易金额的 89 起案例共涉及 212.71 亿美元，平均交易金额 2.39 亿美元；民营企业共完成海外并购交易 118 起，83 起披露交易金额 105.69 亿美元，平均交易金额为 1.27 亿美元。

从以上数据可以看出，虽然央企完成的并购交易在数量上未占优势，但凭借其强大的资金实力，在并购金额份额上占据半壁江山，而且平均并购金额超过民营企业十倍以上，如此绝对的优势还在于央企所完成的海外并购多发生在能源及矿产、机械制造和金融行业，此类行业的企业资产一般都较为庞大，且央企的并购活动通常对于国家经济来说具有明显的战略意义。相较“国家队”，民营企业海外并购活动规模较小，在海外并购时多从企业经营角度考虑，策略选择上更为理性和审慎，而同时，国际金融危机和世界经济下行造成国外一部分优质企业经营困难，为民营企业进入国际市场提供了机会，因此民企近年来在海外并购积极性上日益提升。

中国企业海外并购统计（见表 5-1）。

表 5-1 中国企业海外并购统计

企业类型	案例数/种	占比/%	案例数/披露金额	并购总额/US$M	占比/%	平均并购金额/US$M
中央企业	35	13.2	32	44 737.34	58.2	1 398.04
国资企业	109	41.1	89	21 270.91	27.7	239.00
民营企业	118	44.5	83	10 569.03	13.8	127.34
未披露	3	1.1	1	235.85	0.3	235.85
总计	265	100.0	205	76 813.16	100.0	360.63

资料来源：清科研究中心 2012 年 8 月。

2012 年 9 月 27 日，从交通运输部获悉，交通运输部日前发布《关于鼓励和引导水运行业民营企业境外投资和跨国经营的若干意见》(以下简称《意见》)。《意见》鼓励和引导航运、港口、水运建设等水运行业民营企业积极开展境外投资和跨国经营业务。

水运建设行业民营企业的“走出去”现状也有其自身特点。根据中国水运建设行业协会调研结果，中国水运建设行业市场中大型国有企业实力雄厚，占有较多市场份额，民营企业在国内市场的生存发展空间有限，“走出去”已成为不少民营企业的共识和长期的发展战略。水运建设行业民营企业“走出去”的方式主要包括依托相关国有企业、成立合资公司和在境外注册相关公司等途径，参与国外水运建设行业的咨询、设计、施工等业务。

同时，意见还鼓励民营水运企业“组团”发展，成立产业联盟，增强国际竞争能力。《意见》指出，支持民营企业联合成立产业联盟，鼓励有从事境外业务意向的民营企业加强联合，形成规模优势，参与国际竞争，更好地发挥行业协会桥梁纽带作用，为民营企业成立产业联盟提供平台，研究相关政策、规章制度，促进产业联盟健康发展。

在 2002—2010 年发生的中国企业海外矿产资源并购的 123 起事件中，有 19 起公司并购，13 起资产并购，26 起权益并购，其中全部都是股权并购，占整个并购事件的 53%。包含 10% 以上股权的跨国并购包括三种类型（见表 5-2)：全面收购（100%)、少数股权收购（10%～49%)、多数股权收购（50%～99%)。

2002—2010 年中国企业海外矿产资源并购失败案例情况（见表 5-3)。

表 5-2 2002—2010 年中国企业海外矿产资源并购模式情况统计

并购时间	并购目标公司股权			并购公司	并购资产	并购权益
	全面	多数	少数			
2002 年	0 起	0 起	1 起	0 起	1 起	3 起
2003 年	0 起	0 起	2 起	2 起	2 起	1 起
2004 年	0 起	0 起	1 起	2 起	2 起	2 起
2005 年	0 起	0 起	2 起	3 起	1 起	1 起
2006 年	0 起	2 起	1 起	2 起	1 起	4 起
2007 年	1 起	2 起	2 起	0 起	0 起	3 起
2008 年	3 起	1 起	6 起	2 起	1 起	2 起

（续）

并购时间	并购目标公司股权			并购公司	并购资产	并购权益
	全面	多数	少数			
2009年	6起	7起	20起	7起	5起	8起
2010年	1起	3起	4起	1起	0起	2起
总数	11起	15起	39起	19起	13起	26起
	65起					

资料来源：刘晓岚，《中国企业海外矿产资源并购研究》。

表5-3　2002—2010年中国企业海外矿产资源并购失败案例情况

年　份	并购方	目标企业或资产	涉及国家	失败原因	失败类型
2002年	中石油	俄罗斯斯拉夫石油公司	俄罗斯	俄国家杜马的政治介入	政治原因
2003年	中海油、中石化	英国天然气（BG）公司在哈萨克斯坦里海北部项目8.33%的权益	英国	壳牌、埃尼集团等西方五大石油公司联手行使优先收购权	竞争对手介入
2003年	中海油	哈萨克斯坦北里海油田	哈萨克斯坦	西方石油公司联手排挤	竞争对手介入
2004年	中海油服	印度尼西亚最大的钻井公司Apexindo	印度尼西亚	政府受到很大压力	政治原因
2004年	五矿集团	加拿大诺兰达公司	加拿大	加拿大民族主义者的抗议	政治原因
2004年	中石油	俄罗斯尤科斯公司旗下的尤甘斯克公司	俄罗斯	俄罗斯政府不愿外国公司分享该国的能源资源	政治原因
2005年	中化集团	韩国仁川炼油厂	韩国	花旗银行阻挠	竞争对手介入
2005年	中海油	美国优尼科石油公司	美国	政治力量的反对	政治原因
2005年	中海油	美国加州联合石油公司（UNOCAL）	美国	美国国会以不利于美国国家安全为由否认了这桩交易	政治原因
2008年	首钢控股	澳大利亚Prosperity Resource 19.9%股份	澳大利亚	该交易构成关联交易	违反商业规则
2008年	中金岭南	澳大利亚先驱公司	澳大利亚	印度尼西亚的布米公司的竞价压力	竞争对手介入
2008年	中海油服	英国—俄罗斯合资企业TNK—BP油田服务子公司STU	英国	对中国的防范心理	政治原因
2008年	首钢集团	澳大利亚吉布森山铁矿9.74%的股份	澳大利亚	收购计划违反了澳大利亚《收购法》和《公司法》的相关规定	违反商业规则
2009年	首钢集团	澳大利亚资源有限公司	澳大利亚	首钢集团考虑到投入产出比的原因	市场条件发生了变化
2009年	中色集团	澳大利亚稀土矿业公司Lynas 51.66%股份	澳大利亚	担心中国会垄断全球稀土生产，未获澳大利亚外国投资审查委员会批准	政治原因

（续）

年份	并购方	目标企业或资产	涉及国家	失败原因	失败类型
2009 年	武钢	澳大利亚矿商 WPG	澳大利亚	WPG 旗下 Hawk Nest 项目位处南澳军事禁区内，遭国防部否认	政治原因
2009 年	中石油	加拿大 Verenex 能源公司	加拿大	利比亚国家石油公司行使了优先收购权	竞争对手介入
2009 年	中海油和中石化	安哥拉一个石油区块 20%的利益	安哥拉	安哥拉国有石油公司行使了优先收购权	竞争对手介入
2009 年	中石化	伊拉克第四大油田 Zubaird 服务合同	伊拉克	之前收购的瑞士 Addax 公司在伊拉克的油田位于政治敏感的库尔德地区，引发伊拉克政府的强烈不满	政治原因
2009 年	中海油和中石化	美国马拉松石油公司持有的安哥拉一石油区块 20%权益的海外油气项目	美国	安哥拉国有石油公司行使优先收购权	竞争对手介入
2009 年	中色国际投资公司	美国优金公司 51%的股份	美国	附近有军事基地存在，招致美国政府的反对	政治原因
2009 年	中石油与中海油	西班牙雷普索尔公司下阿根廷子公司的 YPF 股份	西班牙	阿根廷政府极力推动能源企业国有化	政治原因
2009 年	中铝	力拓集团	澳大利亚	反对党议员和民众对这项投资表示反对	政治原因
2010 年	中海油	美国能源公司 Kosmos Energy 加纳油田	美国	埃克森美孚参与竞争	竞争对手介入

资料来源：刘晓岚，《中国企业海外矿产资源并购研究》。

二、央企及地方国企海外投资

美国著名智库传统基金会（The Heritage Foundation）的相关研究报告认为中国企业在 2006—2010 年间非金融类对外直接投资的主要领域就集中在资源类行业。其中，能源和电力产业居第一位，投资总额达到 1 022 亿美元，占 5 年内全部投资比重的 47.3%；金属产业居第二位，投资总额为 608 亿美元，所占比重为 28.2%。中国沈阳能源集团与美国可再生能源集团、美国天空风能有限公司签署了 15 亿美元的风能合作投资协议，中国武汉钢铁集团投资 4 亿美元获得巴西 EBX 集团铁矿资源股权，中国国家电网以 9.89 亿美元收购巴西输电公司及输电资产 30 年经营特许权，中石油、中石化和中海油向委内瑞拉投资 400 亿美元用于石油和天然气开发合作等。截至 2010 年年末，在中国非金融类境外企业资产总额前50家公司中，就包括了中国石油天然气集团公司、中国石油化工集团公司、中国海洋石油总公司、中国中化集团公司、中国五矿集团公司、中国化工集团公司、中国中钢集团公司、中国有色矿业集团公司、中国铝业公司等多家资源能源类中央企业。从整体项目数量上来看，企业境外投资最热门的目标矿种主要是铜、铁和黄金，投资这些矿种的项目均占到了总项目数的20%左右。其次是铅锌矿、铝矿和镍矿，投资项目数量占到了总项目数的5%左右。以铀矿为例，占2%左右。非金属项目中，主要以煤炭（6%）和钾盐（2%）的项目居多。

2010年中国对澳大利亚直接投资的主要行业（见表5-4）。

表5-4　2010年中国对澳大利亚直接投资的主要行业

行　业	流量/万美元	比重（%）	存量/万美元	比重（%）
采矿业	123 044	72.3	642 325	81.6
制造业	7 040	4.1	28 308	3.6
金融业	14 747	8.7	27 668	3.5
租赁和商务服务业	5 836	3.4	26 531	3.4
房地产业	9 301	5.5	25 689	3.3
批发和零售业	2 845	1.7	12 178	1.5
建筑业	2 716	1.6	9 188	1.2
交通运输、仓储和邮政业	899	0.5	5 513	0.7
科学研究、技术服务和地质勘查业	2 295	1.3	4 363	0.6
农、林、牧、渔业	323	0.2	2 251	0.3
其他行业	1 124	0.7	2 761	0.3
合计	170 170	100.0	786 775	100.0

资料来源：中国企业“走出去”发展报告。

三、民营企业海外投资

2012年的重大完成交易中，阿里巴巴集团71亿美元回购21%股份，以及阿里巴巴179.29亿港元私有化成为并购完成交易规模较大的两起案例。百度3.06亿美元收购去哪儿网、优酷土豆合并、沃尔玛入驻1号店等重大交易也是互联网行业较为引人关注的交易。

2012年5月8日，万达院线宣布以26亿美元收购全球排名第二的美国AMC影院公司，收购完成后万达将成为全球规模最大的电影院线运营商，9月5日顺利完成。该笔交易成为文化传媒行业引人注目的一笔大宗交易案例。

2012年年初的一系列大规模海外收购使得公共基建行业颇为引人关注。国家电网继2010年12月以9.42亿美元收购巴西7个输电特许经营权项目后，于2012年5月出资3.87亿欧元购得葡萄牙国家能源网RENE的25%股权，11月又宣布出资5亿美元收购澳大利亚电网公司 ElectraNet 的 41%股份。

1月3日　三一重工宣布收购德国普茨迈斯特，并购金额 3.24 亿欧元，刷新了中国工程机械行业的海外并购纪录。

5月21日　大连万达宣布收购美国 AMC 影院公司，这是中国民营企业在美国最大宗企业并购，也是中国文化产业的最大宗海外并购。

8月22日　发改委、商务部、工信部、科技部、农业部高层表示，将出台鼓励政策支持中国企业“走出去”。同时，还将支持内地企业赴港以上市、发行人民币债券等方式，为境外投资项目融资；支持内地企业与中国香港企业以参股、并购，或绿地投资等多种方式，共同开展联合开发投资。

9月18日　《金融业发展和改革“十二五”规划》（以下简称《规划》）公开发布，《规划》首度设定量化发展指标：“十二五”直接融资占社会融资比重超 15%，金融服务业增加值占 GDP 比重保持在 5%左右；关注更广泛意义的整体价格水平稳定；货币政策将从以数量型调控为主向以价格型调控为主转型；加快建设覆盖全国的统一监管的场外交易市场；完善不同层次市场间的转板机制和市场退出机制。

据有关部门统计，近年来非国有企业（主要是民营企业）占中国企业境外投资流量的比重不断上升，2011 年已经达到约 44%。

据财新网资讯，2012 年民营企业完成 34 宗交易，较 2011 年的 36 宗稍有减少，且交易规模更小。国有企业完成交易数量则从 48 宗增至 51 宗。民营企业完成交易总额下跌 35%，而国有企业交易总额增长 47%。

按交易类型细分，小股权交易（219 亿美元）超过接管交易（159 亿美元），占所有交易总额的 58%。这清楚表明中国投资者正以更聪明的方式操作更为敏感的跨境交易。

商务部通报 2012 年 1～2 月份中国商务工作运行的有关情况。商务主管部门对大多数对外投资的管理，实质上已经接近备案管理。下一步将按照 2012 年政府工作报告中提出的简化对外投资的审批手续的要求，进一步推进对外投资管理体制改革。

商务部 2009 年颁布实施了《境外投资管理办法》。根据该办法，商务部仅保留对少数类别对外投资的核准权，绝大部分类别是放开的，不需要核准。各级商务主管部门，包括地方商务部门，主要从投资对象国的安全状况、双边政治和经贸关系等方面进行审核，境外投资的经济技术可行性由企业自主决定、自行负责。

2012 年，德勤和毕马威在北京发布报告称，尽管全球经济以及并购低迷，但中国对外投资额仍创纪录。其中，德勤的报告显示，中国对外投资额从去年前三季度的 449 亿美元上升至今年前三季度的 522 亿美元，增长了 16.2%，创 2005 年以来的最高纪录。

前 9 个月中，民企参与的海外并购数量占到总量的 62.2%，首次超过国企，但是从金额上看，仍然很少，只有 15.1%。在数量上，民营企业在接近 4 年的时间里，其在海外并购数量的比重持续升高，从 2009 年到 2011 年接近 44%的水平上升到现在的水平。

全球并购研究中心、中国并购交易网：2012 年度中国十大并购事件

1. 中石化收购美国戴文能源公司页岩气项目

2012 年 1 月 3 日晚，中国石油化工集团公司（简称“中石化”）宣布，其所属全资子公司——国际石油勘探开发有限公司与美国

戴文能源公司（Devon Energy Corporation，简称 Devon）签署协议，收购戴文能源公司在美国 Niobrara、Mississippian、Utica Ohio、Utica Michigan 和 Tuscaloosa 5 个页岩油气资产 1/3 的权益。4 月 27 日，中石化宣布收购美国戴文能源页岩气项目完成交割，本次交易金额约 24.4 亿美元，以 30%的现金以及 70%的递延款方式进行，递延款用于支付戴文能源公司所持有权益对应的开发成本。

2. 五矿资源收购 Anvil 公司

2012 年 2 月 13 日，中国五矿集团公司所属五矿资源有限公司（1208.HK，简称五矿资源）发布公告称，五矿资源收购 Anvil Mining Limited（Anvil 公司）要约到期，五矿资源已获得超过 90%的股权，成功完成收购。2011 年 9 月，五矿资源发布对 Anvil 公司的收购要约，拟以 8 加元每股收购 Anvil 的全部普通股，交易金额达 13.3 亿加元。2011 年 10 月 24 日，该收购获得澳大利亚外资审查委员会书面批准，但受到非洲刚果当地企业阻挠。

3. 优酷土豆合并

2012 年 3 月 12 日，优酷股份有限公司（NYSE：YOKU，简称“优酷”）和土豆股份有限公司（NASDAQ：TUDO，简称“土豆”）共同宣布，双方签订最终协议，优酷和土豆将以 100%换股的方式合并。合并后，优酷股东及美国存托凭证持有者将拥有新公司约 71.5%的股份，土豆股东及美国存托凭证持有者将拥有新公司约 28.5%的股份。合并后的新公司命名为优酷土豆有限公司。8 月 24 日，土豆宣布从纳斯达克摘牌，土豆与优酷长达 5 个多月的合并画上句号。

4. 中信证券收购里昂证券

2012 年 3 月 29 日晚，中信证券股份有限公司（60030.SH，06030.HK，简称“中信证券”）发布公告称，中信证券与里昂证券合作方案再次变更，中信证券全资子公司中信证券国际有限公司将收购里昂证券全部股权；7 月 20 日，中信证券公告，中信证券国际有限公司已先期支付完 3.1 亿美元里昂证券 19.9%的股权收购；11 月 5 日，中信证券及中信证券国际有限公司与法国东方汇理尔斯登到里昂证券，中信证券在国际化道路上迈出了坚实的一步。

5. 光明食品收购英国维他麦

2012 年 5 月 2 日，光明食品（集团）有限公司（简称“光明食品”）与 Lion Capital LLP 基金在英国伦敦联合宣布：根据双方签署的协议，光明食品将收购维他麦（Weetabix）60%的股份，维他麦余下 40%的股份继续由 Lion Capital LLP 基金和管理层持有。11 月 5 日，光明食品与 Lion Capital LLP 基金联合宣告上述并购已经完成交割，交易对价近 7 亿英镑（约合 70 亿元人民币），包括购买 60%的股份和承担部分债务，这成为食品行业最大的一笔海外收购。

6. 万达集团并购美国 AMC

2012 年 5 月 21 日，大连万达集团（简称“万达集团”）宣布，已与美国第二大院线集团 AMC 娱乐控股公司（简称“AMC 公司”）签署并购协议，万达集团将收购 AMC 公司

100%股权，并承担其债务。9月4日，万达集团董事长王健林宣布，已完成对AMC公司总计26亿美元（165.1亿元人民币）的收购，交易包括购买AMC公司100%股权和承担债务两部分，并购将投入不超过5亿美元的运营资金，万达共为此次交易支付31亿美元。

7. 港交所收购伦敦金属交易所

2012年6月15日，香港交易及结算所有限公司（简称“港交所”）宣布，公司与全资附属公司HK Ex Investment以及伦敦金属交易所LME的控股公司LMEH在当日签订框架协议，HK Ex Investment将以现金方式收购LMEH全部已发行普通股，收购总代价约为13.88亿英镑（折合约166.73亿港元）。11月29日，港交所宣布，英国金融业管理局已批准其通过附属公司收购伦敦金属交易所（LME）母公司LMEH全部股权的建议。12月6日，港交所宣布，已完成对伦敦金属交易所（LME）全部已发行普通股本的收购。至此，中国交易所行业有史以来的第一次国际并购顺利完成。

8. 中海油并购尼克森

2012年7月23日，中国海洋石油总公司（CNOOC）宣布将以每股27.5美元的价格现金收购尼克森石油公司（Nexon），交易总价值151亿美元。12月7日下午，加拿大联邦工业部长Christian Paradis宣布，经过审查，加拿大政府批准中海油收购尼克森。这成为中国企业迄今为止最大的海外并购。

9. 分众传媒达成私有化协议

2012年8月13日，分众传媒（NASDAQ：FMCN）发布公告称，公司董事会已收到董事长兼CEO江南春等多方联合发起的约束性私有化邀请，该邀约对每股美国存托股（ADS）支付现金对价27美元。12月20日，分众传媒宣布，公司已与Giovanna Parent Limited及其子公司Giovanna Acquisition Limited签订合并协议和计划书，Giovanna Parent Limited将以每股美国存托股票27.5美元（合每股5.5美元）对分众传媒进行私有化，分众传媒估值37亿美元左右。这是中国概念股金额最大的杠杆收购，整个私有化交易将于2013年第二季度完成。

10. 美敦力收购康辉医疗

2012年9月28日，美敦力公司(NYSE：MDT,简称“美敦力”)和康辉控股(中国)公司共同宣布，双方已经签订一项合并协议，美敦力将以8.16亿美元的现金收购康辉医疗。11月16日，美敦力宣布已完成该项收购，美敦力以30.75美元每股美国存托股（ADS）全资收购康辉医疗，扣除现金部分，该交易总价值大约为7.55亿美元，成为迄今为止中国最大的一起医疗并购交易。

第六部分

外资企业在华投资

一、基本情况

自中国放宽外资企业进入金融服务领域条件以来，外资企业在华金融业务有了非常大的发展，其中包括外资银行在华金融业务的发展和外资企业在华投资的发展。

二、金融类投资

截至2011年9月末，外国银行在华已设立39家外资法人银行（下设247家分行及附属机构）、1家外资财务公司、93家外国银行分行和207家代表处。与加入WTO前相比，外资银行分行数增加175家，支行数则从6家增加到380家。

中国银监会网站称，截至2011年9月末，外资法人银行数已是加入WTO前的3倍，营业网点数量占外资银行营业网点总数的87%。外资法人银行资产占外资银行整体份额从加入WTO前的5.24%跃升至87.66%，存款份额更高达95.56%。其中，排名前五的外资法人银行资产均超过千亿元，达到全国性股份制商业银行水平。

中国已吸引来自47个国家和地区的银行来华设立机构，其中俄罗斯、瑞典、挪威、西班牙、埃及、印度等国家和地区的银行在加入WTO后首次来华设立营业性机构。与加入WTO前相比，外资银行中还增加不少经营中小企业融资、农业金融、航空航运融资、大宗商品贸易融资、资产及财富管理、托管、结算等专项领域业务的银行。

截至2011年9月末，外资银行资产总额为2.06万亿元，与加入WTO前3 730亿元的资产规模相比，年均复合增长率达19%。据调查，外资银行资产平均增速数倍于境外母行（或总行），其中74%的外资银行资产增速超过境外母行（或总行）在其他国家或地区设立的分支机构，17%的外资银行持平。在资产规模稳步增加的同时，外资银行经营基本面健康，目前资产质量良好，不良贷款率为0.41%，低于全国银行业平均水平，法人银行拨备覆盖率达270.72%；整体流动性充足，流动性比例达70.94%；境内资产负债比为152.41%；法人银行资本充足、资本质量高，平均资本充足率和核心资本充足率分别为18.2%和17.77%。

产品日益丰富，综合服务和品牌效应逐步显现。外资银行依托产品设计、风险定价和国际化优势，注重业务发展的专业化和多样性。据统计，外资银行在华经营的业务品种已超过240种，服务能力与加入WTO前比有了质的飞跃。一些产品和服务逐渐在消费者中形成品牌效应，如供应链融资、“幸福时贷”和“现贷派”等个人贷款产品，以及“卓越理财”等理财服务。外资银行还凭借全球网络积极为中资企业“走出去”提供咨询与服务，跨境人民币结算业务也成为经营亮点。在近年来发展较快的衍生品交易市场中，外资法人银行交易份额已占 34.6%，仅次于 5 家大型中资商业银行，部分外资银行自营和做市交易量位居市场前列。

摩根士丹利

杭州工商信托是杭州市首家股份制金融企业，成立于 1986 年。2003 年 3 月经中国人民银行核准，增资扩股后公司完成重新登记，目前注册资本为 5 亿元。二十多年来，公司秉承“诚实、信用、谨慎”的经营方针，以强大的业务创新能力和内控机制为依托，在激烈的市场竞争中树立了合规、信誉至上的良好形象。自 2008 年 4 月起，摩根士丹利与杭州工商信托成立合资信托机构，持有杭州工商信托 19.9%股权。

摩根士丹利（中国）股权投资管理有限公司由摩根士丹利以及杭州工商信托股份有限公司共同投资设立。公司总部位于浙江杭州，另在北京、上海设有办事处。该合资公司将作为摩根士丹利在中国境内进行人民币私募股权投资的管理公司，目前已完成首支人民币私募股权基金募集，基金规模约 17 亿元。该基金立足杭州，面向浙江，辐射全国，并且将重点投资消费、零售、先进制造、医疗等行业。

摩根士丹利国际银行（中国）有限公司是摩根士丹利集团的子公司摩根士丹利国际银行有限公司（Morgan Stanley Bank International Limited）的全资附属机构。该银行的前身为珠海南通银行，其于 2007 年 6 月正式改名。原银行于 1984 年经中国人民银行批准成立，是首家在中国注册及总部设在内地的外资法人银行，也是珠海经济特区的第一家外资银行。摩根士丹利国际银行（中国）有限公司的注册资本为人民币十亿元。

摩根士丹利华鑫证券有限责任公司是由摩根士丹利与华鑫证券成立的合资公司。华鑫证券在合资公司中持有三分之二的股权、而摩根士丹利持有三分之一股权。合资公司的经营业务范围包括股票（包括人民币普通股、外资股）和债券（包括政府债券、公司债券）的承销与保荐；债券（包括政府债券、公司债券）的自营 及证监会批准的其他业务。

摩根士丹利华鑫基金管理有限公司（Morgan Stanley Huaxin Fund Management Company Limited，简称摩根士丹利华鑫基金）于 2008 年 6 月 12 日完成工商注册登记变更，是一家中外合资基金管理公司（公司前身为于 2003 年 3 月 14 日成立的巨田基金管理有限公司），注册资本为 1 亿元，注册地是深圳市。摩根士丹利华鑫基金总部现处深圳，另在北京设有分公司。公司股东主要为摩根士丹利国际控股公司、华鑫证券有限责任公司、深圳市招融投资控股有限公司、深圳市中技实业（集团）有限公司等国内外机构。

三．产业类投资

中新网资讯，截至 2012 年 3 月底，中国批准外商投资企业 74.4 万家，实际利用外资 1.2 万亿美元。2012 年第一季度全国新设外商投资企业 5 379 家，同比下降 9.4%，实际使用外资金额 294.8 亿美元，同比下降 2.8%。3 月当月，外商投资新设立企业2 374

家，同比下降6.5%，实际使用外资金额117.57亿美元，同比下降6.1%。引进外资已连续5个月下降。

中国德国商会发布《2012年德国在华企业商业信心调查报告》显示，德国是中国在欧洲最大的贸易伙伴，中国是德国在亚洲最大和全球第三大贸易伙伴。中国德国商会旗下的319家企业参与了该《报告》的调查。《报告》显示，德国企业对2012年在华发展持积极态度，近七成的企业认为，基本能完成2012年制定的经济目标。虽然今年的预期相较2011年有所回落，但绝大多数德国企业预计可以在2012年获得更高的销售业绩和更大的盈利空间。

据统计，截至2010年，日本在华共有5 565家企业，分布于中国的各个地域和各个行业。近几年，投资区域的选择有了新的倾向，投资领域也逐步向第三产业进军。随着中国经济的发展和国情的变化，在华投资的日资企业的经营和投资方式也发生了极大的转变，逐渐由合资转向独资，经营方式也渐趋多样。除此之外，中日企业在技术合作方面也越来越密切。从总体上看，在华经营的日资企业业绩相当不错，未来发展空间还很大。下面笔者将从投资结构、投资领域、投资和经营模式等方面对其特点展开分析。

日本在华企业的投资主要集中在制造业。1995年以来，日本对华制造业部门投资均超过非制造业部门的投资额。2006年之后各年的制造业投资比重虽有所下降，但均占到60%以上。从企业数的产业分布来看，制造业企业2 832家，非制造业企业1 670家，分别占在华日资企业总数的62.9%和32.1%；从雇佣人数的产业分布看，制造业企业为124.55万人，非制造业为16.20万人，分别占在华日资企业雇佣总人数的88.5%和11.5%；从销售额的产业分布看，制造业企业为16.77万亿日元，非制造业企业为6.35万亿日元，分别占在华日资企业销售总额的72.5%和27.5%。

日本在华投资企业以制造业为主，其中重化工业所占比重最大。日本财政金融统计月报相关数据显示，在2009年制造业企业中，仅运输机械企业的设备投资就达1 995亿日元，占42.7%；如果加上电气机器企业的391亿日元，化工、医药企业的322亿日元，有色金属企业的134亿日元，办公设备企业102亿日元，则五个重化工业企业的设备投资合计为2 944亿日元，占设备总投资的63.1%。研发经费方面，制造业企业为387亿日元，占总额的92.4%；其中，运输机械企业、IT企业各为139亿日元和94亿日元，分别占33.2%和22.3%，二者合计为55.5%，占总额的一半以上。

英中贸易协会2012年5月18日发布的英国企业在华事业年度调查报告显示，多数受访企业对中国市场表示乐观和有信心。他们预计未来一年的在华经营收入将增长，并计划增加对华投资。

根据调查，80%的受访企业预计2012年在中国的经营收入将会增长，高于去年77%的比例。同时，83%的受访者表示将增加在华投资；57%的受访者说将会增加在中国的雇员人数。

英中贸易协会调查显示，越来越多的英国企业认为中国对促进公司增长起着重要作用。虽然中国经济增长从2012年开始有所放缓，但并没有影响到英国企业在华经营信心。

华南美国商会连续第七年向华南地区主流媒体公布其年度调查《2012年华南地区经济情况特别报告》，根据这份对华南地区超过461家知名企业的调查结果，报告指出，尽管全球经济放缓，但大部分华南地区受访企业保持较高盈利水平，并计划比2011年增加20%的预算再投资。

据第一财经统计2010—2012年国际医药

企业在华投资部分情况如下：

2010年1月1日，德国拜耳先灵医药将中国正式升级为独立的区域；

2010年1月13日，瑞士罗氏制药从2010年第一季度开始，将罗氏制药亚太运营中心正式落户上海；

2010年3月22日，德国默克集团旗下默克雪兰诺计划投资3亿元在北京成立一家新公司；

2010年7月19日，法国赛诺菲·安万特6亿元扩建项目在北京正式动工；

2010年11月2日，美国礼来在上海宣布投资糖尿病研发中心计划；

2010年11月13日，丹麦诺和诺德未来五年将投资1亿美元扩建北京研发中心；

2011年6月，德国拜耳制药将全球普药业务总部落址北京；

2011年12月6日，美国默沙东宣布在北京成立亚洲研发总部，未来5年内将投入15亿美元；

2011年12月14日，德国勃林格殷格翰投资7.000万欧元的张江工厂扩建项目正式开工。

2012年1月12日，麦当劳（中国）公司宣布，2011年在华成功开设200家新餐厅，创造了麦当劳在中国年度开店的新纪录。由此，中国跃升为麦当劳全球第三大市场。为加速在中国的发展态势，麦当劳将继续加大在华投资，预计2012年在华投资总额将比去年增长50%。投资主要用于开设新餐厅，对现有餐厅进行形象升级，以及拓展更多的便利服务。公司计划在2012年开设225～250家新餐厅。

2012年，雀巢集团发布了2012年前三季度业绩报告，这是雀巢集团首次选择在亚洲发布业绩报告。业绩报告显示，年前三季度，雀巢集团实现增长6.1%，其中新兴市场增长11.7%，接近发达市场5倍。中国、印度尼西亚以及其他几个市场贡献很大。

鉴于中国市场的巨大潜力，雀巢未来会继续加大在华投资，据悉，继上海、北京研发中心之后，雀巢已决定在厦门和东莞再建两家研发机构，以支持与中国两家食品公司建立的合资企业。

据《天下财经》报道，最新统计数据显示，2012年共有71家中国企业在海外资本市场IPO。分市场来看，中国企业2012年赴欧上市较为活跃。统计显示，2012年有6家中国企业登陆德国法兰克福证券交易所，但是融资规模较低。

2011年内资、外资创业风险投资项目前10大行业分布（见表6-1）。

2011年按行业分外商直接投资（见表6-2）。

表6-1　内资、外资创业风险投资项目前10大行业分布：投资金额与投资项目（2011）

单位：%

内资			外资		
行业	投资金额	投资项目	行业	投资金额	投资项目
其他行业	12.3	8.7	消费产品和服务	18.0	12.1
其他制造业	8.2	8.3	新材料工业	12.1	11.2
新材料工业	8.1	9.3	其他制造业	8.6	8.3
消费产品和服务	8.0	6.8	新能源与高效节能技术	6.6	6.3
传统制造业	7.9	8.2	传统制造业	6.2	6.3
新能源与高效节能技术	6.2	6.0	网络产业	5.9	7.3
房地产业	5.7	0.3	环保工程	5.7	6.8
农林牧渔业	4.3	5.0	光电子与光机电一体化	4.5	4.4

（续）

内资			外资		
行业	投资金额	投资项目	行业	投资金额	投资项目
生物科技	4.0	3.2	医药保健	4.3	4.9
医药保健	3.7	4.4	其他行业	4.2	5.3

数据来源：《中国创业风险投资发展报告（2012）》。

表 6-2　按行业分外商直接投资（2011）

行　　业	合同项目/个	实际使用金额/万美元
总　计	27 712	11 601 100
农、林、牧、渔业	865	200 888
采矿业	87	61 279
制造业	11 114	5 210 054
电力、燃气及水的生产和供应业	214	211 843
建筑业	215	91 694
交通运输、仓储和邮政业	413	319 079
信息传输、计算机服务和软件业	993	269 918
批发和零售业	7 259	842 455
住宿和餐饮业	513	84 289
金融业	156	190 970
房地产业	466	2 688 152
租赁和商务服务业	3 518	838 247
科学研究、技术服务和地质勘查业	1 357	245 781
水利、环境和公共设施管理业	151	86 427
居民服务和其他服务业	212	188 357
教育	15	395
卫生、社会保障和社会福利业	11	7 751
文化、体育和娱乐业	152	63 455
公共管理和社会组织	1	66

数据来源：中国统计年鉴 2012。

表 6-3　2012 年在中国外资银行资产负债表（季末余额）

单位：亿元

项　　目	第一季度	第二季度	第三季度	第四季度
国外资产	1 114.52	1 188.32	1 450.27	1 612.53
储备资产	2 640.37	2 623.91	2 755.08	3 228.47
准备金存款	2 630.20	2 614.25	2 744.55	3 218.43
库存现金	10.17	9.66	10.52	10.04
对政府债权	1 480.21	1 636.84	1 427.01	1 294.89
其中：中央政府	1 480.21	1 636.84	1 427.01	1 294.89

（续）

项　　目	第一季度	第二季度	第三季度	第四季度
对中央银行债权	0.00	0.00	0.00	0.00
对其他存款性公司债权	5 497.23	5 721.92	5 057.58	5 361.33
对其他金融性公司债权	518.78	590.06	622.06	752.17
对非金融性公司债权	9 043.56	9 375.58	9 977.72	10 510.18
对其他居民部门债权	477.70	508.96	548.75	603.22
其他资产	1 488.71	1 662.90	1 447.77	1 219.58
总资产	22 261.09	23 308.50	23 286.24	24 582.36
对非金融机构及住户负债	11 750.21	12 081.25	12 126.75	13 072.20
纳入广义货币的存款	9 485.93	9 804.61	9 833.13	10 670.72
单位活期存款	2 147.72	2 495.98	2 244.05	2 912.56
单位定期存款	5 473.68	5 377.90	5 668.26	5 822.96
个人存款	1 864.53	1 930.72	1 920.83	1 935.19
不纳入广义货币的存款	2 264.28	2 276.64	2 293.62	2 401.49
可转让存款	1 082.63	1 115.32	1 167.62	1 209.48
其他存款	1 181.66	1 161.33	1 126.00	1 192.01
其他负债	0.00	0.00	0.00	0.00
对中央银行负债	3.51	9.27	14.51	8.57
对其他存款性公司负债	1 829.95	1 966.61	2 510.58	2 571.04
对其他金融性公司负债	618.85	618.47	654.81	817.44
其中：计入广义货币的存款	0.00	0.00	0.00	0.00
国外负债	4 356.39	4 632.26	4 046.04	4 082.49
债券发行	57.92	72.78	22.42	7.19
实收资本	1 659.85	1 757.14	1 826.18	1 941.31
其他负债	1 984.41	2 170.72	2 084.95	2 082.14
总负债	22 261.09	23 308.50	23 286.24	24 582.36

数据来源：中国人民银行。

四、其他

根据《中国产业外资控制报告（2011—2012)》显示：近年来外资对第二产业的市场、股权及总资产等的控制程度有所下降，对第三产业的控制程度总体不高，且保持平稳态势。但是，外资控股或入股的基本是第三产业的优质企业或龙头企业，实际影响力不容小觑。

对于钢铁、石化、建材等原材料行业，外资的进入程度相对较低，且呈现控制程度降低的趋势，如钢铁产业、建材产业的外资市场控制度、股权控制度、总资产控制度等指标均呈现下降趋势；石化产业的外资控制程度则保持基本稳定。

对于机械、汽车等装备制造产业的外资控制程度则总体较高，2010 年以来机械产业的外资市场控制度、股权控制度、总资产控制度等指标呈下降趋势，汽车产业则呈上升趋势，表明中国汽车产业的外资控制形势不容乐观。

纺织、轻工等消费品产业外资控制程度在较高水平保持稳定。这些产业多为出口创汇的劳动密集型产业，对解决就业具有非常重要的作用，如果外资控制程度过高，一旦国际需求与国际资本出现异常波动，容易给产业发展与社会稳定带来风险。

第七部分

信托投资

一、基本情况

中国信托业协会网站公布的2012年四季度末信托公司主要业务数据显示，截至2012年年底，国内信托业全行业65家信托公司管理的信托资产规模达7.47万亿元，再创历史新高，超越保险行业，成为国内仅次于银行业的第二大金融部门。同时信托业全行业实现的利润总额再创历史新高，达441.4亿元，同比增长47.84%。而2012年信托资产规模增速更快，达55.30%。从增长速度上来说，信托资产增长速度与其他金融资产相比是比较高的，远远高于基金资产、保险资产等投资资产的增长速度。

2012年，信托公司行业整体运行平稳，财富管理能力不断增强，累计支付受益人信托收益1 868.10亿元，实现年化综合平均回报率6.33%，比上年增长1.05个百分点。信托公司的受托规模和盈利能力明显提高，客户结构与产品内容持续升级，专业能力和社会认同度逐步提升，持续发展的内生动力不断增强。信托公司正稳步地从一般性理财机构向专业的资产管理和财富管理机构转变。

银监会于2007年、2010年分别发布《信托公司管理办法》和《信托公司净资本管理办法》，对信托公司运营业务予以规范。2011年年初，银监会印发的《信托公司净资本计算标准有关事项的通知》，对信托公司净资本、风险资本计算标准和监管指标做出了明确规定，并将房地产信托中最主流的融资类房地产信托业务的风险系数提高到最高3%的风险计提比例；2011年中，房地产信托产品也被要求由事后报备改为事前报备，逐笔审批。审批的速度放慢、审批程序更为严格。2011年被称为“信托风险监控年”。

2012年，银监会延续了2011年监管规定，继续对房地产信托实行事前报备制度，并将严格执行“融资类银信理财合作业务余额占银信理财合作业务余额的比例不得高于30%”的规定。这也就意味着，房地产信托业务站在了转型的十字路口。

2012年，房地产信托成立数量和规模明显减少，全年共有566款房地产信托成立，合计募集资金1 417.92亿元，环比分别下降27.34%和31.51%，截至2012年年底，房地产信托余额为6 880.7亿元，较2011年略降，但占总的信托资产的比重为9.85%，较2011年年底的14.83%也有明显下降，这主要与自2011年下半年以来房地产调控政策和银监会重点管控有关，监管层对房地产信托的严格管控及频繁传出的地产信托兑付风险影响了房地产信托的发展。

中国的信托公司是国家对产业政策调控的金融工具，但由于已经发行的信托计划的原因，一些信托公司的房地产行业的信托产品也存在着并运行着。银监会加大对房地产信托产品的监管力度，产品发行和产品结构受到了更加严格的限制。

信托机构在以往的业务中，主要的信托产品与房地产相关，因此在新的市场环境下，许多信托机构正在尝试进入许多特定的行业所发行的信托计划，也成为一些信托公司的业务方向，如汽车信托和贵金属信托这些产品，信托投资公司业务及产品的产业化也发生了必要的变化，信托公司的经营理念业务范围和产品类型的变化，会使进入新的产业领域遇到许多运行风险。

二、业务及产品

根据万得资讯统计，2012 年信托公司共计发行矿产能源类集合信托项目 134 款，募集金额 300 余亿元；发行古董艺术类集合信托项目 29 款，募集金额近 30 亿元；酒类集合信托项目 10 款，募集金额近 20 亿元。

截至 2012 年年底，资金信托共计 6.98 万亿元。其中，主要投向工商企业、基础产业、金融机构和房地产，分别占比为 26.65%、23.62%、10.21% 和 8.85%。在金融服务实体经济的倡导下，投向工商企业的占比大幅增加，从 2011 年占比第二大的 20.41%一举跃至第一位。

三、发展趋势

2012 年，中诚信托在山西煤矿发行为期 3 年的规模为 30 亿元的诚至金开 1 号集合信托计划，在信托的管理期发生了兑付的风险，信托产品所投资的项目债务不清，相关资产缺乏政府许可。

2012 年，很多行业转型，信托公司也在进行业务体系和产品多样化，多样化的信托产品包括人民币私募股权类信托产品、类基金产品等。

除了政府特许的融资功能之外，信托公司在专业化方面也加深研究，正在转变成多元化的信托机构，如开展产业咨询业务、资产管理业务、资产证券化业务等等。以下为部分信托公司开展除融资功能之外的其他金融业务的情况（见表 7-1）。

表 7-1　部分信托公司其他业务情况

信托公司名称	金融业务类型
安徽国元信托有限责任公司 北方国际信托股份有限公司 大连华信信托投资股份有限公司 华融国际信托有限责任公司	投资基金业务；经营企业资产重组、购并及项目融资、公司理财、财务顾问等业务；证券承销业务；居间、咨询、资信调查等业务；代保管及保管箱业务；担保业务；同业拆借业务

（续）

信托公司名称	金融业务类型
华宝信托有限责任公司	资产管理业务；资产证券化业务
北京国际信托有限公司	投资银行业务；股权类投资业务
国投信托有限公司	股权投资业务；证券投资业务；固定收益业务
建信信托有限责任公司	长期股权投资、证券投资、贷款、金融产品投资、财务顾问、担保及同业拆借等

数据来源：根据各信托公司官网整理。

2012年6月13日，阿里金融小额信贷资产收益权投资项目集合信托计划（阿里星1号）成立，募集信托资金2.4亿元。2012年9月17日，山东信托发布“阿里星2号集合资金信托计划成立公告”称，该产品计划期限12个月，优先级信托资金1亿元。

截至2012年6月末，主要负责运营阿里巴巴旗下小贷公司的阿里金融业务部门，已累计为超过12.9万家小微企业提供融资服务，贷款总额超过260亿元。

2012年1～8月，中诚信托、中信信托、中粮信托、北京国际投资信托4家信托公司累计共发行了591亿元投资于基础设施领域的信托产品。

在北京地区注册的全国性及地方的信托公司共有10家，截至2012年10月底信托资产规模为1.46万亿元，占全国的28.3%。

信托产品期限以两年期产品居多，平均收利率为6%～10%。从政府融资信托产品期限和收益率分析，该类信托产品的存续期为1～3年，以2年期产品居多，信托受益人年收益率为6%～10%。

2011年度按资金投向领域分类的集合信托产品发行情况（见表7-2）。

表7-2　2011年度按资金投向领域分类的集合信托产品发行情况

投资领域	规模（万元）	规模占比（%）	数量	数量占比（%）	平均期限（年）	平均年收益率（%）
金融市场	16 084 816	21.36	1 704	35.45	2.13	7.96
房地产	27 418 415	36.41	1 062	22.09	1.86	10.09
基础设施	8 116 524	10.78	401	8.34	1.75	8.78
工商企业	16 556 885	21.99	1 122	23.34	1.69	9.04
其他	7 121 204	9.46	518	10.78	2.05	8.88

数据来源：《中国信托业发展报告》。

中国信托业发展报告

根据用益信托工作室不完全统计，2012年共有12家信托公司参与发行艺术品信托产品34款，融资规模达33亿元。与2011年相比，产品数量减少了10款，环比下降22.73%；发行规模环比下降39.5%。

2012年，北金所委托债权投资交易业务共完成5 873.58亿元，2013年前3个月成交1 879.39亿元。

近年来各类直接融资金额（见表7-3）。

表 7-3 近年来各类直接融资金额

单位：亿元

年份	固定收益市场				权益市场	合计	固定收益市场占比/%
	企业债	公司债	短期融资券	中期票据	股票市场		
2008年	1 566.90	288.0	4 338.50	1 737.00	3 300.31	11 230.71	70.6
2009年	3 252.33	734.9	4 612.05	6 912.65	5 024.47	20 536.40	75.5
2010年	2 827.03	511.5	6 892.35	4 970.57	9 594.01	24 795.46	61.3
2011年	2 485.48	1 291.20	10 162.30	8 199.93	6 821.14	28 960.05	76.4
2012年	6 511.31	2 613.96	15 375.47	11 692.62	4 487.50	40 684.86	89.0

数据来源：万得资讯。

据波士顿咨询公司和中国建设银行私人银行联合发布的《2012年中国财富报告》，截至2012年，中国个人可投资资产总额超过73万亿元，较2011年增长14%，其中高净值人群资产总额达到33万亿元，增长12%。

据中国信托业发展报告称，2012年融资类信托、投资类信托、事务管理类信托余额分别为3.65万亿元、2.68万亿元、1.14万亿元，分别占同期信托资产总规模的48.87%、35.84%、15.28%。

2012年年底依托资产分布，基础产业、房地产业、工商企业仍然是信托资产投向的主要板块，各自规模为1.65万亿元、0.69万亿元、1.86万亿元，占比分别为23.62%、9.85%、26.65%。

资金池信托是指不特定多数委托人基于对受托人的信任，将其货币资金信托给受托人，形成信托财产资金池，由受托人按自己的意愿，本着受托人尽职和委托人利益最大化原则，将信托资金组合运用于不特定项目投资。从资金来源上看，资金池信托产品通过循环发行不同信托期限的信托单位来募集资金，形成一个资金池。

QDII信托产品的设计模式是投资者将投资资金委托于信托公司，信托公司以自己的名义存入境内托管行，再经此环节汇出境外，按信托文件约定方式用于境外（包括中国香港、澳门、台湾地区）进行规定的金融产品和资产管理的经营活动。根据暂行办法，信托投资公司的QDII信托产品在投资范围上，无论是单一信托还是集合依托，目前都只能主要投向最近3年国际公认评级机构长期信用评级至少为投资级以上的外国银行存款，国际公认评级机构至少为投资级以上的外国政府债券、国际金融组织债券和外国公司债券，中国政府或者企业在境外发行的债券和国际公认评级机构评级至少为投资级以上的银行票据、大额可转让存单、货币市场基金等货币市场产品。

合格境内机构投资者（QDII）投资额度审批情况（见表7-4）。

表 7-4 合格境内机构投资者（QDII）投资额度审批情况

单位：亿美元

信托公司	投资额度获批时间	获批额度
中诚信托有限责任公司	2009 年 12 月 8 日	10
上海国际信托有限公司	2009 年 12 月 8 日	10
中海信托股份有限公司	2009 年 12 月 30 日	2
平安信托有限责任公司	2011 年 9 月 30 日	3
大连华信信托股份有限公司	2011 年 12 月 20 日	3
华宝信托有限责任公司	2012 年 7 月 17 日	5
中信信托有限责任公司	2012 年 11 月 21 日	11.5
新华信托股份有限公司	2013 年 1 月 24 日	4.5

数据来源：国家外汇管理局。

据不完统计，2012 年度爱建信托、苏州信托、中融信托、华鑫信托等信托公司完成增资，增资额度均超过 10 亿元，信托公司固有财产日益增多，风险抵御能力得到不断提升。尤其值得关注的是爱建信托，增资 20 亿元后注册资本达到 30 亿元，仅次于平安信托的 69.88 亿元，与昆仑信托并列第二位。

数据显示，2012 年房地产信托总到期规模超过 1 700 亿元。目前市场上主要是由资产管理公司进行接盘，据了解，截至 2012 年上半年，信达、华融、东方和长城四大资产管理公司收购的房地产信托规模超过 300 亿元。

部分信托公司渠道建设情况（见表 7-5）。

表 7-5 部分信托公司渠道建设情况

渠道情况	尚未建立	渠道建设中			渠道已成熟	
公司名称	上海信托	中信信托	外贸信托	华润信托	平安信托	中融信托
发展状况	2002 年建立直销团队，至今已 10 年	2011 年开始直销，2012 年开始筹建财富管理中心	2011 年 2 月正式重新启动直销业务	2011 年 5 月开始直销，2012 年年初改名“财富管理中心(深圳)”	2007 年开始建立财富管理团队，2011 年根据发展需要成立“平安财富”	2003 年 1 月成立“私人银行部”，2009年改名为“财富管理中心”
网点布局	无异地分布	北京总部，下设四个分部：北京(筹)、上海(筹)、广州(筹)、杭州(筹)	北京、太原、深圳、成都、上海	共开设 13 个网点，主要分布在沿海及内陆的经济发达城市，如北京、上海、深圳、广州等	共开设 13 个网点，主要分布在沿海及内陆的经济发达城市，如北京、上海、深圳、广州等	2012 年 8 月将原北方、华东大区分离出公司，参股成立“新湖财富”；西南财富正在进行全国布局

（续）

渠道情况	尚未建立	渠道建设中			渠道已成熟	
公司名称	上海信托	中信信托	外贸信托	华润信托	平安信托	中融信托
人员（总部）	共28人，客户经理20人，中后台支持8人	北京（30人）	北京（20人）	深圳（24人）	2011年年底近800人，一半为交叉销售。一半为直销；销售人员下沉到各地，总部实施管理职能	"新湖财富"200余人，西南财富50余人
人员（异地分布）	无	异地分布尚未建立，计划各分部设客户经理若干人、投资顾问和客服各1人	目前共17人，未来还将继续增加	上海（6人），广州（2人）		

数据来源：课题组整理。

截至2012年年底，中国资产管理行业总规模达到28.94万亿元，其中，证券投资基金资产净值3.53万亿元，银行理财产品余额7.1万亿元，证券公司受托管理资金业务1.89万亿元，信托资产7.47万亿元，保险资产7.35万亿元，各类创投与私募股权投资1.6万亿元。

由于山西、内蒙古、贵州等省或自治区推进煤炭及其他矿产的资源整合，部分矿产能源企业为了筹集资金、收购资源和提升产能，产生了一批矿产能源信托的现实需求。因此，近一两年来，业内不少信托公司也在矿产能源领域信托业务方面进行了一定的创新尝试。但是，由于煤矿能源行业整体呈现出下行趋势，采矿权证抵押担保难以落实，煤矿等资源整合过程中当地政策风险难以把握，矿产资源价值认定难度较高。

PE型信托是指信托公司作为受托人，将托管资产用于PE型投资方式的信托计划，这也是信托业务未来五年发展的重点方向之一。PE基金对非上市企业进行权益性投资，并在交易实施过程中附带考虑将来的退出机制，即通过上市、并购或管理层回购等方式，出售持股获利。这类基金按照投资标的公司所处阶段可以分为创业投资、发展资本、并购基金、夹层资本、重振资本、Pre-IPO等，退出方式包括上市、出售、兼并收购、管理层回购。截至2013年3月底，PE型信托规模已经达到417.05亿元。

第八部分

融资租赁

一、基本情况

根据《2012 年中国融资租赁业发展情况》的报告显示，截至 2012 年年底，除单一项目融资租赁公司外，全国在册运营的各类融资租赁公司约 560 家，这个数字比 2011 年年初的 296 家增加约 264 家，增长幅度达到了 89.2%。其中，经银监会批准和监管的金融租赁公司有 20 家，经商务部和国税总局批准的内资租赁公司有 80 家，经省级商务局（厅）批准的外资租赁公司有 460 家，其基本情况如下（见表 8-1）：

表 8-1　2012 年全国融资租赁企业概况

	2012 年年底企业数/家	2011 年年底企业数/家	2012 年比上年增加/家	企业数量增长（%）	企业数量所占比重（%）
金融租赁	20	20	0	0	3.6
内资租赁	80	66	14	15	14.3
外资租赁	460	210	250	119	82.1
合计	560	298	264	89.2	100

数据来源：《2012 年中国融资租赁业发展情况》。

根据《2012 年中国融资租赁业发展情况》的数据显示，2012 年，全国融资租赁业增长速度比上年明显加快，全国融资租赁合同余额约为 15 500 亿元，比上年底 9 300 亿元增加约 6 200 亿元，增长幅度为 66.7%。

从 2007 年年末至 2012 年，处于试点阶段的金融租赁公司，目前已经成长为中国金融业的一支重要力量。2009 年年末，12 家金融租赁公司租赁资产余额总计达到 1 507 亿元；2010 年年末，17 家金融租赁公司资产近 3 200 亿元。2010 年全年，金融租赁公司资产规模增加了 1 693 亿元。2011 年，资产规模增加了 2 068 亿元。到 2011 年年末，17 家金融租赁公司的总资产超过 5 000 亿元，达到5 268亿元。2012 年银监会监管的 20 家金融租赁公司净利润超过 100 亿元。而截至 2013 年一季度末，这 20 家金融租赁公司的总资产达 8 400 亿元。

另外，值得注意的是，由于商务部继续实行外资融资租赁企业交由地方商务管理部门审批的政策，2012 年外资融资租赁企业增加尤其迅速，达到了 460 家，比上年增加约 250 家。外资租赁企业注册资金约为 140 亿美元，总计约 882 亿元人民币，约占整个行业注册资金 1 815 亿元的 48.6%，已接近金融租赁和内资租赁注册资金的总和。

2012 年，天津、北京、上海、山东、武汉、芜湖等省市都出台了相关政策，推动地区融资租赁业发展。仅以天津为例，就加大了之前促进融资租赁行业发展的相关优惠政策，并进一步深化了关于东疆保税港区的相关政策，极大地促进了该地区融资租赁行业的发展。到2012年年底，总部在津的各类融资租赁企业达到了100家，注册资金约500亿元人民币，融资租赁合同余额达到3 600亿元，约占全国1/4。天津市融资租赁业务发展概况如下表（见表8-2）：

表8-2　2012年天津市融资租赁业务发展概况

	2012年年底业务总量/亿	2011年年底业务总量/亿	2012年比上年增加/亿	2012年比上年增长（%）	2012年业务量所占全国比重（%）
金融租赁	1 900	1 400	500	35.7	12.6
内资租赁	1 150	700	450	64.3	7.7
外资租赁	550	200	350	175	3.7
合计	3 600	2 300	1 300	56.5	24

数据来源：《2012年中国融资租赁业发展情况》。

随着业务量的增长，众多内资租赁企业正在忙着扩容。如国银租赁、工银租赁、民生租赁、渤海租赁、长江租赁等纷纷扩充资本金。到2012年年底，整个行业注册资金约为1 820亿元人民币，比上年的1 358亿元增加了34%。

2012年租赁资产证券化重启。2012年11月，工银租赁的“工银租赁专项资产管理计划”已于11月12日获证监会审批通过，将在上海证券交易所通过大宗交易平台发行。该计划总规模16.3亿元，加权平均期限1.36年，评级为AAA。这是银监会监管的金融租赁企业首只获批发行的资产证券化产品（ABS），将为租赁行业打开新的融资渠道。

截至2011年年底，中国融资租赁业务总量（按合同金额核算）已达9 300亿元，其中银行系金融租赁公司凭借其雄厚的资金实力和渠道优势，创造业务总量3 900亿元。中国的融资租赁公司也属于特许经营的范围，融资租赁作为金融行业五大支柱之一，在现代金融产业中占据着重要的地位。在2011年，国内信贷政策紧缩，实体经济进入艰难的调整期，也让中国融资租赁业进入盘整期，行业发展速度明显减缓。

融资租赁公司的业务以往大都是个案式的，对产业没有选择性，很难介入特定产业的重大项目。此外，融资租赁公司和商业银行的合作也仅限于零售式的、项目式的合作，而没有形成产业化和系统化的合作。2012年融资租赁公司也出现了产业化的趋势，一些机构针对特定的产业制定特定的融资租赁方案和管理方案，反映了融资租赁产业化金融服务的发展趋势。农银金融租赁有限公司在2012年尝试开展农机融资租赁业务，推动农业机械化。

据中国金融租赁业人士估算，现阶段，中国融资租赁渗透率仅为4%～5%。而从世界情况来看，租赁已成为重要融资方式，全球接近三分之一的固定资产投资通过这一方式完成，美国租赁业对GDP贡献率已经超过30%。

二、飞机租赁

飞机租赁是金融界一项十分专业的业务，能为航空公司提供低成本资金，并已经逐渐成为航空公司解决飞机购买资金问题必不可少的融资方式。由于民航业是一个具有高投入、高风险、低收益和竞争激烈特点的资本密集型行业，平均利润率不超过4%，天文数字般的资金需求单靠行业自身积累是远远不够的，必须通过外部融资解决。

2011年8月欧洲私募股权投资公司泰丰资本负责人表示中国飞机租赁业务的前景广阔。未来，在航空公司租赁和持有飞机的比例中，租赁的比例会越来越重，在全世界，目前租赁飞机的比重达到了整个机队的60%以上，而预计在今后10年，这种比例将持续增长，增长幅度将在40%左右。在中国，过去航空公司比较保守，相比于直接现金采购，依靠经营性租赁引进飞机的只占17%。但近些年，中国的飞机租赁市场成长迅速，到2010年，这一比例已经达到了38%。

2012年12月，美国国际集团（AIG）同意将向新华信托、中国航空产业基金和P3 Investments Ltd组成的中资财团出售旗下国际租赁金融公司总计90%的权益。交易对国际租赁金融公司的估值约为52.8亿美元，三家公司将以42.3亿美元现金收购国际租赁金融公司80.1%的股权，交易还包括进一步购买9.9%股份的权利，使得交易总额达到近48亿美元，并将买家范围扩大至新华人寿保险股份有限公司和工银国际的一家投资公司。这桩交易将涉及中国飞机租赁市场35%的市场份额。

飞机租赁是航空业的通用模式，国际上，航空公司自购飞机和通过租赁方式获得的飞机比例大约在4∶6。ILFC目前拥有或管理超过1 000架飞机，并另有239架新型节能飞机的订单，还有权再购买50架节能飞机。截至2012年12月，ILFC在中国飞机租赁市场占有率达到35%，在中国拥有180架飞机，位于第一的位置。

2009年12月3日，东疆投资公司与工银租赁、波音公司、南方航空携手，利用东疆保税港区这一综合性创新平台，开展先行先试工作，完成了价值3.2亿美元的两架B777F货机融资租赁业务。实现了四项全国“第一单”：金融租赁公司飞机融资租赁业务第一单，该类机型进入中国第一单，单机公司模式探索第一单，保税港区金融创新第一单。

2011年8月24日，海外飞机租赁公司在中国开展飞机租赁业务的“第一单”已经完成。该单业务由中国飞机租赁公司、山东航空股份有限公司合作开展，标的为一架波音737－800型飞机。

截至2011年8月25日，注册在东疆保税港区的租赁企业已达135家，租赁资产32亿美元，其中完成飞机租赁40架。东疆保税港区将争取用3年左右时间，建成国内最大的融资租赁产业聚集地，实现在该保税港区注册的融资租赁公司超过300家、租赁资产额超过100亿美元的目标。

2010年4月1日，东疆保税港区与民生金融租赁公司合作，共同推动并在东疆保税港区设立了国内第一家公务机单机公司——民生桂竹公务机租赁有限公司，与此同时，民生银行租赁与美国湾流公司紧密合作，完成了价值3 400万美元的一架G450型公务机融资租赁业务。该项创新是中国以单机公司模式完成飞机融资租赁业务的第一单。

在成功创新探索出单机公司、保税租赁、离岸租赁等租赁业的“东疆模式”后，东疆保税港区现已发展成为中国最大的单机、单船及国内最主要的融资租赁集聚地。根据最新数据统计，截至2012年年底，东疆保税港区已累计完成飞机租赁业务100架，其中大飞机47架，公务机49架，直升机4架，租赁总资产额逾51亿美元。

截至2013年1月，东疆保税港区已累计注册租赁公司350余家，其中总部类租赁公司42家，单机公司超过230家。已形成以工银金融租赁有限公司、国银金融租赁有限公司、民生金融租赁有限公司、中国飞机租赁有限公司、ALC航空租赁公司、朗业（天津）国际租赁有限公司等行业领军企业为代表的飞机租赁板块。航空器及相关设备租赁业务量不断增长，全国占比稳步提升。截至2013年3月，东疆保税港区共完成144架飞机租赁业务，其中包括79架大飞机、61架公务机、4架直升机。

中国本土飞机租赁公司有20家左右，规模都较小，集中在2006年以后银行成立的租赁公司，如工银租赁、中银租赁、民生租赁、国银租赁等。

中国民航局相关负责人表示，“十二五”期间，中国每年引进运输飞机300架以上，总计在1 500架左右。预计其中超过一半将通过租赁方式获得。

长期以来，飞机租赁市场一直被国外金融租赁企业所占据、主导。截至2012年4月，国际上成熟的租赁机构比国内企业有更多的优势。例如在价格方面，国外租赁机构可以拿到较低的购机成本，同时也能提供更完善的服务。但国内金融租赁企业的快速发展正在改变国外机构独占市场的格局。

截至2012年4月，全球航空运输业所使用的飞机2/3以上通过租赁方式获得。预计到2020年，中国民航业要补充新飞机超过2 500架，飞机租赁所涉及的资金至少达到830亿美元。

截至2012年12月10日，中国国家开发银行、富国银行和三井住友金融集团成为苏格兰皇家银行飞机租赁业务的三家竞购方。苏格兰皇家银行计划于2009年至2014年出售非核心资产，为旗下的飞机租赁业务开出了70亿美元的最低售价。

三、汽车租赁

2011年的中国汽车行业放慢了发展速度。中国汽车工业协会的统计数据显示，2011年1～11月，汽车产销1 672.83万辆和1 681.56万辆，同比增长2.00%和2.56%。

其中：乘用车产销 1 312.27 万辆和 1 310.36 万辆，同比增长 5.39%和 5.26%；商用车产销 360.56 万辆和 371.20 万辆，同比下降 8.68%和 5.93%。

2011 年中国汽车产销量低于 3 个百分点的增速，创下了近十年来的最低增速。在终端市场上，2012 年车市实际上是以零增长的状态运行的。在 2010 年超过 1 800 万辆之后，2011 年汽车产销量突破 2 000 万辆的梦想已经落空，成为名副其实的调整年。

2011 年 4 月 18 日，随着近几年国内商用车市场的迅猛发展，国内重卡企业也纷纷布局金融业务板块。

中国轿车行业的金融业务做得较少，主要原因是大部分车主都一次性付款。但在重卡行业，汽车金融业务的发展空间比较大，且具有相当大的潜力，重卡用户购买车辆时大多无法一次性付全款，而重卡用户购车是为了赚钱，对于不具备足够资金周转的用户来说，需要借助消费信贷或者企业的金融公司提供贷款。这部分市场需求将越来越大。

2012 年 1 月 9 日，恒运国际租赁有限公司落户天津开发区。该公司将重点从事重型卡车的融资租赁及相关担保业务，开创中国目前重型卡车融资租赁领域的先河。截至目前，天津市融资租赁企业已达 59 家，其中注册在天津滨海新区的融资租赁企业为 56 家。

2012 年 2 月华菱星马汽车股份有限公司成立了融资租赁公司——上海徽融融资租赁有限公司，徽融租赁的业务平台已基本搭建完成，仅 2013 年已经完成 4 000 多万元的融资租赁业务，并且随着近期华菱重卡和星马专用车放量增长，业务还将进一步扩大。

2012 年上半年，山重租赁重卡板块完成融资租赁额 11.23 亿元，较上年同期增长 26.5 倍，提前半年完成年初制定的 10 亿元年度工作目标。同时，台量逾期率保持在 5.9%，租金逾期率保持在 0.5%。

四、船舶租赁

金融危机前，已有数百年船舶融资历史的挪威、德国、荷兰和希腊等国的金融机构垄断了国际船舶融资市场。然而，金融危机后，2010 年中国造船业造船完工量、新接订单和手持订单三大指标均跃居世界第一，这无疑给中资银行进军船舶融资领域提供了契机。因此，在外资银行面临流动资金匮乏之时，中资银行抓住机遇扩大市场份额，市场占有率由 1%提升至 10%。

船舶业和航运业对国民经济的发展和拉动作用巨大，但其发展需要巨额的资金支持，在中国跻身全球三大造船国的同时，中国的船舶租赁市场规模也在日趋扩大。

2009 年国内船舶融资渠道中，四大船舶融资银行承诺金额为 250 亿美元，航运企业发债券为 28 亿美元，而船舶租赁承诺金额则达到 40 亿美元。

世界船舶订单量从 2005 年开始一路飙升，并于 2007 年创造了新的峰值。金融危机爆发后，船舶订单量在 2008 年短暂徘徊，

2009年则几乎跌到冰点，年订单合同总金额仅相当于2007年的10%。在2008年船市低迷时期，1艘5万吨散货船的价格与前年高峰时相比，跌幅超过60%。

相关统计显示，全球每年与航运相关的金融交易规模高达几千亿美元，其中船舶贷款规模约3 000亿美元，船舶租赁交易规模约700亿美元，航运运费衍生品市场规模约1 500亿美元。截至2009年年底，中国银行业对航运业的信贷金额约900亿美元，约占全球4 700亿美元的19%（中国银行业的航运融资大部分是以未公开的双边贷款形式进行的，实际金额很可能更高）。

2011年1月中旬，中国银监会下发《关于金融租赁公司在境内保税地区设立项目公司开展融资租赁业务有关问题的通知》，其中所称项目公司，就是指金融租赁公司依照相关法律法规在境内保税地区内为从事融资租赁业务而专门设立的租赁项目子公司。随着政策“坚冰”的破裂，国内银行系金融租赁公司迈出了参与国际船舶融资竞争的第一步。

经中国银监会批准，2011年3月21日，中国国家开发银行与中国海运（集团）总公司签署融资总额高达900亿元的《开发性金融合作协议》。根据该协议，中国国家开发银行将在未来5年对中海集团在境内外船舶购置、码头修造、船舶基地和物流基地固定资产投资等方面给予融资安排，并提供全方位的金融服务。这也预示着，船舶融资市场资本格局将被改变。

在中资金融机构的推动下，中国在国际船舶融资市场上的业务水涨船高。2011年最受瞩目的莫过于中资银行组成的银团与包括Angelicousis、Diana航运和GeorgeEconomou在内的希腊船舶所有人签署了总融资额约50亿美元的造船融资协议。与此同时，由中国进出口银行牵头组成的中国银团首次向巴西淡水河谷发放贷款12.3亿美元，用于建造12艘40万载重吨的矿砂船，交通银行则牵头组织向中海集团发放20亿美元的银团贷款。2012年，中资银行在船舶融资领域依然活跃，1月份，中国银行宣布向山东海洋投资有限公司提供全方位的金融服务。

从2011年开始，包括中国进出口银行、中国工商银行、中国银行、中国建设银行、交通银行和民生银行等在内的数家银行开始积极开拓船舶融资业务。目前，中资银行的船舶融资总额，大约相当于全球船舶融资十大银团的第五位。

宁波保税区自2011年年底试水金融租赁单机单船业务以来，保税区已设立5家融资租赁项目公司，租赁物标的总价近7亿元。至2012年4月，浙江省首批融资租赁项目公司，其顺利运作使浙江成为国内继北京、天津、上海之后第四个开展融资租赁单机单船业务的省份。宁波保税区的5个融资租赁项目都采用了国际通行的单机单船租赁模式，即针对一艘轮船、一架飞机，甚至一台大型工程机械，单独注册一家项目公司，实行单独管理、单独核算。宁波良好的航运业基础，以及设在保税区的宁波船舶交易市场，为船舶融资租赁业提供了丰富的项目资源。

自从2007年允许银行进入融资租赁行业后，银行系金融租赁公司发展飞速。据资料，截至2010年年底，全国286家各类融资租赁公司全年业务总量为9 300亿元，其中中国银监会管辖的20家融资租赁公司业务总量约3 900亿元，占融资租赁业务总量的42%，总资产规模超过5 000亿元。经过这样的超常规扩张后，银行系融资租赁公司的继续增长已显疲态，2011 年融资租赁公司业务总量同比增幅仅为 11.4%，为 5 年来最低。

2009 年成立以来，航运租赁业务是民生租赁重点发展的业务领域，目前其已成为亚洲最大的公务机租赁公司和国内最大的船舶租赁公司。民生金融租赁在航运租赁领域已积累一定的业务经验，在巴拿马型散货船、长江型浅吃水散货船、海洋油田服务、沿海和内河疏浚等领域进行广泛的探索和实践，支持有市场能力的客户在危机中发展壮大，扩大市场占有率，实现多方合作共赢。2010 年 5 月 18 日，在船舶融资租赁领域意气风发的民生金融租赁股份有限公司（民生租赁）以三方合作造船模式将其在熔盛重工持有的 7.6 万吨级巴拿马型散货船订单扩张至 18 艘。截至 2011 年 9 月底，民生金融租赁已有合约船舶 124 艘，总运力超过 430 万载重吨。民生金融租赁以自身在船舶融资领域的业务实践证明，金融租赁是航运业均衡、和谐、健康、有序发展的支持力量。

2010 年 6 月 27 日，交银金融租赁有限责任公司（下称交银租赁）和招银金融租赁公司（下称招银租赁）旗下六家单机单船项目公司获得工商营业执照，入驻上海综合保税区，包括五家飞机融资租赁公司和一家船舶融资租赁公司。

此次单机单船融资租赁项目启动以后，估计 2013 年还将在综合保税区进一步开展 7 架飞机 8 艘船舶的融资租赁业务。此外，根据和客户的接触，明年大约还会有 14 架飞机和 30 艘船舶以及若干大型设备类项目的租赁业务。

浦航租赁有限公司于 2009 年 10 月成立，同年 12 月获得了由国家商务部批准的第六批内资融资租赁试点企业资质，是国内第一家专业从事船舶租赁以及航运类基础设施租赁的公司。公司自成立以来经营业绩逐年上升，2012 年实现收入 1.8 亿元，同比增长 88%；实现利润 1 600 万元，同比增长 100%。截至 2012 年年底，公司资产规模达 49.9 亿元，业务规模逾百亿元。

相对于大扩张后陷入窘境的银行系融资租赁公司，传统融资租赁公司的境况则比较好。国内较早进入融资租赁领域并在香港上市的远东宏信，2010 年航运业务收入达 6 749.2万美元，同比增幅达 67.62%，远优于银行系融资租赁公司。据远东宏信内部数据显示，截至 2012 年 4 月份，远东国际租赁航运系统事业部累计完成船舶融资租赁业务 150 亿元，融资船舶数量 225 艘（近 700 万载重吨），并委托运营 4 艘船舶，总价值约 1.19 亿美元。

根据远东租赁 2010 年年报，其航运业务收入虽然大幅增长，但增长率远低于集团其他业务，占集团收入比也从 2010 年的 12% 降至 2011 年的 9%。航运业务应收款为 6.25 亿元，同比上升 57.5%。更值得关注的是，远东宏信有 2.09 亿美元的航运类资产被划为关注类资产，而航运类资产的不良资产则有 1 500.3 万美元，占集团总不良资产的 38%，名列第一。

2012 年 9 月，中集集团公告将斥资 52 亿元新造 10 艘超巴拿马型集装箱船。这十艘船 2014 年交付后，将以融资租赁的方式交给第三大班轮公司法国达飞轮船运营。中集集团表示，在未来 5 年发展目标中，集装箱板块占收入的比重会有下降，从目前 50% 左右到 2016 年、2017 年会维持在 40% 左右；能源化工板块希望能贡献 20% 左右的收入和利润；车辆是 15%～20%；海工板块由目前的亏损转为盈利；物流装备有一个比较大的增长和突破；其他比较小的板块，房地产、空港设备、金融业务合计能有100亿元左右的收入。

据法国班轮咨询供应商Alphaliner预计，2012年全球集装箱船队净增运力将达到128万标箱，同比增长8.3%，另外还计划交付运力达147万标箱集装箱船。2012年年初，全球集装箱船队闲置的集装箱船已经达到246艘，59.5万标箱。而上年同期闲置的集装箱船只有32.2万标箱。

2012年10月，交通运输部发布《交通运输部关于融资租赁船舶运力认定政策的公告》（交通运输部公告2012年第40号），对符合有关规定的融资租赁船舶，在国际、国内水路运输经营资质管理中，经核准可认定为航运企业的自有运力。

船舶融资租赁对航运金融服务产业、整合航运产业链，使各种类型的航运企业以融资租赁为纽带形成集聚效应，最终建成适应整个航运业良性循环业态发展的产业链将起重要作用。

“十二五”期间，上海市浦东新区全力推进国际航运、金融中心的建设，区内融资租赁类公司蓬勃发展。截至2012年年底，共有融资租赁公司74家，总资产达340亿元，融资余额2 300亿元，年收入60亿元。融资租赁公司服务领域广泛，但尚缺乏服务航运业的专业融资租赁公司，截至2013年1月15日，内资试点只有1家、外商投资有3家、民营只有崇和实业等少数几家企业开展船舶融资租赁业务。为鼓励融资租赁进入航运领域，国家、上海市和新区共同推出了洋山保税港区单船公司（SPV）注册等一系列优惠政策，但目前真正享受到政策优惠的公司仅1家。

2013年6月20日，国家开发银行船舶融资中心与华彬国际租赁有限公司签署《开发性金融合作协议》。根据协议，国开行将创新“贷租合作”模式，融资100亿美元支持华彬租赁开展海洋工程装备租赁业务。华彬国际租赁有限公司是2008年经国家商务部批准设立，主要从事海洋工程装备领域租赁业务，与国内主要造船企业、境内外主要油气企业、海洋工程及服务企业建立了良好合作关系。

五、设备租赁

2011年4月，三一集团与国家开发银行旗下国银金融租赁有限公司（下称“国银租赁”）签署战略合作协议，此次双方合作将主要围绕三一集团产品销售及其生产经营所涉及的租赁业务领域展开，合作总金额达70亿元。三一集团是全球工程机械制造20强、全球最大的混凝土机械制造商，其主业为以“工程”为主题的机械装备制造业，目前已全面进入工程机械制造领域，预计2013年的经营收入将达800亿元。国银租赁则是国家开发银行重要的租赁业务平台，是国内最大的金融租赁公司，主要从事航空、船舶、商用车、轨道交通、基础设施以及其他设备租赁业务。

2012年10月，北部湾金融租赁公司由广西金融投资集团、广西柳工集团共同出资组建，注册资本为10亿元，是中国银监会批准设立的以经营融资租赁业务为主的全国性非银行金融机构。北部湾金融租赁公司今后将在机械、交通、医疗、电力、通信、房地产等领域积极开展融资租赁、经营性租赁、资产管理、经济咨询等各项业务。

2013年6月5～6日，中联重科股份有限公司与嘉宾们分享了中联重科在工程机械行业的金融创新经验。作为全球第六的工程机械企业，中联重科在实践中摸索出两种融资模式，为发展中国家的政府或企业在采购工程机械时提供服务。

2008年，中联在香港注册成立了中联融资租赁（香港）有限责任公司。随后又在澳大利亚、俄罗斯、意大利、美国、南非成立了融资租赁公司。随着中联重科全球金融服务体系的建立，中联金融服务公司可以向全球大部分国家的客户提供金融支持，包括：中国对外承包商境内采购、中国企业在全世界的分子公司境外采购，国外政府采购项目和国外公司直接采购项目。针对不同的国家和地区，我们可以有针对性的提供如融资租赁、租购、动产抵押贷款、跨境融资租赁等多种形式的金融产品。

中联的融资租赁服务一般适合于采购金额在5 000万美元以下的业务。对于一些国家政府超过5 000万美元以上的设备采购项目，中联和中国进出口银行及中国出口信用保险公司达成协议，可以为根据国别情况，为这些国家提供中国政府中长期低息优惠贷款和优惠出口买方信贷。如果这些国家不能满足优惠贷款的条件，也可以考虑使用中国进出口银行和其他中资商业银行为全球客户提供的包括出口买方信贷在内的多种商业性贷款。

六、农业租赁

《第一财经日报》咨询指出，国内金融租赁业发展迅猛。资产规模已由2007年年底的200亿元，发展至2010年年底的3 100亿元。税后净利润也从2008年的11亿元，增至2010年末的36亿元，年复合增长率达83%。

由中国农业银行发起设立的农银租赁公司业务定位即是服务“三农”，并在2010年与新疆生产建设兵团签订了战略合作协议。工银租赁也在2010年完成了单笔额度最大的农业租赁项目——新疆一个60多台、总额7 000万元的采编机租赁项目。

农银金融租赁有限公司是中国农业银行在境内成立的第一家全资子公司，自2010年成立以来，积极探索利用金融租赁手段服务现代农业的发展模式，初步开创了金融服务“三农”的新渠道。截至2011年9月底，租赁业务投放余额逾90亿元，实现净利润近1亿元，平均总资产收益率（ROA）为2.4%。

截至2010年12月底，银监会监管的17家租赁公司投资农机设备余额为7亿元，基本上是以融资方式开展的融资租赁业务。

国内农业机械化率在49%左右，而未来的发展目标是争取在2020年提升至65%。通过对农业机械行业的租赁渗透率进行分析，目前该行业的市场总量为3 300亿元，按照世界上该行业的渗透率计算，市场容量将达到1 000亿元以上，据有关公司研究，这一市场容量可以到1 500亿～2 500亿元。

七、其他

据统计，2012年在460家外资租赁企业中，远东国际租赁注册资金为10.12亿美元，在以注册资金为序的外资融资租赁企业十强排行榜中居首位。现将2012年外资企业十强排行榜公布如下（见表8-3）：

表8-3　外资租赁十强企业排行榜（2012年12月31日）

（以注册资金为序）

位次	公　司	注册时间	注册地	注册资金/万元
1	远东国际租赁有限公司	1991年	上海	101 200
2	港联融资租赁有限公司	2010年	邢台	32 100
3	基石融资租赁（天津）有限公司	2012年	天津	29 999
4	金宝鼎国际融资租赁有限公司	2012年	天津	29 900
5	中联重科融资租赁（中国）有限公司	2009年	天津	28 000
6	恒信金融租赁有限公司	2004年	上海	20 250
7	东方信远融资租赁有限公司	2010年	天津	20 000
8	日立建机租赁（中国）有限公司	2007年	上海	16 100
9	广东明阳融资租赁有限公司	2012年	广州	15 873
10	大唐融资租赁有限公司	2012年	天津	15 777

资料来源：中国融资租赁资源网。

2010年6月27日，由浦东新区人民政府、上海市金融服务办公室和上海综合保税区管理委员会共同主办的“2010上海综合保税区融资租赁项目”启动仪式在浦东香格里拉大酒店隆重举行。

融资租赁SPV项目启动具有重要意义：一是体现了国务院19号文件关于金融对产业的支持要求。融资租赁SPV项目的启动，是金融服务产业发展、实现产业对接的历史性起步。二是体现了中央各单位对上海浦东发展的具体支持。三是体现了交行、招行等金融机构对上海“两个中心”建设、经济结构调整、发展方式转型的支持。四是体现了市区联手、通力合作和上海综合保税区具体推动、辛勤努力的重要成果。融资租赁SPV项目有着巨大的市场空间和发展潜力，希望广大金融机构为产业发展提供更好的服务，促进上海经济结构调整和经济健康发展。

上海综合保税区发展融资租赁业务具有其独特的亮点和优势：其一，上海综合保税区同时拥有机场和港口两大类型保税区，是全国第一个同步开展飞机、船舶单机单船租赁业务的综合性 SPV 项目运作平台。其二，即将在浦东机场综合保税区正式运作的单机融资租赁业务是全国第一次以租赁形式报关的民航客机业务，实现了单机租赁业务的标准化、规范化起步，也体现了机场综合保税区在航空枢纽服务上的功能创新优势。其三，在洋山保税港区注册的单船项目公司是经中国银监会批准后按规范流程设立的全国第一家融资租赁单船公司，填补了国内开展单船融资租赁运作的空白，体现了上海国际航运中心建设对船舶、大型海洋工程设备融资的需求潜力和对航运资源的配置服务能力。

2010 年 7 月 29 日，春秋航空公司以融资租赁方式向上海交银金凤凰飞机租赁有限公司租赁的 A-320 民航客机顺利飞抵浦东国际机场，这是全国第一架以租赁方式报关进口的民航客机，也是真正意义上符合国际惯例的融资租赁 SPV 业务。据了解，该架飞机为上海交银金凤凰飞机租赁有限公司向法国空客公司订购，价值 4 000 万美元。

在业务试点推进的过程中，上海海关给予了大力支持，积极探索新型监管模式和监管理念，通过流程再造和管理优化，对在综合保税区内开展单机融资租赁等业务的监管方案和流程进行了周密、细致的论证、研讨和优化，协调解决了多项关键问题。

在落实具体操作环节期间，上海海关加贸处、关税处、机场海关坚持以企业需求为导向，以最快速度办妥海关登记、H 账册登记、关税减免、进境备案、租赁报关等相关手续，充分体现了高效、务实的工作作风和服务理念。

2012 年 3 月 6 日，洋山保税港区“保税船舶登记”启动仪式隆重举行，洋山保税港区正式成为全国第一个开展“保税船舶登记”的试点区域，可以为注册在洋山保税港区的企业所拥有的从事国际航运业务的保税船舶办理船舶登记业务。

2011 年 12 月 21 日，交通运输部海事局正式下发了《关于同意上海海事局在洋山保税港区开展船舶登记工作的批复》，明确同意将“中国洋山港”作为一个新的船籍港，对注册在洋山保税港区的企业开展保税船舶登记业务。这是上海综合保税区贯彻落实国务院 19 号文件精神，推进国际航运发展综合试验区建设的一项重要举措，也是借鉴航运发达国家和地区的先进经验，创新船舶登记制度的一次有益探索，对于上海建设国际航运中心和国际金融中心具有重要意义。

第一，洋山保税港区成为全国第一个可以开展保税船舶登记的区域，开创了国内保税船舶登记的先例，为进口保税船舶和国内制造入区退税船舶进行船舶登记创造了条件。

第二，这是中国第一次在海关特殊监管区域设立船舶登记机构，提升了洋山保税港区航运资源的配置能力，并将促进航运金融等高端航运服务业的发展。

第三，这是探索建立“国际船舶登记制度”迈出的第一步，使中国航运企业可以更为平等地参与国际竞争，有望形成规模化的航运市场经营主体。

第四，这也是为吸引中资国际航运船舶回归登记所开辟的新途径。

第五，保税船舶登记政策的创新突破，也为综合保税区开展融资租赁业务创造了更为有利的条件，解决了融资租赁企业在跨境船舶租赁业务中对船舶所有权登记、国籍登记、抵押权登记和光租登记的实际需求。

下一步，上海综合保税区管委会将积极会同上海海事局、上海海关等部门，重点抓好以下三个方面的工作：一是研究完善“保税船舶登记”制度操作流程体系，确保相关登记工作的顺利开展。二是发挥政策的先发优势，主动引导国内外重点航运企业和融资租赁企业在洋山开展保税船舶的登记业务，力争将政策用好用足，尽快形成示范效应、聚集效应和规模效应。三是继续争取国家各相关部委的大力支持，积极探索符合中国国情的“国际船舶登记制度” 在海关、外汇、税收、财政等方面提出配套支持措施，进一步充实上海国际航运中心建设体系。

2013 年 10 月，交银金融租赁有限责任公司通过中国（上海）自贸试验区项目公司操作 1 架波音 737 飞机，以融资租赁方式出租给扬子江快运航空有限公司运营。

交银租赁是目前唯一一家获准在中国（上海）自由贸易试验区筹建子公司的金融租赁公司。在积极进行开业筹备的同时，交银租赁大力推进具体业务的落地。在自贸试验区管委会和海关的大力支持下，在自贸试验区成立一个月之际，成功操作自贸试验区第一单飞机融资租赁业务。同时，交银租赁已与中国国际航空公司签订意向，将通过上海自贸试验区为国航引进 2 架波音 777 飞机，成为上海自贸试验区首单飞机经营租赁项目。另外，交银租赁正在与国际知名航运公司洽谈租赁项目，有望于 2013 年 11 月签约，实现上海自贸试验区首单船舶租赁项目。至 2013 年年底前，交银租赁将在上海自贸试验区实现飞机、船舶租赁业务全覆盖，并实现国内和国际客户并举。

自贸试验区是中国在新形势下推进改革开放的重大举措，肩负着为深化改革和扩大开放探索新途径、积累新经验的重要使命。交银租赁上述项目的实施，贯彻了中央对于自贸试验区建设“进一步解放思想，坚持先行先试”的思想方针，在推动自身机船租赁业务向国际化迈进的同时，也拉开自贸试验区机船租赁业务发展的序幕，对于自贸试验区租赁行业后续业务开展具有积极的借鉴和参考意义。

上海综合保税区融资租赁业务自 2010 年启动以来，经过两年多的发展，在市、新区各相关政府职能部门的大力支持下，业务模式实现创新突破，经营规模不断扩大，集聚优势逐步凸显，呈现出强大的生机活力，成为区域新兴产业发展的重要内容和亮点之一。两年间，已逐步引进了 16 家境内外融资租赁母公司和 64 家 SPV 项目公司，特别是 2013 年上半年以来，新引进了 8 家境内外融资租赁母公司和 50 家 SPV 项目公司，新增累计注册资本总额已逾 32 亿元，形成了一个项目入驻的小高潮。目前，综保区运作的租赁资产包括 35 架民航客机、6 架直升机、4 艘远洋船舶以及飞机发动机等大型设备，资产价值总额达 25 亿美元，初步形成了规模化、集聚化、多元化的发展态势。

下一步，上海综合保税区将抢抓机遇，全力打造成为政策体系完善、运作环境便捷、融资渠道通畅、金融人才会聚的全国租赁产业特别功能区。(1) 着力构建法律保障体系。努力打通阻碍融资租赁业发展的各项政策瓶颈，从法律层面保障融资租赁业务的顺利开展；同时，进一步研究居民开设离岸账户、外债资金集中管理等功能创新的政策试点。(2) 全力完善综合服务平台。着力打造便捷畅通的融资渠道，打造产业发展支持团队，为融资租赁业务发展提供绿色通道以及全方位支持和服务。(3) 探索组建租赁资产交易中心。建立租赁物及租赁协议的评级、估价体系和金融配套服务，打造规范化的租赁资产交易市场。(4) 倾力打造行业信息征询中心。加强信息化建设，完善各类产业信息的搜集、储备、整合、查询功能，更好地服务发展、服务企业、服务经济。(5) 加快发展租赁行业人才培育基地。坚持培养与引进相结合，建立创新人才的市场化培育机制，并按照行业标准建立专业人才库，更好地提供专业化服务。(6) 积极举办国际性租赁论坛。整合上下游产业链资源，适时举办定期或不定期的国际性行业高端论坛，为企业提供了展示产品、收集信息、洽谈贸易的桥梁和舞台。

第九部分

产业基金和产业投资

一、基本情况

自2008年金融危机以来，二级资本市场正在经历着复杂的转变，而一级资本市场正在经历着新的繁荣。从某种意义上来说，中国的资本市场正在经历着所谓的PE时代或直接投资的时代。天津市已有直接投资机构一千多家，上海已有直接投资机构近八百家，在深圳市、重庆市和北京市许多投资机构或大型企业都在建立所谓的PE投资基金。PE投资领域正在成为资本集聚的领域和各级政府争先支持的领域。

但就整体而言，中国的直接投资领域的管理能级、运作能级和投资策略能级都相较落后，虽然借鉴了华尔街高科技投资的思路和运作模式。但却建立在简单的拿来主义基础上的，缺乏对中国产业发展的深刻了解和对中国产业转型与升级的正确分析。在这种情况下，中国的PE或其他直接投资机构基本上都是原生态投资、报表性投资或短期机遇性投资。因此中国的产业转型与升级不能依赖于现有的直接投资的行业或PE行业，中国需要建立高端的系统化的产业型的直接投资机构。

在产业金融领域中，产业型的直接投资机构将形成重要的发展趋势，在很大程度上将影响着许多传统产业的转型与升级、国家战略的实施和商业银行产业化的运作模式和业务产品。产业型的投资基金按产业类别可分为汽车产业基金、钢铁产业基金、港口与航运基金、商业交易基金、产业基地基金、装备制造基金和房地产基金。

产业型投资基金的发展将会在中国资本市场上出现一个新的分类，其与传统的PE投资基金相比更注重产业链的特征、性质、敏感要素、产业链的发展要素和产业链转型与升级的价值要素。

根据国务院政府工作报告，2011年中国将提高直接融资比重，发挥好股票、债券、产业基金等融资工具的作用，更好地满足多样化投融资需求。这是政府工作报告首次提出要发挥产业基金作用，满足投融资需求。

直接投资应当建立在产业投资的理念、思想和理论模式之上。因为产业投资类型的出现，是经济发展现状和许多产业领域的发展需要。

目前，中国对产业投资的理念、定义、理论及实践的研究都相当缺乏。在一个许多产业领域有着强烈的需求的时代，直接投资领域无法提供与之相适应的思想体系、理论体系和实践平台，也初步说明了中国直接投资领域就整体而言业务能级、理念和思想、投资策略、专业策划能级以及专业管理团队专业能力与专业经验的落后。

《国务院关于加快培育和发展战略性新兴产业的决定》中指出，加大财税金融等政策扶持力度，引导和鼓励社会资金投入。鼓励金融机构加大信贷支持，发挥多层次资本市场的融资功能，大力发展创业投资和股权投资基金。由于产业基金通过聚合投资能力，会掌握一批非常有潜力的投资项目，本身具有进行资本运作和资产流动的基础，将会在和资本市场对接上发挥一定比较优势。这既有别于证券基金单纯的证券交易，又有别于一般的私募基金仅仅具备二级市场的操作能力。

二、银行系产业基金

中国农业产业发展基金 2013 年 3 月 21 日在北京举行揭牌仪式。2012 年 12 月 17 日，中国农业产业发展基金由国务院批复成立，存续期 15 年。农发基金首期规模 40 亿元，由财政部联合中国信达、中信集团和中国农业发展银行共同发起设立，四家发起人各出资 10 亿元。基金通过邀请招标的方式遴选基金管理人，中国信达旗下子公司信达资本最终成为基金管理人。农发基金重点支持农业产业化龙头企业，将坚持市场化运作，强调政策导向与市场经营的有机结合，以获得稳定的投资回报，对于引导社会资金投入“三农”领域、促进农村经济发展具有积极意义。

中国航空产业基金由中国航空工业集团公司和中国建设银行共同发起设立，是投资于航空产业及相关应用领域的产业投资基金。该基金由中航工业集团和建设银行各自旗下的子公司共同组成的管理公司——裕丰股权投资管理有限公司负责管理。

据介绍，航空产业基金为公司制的人民币股权投资基金，第一阶段规模不超过 50 亿元，首期规模 10 亿元已经募集成功并且锁定了投资目标企业；二期预计规模为 15 亿～25 亿元正在募集中。

中国民生银行私人银行四川产业振兴发展投资基金项目募资成立。该基金是中西部第一支由国家发改委批准，中央财政出资的国家级产业基金。此次民生银行作为战略投资者参与其中，凭借其强大的募资渠道，成功募资 25 亿元，使基金增资至 61.3 亿元。基金重点对四川省内电子信息、节能减排、环境保护、生物制药、新材料、能源、现代农业、基础设施和文化产业等领域的企业进行股权投资，旨在优化产业结构、推进技术研发、培育战略性新兴产业。

中国民生银行杭州分行经过近半年时间筹备，面对传统行业的转型升级，创设一只基金，在资本市场上受投资者追捧，4 天时间募得首批基金 10 亿余元，促使“资金”变“资本”，助力传统行业升级提速。

2012 年 6 月底，中国民生银行与当地政府下属企业以及当地造纸龙头企业设立有限合伙形式的“中民富阳造纸产业整合基金”，总规模 20 亿元，其中民生银行募集 12 亿元。

作为国内影视、出版领域首只产业基金，建银国际文化产业基金是经国家发改委备案，并由建设银行、国家广播电影电视总局、国家新闻出版总署共同倡导和支持设立的，专注于文化产业的人民币股权投资基金。同时也是建设银行支持民生领域改革与发展、配合国家发展战略的又一实际体现。

“建银国际文化产业股权投资基金”基金规模 20 亿元，投资范围涵盖出版、电影、广播电视、网络游戏、动漫产业等受到“十二五”规划重点扶持、潜力巨大的文化创意产业。

据了解，这只基金的投资人除中国建设银

行外，还有国家级大型出版发行集团中国出版集团公司，七弦投资、江苏雨润集团以及湖北武汉工贸等。

作为首家获发改委备案审批的医疗产业基金，建银医疗基金目前已经募集资金 26 亿元，由建银国际控股，长江电力、同仁医疗产业集团等机构共同出资，将投资于包括医药制造、医疗器械、医疗机构、医疗服务和康复保健在内的五大领域。

蓝色基金是目前国家批复的最大规模的产业投资基金，也是全国第一个以海洋经济为特色的产业投资基金，批复规模 300 亿元，首期规模 80 亿元，同时发起成立境外美元平行基金，注册地在中国香港，规模为 30 亿美元，基金本外币合计 480 亿元。

中证网讯，7 月 31 日，国内农业科技领域私募股权基金——中农科产业发展基金正式设立。该基金是由中国农业科学院发起、投资设立。基金第一期规模 15 亿元，主要投资境内农业领域高新技术孵化以及高成长、创新型、科技型企业，依托中国农业科学院雄厚的技术成果和人力资源储备，全面推动农业科技产业化的发展。在中国农业科学院的倡导下，中农科产业发展基金成为国内首支专注于农业科技产业化领域股权投资的私募股权基金，立足于支持和推动中国农业科研院校农业科技成果产业化、促进农业科技企业管理、融资、股份制改造等多方面的提升。

国有商业银行香港子公司设立 PE 基金情况（见表 9-1）。

表 9-1　国有商业银行香港子公司设立 PE 基金情况

商业银行	投资平台	管理/投资基金
建设银行	建银国际资产管理有限公司	建银国际医疗保健股权投资基金
		建银城投环保产业股权投资基金
		建银文化产业股权投资基金
		建银优势资源创业投资基金
		中国航空产业基金
		皖江城市带承接产业转移投资基金
中国银行	中银集团投资有限公司	广东中小企业股权投资基金
		浙商产业投资基金
	中银国际控股有限公司	渤海产业投资基金
		中国文化产业投资基金
工商银行	工银国际投资管理有限公司	海南国际旅游产业基金
		鄱阳湖产业投资基金
交通银行	交银国际资产管理有限公司	交银国际成长企业直投基金
农业银行	农银国际控股有限公司	农银（无锡）股权投资基金

资料来源：CV Source，德邦研究。

中国工商银行依托工银国际投资管理有限公司与云南省国有资产管理委员会合作筹建云南旅游（文化）产业发展基金和云南省矿业发展基金，将遴选一批优质项目或企业进行投资开发。至此，工商银行依托工银国际平台已成功设立五只公私募股权投资基金，管理资产规模近 150 亿元，从另一侧面发挥对中小企业的金融支持作用。

搭建私募股权投资基金、风险投资基金、产业投资基金与中小企业之间的桥梁。招商银行针对一大批具有股权融资愿景的企业，积极为其推荐和引入私募股权投资，并开展投贷联动业务，树立“股权管家”服务品牌。浦发银行不仅为金天创博盛私募股权投资基金承担托管工作，还介入该基金的有限合伙人的推荐工作，募集资金达 5 000 多万元，并借助引荐该投资基金、提供投贷联动业务共同推动天津科技型企业登陆国内外资本市场。

国家开发银行是国内早期产业投资基金的重要发起者和投资人，从 20 世纪开始先后参与投资了中非发展基金、中比直接股权投资基金、中瑞基金、中意曼达林基金等多只产业投资基金。2009 年 9 月，国家开发银行注资 3 500 亿元，全资控股设立国开金融有限责任公司，将股权基金业务整合统一的平台上，包括 11 只基金和 5 家基金管理公司。其运作模式以 FOF 母基金与直接股权投资相结合，具有政策性背景和市场化运作的鲜明特点。中国进出口银行 2009 年 4 月作为发起人发起设立了“中国—东盟投资合作基金”，采用国际上通行的有限合伙制，在香港注册成立，离岸运作。

三、政府系产业基金

政府引导基金又称创业引导基金，是指由政府出资，并吸引有关地方政府、金融、投资机构和社会资本，不以营利为目的，以股权或债权等方式投资于创业风险投资机构或新设创业风险投资基金，以支持创业企业发展的专项资金。

政府引导基金通过引导创业投资行为，支持初创期科技型中小企业的创业和技术创新。政府引导基金的宗旨是，发挥财政资金杠杆放大效应，增加创业投资资本供给，克服单纯通过市场配置创业投资资本的市场失灵问题。特别是通过鼓励创业投资企业投资于种子期、起步期等创业早期的企业，弥补一般创业投资企业主要投资于成长期、成熟期和重建企业的不足。引导基金的运作原则是，政府引导、市场运作和科学决策、防范风险。

据赛迪顾问不完全统计，自 2002 年第一只政府引导基金设立以来，中国共设立引导基金数量超过 96 只（包括拟设立），金额接近 700 亿元，其中 2012 年就新设立引导基金近 30 只，资金总规模超过 160 亿元。江苏和浙江地区是设立最为密集的地区，两省共设立政府引导基金 35 只，占总数的 36.4%。环渤海地区中，北京、天津、山东、辽宁引导基金设立较多。此外，广东以及中西部地区的成渝、关中、内蒙古也是引导基金设立比较活跃的地区。

保守估算，按照每只引导基金平均支持 3～4 家创业投资机构计算，96 只引导基金支持创业投资机构的数量在 300 家以上，按照 1∶4 的引导基金杠杆放大效应计算，共引导超过 3 000 多亿元资金投入创业投资领域。从各地实际运作效果看，安徽、山东、江苏等省级政府引导基金已经取得了很大的投资效益，引导基金也日益受到各地政府的重视，这也是2012年引导基金能够遍地开花实现高速增长的原因。

根据赛迪研究报告，长三角地区经济实力良好、产业基础雄厚，是中国政府引导基金设立最为活跃、最为聚集的地区。环渤海地区在高科技领域、技术开发转化方面优势明显，以高新技术园区为主导的引导基金是这一地区的主要特征。珠三角、中西部地区引导基金的起步时间较晚，但近年来也逐步活跃起来，中西部地区也不断出现十亿元级规模以上的引导基金。

2009年11月，国家发改委和财政部共同发文，决定联合中央资金、地方资金与社会资本，设立国家级创业投资基金，第一批20只基金总额达92亿元，以支持战略性新兴产业的发展。《关于实施新兴产业创投计划、开展产业技术研究与开发资金参股设立创业投资基金试点工作的通知》（以下简称《通知》），由国家发改委和财政部联合下发。《通知》规定，创投基金规模每只原则上不少于2.5亿元，由国家资金、地方政府参股资金和社会投资共同组成，而国家资金不应参与基金控股。

第一批创投基金总计20只，其国家资金部分来自由中央财政设立的国家产业技术研发资金。国家发改委高技术产业司官员告诉记者，待这批基金运作成熟后，国家将发起设立更大规模的创投基金。首批创投基金的总规模将达92亿元，其中国家层面投入10亿元，带动地方政府投入12亿元，并吸引社会资本70亿元。其中国家出资部分，将由财政部和国家发改委委托专业管理机构进行管理。受托管理机构不得干预基金正常的经营管理，应以出资额为限对基金行使股东权力。

《通知》规定，国家资金与地方政府资金同进同出，除在基金章程中规定的条款外，国家资金不要求优于其他社会股东的额外优惠条款。在创投基金的运营及收益方式上，国家资金将与地方政府资金、社会资金共同支付基金管理机构管理费用，并将部分基金增值收益（一般为20%左右）奖励基金管理机构。不过，在某些情况下国家资金也可考虑不支付每年的管理费用，但同时须将50%的基金增值收益让渡于基金管理机构。而对于参股设立的天使基金，国家资金可给予更大的让利幅度。

截至2012年7月中国政府引导基金设立情况（见表9-2）。

表9-2 截至2012年7月中国政府引导基金设立情况（部分）

中文全称	管理机制/运作主体	成立时间	规模/亿元
科技部科技型中小企业创业投资引导基金	中小企业创业管理中心	2007年7月1日	1.00
北京股权投资发展基金	北京股权投资发展基金管理有限公司	2009年9月28日	50.00
中关村科技园区创业投资引导基金	北京中关村创业投资发展有限公司	2006年9月1日	5.00
北京海淀区创业投资引导基金	北京中海投资管理公司	2006年9月8日	5.00
上海市创业投资引导基金	上海创业投资有限公司	2010年3月31日	10.00
上海浦东新区创业风险投资引导基金	上海浦东科技投资有限公司	2006年10月1日	20.00

（续）

中文全称	管理机制/运作主体	成立时间	规模/亿元
天津滨海新区创业风险投资引导基金	天津滨海新区创业风险投资引导基金有限公司	2007年12月7日	20.00
重庆市科技创业风险投资引导基金	重庆市科技创业风险投资引导基金有限公司	2008年9月2日	10.00
河北省科技型中小企业创业投资引导基金	河北科技风险投资有限公司	2009年6月15日	1.00
山西省科技创业风险投资引导基金	山西省创业风险投资引导基金有限责任公司	2007年6月12日	8.00
内蒙古自治区创业投资引导基金	内蒙古日信担保投资（集团）有限公司	2009年11月18日	
辽宁省创业投资引导基金	—	筹备中	
大连市股权投资引导基金	—	2010年11月12日	30.00
吉林省创业投资引导基金	吉林省创业投资引导基金有限公司	2008年1月1日	10.00
黑龙江省创业投资政府引导基金	—	2009年	2.00
江苏省新兴产业创业投资引导基金	—	2012年1月20日	10.00
苏州工业园区创业投资引导基金	苏州创业投资集团	2006年3月23日	10.00
浙江省创业风险投资引导基金	浙江省创投引导基金管理有限公司	2009年3月1日	5.00
杭州市产业发展投资基金	杭州市产业发展投资有限公司	2011年9月28日	40.00
温州经济技术开发区创业投资引导基金	—	2010年10月8日	5.00
安徽省创业（风险）投资引导基金	上海浦东科技投资有限公司	2009年3月24日	10.00
山东省创业投资引导基金	山东省高新技术投资有限公司	2009年7月23日	10.00
湖北省创业投资引导基金	湖北省创业投资引导基金管理中心	2008年	1.00
湖南创业投资引导基金	湖南高新创业投资有限公司	2010年12月22日	
广东省政府创投引导基金	—	2009年8月1日	10.00
东莞市产业升级转型及创业投资引导基金	东莞信托有限公司	2012年7月11日	5.00
广西壮族自治区创业投资引导基金	—	2012年6月1日	10.00
四川省创业投资引导基金	—	筹备中	
成都高新区引导基金	成都银科创业投资有限公司	2009年4月1日	15.00
贵州省创业投资引导基金	—	筹备中	
贵阳市科技创业投资引导基金	—	2011年8月1日	2.00
云南省股权投资政府引导基金	云南省股权投资发展中心	2011年9月1日	1.00
陕西省创业投资引导基金	陕西省创业投资引导基金管理中心	2008年12月30日	10.00
青海省科技型中小企业创业投资引导基金	青海省国有科技资产经营管理公司	2009年9月17日	

资料来源：CV Source，德邦研究。

2009年10月30日，国家发改委和财政部选择在创业板正式开始交易的时候，对七个试点省市发行20只产业投资基金，总规模为92亿元。据了解，七个试点省市分别为北京、上海、深圳、安徽、湖南、重庆和吉林。目前，这批基金的募集已经全部完毕，共计92亿元。其中中央财政投入10亿元，七省市政府投入12亿元，社会募集资金70亿元。

从基金针对的行业来看，此次发行的总计20只产业投资基金均为专业基金，针对行业涉及医药、电子信息、新材料、新能源、节能环保、服务业、生物产业、汽车电子、集成电路、软件和公共安全等行业。

张江生物医药产业化促进基金以新药在研项目为主要扶持对象的基金由政府出资建立，成为上海市首个生物医药产业基金。

2011年7月，招商湘江产业投资管理有限公司产业基金设立，这是湖南省第一只政府引导的完全市场化的产业投资基金。据了解，本次湘江投资募资规模不超过20亿元，单一机构投资者最低出资额为人民币1 000万元。早在2007年，湖南省政府就向国务院申请设立湘江产业投资基金。2009年，湘投控股发起设立湘江产业投资有限责任公司，注册资本金20亿元，这即是招商湘江产业投资管理有限公司的前身。

衡阳高新创业投资基金是衡阳市第一只政府引导的完全市场化的股权投资基金，总规模达10亿元，第一期共募集资本2.02亿元。衡阳高新创业投资基金由湖南高新创投集团、省创业投资引导基金、衡阳市弘湘国有资产经营有限责任公司等引导发起，运用"基金+管理公司"的运作模式，助推衡阳产业升级及"四化两型"建设，主要投资方向为节能环保、信息、生物与新医药、新能源、新材料、航空航天、海洋、先进装备制造、新能源汽车、高新技术服务业等战略性新兴产业和高新技术改造提升传统产业领域。

国家发改委资讯，2012年，地方上报到发改委的70多只新兴产业创投基金，有41只已经获批。加上2009年的20只，目前总共批了61只基金，总规模是173亿元。"新兴产业创投基金在2009年就开始试点，当年20只基金最终募集到的资金规模是63亿元。"国家发改委相关人士表示，不过这种做法很快得到了上海、深圳、青岛等地方政府的效仿，2013年财政部在试点的基础上再次决定拿出中央资金来继续支持。

2011年9月，国家发改委和财政部发布《新兴产业创投计划参股创业投资基金管理暂行办法》（下称《办法》），为以后的创投基金的运作和退出明确了方向。虽然国家发改委人士表示，财政资金退出可以按照一般的基金运作方式，按照当年的投入股权和最终的收益一起退出。但在地方看来，实际操作中的国资体制约束可能会导致地方政府资金退出困难。在国家发改委近三年来批准的61只新兴产业创投基金中，信息行业是最多的，有16只；生物行业14只，新材料10只，新能源8只，节能环保6只，装备、海洋和其他类共7只。按区域来看，东部有29只，中部有17只，西部和东北分别只有7只和8只。

四、信托系产业基金

据了解，中信信托在2010年就已推出了两个规模较大的集合信托计划，募集社会资金40多亿元，为山西民营整合主体的技术改造和购并提供融资。近期，该公司在“金融集成与资源整合”论坛上又透露，将集成多种金融工具，以有限合伙的形式，打造一只总规模预计为200亿元的能源产业基金。

2011年，中信信托已与产业方合作设立了“聚信泰和”和“中恒聚信”两个基金管理公司，计划一年内各募集100亿元，分别参与山西、贵州的煤炭整合和技术改造。在四川、河南、内蒙古，中信信托与当地产业方合作的基金管理公司也正在注册中。

数据显示，截至2013年二季度末，投向基础产业的信托资金余额为1.01万亿元，在总量为3.74万亿元的资金投向中占比达28.3%，与投向房地产领域、金融机构和工商企业的资金相比（此三者占比分别为16.91%、6.62%和19.34%）。

据了解，中信信托已经成立了聚信泰和和中恒聚信等产业基金管理公司。这些产业基金管理公司是在合伙型架构下，以私募支持股本，以信托去支持结构融资产品，或提供夹层融资产品等，在未来需要银行介入的时候，还可以引入银行资金。

统计数据显示，目前，85家基金公司中，有信托公司背景的高达30多家，且八成占据第一大股东位置。其中，信托机构持有基金公司股份占比超50%的共有9家，分别为中融国际信托出资51%控股道富基金，深国投出资51%控股华润元大基金，平安信托出资60.7%控股平安大华基金，山西信托出资51%控股汇丰晋信基金，北方国际信托出资51%控股泰达宏利基金，国投信托出资51%控股国投瑞银基金，华宝信托出资51%控股华宝兴业基金，吉林信托出资61.25%控股天治基金，上海国际信托出资51%控股上投摩根基金。

持股未超过50%，但仍为大股东的信托系基金公司，共有12家。

在信托公司已经入主基金公司的同时，也有信托公司正在发起设立基金公司。由北京信托和莱州瑞海投资有限公司共同发起的北信瑞丰基金管理有限公司目前“正在征求意见”。北京信托持有该拟设立基金公司60%的股权，而另外一家由厦门信托和永丰证券投资信托公司共同筹备的圆信永丰基金管理有限公司已经通过证监会评审。

2013年成立的10家基金公司中，有3家股东中都出现信托机构的身影，其中道富基金由中融国际信托与道富环球投资管理亚洲有限公司共同出资，占股比例分别为51%和49%；华润元大基金由华润深国投信托有限公司和台湾地区元大宝来证券投资信托股份有限公司共同出资设立，占股比例分别为51%和49%；国开泰富基金是国家开发银行全资子公司国开证券有限责任公司与台湾国泰证券投资信托股份有限公司合资成立的基金管理公司，占股比例分别为66.7%和33.3%。

信托机构股份占比超50%的信托系基金公司（见表9-3）。

信托机构股份占比未超50%仍为大股东的信托系基金公司（见表9-4）。

表9-3 信托机构股份占比超50%的信托系基金公司

基金公司名称	信托机构	出资比例/%	基金公司名称	信托机构	出资比例/%
道富基金	中融国际信托	51	国投瑞银基金	国投信托	51
华润元大基金	深国投	51	华宝兴业基金	华宝信托	51
平安大华基金	平安信托	60.7	工治基金	吉林信托	61.25
汇丰晋信基金	山西信托	51	工投摩根基金	上海国际信托	51
泰达宏利基金	北方国际信托	51			

资料来源：和讯网。

表9-4 信托机构股份占比未超50%仍为大股东的信托系基金公司

基金公司名称	信托机构	出资比例/%	基金公司名称	信托机构	出资比例/%
英大基金	英大国际信托	49	嘉实基金	中诚信托	40
华宸未来基金	华宸信托	40	大成基金	中泰信托	48
长安基金	长安国际信托	40	宝盈基金	中铁信托	49
益民基金	重庆国际信托	30	泰信基金	山东国际信托	45
信诚基金	中信信托	49	诺安基金	对外经贸信托	40
天弘基金	天津信托	48	中海基金	中海信托	41.591

资料来源：和讯网。

五、金控系产业基金

中国银河投资管理有限公司，是中央直属国有独资企业，其前身为中国银河证券有限责任公司，2005年经国务院批准，更为现名。公司股东为财政部，注册资本金45亿元。

根据国家工商总局核准，公司的经营范围为投资业务与资产管理。投资业务包括股权投资、债权融资、项目投资、股权互换等；资产管理包括收购、管理及处置各类资产。

公司的战略是通过投资及提供相关的金融服务，重点支持“节能减排、低碳、新技术、新材料”等符合国家产业政策的高成长企业发展；通过搭建资产管理平台，管理股东或客户交付管理的资产，努力实现资产收益最大化，从而将公司打造成为名副其实的投资性企业集团。公司的经营宗旨是以实践国家产业政策为己任，通过大力开展各类投融资业务，努力实现目标企业的快速增长，同时实现国有资产的保值与增值。

主要控股公司：吉林省国家生物产业创业投资有限责任公司、吉林省国家汽车电子产业创业投资有限责任公司、北京银河吉星投资管理有限公司、北京银河鼎发创业投资有限公司。

中国建银投资有限责任公司于2004年9月经国务院批准成立，注册资本206.922 5亿元，股东为中央汇金投资有限责任公司，由中国投资有限责任公司管理。中国建投是一家以股权投资、产业经营为核心业务的综合性投资集团，主要业务涵盖投资、金融、不动产、科技咨询等领域，旗下拥有建投投资、建投资本、建投信托、宏源证券、国泰基金、建投租赁、建投控股、建投嘉昱、投资咨询、建投科技、建投传媒等成员企业。

中信产业投资基金管理有限公司是中国中信集团公司和中信证券股份有限公司从事投资业务的专业子公司，经国家发展和改革委员会批准于2008年6月设立。中信产业基金旗下管理着四支基金，即规模为93.63亿元人民币的中信股权投资基金一期（绵阳基金），规模为9.9亿美元的中信股权投资基金二期（美元），规模为100亿元人民币的中信股权投资基金三期（人民币），以及规模为50亿元人民币的中信夹层基金一期。

国开金融有限责任公司是国家开发银行下属全资子公司，注册资本金350亿元人民币，专门从事股权投资和基金管理业务，如：私募股权基金、直接投资、投资咨询和财务顾问等业务。国开金融有限责任公司和苏州创业投资集团有限公司共同发起设立国创母基金，注册任江苏省苏州工业园区，是国内目前层级最高、规模最大的人民币母基金。据悉，该基金总规模600亿元，首期资金规模150亿元，分为PE母基金和VC母基金两个板块。其中，PE板块名称为国创开元股权投资基金，首期规模100亿元，主要投资于专注产业整合、并购重组的股权投资基金；VC板块名称为国创元禾创业投资基金，首期规模50亿元，主要投资于专注早期和成长期投资的创投基金。

六、证券系产业基金

2011年监管部门已经同意银河证券、中信证券、中金公司、海通证券、国泰君安等5家证券公司首批试点PE基金业务，这也标志着上述5家券商不仅可以利用自有资金进行股权投资，还可以对外募集资金进行股权投资，但募资范围暂时仅限于国内的人民币基金。

据了解，作为首批试点人民币PE基金的券商，监管部门对5家公司设置了两道“门槛”。首先，公司内部必须建立完善的内控流程，包括已获得董事会及股东大会的同意和授权，建立了完善的项目评估和风控机制，有严格的投资决策流程等；其次，拟设立的人民币PE基金必须获得省级政府的批准。

同时，在该项业务归属问题上，监管部门也做了明确划分，人民币PE基金业务将归于券商直投旗下。另外，因为考虑到券商直投业务目前尚处于试点阶段，所以人民币PE基金业务也属于试点业务范围。

据悉，从2010年开始，监管部门曾专门就券商直投业务以及其延伸业务——组建私募股权投资基金等事项召开过多次小型研讨会和调研工作，研究的内容包括券商直投与投资银行业务防火墙建设、国有股权划拨、直投发行基金等议题。此后，陆续有不少已获得直投资格试点的券商递交发行人民币 PE 基金试点的申请，但一直未得到监管部门的明确表态批准。

金石投资有限公司是中信证券股份有限公司的专业直接投资机构。中信证券经中国证监会批准作为券商直接股权投资业务试点后，于 2007 年 10 月成立了金石投资有限公司。金石投资的注册资本为人民币 46 亿元。

金石投资的投资策略是为具有良好的过往业绩和信誉、经过检验的商业模式、具有吸引力的资本市场投资价值的高成长性龙头企业提供长期的资本支持。投资方式是少数股权，主要退出路径为公司上市后的二级市场出售。

金石投资能够在企业已形成的具有可持续竞争优势的基础上，通过运用中信证券的品牌和市场影响力等资源为企业提供综合的提升其资本市场价值的增值服务，实现企业多梯级的业务发展目标和不同阶段的融资需求。

中信证券股份有限公司和中国中信集团公司于 2008 年 6 月设立中信产业投资基金管理有限公司。中信产业投资基金管理有限公司旗下目前管理着 4 支基金，即规模为 93.63 亿元人民币的中信股权投资基金一期（绵阳基金）、规模为 9.9 亿美元的中信股权投资基金二期（美元），规模为 100 亿元人民币的中信股权投资基金三期（人民币），以及规模为 50 亿元人民币的中信夹层基金一期。

海通证券股份有限公司于 2009 年 8 月与吉林省投资（集团）有限公司作为发起人，共同发起设立吉林省现代农业和生物技术产业基金，并发起设立并控股海通产业基金管理有限公司，开展产业基金业务。海通证券将以自有资金投资吉林省现代农业和生物技术产业基金，首期投资金额为 3 亿元，海通产业基金管理有限公司将作为该产业基金的管理人。

海通证券股份有限公司全资直投子公司海通开元投资有限公司于 2012 年 11 月设立上海文化产业股权投资基金及其管理机构海通创意资本管理有限公司。

广发证券股份有限公司的全资子公司广发信德投资管理有限公司拟于 2011 年 3 月 11 日与辽宁成大（公司第一大股东）、大连一方集团分别出资 2 550 万元、1 225 万元、1 225 万元，各占出资比例的 51%、24.5%、24.5%在辽宁省大连市共同发起设立广发沿海产业（大连）基金管理有限公司及广发沿海产业（大连）基金。产业基金的形式为有限合伙制。产业基金计划首期募集规模初定为人民币 20 亿～25 亿元；基金管理公司拟作为普通合伙人，出资不低于产业基金获认缴出资总额的 1%；广发信德、辽宁成大、一方集团拟作为有限合伙人，依次分别以现金方式出资 4 亿元、2 亿元、2 亿元。

招商证券股份有限公司于 2011 年 7 月投资设立的“招商湘江产业投资有限公司”产业基金，这是招商证券涉足 PE 基金的第一支大规模产品，总规模 200 亿。招商证券对“招商湘江产业投资有限公司”产业基金出资 3 亿元，约占拟募资总额 20 亿元的 15%；管理公司出资 3 000 万元。

光大证券股份有限公司的全资子公司光大资本的主要经营范围为股权投资、投资咨询。2009 年 12 月，光大证券股份有限公司将通过光大资本与上海申能集团有限公司、上海浦东科技投资有限公司共同发起设立上海新能源产业基金及上海诚朴股权投资管理有限公司。新能源产业基金初期规模 30 亿元，光大资本和申能集团分别出资 11.88 亿元，股权占比 39.6%，浦东科技出资 5.94 亿元，股权占比 19.8%。诚朴产业基金管理公司注册资本 1 亿元，将作为新能源产业基金的普通合伙人对产业基金进行运作和投资，其中光大资本与申能集团股权占比 40%，浦东科技占比 20%。产业基金设立后，投资方向范围将主要包括国家及上海市（不限于上海市）重点扶持产业，新能源、低碳、环保节能等新兴产业和高科技成长型企业，以及拟上市企业 Pre-IPO 项目。

国泰君安证券股份有限公司的下属公司国泰君安创新投资有限公司于 2011 年 1 月与中海集团投资有限公司、上海国有资产经营有限公司、虹口区国有资产经营有限公司，分别按照 3.5∶3∶2.5∶1 的比例出资成立上海航运产业基金管理有限公司，并共同发起设立上海航运产业基金。上海航运产业基金总融资规模计划为 500 亿元，落户上海北外滩航运服务集聚区。

国信证券股份有限公司在香港注册成立的全资了公司国信证券（香港）金融控股有限公司，其旗下全资子公司国信证券（香港）资产管理有限公司于 2013 年 6 月与 360IP 私人有限责任公司合资成立高科技产业基金“360IP-国信管理基金”，拟投资中国的高科技公司，并依托 360IP 私人有限责任公司的科技研发、技术产业化力量，向企业提供科研咨询服务。国信证券（香港）资产管理有限公司与 360IP 私人有限责任公司分别占合资基金的 50%股份，主要投向中国的电力、能源企业。

七、PE 与创投

2012 年 6 月，《证券投资基金法》修订草案提交全国人大常委会初审，初审版本删除了将未上市交易股权纳入证券投资范围的措辞，但新增第 171 条“公开或者非公开募集资金，设立公司或者合伙企业，其资产由第三人管理，进行证券投资活动，其资金募集、注册管理、登记备案、信息披露、监督管理等，参照适用本法”。

各种类型直接投资机构的产业化或主体化成为 2012 年的重要趋势，据清科研究中心发布研究报告显示，截至 2012 年年末，中国各地已发起成立产业基金 560 只，其中 376 只基金已有资金到位，涉及资金近 3 000 亿元。

从行业分布来看，产业基金的设立与国家极力倡导大力发展的产业相吻合。从设立基金数量看，清洁技术作为传统热门吸金行业以 97 只产业基金位列第一，主要涉及的子产业基金有环保、新能源、新材料等。但由于近两年清洁技术行业进入瓶颈期，所募基金数较 2010 年以前有所下降，文化产业与生物技术/医疗健康产业基金紧随其后。不过，从募集金额上看，文化产业成为近来最热概念，共吸引超过 600 亿元的资金，排名第一。产业基金在各个产业的募资金额排名如下（见表 9-5）：

表 9-5　产业基金在各行业的募资金额排名

排名	产业	募资金额/亿元	排名	产业	募资金额/亿元
1	文化产业	617.25	12	装备/制造	41.31
2	矿业及能源	545.56	13	金融	35.00
3	清洁技术	520.17	14	养老	25.00
4	生物技术/医疗健康	177.58	15	汽车	22.80
5	现代农业	176.08	16	化工	11.00
6	零售/消费	130.17	17	食品饮料	6.47
7	航空航天	103.13	18	交通运输	5.00
8	基础设施	95.27	19	服务	2.00
9	TMT	77.83	20	军工	2.00
10	物流	72.31	21	建材装饰	1.00
11	船舶/海洋	56.43	22	其他	25.7

资料来源：清科研究中心。

2012 年中国私募股份投资基金在生物技术/医疗保健业的投资为 40 项，涉及细分领域有专科医院、医疗用品及器材批发、中成药制造业、化学药品制剂制造业及化学药品原药制造业等。除其中 13 项投资未公布具体数额外，其余的 27 项的投资金额累计达 40.52 亿元。

2011 年外资创业风险投资项目行业分布：投资金额与投资项目（见表 9-6）。

表 9-6　外资创业风险投资项目行业分布：投资金额与投资项目（2011）

单位：%

投资行业	投资金额所占比例	投资项目所占比例	投资行业	投资金额所占比例	投资项目所占比例
消费产品和服务	18.0	12.1	IT 服务业	2.8	2.9
新材料工业	12.1	11.2	软件产业	2.8	2.4
其他制造业	8.6	8.3	农林牧渔业	2.7	2.4
新能源与高效节能技术	6.6	6.3	半导体	2.3	4.4
传统制造业	6.2	6.3	通信设备	2.2	2.4
网络产业	5.9	7.3	传播与文化娱乐	1.3	1.5
环保工程	5.7	6.8	社会服务	1.0	1.0
光电子与光机电一体化	4.5	4.4	批发和零售业	0.7	1.0
医药保健	4.3	4.9	科技服务	0.4	1.0
其他行业	4.2	5.3	采掘业	0.3	1.0
生物科技	3.7	3.9	其他 IT 产业	0.1	1.0
交通运输、仓储和邮政业	3.2	1.9			

数据来源：中国创业风险投资发展报告（2012）。

2011年，创业风险投资机构的管理规模进一步扩大。从企业的资金分布情况来看，管理资金在5 000万元以下的创业风险投资机构占机构总数的22.1%，管理资金在5 000万～1亿元的机构占24.2%，与2010年相比继续下降；而管理资金在1亿～2亿元、2亿～5亿元、5亿元以上的机构占比分别为21.2%、19.5%、13.0%，与2010年相比，均有不同程度的上升。

2011年中国创业风险投资业投资项目的行业分布：投资金额与投资项目（见表9-7）。

2005—2011年中国创业风险投资业投资金额的行业分布（见表9-8）。

2010—2011年中国创业风险投资业投资项目的前十大行业分布（见表9-9）。

表9-7　中国创业风险投资业投资项目的行业分布：投资金额与投资项目（2011）

单位：%

年份 投资行业	2011年		2010年	
	投资金额	投资项目	投资金额	投资项目
其他行业	11.2	8.4	15.7	11.7
消费产品和服务	9.4	7.2	7.1	4.1
新材料工业	8.7	9.5	9.3	10.1
其他制造业	8.2	8.3	—	—
传统制造业	7.7	8.0	10.1	7.3
新能源与高效节能技术	6.2	6.0	8.3	7.8
房地产业	4.9	0.3	—	—
农林牧渔业	4.1	4.8	4.1	3.2
生物科技	3.9	3.3	3.9	5.6
医药保健	3.8	4.4	5.3	5.8
光电子与光机电一体化	3.3	4.6	4.2	6.0
IT服务业	2.8	4.1	3.2	4.2
通信设备	2.8	3.2	1.0	2.5
环保工程	2.6	3.2	3.3	3.3
网络产业	2.5	3.2	2.8	4.8
金融保险业	2.4	2.0	7.8	4.1
传播与文化娱乐	2.2	2.4	2.1	1.9
软件产业	2.1	3.5	2.9	7.0
科技服务	1.6	1.8	2.3	2.5
建筑业	1.6	1.8	—	—
其他IT产业	1.5	2.4	1.2	2.3
交通运输、仓储和邮政业	1.4	0.8	—	—
半导体	1.3	1.7	1.2	2.5
批发和零售业	1.2	1.2	0.7	0.7
社会服务	0.7	1.3	—	—

（续）

投资行业＼年份	2011 年		2010 年	
	投资金额	投资项目	投资金额	投资项目
计算机硬件产业	0.7	1.3	1.1	1.4
采掘业	0.6	0.7	2.5	1.2
核应用技术	0.4	0.5	0.0	0.0
水电煤气	0.1	0.1	—	—

数据来源：中国创业风险投资发展报告 2012。

表 9-8　中国创业风险投资业投资金额的行业分布（2005—2011）

单位：%

投资行业＼年份	2005 年	2006 年	2007 年	2008 年	2009 年	2010 年	2011 年
软件产业	3.5	14.6	16.0	6.2	10.9	2.9	2.1
计算机硬件产业	0.9	0.4	0.6	3.4	0.1	1.1	0.7
网络产业	2.7	1.5	0.5	2.7	1.8	2.8	2.5
通信设备	3.5	4.6	2.9	1.8	1.9	1.0	2.8
IT 服务业	7.1	3.1	1.0	4.6	1.5	3.2	2.8
半导体	16.5	2.1	1.3	2.9	2.3	1.2	1.3
其他 IT 产业	2.4	3.2	1.3	2.3	2.2	1.2	1.5
环保工程	3.1	1.3	1.5	1.3	1.8	3.3	2.6
生物科技	7.4	5.4	2.3	5.7	2.5	3.9	3.9
新材料工业	5.7	7.5	7.9	4.4	6.4	9.3	8.7
采掘业	4.5	3.7	1.9	3.6	1.5	2.5	0.6
光电子与光机电一体化	5.5	4.1	2.1	4.0	4.1	4.2	3.3
科技服务	2.1	1.2	4.9	2.1	2.0	2.3	1.6
新能源与高效节能技术	8.8	7.0	4.6	7.7	8.5	8.3	6.2
医药保健	4.3	2.7	2.0	2.5	4.9	5.3	3.8
消费产品和服务	1.7	4.1	1.4	3.9	4.3	7.1	9.4
传播与文化娱乐	3.2	1.1	2.2	1.8	2.5	2.1	2.2
传统制造业	8.9	11.3	12.6	15.6	11.9	10.1	7.7
农林牧渔业	0.5	9.4	1.2	2.6	3.5	4.1	4.1
金融保险业	3.4	3.8	22.1	8.2	15.2	7.8	2.4
批发和零售业	0.0	0.6	1.1	0.0	0.3	0.7	1.2
其他行业	4.0	7.6	8.3	12.7	10.0	15.7	11.2
核应用技术	0.3	0.0	0.0	0.0	0.1	0.0	0.4
房地产业	—	—	—	—	—	—	4.9
建筑业	—	—	—	—	—	—	1.6
交通运输、仓储和邮政业	—	—	—	—	—	—	1.4

（续）

投资行业＼年份	2005 年	2006 年	2007 年	2008 年	2009 年	2010 年	2011 年
其他制造业	—	—	—	—	—	—	8.2
社会服务	—	—	—	—	—	—	0.7
水电煤气	—	—	—	—	—	—	0.1

数据来源：中国创业风险投资发展报告 2012。

表 9-9　中国创业风险投资业投资项目的前十大行业分布（2010—2011）

单位：%

行业划分（代码）＼年度			2011 年		2010 年	
			投资金额	投资项目	投资金额	投资项目
C9	新能源和环保业	新能源与高效节能技术 新材料工业 环保工程 核应用技术	17.9	19.2	20.9	21.2
I	信息传输、软件和信息服务业	网络产业 IT 服务业 软件产业 其他 IT 产业	9.0	13.2	10.1	18.3
C7	计算机、通信和其他电子设备制造业	通信设备 计算机硬件产业 半导体 光电子与光机电一体化	8.2	10.8	7.5	12.4
O	其他行业		11.2	8.4	15.7	11.7
C12	其他制造业		8.2	8.3	—	—
CA	传统制造业		7.7	8.0	10.1	7.3
C8	医药生物业	医药保健 生物科技	7.7	7.7	9.2	11.4
H	消费产品和服务业（住宿和餐饮业）		9.4	7.2	7.1	4.1
A	农林牧渔业		4.1	4.8	4.1	3.2
L	传播与文化娱乐业（文化及体育和娱乐业）		2.2	2.4	2.1	1.9

数据来源：中国创业风险投资发展报告 2012。

2011 年的调查显示，2011 年外资创投机构投资项目主要分布在 24 个行业领域，行业分布集中度呈一定的持续下降趋势：从投资金额来看，前 5 大行业所占比重为 51.5%，远低于 2009 年、2010 年的 75.9%和 68.4%；从投资项目数量来看，前 5 大行业所占重为 45.7%，较 2010 年也下降了 5.9 个百分点。

2005—2011 年中国创业风险投资的退出方式分布（见表 9-10）。2011 年影响创业风险投资发展的主要困难（见表 9-11）。

表 9-10 中国创业风险投资的退出方式分布（2005—2011）

单位：%

年份 \ 退出方式	上市	并购	回购	清算	其他
2005 年	11.9	44.4	33.3	10.4	0.0
2006 年	12.7	28.4	30.4	7.8	20.6
2007 年	24.2	29.0	27.4	5.6	13.7
2008 年	22.7	23.2	34.8	9.2	10.1
2009 年	25.3	33.0	35.3	6.3	0.0
2010 年	29.8	28.6	32.8	6.9	1.9
2011 年	29.4	30.0	32.3	3.2	5.1

数据来源：中国创业风险投资发展报告 2012。

表 9-11 影响创业风险投资发展的主要困难（2011）

原　因	占　比	原　因	占　比
多层次资本市场不完善	30.8%	企业管理水平	11.6%
政策不明朗	17.1%	缺乏创业投资行业法律法规	16.9%
创业投资人员的素质低	9.3%	其他	0.8%
缺乏好项目	13.4%		

数据来源：中国创业风险投资发展报告 2012。

八、保险投资

保险投资指保险企业在组织经济补偿过程中，将积聚的各种保险资金加以运用，使资金增值的活动。在中国，保险公司的资金运用必须稳健，遵循安全性原则，并保证资产的保值增值。

2010 年 9 月，中国保监会发布《保险资金投资股权暂行办法》（保监发［2010］79 号），标志着保险资金进入股权投资市场的通道打开。

截至 2012 年年末，保险业资金运用余额 6.85 万亿元，同比增长 24%。其中，银行存款 2.34 万亿元，占比 34.2%；债券投资 3.05 万亿元，占比 44.6%；股票（股权）投资 6 606亿元，占比 9.6%；证券投资基金3 626 亿元，占比 5.3%。资金运用收益 2 085 亿元。

2012 年，为进一步提高保险资金运用效率，保监会连续发布了资产配置、委托投资管理、债券投资、股权及不动产投资、基础设施债权计划投资、境外投资、金融衍生产品投资、股指期货交易、类证券化金融产品投资、保险资产管理公司等十余项新规，在投资范围和资金托管机构等方面实现了较大突破。(1) 增加投资品种，允许投向类证券化金融产品和股指期货交易等，并将债券投资品种扩大至现有市场公开发行的所有债券。(2) 提高投资上限，投资上市企业股权、不动产的上限分别由5%、10%提高至10%和20%。(3) 降低投资门槛，保险公司投资无担保非金融企业（公司）债、未上市企业股权和不动产时，上季末偿付能力充足率下限均由150%下调至120%。(4) 放宽境外投资，允许保险资金投资25个发达经济体和20个新兴市场国家的股票、股权、不动产。(5) 拓宽保险资产管理公司业务范围，允许其受托管理养老金、企业年金、住房公积金等。(6) 开放投资管理市场，建立市场化竞争机制，引入证券公司和基金公司等交易对手。

保险资金投资范围规定投资项目（见表9-12）。

表9-12 保险资金投资范围规定投资项目

投资项目	现行规定	原规定
存款、政府债、央行票据、政策性银行债券和货币市场基金	同原规定	合计不低于上季末总资产的5%
债券	分为政府债券、准政府债券和企业（公司）债券	分为政府债券、金融债券和企业（公司）债券
政府债券	自主确定投资总额；中央银行票据比照此类规定	自主确定投资总额
准政府债券	自主确定投资总额；政策性银行发行的金融债券和次级债券比照此类规定	无此分类
金融债券	无此分类	可投资中央银行票据、政策性银行发行的金融债券和次级债券等，并可自主确定投资总额
企业（公司）债券	商业银行及保险公司可转换债券和混合资本债券纳入投资范围；金融企业（公司）债券和有担保的非金融企业（公司）债券，可自主确定投资总额；无担保非金融企业（公司）债券投资余额不超过上季末总资产的50%	有担保的企业（公司）类债券，可自主确定投资总额；无担保企业（公司）债券和非金融企业债务融资工具的账面余额，合计不高于上季末总资产的20%
股票和证券投资基金	同原规定	合计不超过总资产的25%
股票和股票型基金		合计不超过总资产的20%
投资基金		不超过总资产的15%
境外投资	明确境外投资范围为25个发达国家和20个新兴市场国家；不超过上年年末总资产的15%，投资新兴市场余额不超过上年年末总资产的10%	不超过上年年末总资产的15%，可投资港股主板市场
未上市企业股权投资	未上市企业股权、股权投资基金账面余额两项合计不高于上季末总资产的10%	不高于上季末总资产的5%
不动产	投资非自用性不动产、基础设施债权投资计划及不动产相关金融产品账面余额合计不高于上季末总资产的20%	不高于上季末总资产的10%
非自用性不动产	不高于总资产的15%	
基础设施债权投资计划和不动产相关金融产品	合计不高于本公司上季末总资产的20%	

（续）

投资项目	现行规定	原规定
基础设施债权投资计划	对发债主体和偿债主体无级别限制；投资比例上限同原规定	要求发债主体、偿债主体均为中央级：不超过上季末总资产的10%
理财产品等类证券化金融产品	投资理财产品、信贷资产支持证券、集合资金信托计划、专项资产管理计划和项目资产支持计划的账面余额，合计不高于上季末总资产的30%；投资基础设施投资计划和不动产投资计划的账面余额，合计不高于上季度末总资产的20%	无
金融衍生产品	境内衍生品交易，仅限于对冲或规避风险，不得用于投机目的	无
股指期货交易	保险机构在任何交易日日终，持有的买入股指期货合约价值，与股票及股票型基金资产的账面价值，合计不超过总资产的20%	无

数据来源：根据相关政策整理。

第十部分

资产管理

一、基本情况

中国传统的资产管理公司一般是指四大资产管理公司，国有的资产管理公司设立的功能是处置四大国有银行的不良信贷资产，随着四大银行的不良信贷资产处置接近完成，四大资产管理公司也在寻找新的业务，其业务特征包括：产业服务的广泛化和金融资源的多元化，一方面国有的资产管理公司均在努力实现金融工具和金融资源的多样化，一方面对外业务瞄准特定的产业和特定的区域。

随着大型商业银行不良资产清理工作的基本完成和金融体系不良资产的逐步减少，四家金融资产管理公司面临着转型和发展的新任务。2010 年以来，信达资产管理公司和华融资产管理公司先后启动改革试点，明确以建立健全现代金融企业制度为目标，继续以不良资产处置为主业，开展有市场需求的金融服务业务。目前，两家公司已经挂牌成立股份有限公司，公司治理和运行机制进一步完善，风险管理和内控机制建设显著加强，商业化改革的效果逐步显现。

中国华融资产管理股份有限公司在 2012 年完成了股份制改造，其资产管理业务也向汽车、能源、有色金属、基础设施、战略性新兴产业、现代服务业、现代制造业和文化产业等行业发展。中国信达资产管理股份有限公司在 2012 年成功引入全国社会保障基金理事会、瑞士联合银行集团、中信资本金融控股有限公司等四家战略投资者，其产业金融服务能力进一步提升。

随着中国许多产业的转型与升级，也使在资产管理领域也出现了许多特定的需求，有些需求的业务不是传统的国有资产管理公司所能够完成的，因此社会上也出现了不同类型的多元化的资产管理机构，比如中国人保资产管理股份有限公司、国泰君安证券资产管理有限公司和上海理成资产管理有限公司等，这些资产管理机构针对特定的产业提出特定的资产管理方案。

中国信达资产管理股份有限公司于 2012 年 3 月引入全国社会保障基金理事会、瑞银联合集团集团、中信资本、渣打银行 4 家战略投资者，金额达 103.7 亿元。

各类金融机构资管业务范围变化（见表 10-1）。

各类金融产品渠道变化情况（见表10-2）。

瑞银集团业务收入结构（见表 10-3）。

实体企业集团在综合金融领域的探索（见表 10-4）。

中资保险资产管理公司情况（见表 10-5）。

金融机构资管业务基本情况（见表 10-6）。

表 10-1 各类金融机构资管业务范围变化

机构类别	新的业务范围变化	冲击影响
银行	8 号文限制理财产品投资非标资产的规模 城商行可以设立基金公司	对信托公司资金来源产生负面影响；基金牌照贬值

（续）

机构类别	新的业务范围变化	冲击影响
券商	开展集合和定向资产管理计划 获得公募基金牌照；开展基金托管业务 受托管理险资	基金牌照进一步贬值，与信托展开直接竞争
保险	拓宽险资投资范围到信托受益权、银行理财等 可设立保险债权计划等多种资管计划 可开展公募基金业务	基金牌照进一步贬值，与信托展开资金合作和项目合作
公募基金	受托管理险资 设立子公司专项计划进行另类投资	受到券商、险资和私募的进入威胁。基金子公司争夺信托项目资源和通道业务，成为基金公司重要利润来源
信托	无变化	与券商和基金子公司竞争为主，合作为辅；与险资以合作为主
私募基金	开展公募基金业务	争夺公募基金资源

数据来源：中国资产管理行业发展报告。

表 10-2　各类金融产品渠道变化情况

产品类别	传统渠道	新增渠道
银行理财	银行	券商
集合资金信托	银行、第三方销售、信托公司直销	险资、券商资管
券商集合资产管理计划	银行、券商	无变化
保险投资计划	保险、银行	券商
公募基金	银行、券商、基金直销	互联网电商平台、险资

数据来源：中国资产管理行业发展报告。

表 10-3　瑞银集团业务收入结构

单位：百万瑞士法郎

	2012 年 12 月 31 日	2011 年 12 月 31 日	2010 年 12 月 31 日
财富管理	3 993	4 025	3 650
投资银行	4 872	4 010	6 847
资产管理	12	8	22
零售业务和公司业务	2 467	2 661	2 670
企业中心	−1 870	465	497
合计（净利息或交易收入）	9 474	11 169	13 686

数据来源：根据瑞银集团年报整理。

表 10-4　实体企业集团在综合金融领域的探索

机构名称	银行业务	证券公司/投资银行	保险公司	信托公司	期货业务	基金公司	资产管理公司	投资公司	其他
中信集团	中信银行，中信银行国际	中信证券	信诚人寿	中信信托	中信新际期货	信诚基金 华夏基金	中信国际资管中信锦绣资管	中信资本	

（续）

机构名称	银行业务	证券公司/投资银行	保险公司	信托公司	期货业务	基金公司	资产管理公司	投资公司	其他
招商局集团	招商银行	招商证券	招商局保险、海达保险			招商基金 博时基金		招商局中国基金招商局资本	
平安集团	平安银行	平安证券	平安人寿、平安财险等	平安信托	平安期货	平安大华基金	平安资产管理（香港）	平安罗素投资管理有限公司	陆金所
光大集团	光大银行	光大证券 申银万国	光大永明人寿		光大期货	光大保德信基金公司	光大金控资产管理公司	光大投资管理公司	光大金融租赁公司

数据来源：中国资产管理行业发展报告。

表 10-5　中资保险资产管理公司情况

保险资产公司管理	获批时间	股东情况	注册资金/亿元	受托资产管理总规模/亿元	是否基金业协会会员
人寿资产管理	2003 年	由中国人寿保险（集团）和中国人寿保险股份有限公司共同出资设立	30	超 15 000	是
人保资产管理	2003 年	由中国人保集团发起设立	8	超 3 000	是
平安资产管理	2005 年	由中国平安发起设立	5	超 8 000	是
太平洋资产管理	2006 年	由中国太保发起设立	5	超 5 000	是
中再资产管理	2005 年	由中再集团和瑞士再保资产管理共同发起设立	2	超 800	是
新华资产管理	2006 年	由新华保险集团发起设立	1	集团投资资产为 3 740	是
泰康资产管理	2002 年	由泰康人寿发起设立	10	超 3 800	是
华泰资产管理	2005 年	由华泰保险发起设立	3	超 900	是
太平资产管理	2006 年	由中国太平保险集团发起设立	1	超 1 300	是
生命资产管理	2010 年	生命人寿和深圳市国利投资共同发起设立	1	超 500	
光大永明资产管理	2011 年 9 月	光大永明人寿与中国光大（集团）总公司共同发起设立	1	超 160	是
合众资产管理	2011 年 11 月	合众人寿与中发实业共同发起设立，中发实业系合众人寿股东	1	—	是
安邦资产管理	2011 年 4 月	安邦财产和安邦人寿共同设立	3	—	是
阳光资产管理	2012 年 6 月	由阳光保险集团、阳光财产、阳光人寿、标准（北京）保险经纪有限公司共同发起设立	1	—	是
民生资产管理	2012 年 6 月	民生人寿独家出资设立	1	—	是

资料来源：保监会及各家公司网站。

表 10-6 金融机构资管业务基本情况

	银行	基金	证券	信托	保险
数量/家	—	77	114	67	120
资管规模/万亿	132.6	3.6	1.89	7.47	7.35
净资产/亿	86 000	130.02（注册资本）	6 943	232	—
杠杆倍数	15.4	276.88	2.72	36.76	—
净利润/亿	12 400	—	329.3	331	—
ROE	19.8%	—	4.97%	18%	—

数据来源：中国资产管理行业发展报告。

二、银行系资产管理

1. 中国银行

“中银集富”理财计划、机构客户本外币结构型理财产品、中银新股增值理财计划、中银平稳收益理财计划、中银新兴市场(R)、开放式基金投资业务、中银稳健增长(R)、人民币债券代客现券买卖、记账式国债柜台交易、现金管理、双货币资金管理、利率挂钩“日进斗金”资金管理、汇率挂钩“日进斗金”资金管理、汇率挂钩“汇市争锋”理财产品、信用花园、四季远期。

2. 中国工商银行

安心账户托管、证券投资基金托管、信托财产托管、保险资产托管、QDII 资产托管、产业投资基金和私募股权投资基金托管、证券公司定向资产托管、全国社会保障基金托管、商业银行理财产品托管业务、证券公司集合资产管理计划托管、基本养老保险个人账户基金托管、基金管理公司特定客户资产管理托管、QFLP 资产托管、企业年金基金托管、QFII 资产托管、ESCROW 托管、RQFII 资产托管。

3. 交通银行

证券投资基金托管、全国社保基金资产托管、保险资金托管业务、券商集合/定向资产管理计划托管、企业年金托管、国际托管、信托资金保管、私募股权基金托管、资产证券化类产品托管、基金管理公司特定资产管理计划托管业务。

4. 浦发银行

全面的托管业务资格。获准证券投资基金、证券公司受托理财业务、资金信托计划、投资连接保险、中比产业投资基金、全国社保基金、基本养老个人账户基金等多项资产托管业务资格。

5. 兴业银行

证券公司定向资产管理托管业务、非金融机构支付服务备付金托管业务、产业投资基金托管业务、保险资金托管业务、商业银行理财产品托管业务、证券公司集合资产托管业务、基金公司特定客户资产管理托管业务、证券投资基金托管业务、有限合伙企业托管业务、信托资金托管业务。

6. 中国民生银行

证券投资基金托管、券商集合理财产品托管、集合资金信托计划财产、QDII 托管、全国社会保障基金托管、企业年金托管、保险资金托管、QFII 托管。

7. 中信银行

证券投资基金/证券公司管理资产托管、信托资金保管、股权投资基金（PE）托管、商业银行理财产品托管、保险资金托管、QDII、QFII 托管、第三方交易资金托管、养老金业务、企业年金。

三、证券系资产管理

1. 中信证券资产管理部

委托中信证券进行资产管理的客户涉及大型企业集团财务公司、企业年金组织、钢铁、汽车、机场、航空运输、铁路交通、石油化工、水利工程、电力、进出口贸易、金融投资等诸多行业，多数客户为行业内知名企事业单位。1998—2000 年，公司连续 3 年为委托人创造 18%的年度平均收益率；2001 年受托合同规模为 107 亿元。2001 年、2002 年在证券市场大幅下跌的不利条件下，仍为委托人分别创造出 8%、3.85%的年度平均收益率。2003 年，累计日均受托规模为 42.7 亿元，为委托人创造的年度平均收益率为 4.05%。

2. 海通证券资产管理有限公司

海通资产管理经营范围为证券资产管理业务，包括：定向业务、集合业务、专项业务、QDII 业务和创新业务。2006 年发行首只集合理财产品，2008 年获得合格境内机构投资者从事境外证券投资管理业务资格。2012 年 9 月，首批获得保险资金受托投资管理人资质。

经过多年积淀，海通证券资产管理有限公司在权益类投资、固定收益、量化投资、市值管理、资产证券化、融资业务等方面形成了全产品链。

3. 广发证券资产管理部

国内首批获得资产管理业务资格的证券公司，国内首个成立的集合资产管理计划“广发集合资产管理计划（2 号)”的管理人，资产管理业务包括：集合产品、定向产品、专项产品、金快线、阳光私募。

4. 国泰君安证券资产管理公司

国泰君安证券自 1993 年起开展客户资产管理业务，是国内最早开展资产管理业务的证券公司。早在2003年起展开低风险套利的投资实践，是国内最早从事ETF、权证等金融衍生品领域套利投资的证券公司之一。2005年，成为首批获准开展集合资产管理业务的证券公司。2010年，成立国泰君安证券资产管理有限公司。2012年，获得保险资金委托投资。

国泰君安证券资产管理公司管理的客户资产规模保持券商资产管理行业的领先地位。公司的产品数量和种类均在全行业处于第一名。截至2012年年底，公司管理的客户资产规模超过2 000亿元。

5. 国信证券资产管理总部

国信证券资产管理总部于2001年成立，统一管理公司客户资产管理业务。2002年6月，经中国证监会核准，国信证券成为首批具有从事受托投资管理业务资格的全国性综合类券商之一。目前国信资产管理业务相关人员超过150人，其中资产管理总部40多人，包括投资管理团队、产品设计团队、营销团队、客户服务团队和QDII团队等，分别负责客户委托资产的投资、研究、产品设计、销售、客服以及QDII产品的设计及投资管理工作，其中投资研究团队包括近二十名各行业资深分析师，且有多名来自海外的投资专家。

6. 华泰证券资产管理总部

华泰证券是中国证监会首批批准的综合类券商，是全国最早获得创新试点资格的券商之一，已基本形成集证券、基金、期货、直接投资和海外业务等为一体的、国际化的证券控股集团架构。华泰证券资产管理总部是华泰证券设立的负责对客户委托的资产进行投资管理、实现客户资产保值和增值的专门业务部门。2012年产品投资业绩在业内处于较高水平。

华泰证券拥有包括集合资产管理、定向资产管理和专项资产管理在内的全面的服务范围，并陆续推出了华泰紫金1号（债券型）、华泰紫金2号（基金精选型）、华泰紫金3号（股票型）、华泰紫金鼎（创新型）、华泰紫金优债精选（债券型）、华泰紫金现金管家（现金管理型）和华泰紫金策略优选（混合型）、华泰紫金智富（高端专属股票型）、华泰紫金周期轮动（主题股票型）、华泰紫金龙大中华（股票型QDII）、华泰紫金新兴产业（主题股票型）集合资产管理计划。

7. 银河证券资产管理总部

资产管理总部是专门负责公司客户资产管理业务的职能部门。公司对受托资产管理业务统一管理。资产管理业务遵循公平、公正、诚实守信、勤勉尽责、避免利益冲突的原则，为客户提供定向资产管理、集合资产管理、市值管理、投资顾问等多样化、专业化、个性化的资产管理服务，满足不同客户的需要，达到客户资产保值增值的目的。

为满足资产管理业务的需要，公司建立了科学的组织架构。为保证资产管理业务投资决策的科学化、合理化，确保投资管理的规范性、有序性和高效性，设立资产管理投资决策委员会。资产管理业务实行资产管理投资决策委员会领导下的投资经理负责制。同时，为规范资产管理业务行为，防范资产管理业务风险，设立风险控制小组，建立和完善资产管理投资和风险控制信息系统，建立受托资产投资运作的实时风险控制。

8. 中信建投证券资产管理部

中信建投证券资产管理部可以根据客户委托资产的类型及客户本人对风险、收益以及流动性的不同要求，设计出符合客户需要的个性化理财方案。主要从事集合资产管理和定向资产管理。

9. 上海光大证券资产管理有限公司

上海光大证券资产管理有限公司正式成立于 2012 年 5 月 9 日，前身为原光大证券股份有限公司资产管理总部，是国内上市券商旗下首家资产管理公司，承继了光大证券的客户资产管理业务与资格，公司注册资本 2 亿元，净资本 9 亿元，由光大证券全资控股。

光大阳光资产管理团队建立了完善的组织架构和严谨的投资研究体系，以稳健的投资风格，致力于为客户获得中长期稳定的收益，实现客户资产的保值增值。主要业务包括：集合理财、定向理财和专项理财。

10. 招商证券资产管理总部

资产管理总部承担公司客户资产管理业务理财产品的开发、设计申报、营销、投资管理、渠道合作及客户服务、风险控制、绩效评估等职能。资产管理总部下设三个公司一级职能部门，分别为理财发展部、投资管理部和理财运营部。理财发展部负责理财产品开发、渠道建设及产品营销、定向理财业务、营销策划与综合服务；投资管理部负责资产管理市场及投资品种研究、投资及交易；理财运营部负责资产管理业务的风险控制、绩效评估、客户服务、合规管理、IT 规划、行政预算综合服务。

11. 海通资产管理

业务包括：定向资产管理业务、集合资产管理业务、专项资产管理业务、QDII 业务、资产证券化业务、银行代销业务、银行委托业务、信贷资产证券化、保险受托投资管理。

四、保险系资产管理

保监会 2012 年 9 月 26 日发布公告，9 家机构获准管理保险资金，其中博时基金、大成基金、华安基金、海富通基金、华泰柏瑞基金、嘉实基金、诺安基金 7 家公司入选。接受《经济参考报》记者采访的专家认为，虽然上述各方以及市场能在其中获得多大程度的利好仍不得而知，但这确实意味着过去条块分割的资产管理行业正在被全面打通。

根据保监会此前公布的《保险资金委托投资管理暂行办法》，允许保险资金委托证券公司和基金公司进行投资管理，具体包括定向资产管理、专项资产管理或者特定客户资产管理等投资业务，委托投资范围，主要是资本市场的债券、股票和基金等有价证券。

根据保监会要求，受委托的券商和券商资产管理公司要满足相应条件：取得客户资产管理业务资格三年以上；最近一年客户资产管理业务管理资产余额（含全国社保基金和企业年金）不低于100亿元，或者集合资产管理业务受托资金余额不低于50亿元。

金融时报资讯，相对于信托、券商资管、银行理财等资产规模的高增速，保险资产规模近几年增速仅20%左右。保险投资新政放开保险资金投资范围并且重新试点保险资管产品将有利于保险资管在市场中拓宽资产累积来源。保险资管公司有望在规模快速增长的资产管理市场上获得自身的地位。

目前中国保险行业的资产规模主要来源于保费收入。近年来，受银行理财产品夹击、银保新政、个险渠道遭遇瓶颈等多重因素的影响，保费收入增速下滑明显，加之资本市场表现低迷，中国保险业总资产规模及投资资产规模增速出现了较大的下滑，从此前几年35%～40%的增速迅速下滑至20%左右。

就在保险业资产规模增速放缓的同时，其他资管产品的规模却在高速增长。2012年，券商资管理财产品的发行及投资范围进一步放宽，加速了资管规模的扩张。据统计，截至2012年年末，券商受托管理资金本金总额为1.89万亿元，而2011年年末资金总额为2 818.7亿元。基金方面，2012年新成立基金公司8家，截至2012年年末，整个基金行业资产管理规模达到了2.8万亿元，同比增长了29%。与此同时，信托因灵活的产品设计及多样化的资金运用不断迎合社会需求，从而取得了长足的发展，近六年复合增速达70%，2012年资产规模已超7万亿元。银行理财伴随着银行揽储压力而生，同时也为银行增加中间业务收入，从而逐渐成为战略重点，规模在近年来取得爆发式增长，近六年复合增速高达80%。

截至2010年年末，国内资产管理规模在21万亿元左右，五年的复合增速达30.5%，近两年按照20%的增速测算，2012年年末，国内资产管理规模将达到30万亿元。静态来看，国际上保险资管占到整体资管规模的30%左右（对应资产规模9万亿元），保险资管管理资金的增量可达2万亿元左右，按照0.4%计算盈利规模的话可达80亿元。目前，占保费收入65%左右的四家上市险企的盈利水平在550亿元左右。

1. 中国人寿资产管理有限公司

中国人寿资产管理有限公司由中国人寿保险（集团）公司和中国人寿保险股份有限公司共同出资设立，是国内首批保险资产专业管理机构，管理资产规模超过1万亿元，业务涵盖固定收益类投资、权益类投资、项目投资及国际业务。

2. 平安资产管理有限责任公司

平安资产管理有限责任公司，为中国平安保险（集团）股份有限公司旗下成员，成立于2005年5月，注册资本金人民币5亿元，公司位于中国的现代化金融中心——上海浦东，前身为1997年成立的中国平安保险股份有限公司投资管理中心。

2005年，中国平安集团获批了17.5亿美元额度的自有外汇资金，通过平安资产管理公司开始境外投资。2006年，在香港成立的中国平安资产管理（香港）有限公司获得了保监会的批准，这意味着，中国平安集团的全球性投资平台已初步搭建完毕，为实现投资管理的全球资产配置迈出了关键的一步。

3. 太平洋资产管理有限责任公司

太平洋资产管理有限责任公司由中国太平洋保险（集团）股份有限公司控股，于2006年6月成立，注册资本为5亿元。

公司经营范围为：管理运用自有资金及保险资金；委托资金管理业务；与资金管理业务相关的咨询业务；国家法律法规允许的其他资产管理业务。业务内容：公司目前所管理资产的范围、公司的第三方资产委托管理业务情况。

4. 新华资产管理股份有限公司

新华资产管理股份有限公司是2006年5月经过中国保险监督管理委员会批准、7月3日正式挂牌成立的专业资产管理公司，其前身为新华人寿保险股份有限公司投资管理中心。公司注册资本1亿元，由六家股东组建而成，其中新华人寿保险股份有限公司为控股股东，拥有95%股份。新华资产管理股份有限公司的成立，标志着新华保险在建立保险业、金融服务业、保险关联产业三大产业集群的过程中迈出了重要一步。公司目前主要从事保险资产管理。根据中国保监会相关法规，投资于固定收益产品、权益投资产品、基础设施及外汇投资等领域。

5. 中国人保资产管理股份有限公司

中国人保资产管理股份有限公司（简称“人保资产”）成立于2003年7月16日，是经国务院同意、中国保监会批准，由中国人民保险集团股份有限公司发起设立的境内第一家保险资产管理公司。目前，人保资产管理资金超过4 000亿元，具备保险资金、年金等受托资产管理资质和投资理财产品发行资格，并积极筹备开展公募资产管理业务，是中国资本市场秉持价值投资理念、为客户创造绝对收益的重要机构投资者之一。

公司于2006年成功改制，成为首家外资参股的保险资产管理股份有限公司，股东现为中国人民保险集团股份有限公司（PICC）和德国慕尼黑再保险资产管理公司（MEAG）。通过PICC与MEAG多年来合作开展的技术交流项目，公司既继承了PICC丰富的资源优势，又引进了MEAG先进的资产管理经验，构建了具有人保资产特色的投资价值链管理模式。

6. 中再资产管理股份有限公司

中再资产管理股份有限公司成立于2005年2月，公司设在北京，注册资本2亿元。中再资产是中国再保险（集团）股份有限公司旗下专业的保险资产管理公司。中再资产是全国首批成立并运营的四家保险资产管理公司之一，是中国首家中外合资的股份制保险资产管理公司。

公司拥有沪深两个证券交易所的交易席位，可直接从事股票、基金和债券交易；作为全国银行间债券市场的乙类成员，可直接从事银行间市场债券交易；拥有中国外汇交易中心的业务资格，可直接从事外汇拆借与买卖业务。

业务范围：管理运用自有资金及保险资金；受托资金管理业务；与资金管理业务相关的咨询业务以及国家法律、法规允许的其他资产管理业务。

保险资金投资各金融产品的相关规定（见表10-7）。

表 10-7 保险资金投资各金融产品的相关规定

类　别	单一投资比例限制	合计投资比例限制
理财产品	投资单一产品的金额不高于该产品发行规模的 20%	投资理财产品、信贷资产支持证券、集合资金信托计划、专项资产管理计划和项目资产支持计划账面余额合计不高于该保险公司上季度末总资产的 30% 投资基础设施投资计划和不动产投资计划账面余额，合计不高于该保险公司上季度末总资产的 20%
信贷资产支持证券		
集合资金信托计划		
专项资产管理计划		
基础设施投资计划	投资单一的金额不高于该计划发行规模的 50%	
不动产投资计划		
项目资产支持计划		

数据来源：《关于保险资金投资有关金融产品的通知（保监发［2012］91 号）》。

五、国资系资产管理

1. 中国信达资产管理股份有限公司

经国务院批准，由财政部独家发起，中国信达资产管理股份有限公司于 2010 年 6 月 29 日在北京成立。2012 年，中国信达资产管理股份有限公司引入全国社会保障基金理事会、UBSAG、中信资本控股有限公司（通过其全资附属机构中信资本金融控股有限公司持股）和 Standard Chartered Bank（通过其全资附属机构 Standard Chartered Financial Holdings 持股）四家战略投资者，公司注册资本为 30 140 024 035 元，四家战略投资者合计持有公司 16.54%股份。公司性质为非银行金融机构。经核准，中国信达资产管理股份有限公司的经营范围为：收购、受托经营金融机构和非金融机构不良资产，对不良资产进行管理、投资和处置；债权转股权，对股权资产进行管理、投资和处置；破产管理；对外投资；买卖有价证券；发行金融债券、同业拆借和向其他金融机构进行商业融资；经批准的资产证券化业务、金融机构托管和关闭清算业务；财务、投资、法律及风险管理咨询和顾问；资产及项目评估；国务院银行业监督管理机构批准的其他业务。

2. 中国华融资产管理股份有限公司

2012 年，经国务院批准，中国华融资产管理股份有限公司正式挂牌成立，标志着中国华融由政策性金融机构转变为市场化的金融机构，中国华融从此迈入第二次创业新征程。

中国华融是经国务院批准，由财政部、中国人寿保险（集团）公司发起设立的非银行金融机构。公司前身为创立于 1999 年的中国华融资产管理公司。公司总部设在北京，全国设有 32 家分支机构，旗下拥有华融湘江银行、华融证券、华融信托、华融租赁、融德资产、华融渝富、华融期货、华融置业、华融致远投资、华融汇通资产 10 家子公司，服务网络遍及30个省、自治区（直辖市），可以为客户提供资产经营管理、银行、证券、金融租赁、信托、投资、基金、期货、置业等全牌照、多功能、一揽子综合金融服务。截至2011年年底，公司总资产达2 185亿元，净资本收益率达12.58%。

2009年以来，中国华融利润已连续三年翻番，三年半累计实现利润112.7亿元，2011年利润首次突破50亿元大关，实现了超常规、跨越式发展。

3. 中国东方资产管理公司

中国东方资产管理公司成立于1999年，是经国务院及中国人民银行批准设立，具有独立法人资格的国有独资金融企业。公司注册资本人民币100亿元，由财政部全额拨入。

公司成立之初，以保全国有资产、防范和化解金融风险、促进国企改革为使命，开展了不良资产管理与处置、政策性债转股和风险金融机构托管业务。公司现已累计收购并管理各类银行业不良资产7 100余亿元，回收现金1 350亿元，对166家国有企业实施了政策性债转股，转股金额253亿元，对闽发证券、庆泰信托、泛亚信托等风险机构实施了托管清算，在维护社会信用体系、优化金融资源配置方面发挥了重要作用。

近年来，东方资产在主管、监管部门推动下开始商业化转型，从单一处置银行不良资产的政策性金融机构，成功转型为自主经营、自负盈亏和可持续发展的商业化综合金融服务集团，旗下拥有保险、证券、信托、租赁、信用评级和资产管理等多种金融服务业态，能为客户提供各种金融服务。2012年，集团拨备前净利润突破了60亿元，集团总资产超过了2 100亿元，净资产达到301亿元。

公司在全国26个中心城市设有25家办事处和1家经营部，在境内外控股和持股公司包括中华联合保险控股股份有限公司、东兴证券股份有限公司、大业信托有限责任公司、中国外贸金融租赁有限公司、邦信资产管理有限公司、东银发展（控股）有限公司、中国东方资产管理（国际）控股有限公司、东方金诚国际信用评估有限公司、邦信惠融投资控股股份有限公司。业务涉及不良资产收购与处置、投资银行、融资服务、权益类投资、私募股权投资、实业投资、信用增级、财务顾问等领域，形成了为客户提供全面金融解决方案的能力。

4. 中国长城资产管理公司

中国长城资产管理公司是经国务院批准设立的国有独资金融企业，于1999年10月18日正式挂牌成立，注册资本金100亿元。集团总部设在北京；目前在全国4个直辖市、除青海、宁夏、西藏之外的24个省会城市和深圳、大连2个计划单列市设有30家办事处；辖属金融业务类（长城金融租赁、长生人寿保险、长城新盛信托），中间业务类（长城融资担保、天津金融资产交易所、长城金桥咨询），辅助业务类（长城国富置业、长城环亚国际、长城国融投资、长城宁夏资产）共三大类、10家平台公司。

作为中国四大金融资产管理公司之一，长城公司成立之初的主要任务是收购、管理和处置国有银行剥离的不良资产。自成立以来，先后收购、管理和处置了中国农业银行、中国工商银行、中国银行和其他各类商业银行剥离的不良资产7 000多亿元。

围绕资产经营管理核心业务，从传统的

“收购处置银行不良贷款”，拓展到了对国有及国有控股商业银行、政策性银行、信托投资公司、财务公司、城市信用社、农村信用社等各类金融企业及关联实体企业所拥有的不良资产进行综合开发和经营。

围绕重点服务中小企业，借助专业化的资产管理技术、多元化的金融服务平台和多种综合金融服务手段，打造了以“融资增信、融资担保、融资租赁、融资咨询、股权融资”五大业务为支柱的综合金融服务体系。

六、信托系资产管理

交银国际信托具体包括但不限于以下业务类别：固定收益投资产品、私募股权投资（PE）、基金优选投资（FOF）、证券组合投资等。

在财富管理方面，交银国际信托不仅为客户提供以上单项投资服务，还可以充分利用信托公司在所有金融机构中唯一能够覆盖资本市场、实业市场、资金市场三大领域投资的市场准入优势，向客户提供联结三大市场领域的投资组合财富管理服务。

交银国际信托具备卓越的投资管理能力，为客户提供覆盖全球范围的、多领域的财富保值增值服务。交银国际信托既可直接为委托人（投资人）提供主动投资管理式的财富管理服务；也可以独立受托人地位，为委托人（投资人）提供 MOM 财富管理服务（即投资管理人的管理人模式，指交银国际信托利用其受托地位，以专业的遴选和监督投资管理人能力，选择全球最合适委托人要求的投资管理机构，共同为客户提供财富管理服务）。

平安信托有限责任公司是中国平安保险（集团）股份有限公司投资控股的独立法人机构；是国内第一批获准重新登记的 38 家信托投资公司之一；注册资本达 69.88 亿元，是目前国内注册资本最大的信托公司，被银监会评定为首批 A 类信托公司。

平安信托倾力打造的平安信托-资产管理系列之“静/恒，远”已成功上市。通过“核心一卫星”资产配置理念，运用多元基金经理管理模式，平安信托将平台上多元化产品有效地融入投资者的资产配置中。该系列产品将不再局限于单一的投资标的，实现横跨多个投资领域，满足投资者不同的投资需求和风险偏好，为投资者提供全新的投资体验。

中国对外经济贸易信托有限公司 1987 年 9 月 30 日在北京成立，是中国中化集团公司旗下从事信托业务的公司，是少数几家受中国银行业监督管理委员会直接监管的中央级信托公司之一。外贸信托注册资本为 22 亿元人民币，公司股东分别是中国中化股份有限公司和中化集团财务有限责任公司。

公司业务涉及银信合作、证券投资信托、政信合作、房地产信托、矿产能源信托、基础设施信托、定向增发信托、消费信贷信托、工商企业信托等多个领域。

中融国际信托有限公司成立于 1987 年，前身为哈尔滨国际信托投资公司。2002 年 5 月重新登记并获准更名为“中融国际信托投资有限公司”。2007 年 7 月，公司取得新的金融许可证，更名为“中融国际信托有限公司”。截至 2012 年年末，公司资产规模合计超过 3 000 亿元。

公司的信托业务主要有：证券投资信托、房地产信托、基础设施投融资业务、股权收益权信托、私募股权投资信托、矿产能源类信托、另类创新业务。中融国际信托有限公司也与银行合作，推出银信合作产品。

第十一部分

产业保险

一、基本情况

2012年，中国保险业持续稳定增长，财险保费增速快于人身险。2012年前三季度，中国保险业共实现原保费收入12 076亿元，同比增加7.3%，保险业继续保持继续稳定增长趋势。其中，财产险原保费收入3 992亿元，同比增加14.88%，继续保持2011年以来的调整趋势。在信用保险方面，据中国出口信用保险公司的最新数据显示，2012年，中国出口信用保险和海外投资保险承保金额达到3 182.3亿美元。其中，出口信用保险承保金额增长35.8%，支持出口2 936.5亿美元，占中国出口总额的14.3%，大幅高于10%的国际平均水平；占中国一般贸易出口总额的比重达到29.7%，比上年提高了6.1个百分点；支持小微企业2.1万家，是上年的2.9倍；全年支持企业获得融资4 251亿元，增长62%；帮助企业追回欠款4亿美元；向企业和银行支付赔款11.8亿美元。

截至2012年年末，保险业总资产达到7.35万亿元，同比增长22.9%，保险机构164家，其中，保险集团和控股公司10家，财产险公司61家，人身险公司68家，再保险公司8家，资产管理公司15家，出口信用保险公司1家，农村保险互助社1家。与2011年相比，保险机构新增12家，其中人身险公司、保险资产管理公司、财产险公司分别增加了6家、4家和2家。

根据保监会最新公布的数据，截至2013年6月底，保险业资金运用余额72 829.27亿元，较年初增长6.25%。其中，银行存款占比32.14%，债券占比44.42%，股票和证券投资占比10.06%，其他投资占比13.38%。

2003年以来，45%～55%的保险资金投向了债券，权益投资10年来平均占比仅为13.17%，而2012年年末银行存款占比为33%，其余资金为另类投资。

截至2012年年末，保险机构累计发售83项基础设施投资计划、11项不动产债权计划，备案金额3 025亿元，平均投资年限7年，平均收益率6.36%。

二、农业保险

2007年以来，中国农业保险6年累计保费收入达848亿元，年均增速达到36%。累计向1.13亿农户支付赔款551亿元。2012年，中国农业保险保费收入达到240.13亿元，同比增长38%，为1.83亿户次农户提供风险保障9 006亿元，相当于2007年的7倍。

承保主要农作物 9.7 亿亩，占全国播种面积的 40%，较 2007 年提高了近 5 倍。2012 年共向 2 818 万户次农户支付赔款 148 亿元，户均 526 元。内蒙古、新疆、江苏、吉林等粮食主产区承保覆盖率超过 50%，黑龙江农垦等地已基本实现了近 100%全覆盖。承保林木 11.22 亿亩，牲畜 6.75 亿头（羽），其中承保能繁母猪 3 276 万头，占全国存栏总量的 70%。农房保险、农机具保险、渔业保险等试点稳步推进。2012 年，农业保险风险保障水平进一步提高，总保险金额达到 9 006 亿元，同比增长 38%。从保险对象和领域看，农业保险逐步从保障主要粮棉油作物、主要畜禽品种等向区域特色品种、经济作物延伸，从主要农业生产产中领域向产前、产后延伸，从生产领域的自然灾害、疫病风险等逐步向流通领域的市场风险、农产品质量风险等延伸。

开发了 450 多个有地方特色的农业保险产品。云南的烤烟、陕西的苹果、江西南丰的蜜橘、北京大兴的西瓜等区域性全国名优特色农产品保险不断涌现，部分地区还创新了价格保险、天气气象指数保险等。

创新银保互动合作模式。如人保财险与陕西省政府联合开办的“银保富”产品，国元农险在安徽的“草莓+信贷”的服务模式，由政府对参保农户给予保费补贴，保险公司对蔬菜、水果等提供保险服务，银行对参加保险的农户优先给予信贷支持，形成了政府财政资金引导，政府、银行、保险公司共同合作、承担风险的模式。

探索创新信贷模式，加大商业性金融支持力度。如山东省枣庄是金融机构开发了规费权、经营收益权、土地收益经营权、水利设施信用联保体等多种产权质押或担保贷款品种。

为推动农业保险发展，建立农业风险分担和保障机制，引导保险机构参与农业保险的市场化运作，促进和培育农业保险市场，中央财政从 2007 年开始实施农业保险保费补贴政策，并不断加大支持力度。目前，中央财政农业保险保费补贴品种已由最初的 5 个增加至 15 个（水稻、玉米、小麦、棉花、油料作物、马铃薯、天然橡胶、青稞、糖料做物、能繁母猪、奶牛、育肥猪、牦牛、藏系羊、森林），基本覆盖了关系国计民生和粮食安全的主要农畜产品，并鼓励地方开展特色险种；保费补贴比例稳步提高；补贴区域也由最初的 6 省逐步扩大至全国，只要符合相关规定，中央财政都将予以补贴。2012 年，中央财政累计拨付农业保险补贴资金 96.84 亿元，带动农业保险提供风险保障约 9 000 亿元，覆盖农户约 1.8 亿户次，为及时恢复农业再生产提供了有力的资金保障，推动了农业保险快速发展。

农业保险是市场经济国家扶持农业发展的通行做法。通过政策性农业保险，可以在世贸组织规则允许的范围内，代替直接补贴对中国农业实施合理有效的保护，减轻加入世贸组织带来的冲击，减少自然灾害对农业生产的影响，稳定农民收入，促进农业和农村经济的发展。在中国，农业保险又是解决“三农”问题的重要组成部分。

2007 年国家财政拨出 10 亿元专项补贴资金，通过地方财政资金的配套，对六省区五大类粮食作物保险予以补贴，积极为农业安全生产提供保障。这项措施有力地改变了农险经营的外部环境，农业保险由此出现了快速发展的良好势头，全国农业保险当年实现保费收入 51.8 亿元。

2008 年，国家稳步扩大政策性农业保险试点范围，加大了对粮食、油料、生猪、奶牛生产的各项政策扶持，支持发展主要粮食作物政策性保险。分析农业政策情况，可以发现，加强农业的基础地位，持续加大支农惠农力度，将是今后一个时期的长期国策，而农业保险作为其中的组成部分，正迎来了发展的大好时机。

中国政策性农业保险保费收入仅为农业产值的 3.2‰，覆盖面积仅占中国耕地面积的 1/4，发展模式还不成熟，对农业生产的保障能力相对有限。

中国政策性农业保险的基本经营模式还是将业务委托给商业性保险公司来做，政府给予一定的补贴。这种运作模式仍处于试点阶段，相对比较粗放。

中国农村地区幅员辽阔，农业生产情况差异大，政策性农业保险经营模式在发展过程中需要继续完善。由政府成立非营利性的政策性农业保险公司，统一进行农业保险的产品设计、管理和经营，建立政府主导和管理、市场化经营的政策性农业保险运作模式。

对重点农产品进行统保。例如，全国范围内对小麦、水稻、棉花、生猪、奶牛等战略性农产品资源进行统保，各级地方政府可在烤烟、林木、茶叶、蔬菜、水产养殖等优势特色产业上开展统保试点。

2007—2012 年，农业保险保费收入由 51 亿元增长到 240 亿元，平均增速 36%；承包主要农作物从 2.3 亿亩扩展到 9.7 亿亩，占中国主要农作物播种面积的 40%；目前中国开办农险区域覆盖全国所有省市，覆盖面从零起步发展到 40%。其次，农业保险对稳定农业生产、促进农民增收起到积极促进作用。2007 年到 2012 年，累计农业保险赔款支付 550 亿元。同时，农业保险财政支持力度不断增强，2007 年中央财政对农业保险实行补贴之后，从 6 个省扩展到全国，品种由 6 种变成 15 种。

三、信用保险

2012 年 1—11 月，中国出口信用保险公司实现承保金额 3 072.2 亿美元，增长 35%，其中，短期出口信用保险实现承保金额 2 480.7亿美元，增长 33.3%，累计服务支持小微企业 1.8 万家，是上年的 2.6 倍；中长期出口信用保险实现承保金额 114.8 亿美元，增长 54.5%；海外投资保险实现承保金额 226.8 亿美元，增长 54.1%。自 2012 年以来，中国出口信用保险公司还向企业和银行支付保险赔款 9.5 亿美元，支持企业获得融资超过 3 000 亿元。

数据显示，中国出口信用保险公司自成立以来，至 2012 年，累计支持中国对外贸易和投资 9 508.5 亿美元，服务出口企业超过 4.1 万家，支持企业开展对外工程承包和海外投资项目 2 512 个，支持企业获得贸易融资超过 1.3 万亿元，支付企业和银行赔款 35.7 亿美元。2002 年 11 月，中国出口信用保险公司承保金额年均增长率达到 65.3%。2012 年出口信用保险实现保费收入 142.6 亿元，为 3.5 万家企业提供了 2 936.5 亿美元的风险保障。

2010年，中国出口信用保险公司对高新技术产业的支持规模继续扩大，科技保险实现承包金额4 166亿元；2007—2012年，累计为高新技术产品提供信用保险和担保支持超过14 260亿元，支付赔款57.2亿元，累计支持5 000余家高新技术企业。中国人民财产保险股份有限公司2011年科技保险保费收入5 832万元，承保科技保险业务667笔，提供保险保障金额1 041.4亿元；2011年受理科技保险赔案共315件，支付已决赔款3 472.2万元，未决赔款445.8万元；同时为满足高新技术企业多样化金融服务要求，推出针对科技企业的区域性信用保证保险产品——《中小企业贷款保证保险》。多家保险公司、保险经纪共8家金融主体创新推出了“政府＋银行＋保险”共同服务科技企业的“6＋1＋1”科技金融“苏州模式”，打造综合化金融集成商。共保体通过保险经纪的协调服务，将银行债务融资、保证保险、风险管理方案等多种金融工具组合成一个集成科技金融服务平台。

四、保险资金及投资动态

2011年8月23日，保监会发布《关于跨境人民币结算再保险业务有关问题的通知》，以规范跨境人民币结算再保险业务，要求开展该业务的保险公司的偿付能力充足率在最近两个季度连续保持在150%以上，偿付能力充足率低于150%时，应停止签订新的跨境人民币结算再保险合同。

2012年2月，保监会为加强保险公司财会工作管理，规范保险公司财务行为，依据《中华人民共和国保险法》《中华人民共和国会计法》等法律、法规，制定《保险公司财会工作规范》。其中规定，保险公司通过非金融支付机构划转、结算资金的，应当符合下列条件：

（一）非金融支付机构应当取得监管机构颁发的支付业务许可证；

（二）在非金融支付机构留存的备付金不得超过公司总资产的1%。

上述非金融支付机构不包括经人民银行特别许可办理银行业金融机构之间货币资金转移的非金融支付机构。

2012年3月，保监会下发通知，要求各保险机构立即开展自查自清，全面清查本机构和下属公司参与投资各类交易场所和为各类交易场所及交易活动提供保险服务的情况，确保合规经营。

保监会要求，参与投资交易场所的保险机构，应上报投资时间、初始投资金额及占比、资金来源、决策及审批情况、投资余额及占比、被投资交易场所基本情况、交易活动基本情况、地方政府对交易场所的处理意见等。为有关交易场所和交易活动提供保险服务的保险机构，应上报具体承保的保险险种、保险责任、保费收入、分保情况、赔付情况和保险期间等。如不存在参与投资或提供保险服务情况的保险机构，应上报无上述问题的书面报告。

2012年7月16日，保监会下发《关于保险资金投资股权和不动产有关问题的通知》，其中，股权投资调整事项包括：保险公司股权投资门槛降低，取消上一年度盈利要求，净资产从不低于 10 亿元降至不低于 1 亿元，偿付能力要求从不低于 150%降至不低于 120%。投资范围方面放宽了直接投资股权范围，增加能源企业、资源企业和与保险业务相关的现代农业企业、新型商贸流通企业的股权。投资比例提高 1 倍，投资未上市企业股权和股权投资基金等未上市企业股权相关金融产品的账面余额合计不超过保险公司上季末总资产的 5%调整为 10%。

不动产投资调整事项包括：保险公司不动产投资门槛降低，取消上一年度盈利要求，偿付能力要求从不低于 150%降至不低于 120%。投资比例在不动产投资总比例上没有变，但是在各类别投资上的比例提高：①新规没有单独对基础设施债权投资计划的投资比例进行限制，而是将其与不动产相关金融产品的一起限制投资比例，要求两者余额合计不高于本公司上季末总资产的 20%，高于旧规要求的分别不高于上季末总资产的 10%和 3%。②新规规定，投资非自用性不动产的账面余额，不高于本公司上季末总资产的 15%，旧规规定投资不动产的账面余额，不高于本公司上季末总资产的 10%。

2012 年 10 月 12 日，中国保监会以保监发［2012］94 号印发《保险资金参与金融衍生产品交易暂行办法》（以下简称《办法》）。《办法》分总则、资质条件、管理规范、风险管理、监督管理 5 章 36 条，自发布之日起施行。

办法明确提出在中国境内依法设立的保险集团（控股）公司、保险公司、保险资产管理公司可以参与包括远期、期货、期权及掉期（互换）在内的境内金融衍生产品交易。办法强调，保险机构参与衍生品交易不得用于投机目的，仅限于对冲或规避风险，具体包括“对冲或规避现有资产、负债或公司整体风险”“对冲未来一个月内拟买入资产风险，或锁定其未来交易价格”。保监会将根据市场发展和实际需要，适时发布衍生品具体品种交易规定。

对于保险公司参与衍生品交易的资质，《办法》称，保险集团（控股）公司、保险公司自行参与衍生品交易的，其董事会应知晓相关风险并承担参与衍生品交易的最终责任，同时要建立符合本办法规定的衍生品交易业务操作、内部控制和风险管理制度，并建立投资交易、会计核算和风险管理等信息系统。此外，保险公司还应配备衍生品交易专业管理人员，包括但不限于分析研究、交易操作、财务处理、风险控制和审计稽核等。为有效管控风险，办法还明确规定，保险机构应当建立动态风险管理机制，制定衍生品交易的全面风险管理制度与业务操作流程，建立实时监测、评估与处置风险的信息系统，完善应急机制和管理预案，同时应根据公司风险承受能力，确定衍生品及其资产组合的风险限额，按照一定的评估频率定期复查更新。不仅如此，保险机构应当建立交易对手评估与选择机制，充分调查交易对手的资信情况，评估信用风险，并跟踪评估交易过程和行为。在综合内外部信用评级情况的基础上，保险公司还应为交易对手设定交易限额，并根据需要采用适当的信用风险缓释措施，同时维持一定比例的流动资产，通过现金管理方法监控与防范流动性风险。

中国人民财产保险股份有限公司与海南天然橡胶产业集团股份有限公司连续两年签署了橡胶树风灾保险项目协议，为海南农垦 300 万亩橡胶林提供广覆盖、低保费的保险，产生了中国最大的森林保险保单。这也是全国第一个依据气象指数作为参考的农业保险项目。

2012年，在保险行业，也出现了创新型的保险产品，中国的财产保险公司在2012年也陆续推出新的符合市场需求的产品，如信达财产保险股份有限公司在注重做好传统业务的同时，加强产品创新，先后推出了包括“著作权交易保证保险”和“国际贸易短期信用保险”等创新产品。

2012年5月，重庆市出台《关于开展小额贷款保证保险试点工作的意见》，根据该意见，通过购买小额贷款保证保险，不需提供抵押或反担保，小型企业最高可贷300万元；微企、城乡创业者最高可贷50万元。保险公司开展小贷保证保险，将增大全社会的融资担保能力，可调动更多银行资金支持小微型企业及“三农”发展。这不仅有利于探索银保合作的创新金融服务模式，缓解小微型企业等贷款缺少抵押担保难题，也有利于提升银行和保险公司的风险管理水平。

温州银行和保险业加强合作，联手推出小额贷款保证保险。2012年7月，太平洋产险温州分公司与工商银行温州分行共同推出的为小微企业融资量身打造的小额贷款保证保险业务，并开始试运行，得到了小微企业的广泛关注。截至2012年12月初，太平洋产险温州分公司已为13家在中国工商银行贷款企业和个人提供了2 562万元的贷款保障。

2012年11月，广发银行与阳光保险合作，引入信用保证保险业务合作项目，解决个人消费者、中小企业主及个体经营者的信贷融资难、担保难问题；光大银行上海分行也创新推出“企业法人保证保险贷款”，引入平安财产保险小微型企业贷款保证保险担保方式。

2012年7月，人民银行在其发布的《2012年金融稳定报告》中称，目前中国推出存款保险制度的时机已经基本成熟。与此同时，报告还称，2012年还将探索进一步推进利率市场化的有效途径。

2008年，科技部会同保监会发布《关于确定成都市等第二批科技保险创新试点城市（区）的通知》，增加成都市、上海市、沈阳市、无锡市、西安国家高新区和合肥国家高新区第二批科技保险创新试点城市（区）。中国人保、华泰等首批参加试点的保险公司，组织专门力量，根据科技企业发展需要，创新研发了15个保险险种。其中高新技术企业产品研发责任保险和关键研发设备保险，是在充分借鉴美国ACE保险集团等国际知名保险机构产品的基础上开发出的新险种，此前国内尚无保险公司经营同类产品。截至2009年年底，科技保险中商业性险种保费和政策性出口信用险（短期）分别突破1亿元和12亿元，风险保额3 874亿元，已决赔款7.21亿元，财政补贴4 187万元。

截至2010年年底涉及高新技术企业出口信用保险等9个险种产品，为136家高新技术企业提供承保金额199亿元，各保险公司共计保费收入5 323万元，区（市）县科技保险宣传普及率达100%基本建立了高新技术企业创新产品研发、科技成果转化的保险保障机制。北京中关村截至2010年年底已为305家企业发放3 026万元保险费用补贴，启动了中关村首台（套）重大技术装备试验和示范项目保险试点。

五、其他

商业信用保险主要是针对企业在商品交易过程中所产生的风险，在商品交换过程中，交易的一方以信用关系规定的将来偿还的方式获得另一方财物或服务，但不能履行给付承诺而给对方造成损失的可能性随时存在。比如买方拖欠卖方货款，对卖方来说就是应收款项可能面临的坏账损失。

2012 年，中国保险市场主体不断增长，市场竞争不断加剧。保险系统机构数已达到了 164 家，比 2011 年增加 12 家，总资产达到 73 545.7 亿元，同比增长 22.9%。

2011—2012 年保险公司保险收入情况（见表 11-1）。

2011—2012 年保险公司资产情况（见表 11-2）。

保险公司资金运用情况（见表 11-3）。

表 11-1　2011—2012 年保险公司保险收入情况

单位：亿元

项　　目	2011 年	2012 年
合计	14 339.3	15 487.9
财产保险公司	4 779.1	5 529.9
1. 企业财产保险	329.8	360.4
2. 家庭财产保险	23.3	28.5
3. 机动车辆保险	3 504.6	4 005.2
4. 工程保险	73.8	62.3
5. 责任保险	148.0	183.8
6. 信用保险	115.5	160.6
7. 保证保险	56.5	93.5
8. 船舶保险	55.9	55.7
9. 货物运输保险	97.8	101.7
10. 特殊风险保险	35.4	36.9
11. 农业保险	174.0	240.6
12. 健康险	56.1	72.4
13. 意外伤害保险	105.1	126.5
14. 其他险	3.2	2.0
人寿保险公司	9 560.2	9 958.1
1. 寿险	8 695.6	8 908.1
2. 健康险	229.0	790.4
3. 人身意外伤害险	635.6	259.6

数据来源：中国保险业监督管理委员会。

表 11-2　2011—2012 年保险公司资产情况表

项　　目	2011 年	2012 年
总资产	59 828.9	73 545.7
财产险公司	7 920.0	9 477.5
寿险公司	49 789.2	60 991.2
再保险公司	1 579.1	1 845.3
中资公司	56 822.1	70 080.3
外资公司	3 006.8	3 465.4

数据来源：中国保险业监督管理委员会。

2012 年保险业赔款与给付达 4 716.3 亿元，同比增长 20.0%。其中财产保险公司支出 2 896.2亿元，同比增长 28.8%，占总支出的 61.4%，比上年提高了 4.2 个百分点。

表 11-3　保险公司资金运用情况

	绝对额/亿元		结构比重（%）		同比增长（%）
	2011 年	2012 年	2011 年	2012 年	
总资产	59 828.9	73 545.7			22.9
资金运用余额	55 193.0	68 542.6	100.0	100.0	24.2
其中：银行存款	17 692.7	23 446.0	32.1	34.2	32.5
国债	4 741.9	4 795.0	8.6	7.0	1.1
金融债券	12 418.8	14 832.6	22.5	21.6	19.4
企业债券	8 755.9	10 900.0	15.9	15.9	24.5
证券投资基金	2 909.9	3 625.6	5.3	5.3	24.6

资料来源：课题组整理。

国务院办公厅于 2011 年 12 月发布《关于加强鲜活流通体系建设的意见》(以下简称《意见》)，鼓励保险机构研究开发鲜活农产品保险产品，并提出有条件的地方可对保费给予适当财政补贴。

2012 年，保险业在农业保险领域正面临有史以来最大的损失，这是因为美国出现 100 多年来最严重的旱情，使该国数十亿美元的玉米和大豆作物遭受了毁灭性打击。

瑞士再保险 2013 年 3 月最新一期 sigma 研究报告显示，2012 年自然灾害和人为灾难造成的经济损失为 1 860 亿美元，导致约 14 000人遇难。发生在美国的大规模天气灾害进一步将保险理赔总额推高至 770 亿美元，2012 年因此成为有记录以来保险损失第三高的年份。

据瑞士再保险统计，2012 年全球保险损失主要来自美国发生的大规模天气相关灾害，十大保险损失灾害中有 9 起发生在美国。北美地区较高的保险深度意味着，该地区 650 亿美元的保险损失，即 1 190 亿美元的经济损失总额中有超过一半将由保险业承担。飓风桑迪是 2012 年度造成损失最大的灾害，导致 700 亿美元的经济损失，而美国玉米主要生产区严重歉收，致使农业保险损失达 110 亿美元。

各地积极开展科技保险工作。天津市截至 2011 年年底共有 55 家科技企业的 81 份科技保险合同获得补贴440万元；上海市开展科技型中小企业履约保证保险贷款试点，2011年接受企业申请84家，推荐96家(次)，银行已经审核通过贷款64笔，放款金额1.611亿元；江苏省2011年为企业提供了600多亿元的科技创新与经营风险保障保费收入及投保企业数同比增长均超过30%；浙江省“杭温湖甬”地区科技保险保费收入618万元，保额3.47亿元，赔付金额143万元，参保企业75家；安徽省合芜蚌自主创新综合试验区累计58家企业投保科技保险，保险金额206.5亿元，企业保费支出948万元，政府兑现补贴资金229万元；成都高新区2011年51家科技企业保险投保金额达45.34亿元，4家保险公司获得保费收入467万元，企业获得成都市科技保险补贴207万元；陕西关天经济区科技保险累计为90多家高新技术企业提供风险保障74.73亿元，西安高新区设立了1 000万元专项资金，对参加科技保险的却给予补贴；福建省2011年科技保险保费共计1 471.26万元，其中政府补贴的保险金额为437.49万元，保险机构提供保费金额为1 033.77万元，承保的高新技术企业66家，提供的风险保障为18.8亿美元，支付赔款55.8万美元；南昌市设立科技保险专项，每年安排300万元，自2010年实施以来共向49家企业发放了保费补助，提供风险保障306.68亿元，实现保费收入2 123.7万元，发放补助资金达536.33万元。

第十二部分

产业投资银行

一、基本概念

据百度文库解释，投资银行（investment bank，corporate finance）是主要从事证券发行、承销、交易、企业重组、兼并与收购、投资分析、风险投资、项目融资等业务的非银行金融机构，是资本市场上的主要金融中介。在中国，投资银行的主要代表有中国国际金融有限公司、中信证券等。人们平常所说的金融投资主要是指证券投资。证券投资的分析方法主要有如下3种：基本分析、技术分析、演化分析，其中基本分析主要应用于投资标的物的选择上，技术分析和演化分析则主要应用于具体投资操作的时间和空间判断上，作为提高投资分析有效性和可靠性的重要补充。

投资银行一词英文为“investment bank”，但是“investment bank”至少包含四层含义：其一，机构层次，是指资本市场的直接金融机构的金融企业；其二，行业层次，指投资银行的整个行业；其三，业务层次，指投资银行所经营的业务；其四，学科层次，是关于投资银行的理论和实务的学科（包括《证券学》《证券投资学》等）。当前国内学术界和实务界对投资银行一词的理解存在混乱，很大程度上是没有辨别清楚这4个层次。其实这个英文词组的四层含义都有相应的中文单词，可以分别用投资银行、投资银行业、投资银行业务和投资银行学来表示。

二、银行系业务

1. 中银国际证券有限责任公司

中银国际证券有限责任公司经中国证监会批准于2002年2月28日在上海成立，注册资本15亿元。中银国际证券由中银国际控股有限公司、中国石油天然气集团公司、北京联想科技投资有限公司、云南省投资控股集团有限公司、中国通用技术（集团）控股有限责任公司共同投资。

中银国际证券的经营范围包括：证券经纪、证券投资咨询、与证券交易、证券投资活动有关的财务顾问、证券承销与保荐、证券自营、证券资产管理、证券投资基金代销、融资融券。中银国际证券还通过全资子公司中银国际期货有限责任公司和中银国际投资有限责任公司分别从事期货业务和直接投资业务。

中银国际控股有限公司是中国银行股份有限公司旗下的全资附属投资银行机构，是中国银行开展投资银行业务的主力平台。中银国际于1998年7月10日在香港注册成立，其前身是始建于1979年的中国建设财务（香港）有限公司。

中银国际为海内外客户提供包括企业融资、收购兼并、财务顾问、股票证券、定息收益、衍生产品、私人财富管理、资产管理、直接投资、杠杆及结构融资等在内的全方位投资银行服务。

2. 建银国际（控股）有限公司

建银国际（控股）有限公司是中国建设银行股份有限公司（建设银行）全资拥有的投资银行旗舰，业务围绕 Pre-IPO、IPO 与 Post-IPO 三大环节形成涵盖众多产品的完整投资银行产业链，竭诚为全球优质企业提供包括保荐与承销、财务顾问、企业收购兼并及重组、上市公司增发配售及再融资、直接投资、资产管理、证券经纪、市场研究及投资咨询等全方位的投资银行服务。

在上市、配售等业务方面，建银国际参与上百家公司在全球资本市场融资，融资金额累计超过万亿港币。在直接投资业务方面，挖掘与培育了多家行业领先企业，在取得优秀投资回报的同时与客户实现共赢；在资产管理业务方面，成立了多只私募与公募基金；在产业基金方面，成立多只人民币私募股权投资基金，覆盖医疗、文化、环保等行业，数量和规模领先同业；在内地业务方面，建立了中资银行最为紧密的联动，实现投资银行与商行业务的有效互补；在海外业务上依托母公司平台与资源稳健进取地进行全球化布局。

3. 工银国际控股有限公司

工银国际控股有限公司是中国工商银行股份有限公司在香港的全资子公司，是工商银行唯一的投资银行平台。

工银国际的前身工商国际金融有限公司成立于 1973 年，原从事商业银行业务。根据工商银行集团经营模式和增长方式战略转型的需要，2008 年起向投资银行业务转型，于 2008 年 9 月 12 日正式更名为“工银国际控股有限公司”。

作为一家在香港注册的投资银行，工银国际立足香港，面向境内、境外资本市场，向广大的海内外融资客户及投资者提供包括保荐承销、直接投资、证券销售与经纪、资产管理、债券承销、并购重组、增发配售、财务顾问、期货/衍生产品、债务融资、市场研究等在内的优质金融产品。

4. 交银国际控股有限公司

交银国际控股有限公司是交通银行股份有限公司的国际投资银行和证券旗舰，其前身交通证券有限公司，经中国人民银行、中国证监会批准，获香港证监会发牌，于 1999 年 9 月在香港正式开业。根据交通银行集团综合经营和战略转型的需要，2007 年年初交通证券有限公司重组为交银国际。交银国际下设交银国际（亚洲）有限公司、交银国际证券有限公司和交银国际资产管理有限公司 3 家全资子公司，分别从事投资银行业务、证券买卖业务和资产管理业务。

交银国际向客户群提供包括保荐上市、收购合并、财务顾问、承销及配售、股本或债务融资、直接投资、股票销售和交易、期货买卖、中国 B 股交易、开展融资及资产管理等在内的优质金融服务。在过去几年中，交银国际主导和参与了近百家企业上市的承销，发挥银行资源优势，为投资者提供新股和证券买卖融资服务。

5. 招银国际金融有限公司

招银国际金融有限公司具备由香港证监会发出之 1 号及 6 号有关证券及企业融资之牌照，并为少数具备 IPO 保荐资格的投资银行。

招银国际现提供全方位的专业投资银行服务包括：香港 IPO 股票承销、上市保荐、赴港上市前期财务顾问、香港已上市公司财务顾问、独立财务顾问及合规顾问、中小企业融资顾问、兼并收购财务顾问、协助海外投资者投资内地企业。

6. 中国光大国际有限公司

中国光大国际有限公司是以绿色环保产业为主业之香港联合交易所主板上市公司，亦是光大集团投资实业之旗舰公司。

光大国际以环保能源、环保水务和新能源为投资重点，建立了环保项目投资、环保工程建设、环保项目运营管理、环保科技研发和环保设备制造一体化的业务模式，发展成为全方位、一站式环保服务提供商。目前，光大国际共开发了 70 余个项目，遍及中国沿海 20 多个城市，已开发的项目包括垃圾焚烧发电、沼气发电、生物质能发电、太阳能光伏发电、危险废弃物安全处置、污水处理、中水回用、地表水处理及环保产业园区的规划和建设等。

7. 农银国际控股有限公司

农银国际控股有限公司是中国农业银行的全资附属机构，于 2009 年 11 月在香港成立。农银国际控股有限公司旗下有中国公司、融资公司、投资管理公司、农银国联无锡投资管理公司、资产管理公司、证券公司、捷骏投资公司、保险公司 8 个子公司，本部共设综合管理部、人力资源部、资金财务部、法律合规部、风险管理部、内审部、中国业务部、信息科技部 8 个部门。

农银国际控股有限公司及各子公司（以下统称农银国际）作为中国农业银行开展投资银行业务的专业平台，持有香港证监会 1 号（证券交易）、4 号（证券咨询）、6 号（机构融资咨询）、9 号（资产管理）牌照；在香港可从事上市保荐承销、债券发行承销、财务顾问、资产管理、直接投资、机构销售、证券经纪、证券咨询等全方位、一体化的金融服务；在内地可从事除 A 股保荐上市之外的各类资本市场业务。

三、证券系投资银行业务

1. 银河证券

股票承销与保荐：首次公开发行并上市、上市公司再融资（公开发行、非公开发行、配股）；债券承销：公司债券承销、可转换债券承销；并购重组：上市公司发行股份购买资产、上市公司吸收合并、上市公司资产置换；其他财务顾问：企业改制、上市辅导、私募融资；金融创新服务：私募融资、资产证券化、其他。

2. 中信建投证券

中信建投证券投资银行业务，致力于为国内各类企业的重组改制、股票发行融资活动提供专业服务。主要开展股票、权证、权益性证券的发行、承销与上市推荐，以及企业兼并收购、资产重组、股权激励方案设计等各类业务。

3. 招商证券

主要业务包括：首次公开发行股票、上市公司再融资、企业债（公司债）、财务顾问、香港投资银行产品、企业资产证券化、私募融资、短期融资券。

四、信托系投资银行业务

1. 北京信托国际有限公司

投资银行总部是北京信托对接金融同业合作、大机构客户理财服务的专业化团队，团队管理成员均有多年金融从业背景。近年来，投资银行总部在企业改制、并购重组、银信合作、政信合作、信信合作等领域均有创新，与国内政策性银行、大型商业银行、多家股份制银行、多家大型企业集团建立了良好的合作关系，为银行、大型企业等重点客户提供了类型丰富的专业化理财服务。2010 年存续管理的信托资产规模近 153 亿元，累计管理信托资产规模近 1 200 亿元。

2. 中诚信托

中诚信托一直致力于探索将信托优势与投资银行业务相结合的创新业务模式，为各类企业提供全面、优质的资本市场投融资服务，并已取得卓著的业绩和广泛的认可。

2010 年，在国家重启信贷资产证券化和放行 REITs 试点政策未成行的情况下，公司与国开行等机构合作实施了多个私募资产证券化项目，并积极培育应收账款证券化等创新业务。具体业务：担任企业资产重组、债务重组、收购兼并、股份制改造、IPO 及再融资（增发、配股、可转债）的财务顾问，资产证券化业务：企业贷款证券化（CLO）；不良资产证券化（NPLs）；住房抵押贷款证券化（RMBS）；商用物业抵押贷款证券化（CMBS）等业务，私人股权投资基金（PE）、员工持股计划（ESOP）服务、担任企业项目融资顾问、债券承销业务包括国债；政策性银行债券和企业债券等的承销。

3. 中粮信托

结合股东在大宗商品市场和金融市场的独特优势，以中粮集团对行业的深入理解和多元化的项目投资经验为基础，中粮信托可以为客户提供财务顾问、过桥贷款、股权投资、信托融资、期货投资、结构性投融资等综合咨询服务，满足客户的全面需求。

4. 中铁信托

公司为客户提供个性化的投资银行服务，包括资产证券化、债券承销、管理层收购、公司理财、财务顾问、项目融资、购并重组等。

5. 华宝信托

华宝信托面向国内私人理财和投资管理机构提供专业化的投资基金信托服务，为加入信托计划的投资管理机构搭建了一个便捷、高效的“阳光化”运作平台，帮助其在市场上树立公认的业绩记录，同时满足其在理财投资、税务处理和慈善公益的多种需求。股票、基金、PE和金融衍生品类信托产品的设计；业内首先应用恒生资产管理系统与SAMS销售和账管系统，交易和运作效率堪比公募基金。

6. 重庆国际信托

债券承销、股票承销等：企业并购重组：包括企业兼并收购、公司结构调整、资产剥离、资产置换、破产与困境公司的重组策划操作、财务重组等一系列企业活动，财务顾问业务：为企业单位、政府部门提供各类融资、财务安排、兼并收购、资产重组等方面的分析、咨询、策划等顾问服务的业务。公司理财业务：为投资者提供投资建议、投资评价或直接代理投资理财的业务。

7. 五矿国际信托

五矿国际信托有限公司的投资银行业务主要包括资产证券化、债券承销、财务顾问等，围绕资本市场的源配置功能，在企业购并、资产重组、战略规划、管理流程、人力资源等方面提供多层次、全方位的综合性服务。

8. 中融国际信托

中融国际信托主要经营范围为基础设施投资信托、PE股权投资信托、证券投资信托、房地产投资信托及其他固定收益类产品信托。2007—2009年，公司资产管理规模分别为664亿元、708亿元、1 323亿元，2010年6月底管理资产规模为2 207亿元，名列全国信托公司管理规模的第二位；2009年实现税后净利润3.2亿元，2010年上半年实现收入6.42亿元，创造了良好的经济效益和社会效益。另外，市政基础设施信托、股票型基金信托、股权投资基金信托、房地产基金信托等方面在管理资产规模及创新能力上处于信托行业领先位置。

五、其他

1. 中国国际金融有限公司投资银行部

投资银行部为客户提供包括股本融资、债务融资以及财务顾问等全方位的投资银行服务。股本融资业务包括境内外资本市场主板及创业板的首次公开发行、再融资以及私募融资等；债务融资业务包括企业债券、公司债券、可转换债券、可分离交易的可转换债券、短期融资券、中期票据、金融债券、资产证券化产品和结构化产品等；财务顾问业务包括为企业间的兼并、收购提供财务顾问服务，帮助企业进行内部的资产重组、改制等操作。

自成立以来至2012年6月30日，中金公司共协助企业完成逾2 656亿美元的股本融资、逾2 214亿美元的债务融资以及2 411亿美元的兼并收购交易，在股本融资、债务融资及兼并收购业务上均处于领先地位。

2. 高盛中国

高盛1984年在香港设亚太地区总部，又于1994年分别在北京和上海设立代表处，正式进驻中国内地市场。此后，高盛在中国逐步建立起强大的国际投资银行业务分支机构，向中国政府和国内占据行业领导地位的大型企业提供全方位的金融服务。高盛也是第一家获得上海证券交易所B股交易许可的外资投资银行，及首批获得QFII资格的外资机构之一。

高盛中国进入国际资本市场以及参与国际资本市场交易的过程中发挥了积极的作用。在过去的10年中，高盛一直在帮助中资公司海外股票发售中占据领导地位，其中具有里程碑意义的交易包括：中国移动通信于1997年进行的首次公开招股发售，筹资40亿美元，成为亚洲地区（除日本外）规模最大的民营化项目之一；中国石油于2000年3月进行的首次公开招股发售，筹资29亿美元；中国银行（香港）于2002年7月进行的首次公开招股发售，筹资26.7亿美元；平安保险于2004年进行的首次公开招股发售，筹资18.4亿美元；中兴通讯于同年进行的香港首次公开招股发售，筹资4亿美元，这是第一家在香港上市的A股公司；交通银行于2005年进行的海外上市项目，筹资22亿美元，成为第一个在海外上市的中国国有银行；以及中国石油于同年进行的后续股票发售，筹资27亿美元。2006年，高盛还成功完成了中海油价值19.8亿美元快速建档发行项目以及中国银行111.9亿美元H股首次公开上市项目。

在债务融资方面，高盛在中国牵头经办了40多项大型的债务发售交易。高盛多次在中国政府的大型全球债务发售交易中担任顾问及主承销商，分别于1998年、2001年、2003年和2004年10月完成了10亿美元以上的大型交易。高盛是唯一一家作为主承销商全程参与中国政府每次主权美元债务海外发售项目的国际投资银行。

2004年12月，高盛获得中国证监会批准成立合资公司——高盛高华证券有限责任公司。高盛拥有合资公司33%股权，北京高华证券有限责任公司拥有67%股权。合资公司的成立令高盛从此可以在中国开展本土A股上市业务、人民币企业债券、可转换债券和提供国内金融顾问以及其他相关服务。

第十三部分

商品金融

一、基本情况

金融业与商品交易有着天然的密不可分的关系，在几乎所有的商品交易领域中都存在广泛而多样化的金融业务。商业银行的多种业务几乎完全覆盖了钢铁行业、汽车行业、交通运输业、仓储物流业、畜牧业、农业、新能源产业、化工行业以及几乎所有的商品交易业务。

此外，投资银行机构、直接投资机构、保险机构、资产管理机构、融资租赁机构、投资担保机构、信托投资机构和相关的其他专业中介机构大都均广泛地参与几乎所有的大宗商品领域的业务。

可以说，商品的贸易链就是金融的服务链，是多元化、连续性和具有行业特征的金融服务链。中国拥有产品制造大国和贸易大国的称号，但近年来，中国在多种商品交易的业务能级上，在商品交易规则制定和应用上，在商品交易和商业模式的创新上都远远落后于发达国家。

尽管中国是多种商品的需求大国和进口大国，但仍然不能参与制定国际商品交易的游戏规则。可以说，中国在大宗商品交易和其他类型的商品交易的业务能级方面，还是处于国际商品交易规则的下游。

国家许多部委在过去的数年内制定了许多大宗商品交易的国家战略和国家发展计划。由于缺乏系统化的产业金融的支持，致使许多国家战略无法有效地实施，在这方面来说，中国的金融业已经严重阻碍了中国大宗商品交易领域的转型与发展。

因此，要有效地实施国家的产业战略，要缩小中国在商品交易能级上与国际的差距，必须要提升中国金融业服务和业务的能级。因此，产业金融在商品交易领域的业务模式和产业模式的创新就成了重要的因素。

二、商品融资

大宗商品融资，根据《巴塞尔协议》2004 年 6 月版本，大宗商品融资是指对储备、存货或在交易所交易应收的商品（如原油、金属或谷物）进行的结构性短期贷款。大宗商品融资中用商品销售的收益偿还银行贷款，借款人没有独立的还款能力。借款人没有其他业务活动，在资产负债表上没有其他实质资产。

大宗商品融资的结构化特征是为了补偿借款人欠佳的资信水平。对于可以在期货交易所开展交易的大宗商品，银行还可以通过期货合约来规避融资风险，将结构性贸易融资和期货交易有机地结合起来，这也是银行和期货交易所之间需要共同开拓的黄金领域，目前国内的几家银行已经逐步开展了同期货交易所的合作。但是对于不可以在期货交易所开展交易的大宗商品甚至是普通商品同样可以使用结构性贸易融资，只不过是银行无法通过期货市场来分散风险而已，结构性贸易融资本身并不限定商品的种类。

1. 中国工商银行

小企业商品融资是以小企业借款人合法拥有的储备物、存货或交易应收的商品价值进行质押，由工商银行提供的结构性短期融资业务。

商品融资业务适用于销售渠道通畅，原材料、产成品或主营货物为大宗原材料的客户。其特色优势：盘活存货，帮助客户在保持正常生产经营所需库存的同时获取银行资金支持，有效缓解客户流动资金被存货占压的问题；较低的准入条件，生产经营正常，无重大贸易纠纷及不良信用记录的客户均可获得融资支持；灵活的质押监管方式，可采用动态质押或静态质押。采取动态质押的，可自由存储或提取超出银行规定的最低要求的部分质押物，更利于客户生产销售；较高的融资比例，最高可提供相当于核定商品价值的90%的融资。

来自中国工商银行数据显示，截至2013年10月末，工商银行的商品融资余额已超过500亿元，4年来累计发放商品融资达1 500多亿元，其中大部分投向了中小企业。据了解，自2006年正式推出该项业务以来，中国工商银行的商品融资业务4年来每年业务都实现翻倍增长。

中国工商银行相关负责人介绍说，通过不断创新商品融资业务模式，该行目前已实现了对生产企业、贸易企业以及不同产业链多节点、全流程的产品覆盖；同时，中国工商银行还建立了较为完善的物流监管和信息支持平台，与国内多家知名的物流企业建立了紧密的合作关系，形成较为完善的物流监管专业平台，并专门为商品融资业务打造了全方位的信息和技术支持平台。

商品融资是一种以大宗商品作为质押的短期融资业务，准入门槛低、适用范围广，能够很好地满足原材料或存货占用资金较大、可供抵押的不动产欠缺的企业的融资需要。

据统计，中国工商银行的贸易融资业务继续保持强劲增长势头。2013年一季度该行境内分行累计发放表内贸易融资近2 900亿元，同比增加850多亿元，增幅达42.58%。截至2013年3月末，工商银行境内分行的表内贸易融资业务余额已达5 270多亿元。

依托集团与中石油、中石化、中海油以及中化集团等四大石油公司的良好合作关系，工商银行新加坡分行充分利用新加坡国际重要油料转口贸易中心地缘优势特点，将金融服务延伸至四大石油公司在新加坡的7家分子公司，以产品和服务创新为手段，做大做强石油贸易产品的相关金融服务，相关国际结算和贸易融资的业务量占新加坡五大中资银行全部业务量的80%以上，形成了能源类大宗商品贸易融资的基础客户群。与此同时，该行深度营销联想、华为、美的、宝钢等中资跨国企业在新加坡的区域总部，与其开展良好合作，带动了贸易融资的快速增长。

在美国，银行的大宗商品交易业务受到监管部门越来越多的审查，摩根大通（JP-Morgan）正寻求出售其大宗商品业务，而摩根士丹利（Morgan Stanley）和巴克莱（Barclays）都已裁减了大宗商品部门的员工数量。

中国工商银行舟山分行主动介入中国（舟山）大宗商品交易中心前期筹建、系统开发以及业务推荐，同步设立大宗商品交易中心支行，为交易商提供结算服务、融资服务及其他综合服务。

该行多次与交易所就交易商的金融需求进行研究探讨，及时与总行、省分行相关部门沟通汇报，将交易所申报为商品融资业务监管合作企业及总行范围国内贸易融资核心企业，并为其量身定制了包括现货商品融资业务和未来货权项下商品融资业务的紧密型供应链融资方案，以批量拓展交易商。

2. 中国农业银行

2012 年来，中国农业银行在继续加大传统贸易融资产品发展的基础上，推出了跨境人民币融易通系列产品，并准备研究推出大宗商品国际贸易融资、国际应收账款池融资等产品。目前，农业银行贸易融资产品体系涵盖进出口贸易、人民币跨境贸易、境内外联动贸易、国内贸易等各个领域。

2013 年 6 月 1 日，在北京第二届京交会现场，中国农业银行北京市分行与北京大宗商品交易所有限公司就“中国国际服务贸易交易网”签订战略合作协议，成为京交会一宗签约大单。根据协议，农行北京分行将在未来 3 年内与北京大宗商品交易所有限公司建立全面战略合作伙伴关系并提供 100 亿元意向性信用支持。

中国农业银行特别推出了“大宗商品国际贸易融资”业务。该业务是指银行以客户在生产、经营过程中拥有或在途的大宗原材料、产成品或存货物权质押为前提，为其办理的国际贸易融资业务以及以上述物权质押办理的国内信用证开证和国内信用证项下贸易融资业务。这些业务主要满足大宗商品进口企业的融资需求，解决该类型企业授信理论值及担保不足的问题。该产品特点就是明确针对大宗商品贸易、贸易融资覆盖商品贸易全流程，包括库存商品和在途商品、创新授信方式。

2012 年 2 月 19 日，由中国农业银行浙江省分行公司业务部牵头、舟山分行和浙江舟山大宗商品交易所承办的舟山大宗商品交易所上市产品推介会在无锡举行，有 220 余名客商参加，农行与浙江舟山大宗商品交易所现场卡户绑定 21 户，其中现场开卡 11 户。

3. 中国银行

2013 年 9 月 22 日，中国银行大宗商品融资中心（新加坡）及福费廷中心（新加坡）同时宣布成立，成为首家在海外设立大宗商品融资中心及福费廷中心的中资银行。

据介绍，上述两中心均设立在中国银行新加坡分行。中心将致力于借助新加坡繁荣的大宗商品交易市场及贸易融资资产二级交易市场，积极开展大宗商品融资业务以及亚太区贸易融资资产的集中分销及买入业务。一方面，将努力建立起包括全球市场参与者在内的广泛的合作银行网络，为中国银行区域内贸易融资资产的风险分销及规模调剂建立多元化的渠道，逐步搭建起完善的区域性风险资产组合管理及风险分销集中化管理体系；另一方面，将充分利用新加坡地缘优势，不断提高大宗商品融资产品研发及风险管理水平，最终建立专业化的营销、运营及管理体系、涵盖商业银行与投资银行业务的全系列大宗商品融资产品。

2012 年 5 月 1 日，上海综合保税区管委会召开情况说明会，宣布期货保税仓单质押业务已在洋山保税港区正式启动运作。首批业务共质押存放在中储临港、同盛物流两家洋山保税港区期交所指定交割仓库的电解铜仓单 8 张，总融资金额达 144.69 万美元。

所谓期货保税仓单质押融资，是指有融资需求的企业，将仓单质押申请交给银行，由银行出具相当于质押货物进口税款的保函，保函提交给海关确认无误，银行就可向企业发放贷款。

本次试点的银行均为经证监会认定的上海期货交易所的中、农、工、建、交五大结算银行，试点企业范围则是在洋山保税港区注册的 AA 类或 A 类企业，试点商品包括铜、铝以及今后扩大试点范围后批准的商品品种。这意味着在洋山保税港区注册的企业可率先享受在货物尚未完税前即可获取质押融资的便利条件，大大提高了企业资金利用率。

中国的年度钢产量约为 8 亿吨，关于市场钢材的交易量，目前还没有权威性的统计，预计估计在 20 万亿元左右。由于包括直接投资基金在内的其他金融机构大都没有持续化的介入钢铁贸易领域，因此钢铁贸易领域在金融方面对商业银行有较高的依赖性。2012 年，中国钢铁贸易行业经历了系统性地滑坡，许多钢铁贸易商纷纷终止业务，据不完全统计，上海地区停止运营的钢铁贸易商比例达到 70%左右。

在贵金属行业，主要是以标准金和标准白银为主体的交易，商业银行还未能找到适合于大宗商品和指数化商品交易的业务支持体系和产品体系，商业银行对贵金属交易大都采取零售式和个案式的交易服务方式。

在有色金属方面，商业银行由于参与了国际交易的业务，在国际金融服务和结算方面也积累了一定经验，特别是铜、铝等有色金属，由于国内与国际交易规模巨大，而交易平台与商业银行业也建立了铝业银行业务的金融体系。

国家工业和信息化部和商务部等部门，对汽车产业的生产、流通都提出了系列的政策，并提出要建立若干汽车产品交易中心，但在商业银行方面，目前对汽车流通体系所提供的的业务类型和产品类型还是基于企业式和个案式的合作模式，如何对汽车流通行业提供标准化、系统化的银行支持体系，目前未见有相关的报道。

到 2012 年，中国已成为世界上最大的商品消费国，国家的许多产业政策，也正在朝着优化大宗商品市场环境、增加大宗商品市场效益的方向发展，商业银行目前也正在积极推进与大宗商品相关的业务，商业银行积极参与各种类型大宗商品交易所、交易市场或交易中心的业务运作，许多银行与不同的交易所签署了与平台合作的授信及其他金融服务协议，以下为 2012 年部分银行与交易平台合作签约的情况。

表 13-1　商业银行与商品交易平台的业务合作情况

时　间	签约主体	事　件
2012 年 2 月 29 日	中国银行与芝加哥商品交易所	双方签署《战略合作意向书》。根据协议，双方将加强清算会员、结算银行、离岸人民币存管银行及境外期货相关业务的合作，双方将互视对方为优先合作伙伴
2012 年 3 月	中国邮政储蓄银行与北京黄金交易中心	双方签约开展贵金属投资领域的业务合作

（续）

时　间	签约主体	事　件
2012年4月25日	西安文化产权交易所与重庆银行、西安银行、兴业银行、东亚银行、招商银行	签署战略合作协议，总计筹集140亿元，将促进解决优秀文化企业融资难问题，各家银行也将在咨询、结算、信息交流等方面给予文交所一定的优惠政策
2012年5月11日	上海联合产权交易所与中国农业银行股份有限公司	签署《战略合作协议》，进一步促进双方开展资产处置、资产管理、融资服务、股权基金类综合金融服务、金融创新及碳金融等金融服务领域和产权市场的全面合作
2012年5月	北京黄金交易中心与广东发展银行	签署协议，开展贵金属投资领域的业务合作
2012年6月20日	北京金融资产交易所与中国银行	签署《战略合作协议》，双方在理财产品交易、信贷资产交易、债权投资交易、银团贷款筹组与转让、中小企业信贷资产证券化、不良资产处置等多个方面开展深度合作
2012年6月20日	上海股权托管交易中心与民生银行上海分行	向首批在股交中心挂牌的17家在沪企业颁发了主动授信意向书，总计授信额度超过1亿元
2012年6月22日	四川金融资产交易所与农业银行等9家银行	签署了战略合作协议，重点支持全省中小企业融资，签约金额达670亿元
2012年9月4日	北京金融资产交易所与哈尔滨银行	战略合作协议，双方积极探索新的合作模式，共同开发金融创新产品，在金融股权交易、信贷资产证券化、理财产品交易、信托产品投资、私募股权基金份额交易、非金融企业结构化债务融资工具交易等领域展开全面合作
2012年12月7日	广西北部湾产权交易所股份有限公司与广西北部湾银行	签订战略合作框架协议，进一步开展合作

数据来源：根据各银行及交易平台信息整理。

中国银行苏州分行联合中银国际期货、有色网在苏州举办“中国银行大宗商品保值产品推介会”，力图为跨境保值交易打造一个便捷的平台，进一步促进商品保值市场功能发挥，推动商品保值市场更好地为实体经济服务。

中国银行方面表示，中国银行通过中银国际已经进入LME，并希望通过中行的产品可以使国内的企业来主导国际的市场。中行一直致力于大宗商品的产品开发，其他产品也会逐步的去开拓。希望通过中行产品可以帮助企业规避市场风险，帮助企业充分利用国内外金融、商品等市场获取竞争优势。

一直以来银行都希望在产品创新方面有所突破，一方面在利率市场化程度越来越高的市场背景下增强自身竞争力；另一方面也在新业务发展中获得更多的客户及利润空间。

中国银行金融市场总部公司相关负责人表示，与期货市场套保有不同的是，中银这项业务主要针对是本银行具有实业背景的授信企业客户的需求，主要服务于实体经济，以OTC的操作方式来满足这些企业不同的保值需要。

据中国银行介绍，从2011年下半年开始，中国银行作为首家推出大宗商品国际远期保值业务的国有银行，向市场大力推广该保值业务，交易品种包括铜、铝、铅、锌、镍、锡、燃料油 180/380、WTI 原油及 Brent 原油。

三、商品投资

百度百科的解释，CTA 业务，又称商品期货投资基金。CTA 业务是由期货公司专门成立全资或控股的 CTA 公司或交易顾问公司，为投资者提供专业化的期货市场资产管理服务，不负责资金募集，只负责委托资金在期货市场的运用；投资范围仅限于国内商品期货交易及相关的国内现货商品交易。CTA 业务主要涉及投资者（委托人）、交易顾问公司（管理人）和期货公司 3 类主体。

在美英等国成熟期货市场，商品交易顾问是机构投资者参与期货交易的重要方式。近些年来，CTA 在国际原油、黄金、有色金属、大豆等众多关系国计民生的大宗商品期货市场十分活跃。

据《证券时报》载文，运用金融工具维护国家资源供应安全，是发达国家资源供应保障的重要手段，其主要是通过组建商品投资基金来实现。通过组建商品投资基金，利用金融衍生品市场、证券市场、现货市场等多种市场对重要资源性商品进行投资。

商品投资基金是一种集合投资制度，主要投资于商品领域的基金称为商品投资基金。依据美国成熟经验，商品投资基金的基本组织框架一般包括：资产管理公司（或基金公司）、托管者（银行或信托）、基金投资者等基本构成要素，实现经营、监管的分离，职责分明。

目前，基金专户投资的领域从股指期货扩大到商品期货，首款商品期货基金专户——“国投瑞银银鸿瑞 4 号期货套利资产管理计划”已经进入开户阶段。信托产品参与期市有望放宽，新的《信托公司参与股指期货交易业务指引》将允许其进行期货投机交易和投资商品期货。部分私募借道有限合伙、基金专户、信托等，也可以“曲线”参与期货市场。

油气能源作为创新产品，既不同于投资于国内 A 股的基金，又与 QDII 投资海外股票不尽相同。今年 1 月 13 日成立的国内第一只黄金基金，诺安全球黄金基金自成立以来，截至 8 月 22 日，累计净值增长率高达 30.60%，给投资者带来了丰富的收益。

四、其他

2004 年以来，中国农业发展银行先后出台数十项改革创新举措，实现内生性持续健康发展。深化经营机制改革，实行政策性、准政策性和商业性业务分别反映、分类管理；开辟市场化筹资机制，资金自给率达到86.3%；由原来单一的支持粮棉油收储信贷业务，发展为“两轮驱动”业务的发展战略，即一方面着力发展以粮棉油收储、加工、流通为重点的全产业链信贷业务，另一方面着力发展以新农村建设和水利建设为重点的农业农村基础设施建设中长期信贷业务；2012年，发放粮棉油收储贷款 5 456.3 亿元，同比增长 25.9%；农业农村基础设施贷款 2 604.6亿元，支持项目 1 788 个。

2012 年 3 月，中国人民银行、财政部、商务部、海关总署、国家税务总局和银监会联合发布了《关于出口货物贸易人民币结算企业管理有关问题的通知》，放开跨境贸易人民币结算试点企业，对出口贸易人民币结算企业实行重点监管名单管理。近日，六部委在各省（自治区、直辖市）和计划单列市人民政府上报的企业名单基础上，联合审核下发了出口货物贸易人民币结算重点监管企业名单。名单下发后，境内所有具有进出口经营资格的企业均可依法开展出口货物贸易人民币结算业务。

银行业金融机构在办理各项跨境人民币业务时，应按照相关要求和审慎监管规定，依托人民币跨境收付信息管理系统，查询重点监管企业名单，在办理业务过程中加强审核，切实防范风险。重点监管企业开展跨境贸易人民币结算业务所获得的人民币资金不得存放境外。六部委将在各自职责范围内依法对重点监管企业开展出口货物贸易人民币结算业务加强管理。

2009 年 7 月跨境贸易人民币结算试点启动时，有 365 家企业参加首批试点。2010 年 6 月，境内试点地区扩大至 20 个省市后，试点地区的企业可以以人民币进行进口货物贸易、跨境服务贸易和其他经常项目结算，出口货物贸易人民币结算试点企业也扩大至 6 万多家。2011 年 8 月，跨境贸易人民币结算境内地域范围扩大至全国。两年多来，跨境贸易人民币结算各项措施逐步完善，结算规模稳步上升，企业参与出口货物贸易人民币结算的需求进一步扩大。

《通知》明确，参与出口货物贸易人民币结算的主体不再限于列入试点名单的企业，所有具有进出口经营资格的企业均可开展出口货物贸易人民币结算业务。

《通知》规定，为促进出口货物贸易人民币结算的正常规范开展，防范风险，提高监管有效性和针对性，有关部门将对近两年在税务、海关、金融等方面有比较严重违法行为的企业进行重点监管，以督促其依法合规办理业务。对重点监管范围实行动态管理，每年进行调整。

第十四部分

科技金融

一、基本情况

2011，科技部与国家开发银行、中国进出口银行、中国农业发展银行、中国银行、招商银行、光大银行、中国农业银行、交通银行、深圳证券交易所、中国国际金融有限公司、中国出口信用保险公司等建立了合作关系，引导和推动金融机构积极开展科技金融工作。

据中国科技金融发展科技报告称，全国已有26家不同类型的科技金融服务中心，面向科技型中小企业提供投融资服务；在国家科技支撑计划的支持下，成都、武汉、天津等地正在联合组建面向科技型中小企业的科技金融信息服务平台；科技部、银监会积极推动建立“科技型中小企业信贷项目评审科技专家咨询服务平台”，目前已有近3 000名专家为银行提供技术咨询服务；中关村科技园区、苏州高新区、无锡高新区等地分别成立了专业投资科技型中小企业的投融资机构；中新力合、阿里金融、全球网、融资城等社会中小微企业融资平台蓬勃发展。

截至2011年年底，中小板市场挂牌上市公司数量达到639家，创业板市场挂牌上市公司数量达到281家，总上市中小企业数达到920家，其中高新技术企业占比约75.33%。“中关村非上市公司股份代办转让系统试点”工作顺利开展，挂牌的企业到106家，28家挂牌公司完成了35次定向增资。增资股数3.05亿股，募集资金16.84亿元，有5家公司转到中小板或创业板上市。

2006年，保监会和科技部联合启动科技保险试点工作。2007年，确立了在北京、天津、重庆、深圳、武汉等地开展首批科技保险试点，仅在两年试点期间，试点城市科技保险保费就已达到13亿元，为科技企业提供了3 874亿元的风险保障，已决赔款7亿多元。中关村科技园区试点自主创新产品首台（套）保险分担机制，设计首台（套）重大技术装备质量保证保险、产品责任保险、运输保险等产品，引导保险机构积极参与首台（套）保险工作。2011年，科技保险对高新技术产业的支持规模继续扩大，全年实现承保金额超过5 200亿元。2012年，中国人保财险在苏州设立全国首家科技保险支公司，阳光财险、国泰财险、太平洋财险等6家保险公司联合交通银行苏州分行成立全国第一个科技型中小企业贷款保证保险共保体、银行、保险、保险经纪等金融机构联手提供创新的集成金融服务。

二、科技银行业务

据统计，全国国家高新区营业总收入从2002年的1.53万亿元增长至2012年的16.7

万亿元。年均增长27%，工业增加值占全国工业增加值的14.5%。2011年，高新区企业研发经费支出占全国企业的34.7%，获得发明专利授权量占全国企业的50.7%。中关村、东湖、张江国家自主创新示范区为推动新时期创新发展进行了积极探索，引领示范效果显著。

银监会2011年先后发布了《关于支持商业银行进一步改进小企业金融服务的通知》（银监发［2011］59号）和《关于支持商业银行进一步改进小企业金融服务的补充通知》（银监发［2011］94号），明确鼓励小企业专营机构要延伸服务网点，对于小企业贷款余额占企业贷款余额达到一定比例的商业银行，银监会支持其在机构规划内筹建新的专营机构、网点。同时，在有效控制风险的基础上，鼓励和支持商业银行通过制度、产品和服务创新，积极与地方科技部门（国家高新区）合作建设一批主要为科技型中小企业提供信贷等金融服务的、符合中国国情的科技支行。

国内新设立的科技支行，针对科技型中小企业的特点，进行了多种金融创新，为企业提供包括贷款融资在内的多项服务，已解决科技型中小企业的贷款融资困难，促进科技成果的转化和产业化，扶持本地产业的快速成长。很多地方还专门设立针对科技型中小企业的科技小额贷款公司，如湖北省武汉市有科技小额贷款公司3家，2012年10月末，贷款余额1.71亿元，新增贷款额1.26亿元。目前江苏省已批准设立科技小额贷款公司44家，累计为2 171家中小企业发放贷款209亿元，信贷客户中科技型中小企业占60%以上，应收账款质押和股权质押贷款也是商业银行针对科技型企业提供的较常见的金融产品。杭州银行北京分行推出针对中关村代办挂牌企业的股权质押贷款，累计为38家（次）企业发放贷款6.6亿元。交通银行北京市分行、招商银行、浦发银行、汉口银行等也都开展了这两项业务。

2011年，上海市科委与浦发银行合作，推出了基于科技小巨人（培育）企业特点的纯信用贷款产品——科技小巨人信用贷款产品（以下简称信用贷）。小巨人信用贷款上限1 000万元，小巨人培育企业贷款上限500万元。目前，共有90余家企业获得5亿元贷款。2010年，上海市与浦发银行等银行和太平洋保险合作，在国内率先推出了科技型中小企业履约保证保险贷款（以下简称履约保）产品。企业在获得贷款的同时购买贷款履约保险，不需要提供任何担保或抵质押，市科委、银行和保险公司分别承担25%、30%和45%的坏账风险。交通银行苏州科技支行推出的“科贷通”业务已累计向600余家科技型中小企业发放贷款31.36亿元，其中45%的企业为首次货贷。天津市科技今日服务中心是2012年天津市科委与浦发银行天津分行合作建立的天津市科技金融服务中心市科技金融综合服务机构。中心内分别设立“银行服务区”“综合金融服务区”“股权投资服务区”与“路演对接服务区”，为综合性科技金融服务创造了良好的硬件条件与环境。

截至2012年年底，共有18家银行在中关村设立了专门为科技企业服务的信贷专营机构或特色支行，北京银行和中国建设银行设立了中关村分行。各项创新试点工作进展顺利，以中关村科技担保公司为平台，已累计为企业提供贷款担保641亿元，其中2012年新增担保120亿元。累积组织149家（次）中小企业发行直接融资产品，融资额共计27.7亿元。各银行累计为347家企业提供705笔信用贷款，实际发放135亿元，信用保险及贸易融资试点工作进展顺利，累计为

65 家（次）企业提供近 200 亿元的信用保险和 10 亿元的贸易融资贷款；累计发行知识产权质押贷款 97.6 亿元；中关村小额贷款公司累计发放贷款 33.4 亿元。

天津市在国内首创并率先实施了面向广大科技型中小企业的科技计划项目与银行贷款相结合的无抵押、无担保打包贷款工作。截至 2011 年年底，为 435 家科技型中小企业解决无抵押无担保的打包贷款 17 360 万元，财政拨款 8 985 万元，银行增放 16.99 亿元。截至 2012 年 11 月底，累计为 577 家企业解决无抵押无担保的打包贷款 23 040 万元，财政拨付资金 1.18 亿元，银行增放 27.04 亿元。

重庆市科委已与 13 家银行建立合作关系先后推出知识产权质押贷款、商标专用权质押贷款等创新产品。鼓励银行将贷款资源向科技型中小企业倾斜；在国内率先建立了“科技专家参与贷前评审机制”实施框架，提高银行科技项目信贷评审效率；已成立 5 家科技支行，为科技型中小企业开辟“授信绿色通道”，在准入标准、融资成本、风险分担方面进行了积极实践；成立了政策性科技担保公司，积极创新担保模式，探索无实物抵押贷款担保模式。截至 2012 年 9 月，全市科技贷款余额达 32.21 亿元，其中中小企业科技贷款余额 14.56 亿元，科技担保覆盖 100 余家科技型中小企业，担保余额已逾 7.11 亿元。

2012 年，中国农业发展银行加大对种子业、节水灌溉、农业机械等农业科技的信贷支持力度。累计发放农业科技贷款 194.51 亿元，支持企业 531 家，同比增加 43.41 亿元，增幅 28.73%。其中，对隆平高科、敦煌种业等种子企业累计发放贷款 61.94 亿元；为支持农机行业发展，累计发放农业科技贷款 26.75 亿元；支持农业节水灌溉项目，累计发放贷款 32.12 亿元。截至 2012 年年末，农业科技贷款余额 200.95 亿元，比年初增加 62.63 亿元。

近年来，交通银行从政策、资源、制度、渠道、产品、平台等方面入手，积极支持科技型企业的发展，努力探索科技金融服务创新模式，取得了较好的成就。截至 2012 年 9 月末，科技型中小企业贷款余额 216.66 亿元，较年初增加了 38.66 亿元。交通银行科技金融服务产品“智融通”、交通银行苏州分行科技金融部、交通银行北京中关村分行行长先后被监管机构授予“小企业金融服务特色产品”“小企业金融服务先进单位”“小企业金融服务先进个人”荣誉称号。

截至 2012 年 11 月底，中国光大银行服务科技型中小企业客户近 6 000 家，整体授信余额 524.8 亿元，占全行中小企业业务授信 10.7%。

中国光大银行对有碳减排交易收入的企业及其上下游相关产业链予以金融支持，对拥有自主核心技术及较强科研实力的企业予以单独授信支持。目前，中国光大银行仅通过 EMC 、CDM 和绿色权益金融模式，为近百户高科技中小企业累计提供金融融资超 50 亿元。

中国光大银行已在 74 个国家高新区开展科技金融服务，截至 2012 年 10 月，高新区内的科技型中小企业客户达到了 883 家，主要分布在深圳市、北京市和江苏省等科技创业活动活跃、民营经济发达地区，授信余额达到 278 亿元。

截至 2012 年 10 月末，招商银行科技贷款总额 1 505.24 亿元，较 2009 年年末增长 70.11%，涉及科技企业 12 147 家，较 2009 年末增长 68.73%。其中，向科技型中小企业发放的贷款总量 1 253.56 亿元，较 2009 年年末增长 123.87%，服务的科技型中小企业数量 10 601 家，较 2009 年年末增长 147.17%；招行作为首次贷款银行提供融资服务的科技型中小企业贷款数量达到 7 781 家，较 2009 年年末增长 280.49%，共发放贷款 920.10 亿元，较 2009 年年末增长 244.63%。招商银行历年科技贷款情况（见表 14-1）。

表 14-1　招商银行历年科技贷款情况

科技信贷		2009 年	2010 年	2011 年	2012 年 1～10 月
科技贷款总体情况	余额/亿元	884.87	1 074.92	1 302.75	1 505.24
	企业数量/家	7 199	8 588	1 065	12 147
科技型中小企业贷款情况	余额/亿元	559.94	754.49	997.52	1 253.56
	企业数量/家	4 289	5 429	7 700	10 601
作为首贷银行提供融资的科技型中小企业贷款情况	余额/亿元	266.98	424.40	641.69	920.10
	企业数量/家	2 045	3 054	4 954	7 781

数据来源：《中国科技金融发展报告》。

浦发银行是最早成立科技金融专业机构的商业银行。截至 2012 年 10 月末，浦发银行已为近3 500家科技型中小企业发放贷款近 120 亿，科技型中小企业贷款余额在全部科技相关企业贷款余额中的占比近 20%。在贷款行业中，制造类占比超过 60%，批发零售业占比近 15%。

2009 年，南昌市被国家知识产权局列为知识产权质押融资试点城市，成立了由政府分管领导为组长的知识产权质押融资工作领导小组，制定并出台了《关于推进南昌市知识产权质押融资工作的实施意见》，设立了南昌市知识产权质押融资专项资金，重点对本市企业获得的发明专利权、实用新型专利权、外观设计专利权、商标专用权和版权中的一种或几种实施知识产权质押，并对这些知识产权质押获得的银行贷款所发生的利息进行贴息补助，确保了知识产权质押融资工作的健康稳步推进，取得了良好的社会效益。截至 2011 年，全市共有 6 家企业获得银行知识产权质押融资贷款 1.408 亿元。

截至 2012 年三季度末，开发银行科技贷款外币累计发放额为 2 476 亿元，贷款余额 1 517亿元，其中外币余额 19.7 亿美元。其中重大科技项目贷款余额 839 亿元，占比 55.3%；科技园贷款余额 487 亿元，占比 32.1%；科技中小型企业贷款余额 152 亿元，占比 10%；产学研贷款余额 39 亿元，占比 2.3%；高科技创业投资贷款及创业投资基金贷款余额 4.5 亿元，两项占比 0.3%。

三、科技投资业务

据统计，2011 年中国创业风险投资机构当年新增投资项目 1 894 项，投资金额为

545.3 亿元。其中，投资于高新技术企业项目为 987 项，投资金额 229.8 亿元。截至 2011 年年底，累计投资项目 9 978 项，较 2010 年增加 1 285 项，增长 14.8%，其中投资高新技术企业项目 5 940 项，占比 59.5%；累计投资金额 2 036.6 亿元，较 2010 年增长 36.6%，其中投资高新技术企业 1 038.6 亿元，占比 51.0%。相比而言，高新技术企业项目单笔投资均值 1 748.5 万元，略小于总体项目投资均值 2 041.1 万元。

科技国际融资洽谈会交流服务功能不断提升。已连续 6 年成功举办中国企业国际融资洽谈会——科技国际融资洽谈会。2012 年，第六届科技国际洽谈融资会科技金融馆为 400 多家科技企业，60 家金融、投资及中介机构安排了融资对接活动，总融资需求近 100 亿元。会上筛选出 19 家科技企业进行了融资路演。

2011 年，上海市创业投资引导基金与 12 家社会机构正式签订合作协议，围绕新一代信息技术和生物两大领域率先设立首批 12 家创投基金。这 12 家机构中，包括正赛连创业投资有限公司、创新工场投资中心、武岳峰创业投资企业等，12 支基金总规模超过 40 亿元，其中引导基金承诺出资 7.35 亿元，政府引导基金放大 5 倍以上。有 76%的基金以投资早中期项目为主，有 24%的基金以投资种子期和早期项目为主。

2009 年，在长春高新技术产业区实施新一轮发展战略和“十二五”发展规划的大背景下，为破解科技型中小型企业融资难问题，长春高新区成立了金融工作领导小组；2010 年又率先成立专职金融服务机构——金融上市办公室和长春高新区科技型中小企业投融资服务中心。长春高新区自身形成了一套由金融上市办统筹构架、科技型中小企业投融资服务中心搭桥对接。

2011 年 5 月，吉林省、长春市、长春高新区三级科技和金融结合试点领导机构和联席会议制度建立，吉林省政府成立由主管副省长为组长，吉林省科技厅牵头，会同“一行三局”（即吉林省中国人民银行、吉林省证监局、吉林省银监局、吉林省保监局）以及吉林省金融办、吉林省财政厅等部门组成吉林省“促进科技和金融试点建设领导小组”。

设立中科院项目专项资金。制定出台《鼓励和支持中国科学院项目入驻长东北科技创新中心暂行方法》，由高新区财政出资设立 3 亿元的风险投资基金，优先用于中科院入驻项目的股权投资和风险投资；每年出资 1 亿元，设立中科院项目资金，支持平台建设运营、项目技术研发、成果转化、产业化示范和人才引进等。

2009 年，长春高新区在原长春高新风险投资公司基础上，设立总投资额 10 亿元的科技成果转化基金和总投资额 3 亿元的长春高新创业投资集团有限公司，并以高新创投集团为母体，依托国家和吉林省、长春市相关部门的资金支持，通过参股、给予启动经费、房租补贴等方式引进中国银河投资、盈富泰克创投等创投公司，联合募集成立高新创投基金、国家生物医药发展基金、汽车电子产业发展基金等专项股权投资基金，引导股权投资机构集群化发展。

高新区财政出资设立“长春高新区科技型中小企业贷款风险补偿专项基金”，用于高新区内科技企业增信、银行信贷风险补偿，引导合作银行为企业提供信贷支持，目前已与国家开发银行、中国银行、光大银行、中国工商银行、兴业银行等 13 家银行签署合作协议。

建立了由 200 户企业组成的重点上市企业库，帮助企业提供财务指标水平，策划和落实改制上市方案，提前做好上市前准备工作。目前已经确定的境外上市储备企业 11 家，第三板储备企业 50 家。

开发银行积极支持了天津滨海新区创业风险投资引导基金、成都高新创业新投资公司、苏州创投引导基金、武汉光谷创投基金等创业风险投资机构，并于 2012 年 12 月与苏州创投集团共同发起设立了规模达 600 亿元的中国首只国家级大型人民币母基金——国创母基金。

自 2007 年以来，进口银行支持的科技企业数量和贷款规模均呈现较大幅度增长。其中，支持的科技企业数量从 2007 年的 128 家增至 2012 年的 207 家，增幅达 61.72%；贷款业务余额从 2007 年的 284.26 亿元增至 2012 年的 447.39 亿元，增幅达 57.39%。

四、科技保险业务

截至 2011 年年底，由财政部、科技部设立的“科技型中小企业创业投资引导基金”共安排财政资金 15.59 亿元，通过风险补助、投资保障、阶段参股 3 种支持方式共立项 904 项。

全国共有 188 家创业风险投资机构获得各类政府引导基金支持，政府创业风险投资引导基金累计出资 260.08 亿元，引导带动的创业风险投资管理资金规模达 1 407 亿元。

截至 2012 年 9 月 30 日，人保科技保险累计保费收入 2.4 亿元，承包科技保险业务 4 091 笔，承保企业 617 家，提供保险保障金额达到 3 658.8 亿元。其中 2011 年全年科技保险保费科技收入 5 032 万元，比 2010 年增长近 20%，承保科技保险业务 667 笔，提供保险保障金额 1 041.4 亿元；2012 年 1～9 月，科技保险保费收入为 6 092.9 万元，承保科技保险业务 1 819 笔，提供保险保障金额 1 027.2 亿元，同比增速再创历史新高。

2008 年至 2012 年 9 月底，人保受理各类科技保险赔案共 1 474 件，支付已决赔款 8 145.2万元，未决赔款 1 652.3 万元，预计最终赔款 1.09 亿元。其中 2011 年全年受理科技保险赔案共 315 件支付已决赔款 3 472.3 万元，未决赔款 445.8 万元，预计最终赔款 4 701.6万元；2012 年 1～9 月受理科技保险赔案 2 076 件支付已决赔款 398.5 万元，未决赔款 1 098.5 万元预计最终赔款 10 497.0 万元。

截至 2012 年第三季度末，人保共有 15 个地区开办了科技保险，江苏省、北京市、四川省 2011—2012 年第三季度末累计保费收入位于所有试点地区前三名。其中，江苏分公司科技保险业务规模位于全国第一，实现保费收入 5 140.2 万元，承保业务 378 笔，风险保额达到 866 亿元；北京分公司科技保险实现保费收入 2 959.1 万元，承保业务 278 笔风险保额达 625.4 亿元；四川分公司科技保险实现保费收入 2 165.8 万元，承保业务 247 笔，风险保额达到 437.1 亿元。

高新技术企业保险收入及赔款情况（见表 14-2）。

表 14-2　高新技术企业保险收入及赔款情况

序号	产　　品	保费收入/万元	保险金额/亿元	保单数量/笔	已决赔款/万元
1	高新技术企业财产保险（一切险）	4 561.0	1 118.3	362.0	1 529.1
2	高新技术企业关键研发设备保险	1 949.2	337.4	236.0	289.0
3	高新技术企业财产保险（综合险）	1 913.5	282.5	262.0	1 962.4
4	高新技术企业产品质量保证保险	1 066.0	150.1	37.0	7.7
5	高新技术企业产品责任保险	875.1	43.8	99.0	17.8
6	中小企业贷款信用保证保险（江苏、浙江）	451.1	2.8	1 236.0	0.0
7	高新技术企业营业中断保险（A款一研发中断保险）	433.0	92.6	41.0	0.0
8	高新技术企业雇主责任保险	259.5	21.2	61.0	48.0
9	高新技术企业高管人员和关键研发人员团队意外伤害保险	234.1	18.1	102.0	16.7
10	高新技术企业环境污染责任保险	138.8	1.1	34.0	0.0
11	高新技术企业董事会监事会高级管理人员职业责任保险	14.0	0.2	2.0	0.0
12	高新技术企业高管人员和关键研发人员团体健康保险条款（A款）	12.3	0.1	7.0	0.0
13	高新技术企业产品研发责任保险	12.0	0.4	5.0	0.0
14	高新技术企业小额贷款保证保险	5.8	0.04	2.0	0.0
合　　计		11 925.4	2 068.6	2 486.0	3 870.7

数据来源：《中国科技金融发展报告》。

五、科技担保业务

融资性担保机构与银行业金融机构合作进一步加强。截至2011年年末，与融资性担保机构开展业务合作的银行金融机构总计15 997家（含分支机构），同比增长32.6%；融资性担保贷款户数18.1万户，较2010年年末增加1.6万户，增长9.6%；融资性担保贷款在银行业金融机构各项贷款中余额占比2.2%，户数占比9.7%，较2010年年末分别增加0.4和0.5个百分点。

目前国内科技担保机构约200家。其中，由各级科技部门设立科技担保机构共有44家，注册资金35.5亿元，共为8 014家科技型中小企业提供担保，担保金额合计198.5亿元；平均每家机构为182家企业提供过担保服务，每家企业平均担保金额为248万元，担保资金放大5.58倍。在国家高新区内设立的担保机构共70家，注册资金合计93.6亿元，担保科技型中小企业共10 641家，担保金额合计 685.2 亿元；平均每家机构为 152 家企业提供过担保服务，每家企业平均担保金额为 644 万元，担保资金放大倍数是 7.31。如北京中关村高科技园区以中关村科技担保公司为平台，已累计为企业提供贷款担保 641 亿元，其中 2012 年新增担保 120 亿元。累计组织 149 家（次）中小企业发行直接融资产品，融资额共计 27.7 亿元。

国内比较活跃的科技担保公司的担保业务（见表 14-3）。

表 14-3 国内比较活跃的科技担保公司的担保业务

企业名称	累计担保金额/亿元	累计担保企业数/家	累计担保科技型中小企业数/家	累计担保科技型中小企业金额/亿元
北京首创投资担保有限责任公司	750	8 000	5 500	500
苏州融创担保投资有限公司	37.5	513	177	11.5
北京中关村科技担保有限公司	407	8 500	7 200	320
厦门火炬集团科技担保有限公司	3	60	60	3
重庆科技融资担保有限公司	2	30	14	20
武汉科技担保有限公司	40	800	650	33
杭州高科技担保有限公司	10	360	360	10
成都高投融资担保有限公司	46	720	630	40

数据来源：《中国科技金融发展报告》。

六、科技产品交易

2012 年全国技术成交情况。2012 年全国共成交技术合同 282 242 项，成交金额 6 437.07 亿元，同比增长 10.07%和 35.13%。平均每项技术合同成交金额 228 万元，同比增长 22.58%。成交金额前十位的省市依次为北京、上海、江苏、广东、陕西、辽宁、天津、湖北、重庆、山东。技术开发、技术服务仍为技术交易的主要形式，分别达成技术合同成交金额 2 635.95亿元和 2 630.07 亿元，成交额占全国的 81.81%，增幅分别为 21.48%和 38.12%；技术转让合同增长 95.04%，达到 1 020.84 亿元；技术咨询合同略有下降，成交额 150.22 亿元，降幅 9.63%。

按技术领域统计，成交金额居前三位的是电子信息技术、先进制造技术和现代交通。其中，电子信息产业技术成交额为 1 930.12 亿元，增长 57.91%，占全国的 29.98%；先进制造技术成交额为 985.53 亿元，增长 37.55%，占全国的 15.31%；现代交通成交额 649.11 亿元，占全国的 10.08%。各技术领域中，核应用技术和航空航天领域的技术交易增长最为显著，成交额为 135.97 亿元和 383.64 亿元，增幅分别为 104.29%和 142.86%。

按知识产权类型统计，涉及各类知识产权的技术合同 156 125 项，占总项数的 55.31%；成交金额 3 621.02 亿元，较上年增长 23.61%，占总成交金额的56.25%。其中，涉及专利和植物新品种的技术交易显著增长，成交金额分别为670.84亿元和23.57亿元，增幅为87.88%和94.91%；技术秘密仍是知识产权的主要形式，成交金额2 017亿元，增长3.33%，占全国成交总金额的31.33%。

按科技计划项目统计，涉及各级政府科技计划项目成果的技术交易增长显著。成交项数45 115项，同比增长24.73%，成交金额1 458.33亿元，增幅达98.67%。国家和部门计划项目成交23 353项，较上年增加4 578项，成交金额622.43亿元，增长92.68%；省（区、市）计划成交11 943项，成交额551.25亿元，增长92.8；地（市、县）计划成交9 819项，成交284.66亿元，较上年增长127.53%。

按技术领域统计，先进制造、电子信息和新能源与高效节能领域成交金额居前三位。其中，先进制造领域共成交合同1 576项，成交金额45.14亿元，同比分别增长46.06%和22.98%；电子信息领域技术交易由2011年第四位上升到第二位，共成交合同3 635项，成交金额33.02亿元，同比分别增长31.42%和82.41%；新能源与高效节能领域成交合同2 069项，成交金额24.33亿元，同比分别增长14.31%和4.39%。

2011年全国技术合同交易情况（见表14-4）。

2011年常设技术（产权）交易机构统计情况（见表14-5）。

表14-4　2011年全国技术合同交易情况

单位：项、亿元

地　区	输出技术			吸纳技术		
	合同数	成交额	排名	合同数	成交额	排名
合计	256 428	4 763.6		256 428	4 763.6	
北京	53 550	1 890.3	1	36 021	679.3	1
天津	11 699	169.4	6	8 750	174.0	7
河北	4 400	26.3	21	5 871	69.0	15
山西	830	22.5	23	3 222	70.8	14
内蒙古	1 386	22.7	22	3 399	72.2	13
辽宁	16 796	159.7	7	14 573	396.7	2
吉林	3 072	26.3	20	3 200	33.7	25
黑龙江	1 918	62.1	14	2 985	64.5	16
上海	29 005	480.8	2	27 158	340.4	4
江苏	24 526	333.4	3	23 772	375.5	3
浙江	13 858	71.9	10	16 220	95.3	9
安徽	5 795	65.0	13	6 073	49.6	19
福建	4 749	34.6	18	5 379	59.1	18
江西	2 261	34.2	19	2 716	42.1	20
山东	9 037	126.4	8	11 391	187.8	6
河南	5 010	38.8	16	6 298	62.3	17
湖北	7 747	125.7	9	7 289	86.3	10

（续）

地　　区	输出技术			吸纳技术		
	合同数	成交额	排名	合同数	成交额	排名
湖南	5 654	35.4	17	5 764	38.8	22
广东	19 637	275.1	4	21 845	225.0	5
广西	778	5.6	27	1 784	18.5	28
海南	396	3.5	30	1 122	13.1	30
重庆	3 270	68.2	11	2 854	84.3	11
四川	9 919	67.8	12	9 281	80.9	12
贵州	736	13.7	25	2 131	32.0	26
云南	1 241	11.7	26	3 043	34.7	24
西藏	—	—	31	269	3.2	31
陕西	11 125	215.4	5	8 370	100.5	8
甘肃	3 754	52.6	15	4 032	39.5	21
青海	523	16.8	24	1 140	28.4	27
宁夏	552	3.9	29	1 200	16.6	29
新疆	1 473	4.4	28	3 006	37.1	23
台湾	150	16.5		203	7.3	
香港	70	8.4		947	26.2	
澳门	—	—		29	0.4	
国外	1 511	274.8		5 091	1 118.8	

数据来源：《2011 年全国技术市场统计年度报告》。

表 14-5　常设技术（产权）交易机构统计表（2011）

单位：万元

常设技术（产权）交易机构	合计	促成技术（产权）交易情况							
		专利技术交易	专有技术（技术秘密交易）	专利实施许可	国家计划项目成果交易	技术入股	股权交易	其他	合计
	项数	金额	金额	金额	金额	金额	金额	金额	金额
中国技术交易所有限公司	20	2 815	726	10 800	0	0		0	14 341
北京技术交易促进中心	40	4 500	0	0	0	0	0		4 500
北方技术交易市场	60	0	27 400	0	0	0	0	0	27 400
沈阳技术交易中心	62	4 391	793	2 745	1 256	0	0	0	9 185
深圳市南方国际技术交易市场	22 347	18 216.3	0	5 357.7	4 826.1	0	0	1 008.2	29 408.3

（续）

常设技术（产权）交易机构	合计	促成技术（产权）交易情况							
		专利技术交易	专有技术（技术秘密交易）	专利实施许可	国家计划项目成果交易	技术入股	股权交易	其他	合计
	项数	金额	金额	金额	金额	金额	金额	金额	金额
江苏省技术市场	589	9 700	121 000	15 100	0	80	0	0	145 880
武汉科技成果转化服务中心	60	0	0	0	6 000	0	0	9 000	15 000
广西技术市场	68	0	0	0	0	0	0	300 600	300 600
福州技术市场	15	55	133	803	0	0	0	0	991
广西柳州市技术交易中心	14	0	22 150	0	0	0	0	0	22 150
兰州西北技术交易市场	40	2 570	0	850	0	380	0	700	4 500
小计	23 315	42 247. 3	172 202	35 655. 7	12 082. 1	460	0	311 308. 2	573 955. 3
北京产权交易所有限公司	858	0	0	0	0	0	4 761 600	0	4 761 600
上海联合产权交易所	464	28 900	24 300	10	0	0	1 454 117. 5	0	1 507 327. 5
深圳联合产权交易所有限公司	28 365	0	0	0	0	0	12 294 230	0	12 294 230
青岛技术产权交易所	295	5 085. 87	24 781. 53	4 082. 87	230	0	0	40 823. 71	75 003. 98
西安技术产权交易有限公司	40	430	0	850	0	1 200	70 000	0	72 480
哈尔滨国际技术产权交易中心	1	0	0	100	0	0	0	0	100
武汉光谷联合产权交易所	426	176. 72	82 942. 58	18 907. 43	130	0	0	29 198. 03	131 354. 76
小　计	30 449	34 592. 59	132 024. 11	23 950. 3	360	1 200	18 579 947. 5	70 021. 74	18 842 096. 24
合　计	53 764	76 839. 89	304 226. 11	59 606	12 442. 1	1 660	18 579 947. 5	381 329. 94	19 416 051. 54

数据来源：《2011 年全国技术市场统计年度报告》。

七、科技金融平台

自2006年，中国建立证券公司代办股份转让系统以来，经过多年的发展，中国场外交易市场进入加速发展阶段。2012年8月3日，中国证监会宣布，扩大非上市股份公司股份转让试点，除北京中关村科技园区，新增上海张江高新技术产业开发区、武汉东湖新技术产业开发区、天津滨海高新区3个国家级高新区。2012年9月7日，扩大合作试点备忘录暨首批企业挂牌仪式在京举行。来自北京中关村、天津滨海、上海张江和武汉东湖四家高新技术园区的8家公司集体挂牌。2012年9月20日，全国中小企业股份转让系统有限责任公司正式在国家工商总局登记注册，全国场外市场运管机构正式成立。2012年10月11日，中国证监会发部《非上市公众公司监督管理办法》，将于2013年1月1日起正式实施，在全国场外市场的挂牌公司将纳入非上市公众公司统一监管范畴。

2011年年底，武汉市在整合相关资源基础上打造"光谷资本大厦"，已聚集银行、证券、保险、股权投资基金等机构50余家以及股权托管交易中心、农畜产品交易所、金融资产交易所等7家交易所。武汉市先后成立了"武汉金融超市""武汉科技金融公共服务平台"等机构。2012年累计受理科技型企业600多项融资需求，对接金融机构近1 000家，约100家科技型企业实现融资授信40亿元。

八、重点科技金融项目

天津科技小巨人企业

截至2012年9月30日，天津市科技型中小企业累计达到3.36万家，占全市企业总数的比重从2010年的9%提高到16%，科技小巨人企业达到1 744家。2011年，科技型中小企业共实现工业总产值8 442.68亿元，实现主营业务收入9 057.97亿元。小巨人企业主营业务收入达到8 008亿元，占全市科技型中小企业主营 业务收入的比重从2010年的74%提高到87%。用两年时间完成了5年的目标任务。

与2010年1.25万家科技型中小企业数量相比，两年来全市新增科技型中小企业21 101家，其中原有企业转型升级的6 494家（占31%），新引进企业9 291家（占44%），本地创办企业5 336家（占25%）。

全市3.36万家科技型中小企业中，70%的科技型中小企业、85%的科技小巨人企业，分布在航空航天、生物医药、新能源、新材料、节能环保等战略性新兴产业领域。科技型中小企业已经成为战略性新兴产业发展新的增长点和动力引擎。

自2010年9月，天津市委、市政府召开加快科技型中小企业发展动员大会以来，天津科技型中小企业年销售收入在亿元以上的“小巨人”加快成长壮大，目前已达到1 067家，2011年累计实现主营业务收入4 700亿元，上缴税金225亿元，同比增长68%，占全市科技型中小企业税收70%以上。去年，天津市区两级财政和部门落实支持科技型中小企业发展资金30亿元，带动社会融资179亿元，为“小巨人”快速成长注入了动力。

天津市科技型“小巨人”企业大部分分布在航空航天、生物医药、新能源、新材料、节能环保等战略性新兴产业领域。这些企业主要为龙头企业提供关键材料、零部件等配套，有的直接从事高新技术研发、转化和服务。

截至2012年9月，5家市级高新区聚集企业达到1 413家，企业总数同比增长24.27%。其中，科技型中小企业占58.17%，同比增长71.61%；小巨人企业占5.5%，同比增长77.27%；园区企业研发总投入达到15.54亿元，同比增长128.38%；园区内每万名从业人员拥有的当年新增授权发明专利数达到140件，同比增长12.9%。5家市级高新区与50余所高校院所建立了产学研合作关系，共聚集国家级工程技术中心、生产力中心、科技企业孵化器等国家级科技服务机构6家；聚集市级重点实验室、企业技术中心、工程技术中心、科技企业孵化转化载体等各类市级科技服务机构35家，同比增长16.7%；同时还集聚了银行、风险投资、小额贷款、担保、人才、企业管理、专利服务等金融和科技服务机构110多家，园区逐步形成了服务企业研发、转化和产业化的综合服务体系。

上海科技小巨人企业

2011年度科技小巨人工程立项工作已全面完成，其中科技小巨人企业37家，科技小巨人培育企业102家，资助经费1.575亿元。6年来累计支持科技小巨人企业172家，科技小巨人培育企业561家。据不完全统计，733家企业年度销售额已突破1 500亿元，已有上市企业29家，其中创业板上市的企业15家，中小板上市的企业11家，其他3家。

上海市科委与浦发银行日前联合推出“科技小巨人信用贷”，为处于成长与发展过程中的科技型中小企业提供增量贷款。自今年9月试点以来，共有60家企业参与首批试点，获得信用贷款总额3.325亿元。

科技小巨人工程是上海支持科技型企业发展的重要举措，是政府评价体系与银行信用评级进行信息互换的有益尝试。该贷款产品具有无抵押无担保、利率低、贷款申请流程方便等特点，贷款金额从500万～1 000万元不等。

第十五部分

数据金融

一、基本情况

由于中国缺乏系统化金融数据的研究，在金融数据的应用研究和编制上也处于落后状态。在直接投资领域、商业银行领域、融资租赁领域、资产管理领域和投资担保领域等均需要有专业机构提供产业化、专业化和适用性的数据链，而金融数据链的编制将从根本上提升中国金融业的发展水平。

中国金融领域的数据链也面临着产业化升级的需求。以往中国的金融机构所使用的诸多数据链，在数据的分类、数据的统计、数据的采集、数据的编制方面，都存在着碎片化和分散化的现象，缺少标准化的数据链。新型的数据运营商所推出的数据链将更符合金融领域的业务需要。

数据链的推广和运用也是金融服务的重要课题，中国金融如果能在世界金融的变革中占有一席之地，其重要的条件之一是必须能够广泛应用符合于中国特色的金融数据链。因此，中国不同类型金融数据链的专业性、适用性和应用性将影响着中国金融领域国际化的进程。

为了落实《国务院关于加快培育和发展战略性新兴产业的决定》，促进我国数据中心合理布局和健康发展，2013 年 1 月 11 日工业和信息化部、国家发展改革委、国土资源部、电监会、能源局五部委联合发布了《关于数据中心建设布局的指导意见》（以下简称《指导意见》）。

《指导意见》分别对新建超大型数据中心，新建大型数据中心，新建中小型数据中心和已建数据中心进行布局导向。从强化政策引导、加强应用引领、夯实网络能力、落实安全保障和发挥示范作用 5 个方面提出了数据中心建设布局的保障措施。

据悉，《指导意见》充分考虑资源环境条件，推进“绿色数据中心”建设，引导大型数据中心优先在能源相对富集、气候条件良好、自然灾害较少的地区建设。而新建中小型数据中心需重点考虑市场需求、能源供给等要素，在靠近用户所在地、能源获取便利的地区，依市场需求灵活部署。同时，针对已建数据中心，鼓励企业利用云计算、绿色节能等先进技术进行整合、改造和升级。另外，结合“宽带中国”战略，加快推动宽带网络建设，进一步优化互联网架构，提升互联网骨干网间互联互通水平，重点加强一类和二类地区的高速骨干网络建设和扩容力度，全面提升基础网络的能力和服务质量，满足各类数据中心建设和发展的需要。

根据平安和百度 2013 年 1 月初签署的合作协议，双方将借助百度的大数据优势，共同研究消费者在互联网上的行为习惯，进行产品创新。“比如车险业务，我们会一起分析整个中国的汽车车主，不同车型的车主，在互联网上做了什么样的事情，在被什么样的事情影响，通过数据挖掘和分析，研究出针对这一类人的营销策略。”

截至 2013 年一季度，平安和百度已经成立了数十人的联合项目组，百度方面以产品研发团队为主，包括市场、销售、产品、研发、云事业部、客服多个部门，平安方面则以新渠道产险和消费贷款团队为主。联合项目组将共同为平安通过百度获得的销售额负责，每周向双方的主管领导汇报，必要时双方的董事会都将介入。

大数据金融的代表互联网金融正不断推动着中国的金融改革。互联网金融的典型代表阿里巴巴充分利用其平台积累的大数据资源，将海量交易数据转化为金融商机，从“支付宝”到“余额宝”，通过对大数据的深度挖掘而实现更为合理的金融服务。

第一财经旗下的上海贝格数据计算机服务有限公司在北京发布“第一财经大数据金融终端”，标志着第一财经正式进军金融信息服务领域。据悉，这款金融终端产品将集成第一财经独家资讯，包括股市、汇市、债市、期市、原材料、大宗商品、公司与行业新闻等内容，涵盖 28 个主要行业，同时提供开放式架构和 Office 组件功能，支持客户整合自有研究数据。

麦肯锡称：数据已经渗透到当今每一个行业和业务职能领域，成为重要的生产因素。人们对于海量数据的挖掘和运用，预示着新一波生产率增长和消费者盈余浪潮的到来。据市场调研机构 Wikibon 指出，2012 年大数据市场总额为 114 亿美元，预计到 2017 年将增长到 470 亿美元。在 2012 年 3 月 29 日美国政府启动“大数据研究与开发计划”后，一股大数据热潮开始席卷全球。当移动通信技术打破网络边界之后，在为这些无法统计的设备搭建 IT 架构的同时，敏锐地 IT 企业嗅到了新的市场机会——大数据。

从技术发展趋势来看，大数据紧扣物联网、网络社交、多媒体等信息产生工具海量出现的大背景，解决了求解信息资源爆炸性增长难题的技术手段问题，因而备受关注。目前，运营商与互联网企业的微信之争升温，也是大数据时代跨界竞争的一个缩影，运营商不甘沦为管道力图摆脱腾讯对平台的掌控力，因为亿级用户背后的数据孕育巨大市场价值。

据中国行业研究网资讯，2013 年，以大数据为代表的新型技术将在两个层面改造金融业。一是金融交易形式的电子化和数字化，具体表现为支付电子化、渠道网络化、信用数字化，是运营效率的提升；二是金融交易结构的变化，其中一个重要表现便是交易中介脱媒化，服务中介功能弱化，是结构效率的提升。

伴随着大数据应用、技术革新及商业模式创新，金融业中的银行和券商也迎来了巨大的转变。此外，腾讯、阿里巴巴等互联网企业也在凭借其强大的数据积累和客户基础，进军金融业，开拓新的盈利点，这也成为金融产品在线销售的一大推动力。

从银行业来看，业内人士表示，互联网环境改变了金融客户的行为习惯，并且促进交易信息透明化，交易成本显著降低。此外，交易行为和信息数据的掌握方拥有更多的话语权。在互联网技术的推动下，金融行业、互联网行业之间的界线日渐模糊，行业融合日渐深入。

数据显示，2012 年年末，四大国有商业银行网银客户数量已经超过了 4.3 亿户，招行个人电子银行交易替代率达到了 90.66%。交通银行电子银行分流率现已超过 76%，而 3 年前的这一比例还在 50%。

据赛迪网资讯，2013 年大数据应用已经在金融业逐步推开，并取得了良好的效果，形成了一些较为典型的业务类型，如高频金融交易、小额信贷、精准营销等。

高频金融交易的主要特点是实时性要求

高和数据规模大。目前，沪、深两市每天4个小时的交易时间会产生3亿条以上逐笔成交数据，随着时间的积累数据规模非常可观。与一般日志数据不同的是这些数据在金融工程领域有较高的分析价值，金融投资研究机构需要对历史和实时数据进行挖掘创新，以创造和改进数量化交易模型，并将之应用在基于计算机模型的实时证券交易过程中。

阿里巴巴和建设银行在2007年推出一个专注于小企业的贷款计划—— e贷通，阿里巴巴拥有大量用户信息，并汇集了他们详细的信用记录，利用淘宝等交易平台掌握企业交易数据，通过大数据技术自动分析判定是否给予企业贷款；而建设银行坐拥巨额资金，希望贷款给毫无信用污点历史的小企业。2011年，双方合作到期后，没有续约，而选择了各自发展。到2012年年底，阿里巴巴累计服务小微企业已经超过20万家，放贷300多亿元，坏账率仅为0.3%左右，低于商业银行水平。而建设银行表示，在其电子商务网站推出后的6个月里，注册店铺已达到1万个，交易额达35亿元，目前，中国工商银行、中国银行和中国民生银行都在考虑开设类似网站。

招商银行通过数据分析识别出招行信用卡价值客户经常出现在星巴克、DQ、麦当劳等场所后，通过“多倍积分累计”“积分店面兑换”等活动吸引优质客户；通过构建客户流失预警模型，对流失率等级前20%的客户发售高收益理财产品予以挽留，使得金卡和金葵花卡客户流失率分别降低了15个和7个百分点。

随着数据价值被越来越多的认可，尤其是在金融企业业务转型时期，基于数据的业务及内部管理优化使得金融领域的大数据应用市场规模在未来几年将以高于整体水平的速度增长。

和其他行业一样，金融行业也开始进入了大数据时代，数据将给这个行业带来深刻的变化，一些互联网厂商将凭借自身数据资源进入金融领域，传统金融企业也将改变经营思路重塑业务架构，而新的商业价值将在这场变革中被发掘出来。

IDC2013年3月的研究报告指出：经过多年的发展与积累，目前中国的大型商业银行和保险公司的数据量已经达到100TB以上级别，并且非结构化数据量在迅速增长。中国金融行业正在步入大数据时代的初级阶段，并且呈现快速发展势头。当前数据是重要资产的理念已经在中国金融行业达成共识，数据的真正价值在于能够洞察企业内部规律，数据的洞察力成为金融企业的核心竞争力。

2012年是中国金融业加速转型、寻求创新和突破的一年。大数据将引发金融行业的重要变革，各金融机构除了需要加强IT基础架构建设来适应大数据时代的要求外，还应该加强业务管理理念以及具有创新意识，满足实际市场需求，实现差异化的市场竞争。目前部分金融企业已经制订相关的计划并推出了具体措施。例如，中国民生银行计划在2013年建成数据标准和大数据基础平台，2014年建设实时的数据集成平台，2015年建立完备的企业数据服务。

赛迪网2013年6月举办主题为“掘金之秘始于数据分析大数据新应用驱动金融业”网络研讨会，来自英特尔亚太地区研发有限公司数据中心软件部大数据解决方案部经理王晓栋详细从应用场景、技术架构、成功案例等多方面对金融大数据落地应用进行解读。

在金融行业，数据存储要求非常高，特别是在像中国这样人口很多的国家来说，每天都会产生大量的交易数据，包括银行、证券、保险等各个金融领域都会产生大量的数据。这些数据都会存放在交易系统当中，如果能够把这些历史数据进行分析、挖掘的话，将会产生意想不到的效益。

英特尔专家分析认为，金融行业数据多样性并不是非常多。以前传统金融行业业务系统规范化做得相对比较好，大量数据已经被严格的规范化，存储在一些关系系统当中。没有被利用到或者有潜在利用价值的数据，在金融行业来说相对少一些。

二、发展现状

DC认为中国金融行业正在步入大数据时代的初级阶段。优秀的数据分析能力是当今金融市场创新的关键，资本管理、交易执行、安全和反欺诈等相关的数据洞察力，成为金融企业运作和发展的核心竞争力。基于SunGard对于大数据的发展趋势分析，大数据在存储和处理框架方面的优势将帮助金融企业充分掌握业务数据的价值，降低业务成本并发掘新的盈利机会。

在金融投资分析领域，大数据挑战了传统的金融分析师，对全部数据进行整合分析，低成本地建立针对各个市场、面向不同用户的交易策略。全球最大的对冲基金Bridge Water搜集了近百年的金融数据建立交易模型，其管理的资产中，99%的交易都由电脑决策做出。在国内，早在2010年，量化交易已经开始在期货市场有小规模尝试。

互联网金融的兴起，凸显了大数据的策略优势，提供了金融模式发展的新思路。以阿里集团为代表的互联网企业以客户资源和信息数据库为基础，运用数据挖掘技术产生的金融创新模式正冲击着银行传统的运营模式。阿里集团涉足金融行业的优势就在于数据。阿里巴巴年交易额过万亿元，用户从搜索到浏览、支付，每一个节点都将产生大量数据。

中国民生银行基于IBM大数据方案部署建立了精细化的交叉协同销售平台、智能化的产业链金融平台等，持续从广泛的来源获取、量度、建模、处理、分析大容量多类型数据，根据数据智能分析向前台提供服务与反馈，并将经过智能分析与加工的数据用于业务决策与支持。

三、参与机构

1. 上海万得信息技术股份有限公司

上海万得信息技术股份有限公司是中国领先的金融数据、信息和软件服务企业，总部位于上海陆家嘴金融中心。

在国内市场，万得资讯的客户包括超过90%的中国证券公司、基金管理公司、保险公司、银行和投资公司等金融企业；在国际市场，已经被中国证监会批准的合格境外机构投资者（QFII）中75%的机构是万得资讯的客户。同时国内多数知名的金融学术研究机构和权威的监管机构也是我们的客户，大量中英文媒体、研究报告、学术论文等经常引用万得资讯提供的数据。

在金融财经数据领域，万得资讯已建成国内以金融证券数据为核心一流的大型金融工程和财经数据仓库，数据内容涵盖股票、基金、债券、外汇、保险、期货、金融衍生品、现货交易、宏观经济、财经新闻等领域，新的信息内容在第一时间进行更新以满足机构投资者的需求。

针对金融业的投资机构、研究机构、学术机构、监管部门机构等不同类型客户的需求，万得资讯开发了一系列围绕信息检索、数据提取与分析、投资组合管理应用等领域的专业分析软件与应用工具。通过这些终端工具，用户可以7×24×365从万得资讯获取到及时、准确、完整的财经数据、信息和各种分析结果。

精于数据，以数据为起点，万得资讯紧密跟随金融市场日新月异的发展，不断向新的领域发展，新的产品和服务战略不断在延伸。

2. 银联数据服务有限公司

银联数据服务有限公司是中国银联的控股子公司，于2003年1月在上海成立，注册资金1.85亿元人民币。公司主要业务是计算机软件研发和销售，系统集成，数据处理（发卡处理、主机托管、灾备服务等）及相关的技术咨询和技术服务。作为专业的金融数据处理服务商，银联数据提供安全、稳定的系统平台和优质、高效、规范的金融数据服务。

3. 赛迪信息产业（集团）有限公司

赛迪信息产业（集团）有限公司（简称赛迪集团），成立于1995年，是工业和信息化部（原信息产业部）直属事业单位中国电子信息产业发展研究院（简称CCID）控股的大型IT信息服务企业。集团依托CCID的强大资源优势，向国内外用户提供媒体宣传、市场咨询、企业咨询、产品测试、资质认证、网络技术、广告代理、呼叫中心、展览展示、影视制作、电子出版、投资分析、机器翻译、教育培训等全方位专业化服务。

咨询服务：赛迪集团是国内最早在IT行业开展信息咨询服务的大型资讯机构之一，

系统内企业每年向政府和市场提供各类 IT 市场调查、市场监测、市场分析和建议报告等 100 余种。集团构建了涵盖政府公报、CCID 数据库、厂商调查、用户调查、行业协会等多方面的数据采集渠道，建立了同国家有关部委、国家及地方信息化主管部门、行业协会以及国内外 IT 企业之间的良好沟通渠道和服务机制。

4. 清华大学中国金融研究中心

清华大学中国金融研究中心（以下简称中心）是隶属于清华大学的金融研究和人才培养机构。中心经清华大学经济管理学院顾问委员会第二次会议全体委员同意、于 2002 年 7 月成立。中心的建设得到了高盛公司（Goldman Sachs）的支持和资助。清华大学经济管理学院将和麻省理工学院斯隆管理学院合作支持中心的发展。

中心的宗旨是建设一个国际一流水平的、开放式的研究平台，吸引国内外金融研究人员，积极推动面向中国金融体系发展的科学研究，并通过建立与国际接轨的人才培养体系，为中国金融业提供优秀的研究、教学及其他金融专业人才。

中心目前将主要围绕学术研究、中国金融数据库建设、人才培养和学术交流等方面开展工作，努力产生高水平的成果，致力应用于中国的金融体系改革。

中心设有战略委员会和执行委员会。中心设主任 1 名，常务副主任 1 名，副主任 2 名。中心专门聘任研究员、客座研究员和兼职研究员等。同时设立了负责中心日常运作的执行及技术机构，设执行总监 1 名，管理、技术、数据等各项专职人员。

5. 复旦大学计算机科学技术学院—数据科学研究中心

数据科学研究中心“Research Center for Dataology and DataScience”是朱扬勇教授所领导的研究和应用型实验室，附属于复旦大学计算机科学技术学院。中心致力于数据科学和技术、数据挖掘技术与应用的研究，在大规模数据处理和数据挖掘领域已有十余年，科研项目涉及金融、保险、证券、智能交通和生物医疗等多领域，已开发和实现多个数据挖掘软件或平台。

数据科学研究中心致力于研究探索 CYBER 空间中数据自然界奥秘的理论、方法和技术，下设数据资源部、数据科学研究部、新经济发展战略研究室、生物医疗数据研究部、脑信息学研究室、智能交通数据研究室、金融数据研究室。

6. 北京大学数字中国研究院

北京大学数字中国研究院成立于 2004 年 2 月 17 日，是北京大学在国家信息化主管部门指导下以及在全国人大资源与环境委员会、国家发展和改革委员会、国防科学技术工业委员会、国家航天局、科学技术部、人事部、信息产业部、水利部、国土资源部、建设部、国家新闻出版总署、国家测绘局、中国科学院等部门和有关地方政府等的支持下建设的跨院系科研、教学机构，主要从事“数字中国”有关的科学研究、技术开发、人才培养、成果转化与服务等工作。名誉院长为徐冠华院士；名誉学术委员会主任为陈述彭院士；院长为童庆禧院士；学术委员会主任为陈运泰院士。

研究院下设教育培训中心，专门从事信

息化人才培养。中心以培训国家信息化建设高、中级人才为主，尤其以各级政府和企事业单位的信息主管（CIO）、地理信息主管（CGIO）及空间信息技术与管理人才为重点，包括电子政务、数字省区、数字城市等领域的管理人才与技术人才。

2004年，研究院与信息产业部中国信息化推进联盟联合启动了“精鹰计划”——“中国信息主管培养计划”，以规范化、规模化、系统化地培养中国信息主管（CIO）精品人才。按照“精鹰计划”的总体规划，该院已通过“地图学与地理信息系统（信息技术管理方向）”研究生课程进修班在国内率先启动了研究生层次CIO人才的培养；通过“‘数字中国’宣讲与咨询服务团”开展了针对各省（市、自治区）领导干部为对象的培训活动；通过年度的“‘数字中国’发展高层论坛及信息主管峰会”搭建起CIO与CGIO的交流平台；通过“CIO与CGIO学术沙龙”推动中国CIO与CGIO职业机制、认证体系与人才培养体系的建立和完善；通过“信息化条件下的公共管理”“政府CIO”“企业CIO”“‘数字城市’建设”“‘数字产业’发展”“突发紧急事件应急管理”“空间信息技术在防灾减灾中的应用”等不同类型、不同层次培训班，为CIO和CGIO提供多种方式的再教育、进修机会。

7. 成都市投资宝金融数据服务有限责任公司

成都市投资宝金融数据服务有限责任公司（简称“投资宝”）是根据成都市外包服务产业发展规划要求和市委市政府大力发展本地金融外包服务企业，引进南方第一财经门户“财富在线”的技术和人才，组建的多元化第三方金融服务企业。公司坐落在天府新区国家级高新技术产业孵化园，隶属天府金融城辖区内，是省内政府部门批准的2家金融数据研发集成运营服务机构之一，公司致力于金融后台相关的数据运营服务，涵盖为社会各行业提供呼叫中心、档案中心、数据中心和灾备中心的方案咨询、建设实施和管理外包，以及第三方的金融数据中间业务平台运营服务。投资宝金融数据团队多年来一直专注于“云数据”金融模型的研发、集成、生产与销售，致力于为国内外高净值资产客户提供全方位金融数据服务。

8. 深圳市中研普华管理咨询有限公司

中研普华依托分布于全国各重点城市的市场调研队伍，与国内外各大数据源（包括政府机构、行业协会、国家图书馆、信息中心等权威机构）建立起战略合作关系，以第一手资料为基础并结合第二手资料进行深入的研究，形成了系统化行业分析数据库；同时，中研普华的专家智囊团，运用国际流行的研究方法，对行业市场进行全方位的诊断，为中国企业提供适合自身发展的运作模式，帮助中国企业获得竞争优势。

《中国行业研究咨询报告》是中研普华依托国家统计局、国家发改委、国家经济信息中心、国务院发展研究中心、国家海关总署、全国商业信息中心、国民经济景气监测中心提供的最新行业运行数据为基础，验证于与其建立联系的全国科研机构、行业协会组织的权威统计资料。该报告对医药、化工、通信、电子、家电、食品饮料、服装纺织以及汽车、机械等90多个行业进行了长期追踪，积累了多达580多个国家政策法规信息库、行业统计数据库、行业技术资料库、企业数据库、产品资料库（年度更新），8 000 多种产品的海关进出口统计数据库（月度更新）、10 000 多条统计数据的宏观经济数据库。

9. 博思数据研究中心

市场调研（marketing research）是运用科学的方法，有目的、有计划地收集、整理、分析有关供求、资源的各种情报、信息和资料。它把握供求现状和发展趋势，为制定营销策略和企业决策提供正确依据的信息管理活动。是市场调查与市场研究的统称，它是个人或组织根据特定的决策问题而系统的设计、搜集、记录、整理、分析及研究市场各类信息资料、报告调研结果的工作过程。市场调研是市场预测和经营决策过程中必不可少的组成部分。

行业研究报告是从事行业投资之前，对行业相关各种因素进行具体调查、研究、分析，评估项目可行性、效果效益程度，提出建设性意见建议对策等，为行业投资决策者和主管机关审批的研究性报告。以阐述对行业的理论认识为主要内容，重在研究行业本质及规律性认识的研究，独特的看法、创新的见解、深刻的哲理、严密的逻辑和个性化的语言风格是其内在特点，对研究者的逻辑分析能力和思维水平有较高的要求，同时还要具有较高的专业理论素养。

10. 国泰安信息技术有限公司

国泰安是国内从事金融、经济信息精准数据库设计开发的专业高科技公司，是大中华地区唯一被美国沃顿商学院纳入沃顿研究服务体系的中国数据提供商；2005 年 5 月，摩根斯坦利—Barra 推出了基于国泰安 CSMAR 数据的“MSCI—中国 A 股指数”。目前，国泰安已为包括中国证监会，沪、深交易所，摩根斯坦利一BARRA，光大保德信基金，清华大学，北京大学，复旦大学，武汉大学，美国耶鲁大学，英国瑞丁大学，日本东京国际大学，新加坡国立大学及香港地区所有高校在内的海内外 200 著名院校和金融机构提供产品与服务。国泰安 CSMAR 经济，金融数据研究服务中心含有中国股票市场、公司研究、基金市场、债券市场、期货市场、经济系列等如上市公司财务数据库、财务附注数据库，证券市场交易数据库，治理结构研究数据库、并购重组研究数据库等在内的一系列研究型数据库。CSMAR 数据库采用开放式数据结构向研究人员提供，并能以 Foxpro/Excel/Txt 格式输出，可直接供 SAS、SPSS 通用统计软件调用、分析处理。

11. 北京聚源锐思数据科技有限公司

北京聚源锐思数据科技有限公司（RESSET）是一家专门从事金融数据库和相关投资研究软件研发的“国家级高新技术企业”，由众多国内外金融和数据库领域的资深专家，在多年研发储备和经验积累的基础上联合成立。公司以数据质量与正确的金融建模计算标准为生命线，为高校、政府及金融机构提供精准的经济、金融数据和完备的增值服务。

12. 数据通信科学技术研究所

数据通信科学技术研究所（简称数据所）是原邮电部设立的从事数据通信技术研究的专业研究所，现为大唐电信科技产业集团（电信科学技术研究院）旗下的高新技术企业，是集团特通板块的龙头研究所，是国家数据通信工程技术研究中心。隶属于国务院国有资产监督管理委员会，是中央直属高科技企业。

多年来，数据所承担了国家的多项“七五”“八五”“九五”“十五”“十一五”“十二五”“863”计划的科研攻关项目，业务范围涵盖通信安全、网络安全、办公安全等领域，为客户提供全套解决方案和系列安全设备，长期为电信运营商、政府机关等单位提供宽带视讯业务软件、电子政务软件及系统集成服务。数据所倡导“服务国家与社会”的价值理念。

13. 百度数据研究中心

百度数据研究中心于 2006 年 12 月成立，依托于百度庞大的网民搜索意图数据库，致力于开展网民搜索行为研究。作为全球最大的中文搜索引擎，百度每天响应数亿次搜索请求，依据统计学原理建立的搜索关键词数据库能在最大限度上反映出中国网民的兴趣点和选择指向。

百度作为全球最大的中文搜索引擎，具有强大的搜索引擎技术和占绝对优势的中国市场占有率。百度数据研究中心成立于 2006 年，是百度公司下属的网络数据研究机构，依托于百度平台，致力于开展网民搜索行为研究和网络舆情监测，为各行业客户提供专业的网络数据产品和服务。

网民搜索行为研究主要采用搜索引擎独特的 Cookie 跟踪调研方式，通过挖掘网民 Cookie 中的搜索关键词信息，发现某一类网民的搜索行为特点，从而可以为行业企业提供以下信息：品牌或产品的搜索排行，竞争品牌或产品特点，网民对品牌或产品的主要关注点，品牌或产品的优势或劣势、机会与威胁，网民的潜在需求即 CMR（Comsumer Mind Reader）消费者意图解读，潜在消费者的地域特征和信息偏好等。

借助百度强大的搜索引擎技术，百度数据研究中心建立起一套完善的舆情监测系统，通过对媒体报道的及时抓取和深度分析，监测品牌或产品的媒体表现，为企业的危机预警、公关策略调整等提供决策建议。

百度数据研究中心为企业提供定制报告服务，根据企业的具体需求，提供最具价值的研究数据。目前，向百度数据研究中心定制研究报告的企业主要有海尔、联想、诺基亚、索尼爱立信、奇瑞汽车等。

14. 上海财经大学高等研究院数据调研中心数据库

中国改革开放 30 多年，社会、经济发生了翻天覆地的变化，全世界越来越多地关注中国的发展，中国的问题日益成为世界性的问题。学术研究离不开数据的支持，研究中国问题的一个重要前提就是了解和掌握中国的现实，其中各类的宏观、微观数据，一手、二手的数据成为发现和揭示中国现实的源泉。

上海财经大学高等研究院是一个致力于研究中国问题的跨学科、跨领域的研究平台，下辖的数据调研中心承担对中国社会经济各方面数据的收集整理。数据调研中心从学术研究出发，挖掘、收集整理中国社会经济各方面的信息数据，目前已经初步建成了微观数据库、宏观数据库。目前的微观数据库主要以企业和家庭为单位，涵盖有企业信息微观数据、进出口海关微观数据、上市公司数据、家庭调查微观数据等。此外，目前正在建设与中国社会、政治密切相关的官员信息的微观数据库。目前的宏观数据库，涵盖有全国、省级、地市、县级 4 个层次的各类加总数据，包括国民经济核算、人口、产业、能源、环境、卫生等各方面的数据，并将持续更新和扩展。经济社会现象往往彼此间相互关联，为此，数据调研中心还将建立各类数据之间的各种连接，比如，从微观企业财务的信息与进出口信息之间关联，微观企业的信息与所在区域的宏观信息之间的关联等，这将能更便利于对中国许多复杂问题的了解。

中心的数据库致力于为推动对中国实证研究的提供数据支持，同时，也将与其他一些收集中国社会经济信息的数据中心加强合作，共同来推动数据的共享和利用。

15. 厦门大学数据挖掘研究中心

厦门大学数据挖掘研究中心（Data Mining Research Center，DMRC）组建于 2006 年，于 2010 年 7 月由厦门大学校长工作会议决议通过并正式成立，成为厦门大学直属的教学科研机构。

厦门大学数据挖掘研究中心充分发挥学科交叉优势，是在整合统计学、计量经济学、数量经济学、信息管理学等相关学科基础上成立的跨学科、综合型、开放式的教学研究机构。目前该中心下设数据挖掘与商业智能研究所、社会调查与数据分析研究所、金融计量与投资决策研究所、生物信息分析研究所、社会服务办公室 5 个部门，充分发挥该中心在科学研究、人才培养、学术交流和资料信息建设、社会调查与咨询服务、商业智能与数据挖掘服务、云端计算开发等各个领域的优势力量。该中心一贯注重教学工作，努力提高学生素质，致力于培养专业化、创新型人才。中心成员可结合自身兴趣选择参加数据挖掘基础、高级数据挖掘原理与技术、数据挖掘产业应用实务 3 个讨论班，同时充分借助来自耶鲁大学、美国得克萨斯农机大学和宾州州立大学等顶级名校专家委员的智力支持。

16. 中国市场数据研究院

中国市场数据研究院是中国中小企业调研咨询平台（简称中调平台）行业报告及数据研发机构，是一个国家级、跨部门、机制化的调研咨询平台。由工信部相关部门牵头，整合了国家统计局、国家信息中心、国家发改委、海关总署等相关机构部门数据资源和智力资源，为中国各类企业提供市场和投资决策的研究性、数据化的知识型与智力型产品，帮助企业科学有效地进行投资、生产和拓展市场。

作为工信部国家中小企业调研咨询平台的研发机构，中国市场数据研究院依托自身资源，同国家统计局、商务部、国家海关总署、国家信息中心、各行业协会等部门保持良好的沟通，同时积极同上百家国家权威统计机构、协会、专业研究公司、数据中心、信用调查企业建立合作关系。采用先进、稳定、成熟的技术并由具有高素质的专业人员对数据进行整合和维护，通过对数据进行采集、加工、传输、存储、转换和分析。

中调链合咨询服务（北京）有限责任公司作为中调平台和中国市场数据研究院唯一市场运营渠道，是值得信赖的投融资顾问和市场参谋助手。其业务包括：信息咨询，投资顾问，市场调查，企业调查，技术推广服务，会议服务，商务顾问，财务顾问，企业策划，企业产品推介，承办展览展示等。

四、业务与产品

1. 金融统计数据库（中国社科院金融所）

金融统计数据库由 11 大类数据组成，分别是：货币统计、信贷收支统计、城乡储蓄统计、金融市场统计、现金收支统计、利率统计、国际收支统计、汇率统计、黄金外汇统计、金融机构统计和保险市场统计。

《金融数据统计》信息库汇集了全国除香港、澳门特别行政区及台湾地区以外的 31 个省、自治区、直辖市反映国民经济与社会发展状况主要统计指标的数据资料。内容覆盖了宏观经济运行、金融市场运行、金融机构财务数据、行业统计数据、区域经济数据、对外贸易及利用外资数据 6 个方面，共有近 300 个指标，分年度、季度和月度数据。信息来源于国家数据统计权威机构，如发改委、商务部、国家统计局、中国人民银行、国家外汇管理局、海关总署等。

《金融数据统计》信息库具体分为几大部分:《宏观经济运行数据》《金融市场运行数据》《金融机构财务数据》《行业统计数据》《区域统计数据》《对外贸易及利用外资数据》。

CCFR 中国金融研究数据库,简称清华金融数据(Tsinghua Financial Data，THFD)，旨在为海内外金融研究人员提供统一、规范、标准的中国金融研究数据。在此基础上开展研究，并以此为平台吸引大批对中国金融市场感兴趣的高水平学者合作从事研究工作，提高中国金融研究的整体水平。

建立了开放式的数据库网站（http：//thfd. sem. tsinghua. edu. cn)，方便金融研究人员查询和下载相关数据。此外，还采用标准金融算法，计算出一系列常用的金融指标和统计量，以便研究结果的比较。

数据特色主要包括：①科学的数据库整体设计：以金融实证研究为基础，参照国际标准，综合考虑到中国市场的实际情况进行设计。② 先进的技术平台：已创建一套完善的自动化数据加工整理、清洗、校验方法及自动化处理系统。③高水平的数据质量：所有数据的得到都经过四个层面的数据清洗流程。④完善的技术服务：提供基于该数据的一整套网上数据下载、金融计算、金融建模等方面的服务（类似于 WRDS ）。⑤ 准确的收益数据：纠正国内一些数据库提供的收益数据存在的概念和计算方面的错误。

2. 锐思金融研究数据库

RESSET 金融研究数据库（RESSET/DB) 是一个为模型检验、投资研究等提供专业服务的数据平台。RESSET/DB 由清华大学和沃顿商学院数据库专家联合研发，是目前国内数据最全面、计算最准确、系统最稳定、使用最便捷的研究数据库。RESSET/DB 充分考虑研究者的需要，不断创新，赶超国际一流水平。RESSET/DB 能够支持单次下载量超过 200 百万条（接近 1G 数据)，超过 8 种下载格式（包含 SPSS、SAS、MATLAB

等格式)，100多道数据校验和清洗程序，10多类最复杂的收益指标计算结果，600G以上的高频数据，近40种分析模型，充分参照了国际著名数据库CRSP，Compustat等的设计标准，又考虑了中国金融市场实际情况，以实证研究为导向进行整体设计。RESSET/DB设计体系科学先进，数据全面准确，提供多种数据获取模式，方便易用。其设计思想、体系结构、数据质量、技术模式等，均达到了国际先进水平，可为实证研究、学科与实验室建设提供强力支持。

锐思数据（RESSET）推出的RESSET金融研究数据库RESSET/DB，是为实证研究、模型检验等提供支持的数据平台。主要供高校、金融研究机构、金融企业的研究部门使用。RESSET/DB金融研究数据库目前包括股票、固定收益、基金、宏观、行业、港股、外汇、期货、黄金九大系列，共60多个数据库，包括中英文各500多张表，超过15 000个字段的内容，覆盖范围广泛，历史数据全面，涵盖了经济、金融、会计实证与投资研究等所需要的部分数据。

五、其他

1. 金融业大数据十大趋势

SunGard发布了2012年金融服务业各部门“大数据”发展的十大趋势，分别是：

第一，市场数据集变得越来越庞大，业务对数据的细分粒度要求越来越高，以满足预测模型、业务预测和交易影响评估的需求。

第二，新的监管和合规要求更强调治理和风险汇报，推动了全球性金融机构对更深入和透明的数据分析需求。

第三，金融机构不断完善自身的企业风险管理框架，该基于主数据管理策略开发的框架可协助企业提高风险透明度，加强风险的可审性和管理力度。

第四，金融服务公司都希望能充分利用各种服务交付渠道（如分公司、网络、移动通信等）的海量客户数据，开发新的预测分析模型，实现对客户消费行为模式进行分析，提高客户转化率。

第五，在巴西、中国和印度等后发展中市场，经济和业务增长机会正在超越欧洲和美国，大量投资被投放到本地和云数据处理基础设施中。

第六，“大数据”在存储和处理框架两方面的优势将帮助金融服务企业充分掌握业务数据的价值，降低业务成本并发掘新的套利机会。

第七，面对“大数据”所带来的不断增加的数据量要求，需要对传统的数据传输工具ETL（提取、转换和加载）流程进行重新设计。

第八，大量历史客户支付行为数据的信用风险预测模型正在零售与公司贷款催收中得到大量应用，通过该技术，银行可以通过对不同客户违约和还款资料进行分析，对催收次序进行优化。

第九，随着以平板电脑和智能手机为代表的移动应用和互联网工具的迅速普及，技术基础设施和网络在对不同来源、不同标准数据进行处理、编索和整合方面的压力不断增大。

第十，“大数据”推动了对数据处理算法的需求，提出对数据安全和访问控制的重视，并且可以有效降低对现有系统的影响。

2. 互联网金融还是大数据金融

比特网载文称，近来，颇有几个新名词在市面上流行，诸如“互联网金融”“信息消费”之类。这些新名词并非产自概念日日翻新的互联网业，却来自传统金融业甚至政界，其气势之大，梦想之美，内涵之广，投入之多，逻辑之混乱，可行性之差，似乎值得一辨。就概念而言，从众说纷纭中大致可以概括出互联网金融的几层含义。

一是传统金融服务的网络化，例如网络银行，网络券商，网络保险，等等。这些都是早已有之的东西，只不过在中国实现较晚，动作较慢而已。事实上，互联网在美国最早最成熟的商业模式就是这一套，二十多年前就已出现并蓬勃发展至今。

二是传统金融服务的扩展化，例如小额支付，小微企业信用调查，小额贷款，灵活机动的市场营销，等等。这些事情在互联网出现之前，做起来费时费力，成本太高而收益太少，如今利用互联网就可以顺利实现。做这些事情也许可以创收，但很难提高利润率。

三是全新的网络金融服务和产品，例如众筹投资和比特币。这些东西新则新矣，但属于小众市场和缝隙市场，不值得大动干戈，更不值得为此创立什么新概念。

四是全面的网络金融服务，或曰金融电商，例如金融商城和各类产品和服务的综合大卖场。这种模式以金融服务为基础，以阿里为样板，再掺杂以 Web 2.0，云计算，移动互联网和大数据等时髦互联网概念。

传统金融业者可以利用自身优势探索一条新路。与其他传统产业相比，金融服务业是电子化，网络化和数据化程度最高的产业之一，也许仅次于网络业和电信业。由长期系统的金融服务积累的数据完全可以在确保用户隐私和商业机密的前提下，与各行各业通过数据间的共享，交换和买卖以生成大数据，在此之上探索全新的产品和服务。当然，这样的战略就很难称之为互联网金融了，互联网金融这种概念从提出之日起就至少落后于产业发展前沿五年以上。使用大数据金融的概念，制定并实施大数据金融战略，更能体现金融业自身的实力和潜力，也更能与网络业及其他行业有机融合，平等竞争，在大数据时代找到自身生存发展的机会也更大。

第十六部分

指数金融

一、基本情况

截至 2012 年，中国已发布的投资指数或商品指数大都缺乏有效的金融属性和商品属性，这种状况已经制约了中国金融业发展的水平。随着不同商品指数、投资指数的研究和编制，将会对中国金融行业产生重大的影响；将会改变中国金融业许多理念和运作模式。

金融状况指数（financial conditions index），最早由 Goodhart 和 Hofmann 提出，目的是为了反映未来通货膨胀压力。具体而言，FCI 由货币状况指数（Monetary conditions index，MCI）发展而来，在 MCI 的基础上加入包含了未来通货膨胀信息的资产价格。FCI 的变量除 MCI 中的短期实际利率与有效实际汇率变量外，还包含房价与股价等资产价格。

FCI 与 MCI 的用途不同，MCI 曾被用于若干国家的中央银行（如加拿大与新西兰）作为货币政策的操作目标，其理由是 MCI 是短期利率与汇率的加权平均，能更好地反映货币政策的传导机制。但由于 MCI 的种种缺陷，将其作为货币政策操作目标的做法受到了学术界的批评，目前 MCI 主要作为衡量通货膨胀的辅助性指标。FCI 未被作为货币政策操作目标的原因在于：FCI 中包含了资产价格，而货币政策是否应该对资产价格做出反映未做定论；虽然在理论上资产价格在货币政策传导机制中的角色早有定论，但经验分析结果未对该理论提供有力的支持。

指数投资，就是以复制指数构成股票组合作为资产配置方式，以追求组合收益率与指数收益率之间的跟踪误差最小化为业绩评价标准。其特点和优势在于投资风险分散化、投资成本低廉、追求长期收益和投资组合透明化。指数化投资 20 世纪 70 年代于美国兴起，特别是 90 年代，ETF 产品的出现导致了指数化投资在全球市场蓬勃发展。巴克莱国际投资管理公司（BGI）ETF 部门负责人德博拉·菲尔（Deborah Fuhr）的最新研究显示，截至 2009 年 4 月末，全球共计有 1 768只 ETF 产品，资产规模达到 7 069 亿美元，其中，股票型 ETF 的资产规模达到 5 712亿美元。目前，全球 ETF 数量已经相当于 2000 年总计仅有 92 只时的 19 倍，而全球 ETF 资产规模则接近于 2000 年时 743 亿美元的 10 倍。作为一种被动式的投资方式，指数化投资与主动式投资方式的根本差别，在于它完全按照指数样本股票的组合进行投资，基金管理人不进行选股，而将选择股票的权利交给指数编制机构。但从另一个角度来说，最终选择股票的权利其实并非交给了指数编制机构，实质上是交给了市场。目前市场上最流行且认同度最高的指数，通常按照市值和流动性进行选股。在透明化的指数选样标准下，股票进出指数样本股票组合实际上是市场综合力量推动的结果，是“无形的手”在发挥作用。从这种意义上讲，选择市值覆盖率高的宽基指数进行投资，其核心理念就是以被动方式分享市场收益（beta）并承担市场风险。

目前，银行间债券指数由两个指数构成，即反映市场基准的“银行间国债指数”（China Interbank Government Bond Index）和反映市场总体价格走势的“银行间债券综合指数”（China Interbank Composite Bond Index）。“国债指数”的指数样本只包括目前在银行间债券市场流通的固定利率国债，目的是为市场提供一个一年以上无风险债券报酬的指标，作为无风险债券收益的基准。而“综合指数”的指数样本则涵盖了银行间债券市场流通的所有固定利率和浮动利率国债、金融债和企业债，目的是为市场提供一个一年以上整体债券报酬的指标，以真实反映整体债券市场的价值状况，同时也作为整体债券市场收益的基础标准。全国银行间同业拆借中心推出的债券指数，其指数样本的采集来源于银行间债券市场的实时报价和交易，因此银行间债券指数不仅提供历史行情，同时也为债券投资者提供每日实时的指数分时走势。与目前国内现有的债券指数相比，银行间债券指数的计算不仅包括债券的成交价格，也包括双边报价商的买卖报价的中间价，因此可以更加充分地反映当前债券市场的整体行情走势。

债券指数是反映债券市场价格总体走势的指标体系。和股票指数一样，债券指数是一个比值，其数值反映了当前市场的平均价格相对于基期市场平均价格的位置。债券指数的发展已有20余年，但债券指数化发展仍方兴未艾。国际上已有了成熟的债券指数，并且还在不断地发展研究之中。从比较研究中人们不难领会国际上最新的债券指数发展趋势。在债券市场日趋国际化的情况下，为了能够给投资者提供与其投组完全可比的基准，指数也必须完成自身的国际化。表现为增加新的国际债券指数，新兴国家市场细分指数。比如，2000年所罗门新增加的指数中包含了大量的国际性的债券指数，如所罗门全球综合投资级债券指数（Word Broad Invesment－Grade Bond Index，World BIG），所罗门全球货币市场指数等。

除了保留总指数及不断完善编制方法外，指数的板块越分越细，指数也越编越多，不断出现针对特定投资者的特征指数。设计思路是综合指数由各子指数板块组成，而同一子指数板块可以是不同综合指数的组成部分。这不仅方便了指数的跟踪和新指数的创建，而且综合指数的板块划分方式趋同，使指数投资者能更好更快地接受新指数。

二、发展现状

2013年，据悉，AMMA和人大金融研究所的雅昌指数（AAMI）合作，将主要从3个方面展开：第一，优化和完善雅昌指数体系，如调整样本筛选、优化指数编制方法，进一步提升其学术价值和市场参考力，这部分研究预计将在2013年年底完成；第二，编制瓷器和艺术品杂项指数，补足现有雅昌指数体系，助推瓷杂市场发展；第三，研发艺术品投资收益回报分析及艺术市场预期前景指数，满足金融和投资市场的需求，计划

2014年年底发布。

根据指数编制规则，经指数专家委员会审议通过，上海证券交易所与中证指数有限公司日前宣布调整上证180、上证50、上证红利等指数的样本股；中证指数有限公司也宣布调整沪深300、中证100、中证红利等指数样本股。本次样本股调整于2011年1月第一个交易日正式生效。

在本次样本调整中，上证180指数更换18只股票，光大银行、华泰证券等股票进入指数，国投新集、中国国贸等股票被调出指数；上证50指数更换5只股票，光大银行、华泰证券等进入指数，天威保变、辽宁成大等被调出指数。沪深300指数更换26只股票，广发证券、光大银行等股票进入指数，S上石化、深圳机场等被调出指数。

据了解，指数保险是指把一个或几个气候条件（如气温、降水、风速等）对农作物损害程度指数化，每个指数都有对应的农作物产量和损益。保险合同以这种指数为基础，当指数达到一定水平并对农产品造成一定影响时，投保人就可以获得相应标准的赔偿。事实上，早在2009年5月25日，国元农业保险公司推出的天气指数保险产品在保监会备案，并于同年8月在安徽省试点国内首个“水稻种植天气指数保险”，签订了127 078亩合同，参保农户482户，保险金额381 234元。中国首款生猪价格指数保险已于北京诞生。安华农业保险北京分公司为顺义的首批投保养殖户提供了超过两亿元的保险保障，养殖户只需为每头生猪投保2.4元，在“猪贱粮贵”时，却最多可能获得每头猪1 200元的赔偿。

银行贷款条件指数来源于国际金融协会对全球新兴市场133家银行高管的调查报告，其中欧洲23家、拉美31家、中东与非洲59家、亚洲20家。今年第一季度，衡量亚洲新兴市场银行贷款条件的指数为49.9，高于前一季度的49.4，但仍落后于其他各地区。国际金融协会代表来自全球70多个国家的约450家大型金融机构，其中包括中国工商银行、中国建设银行、中国银行、中国农业银行等多家中国金融机构。

银行贷款条件指数高于50表明贷款条件好转，低于50则意味着贷款条件恶化。截至去年第三季度，该指数连续5个季度在50这一门槛线以下。银行贷款条件指数由5个分项指标组成，其中当季信贷标准指数46.4、贷款需求指数51.1、融资条件指数55.8、贸易融资指数54.6、不良贷款指数49.1。

目前国内的4只指数型债券基金，投资标的各不相同，包括中证50债券指数、中证短融50指数、亚债中国指数等，其中“中债—新综合指数”是最具代表性的跨市场债券指数。据介绍，中债—新综合样本券横跨银行间债券市场、上海证券交易所和深圳证券交易所三大市场，涵盖了市场中所有可流通债券，市场代表性强，方便投资者配置。从历史数据看，中债—新综合指数自2002年以来（基日为2001年12月31日），任一自然年度均未出现过亏损，并且在多数年份收益率都要高于当期1年定存，是长期抗通胀的好品种。

据《银行家》载文称，受全球指数化投资热潮的影响，近十年来，中国的指数化投资从诞生到快速成长，实现了跨越式发展。2002年，华安180指数基金和天同180指数基金相继发行。到2009年，年度发行数量连创新高，产品类别愈加丰富，截至2013年2月，内地市场的指数型产品已经达到212只（被动指数型基金185只，增强指数型基金27只），资产规模达到了4 077亿元，约占共同基金的13%，而美国市场的指数型基金经过了40多年的发展，目前约占共同基金整体市场规模的15%。尽管规模占比可能受到中美两国市场的投资者结构差异因素的影响，但仍能说明中国的指数化投资发展迅速。

但是，国内市场新发行的指数型基金产品同质化现象日趋严重，可能更容易加大市场的波动性，在一定时期甚至会诱发和加剧系统性风险。然而，鉴于指数化投资已经成为市场重要投资工具这一发展趋势，我们有必要深入探讨指数化投资的效率，并寻求可增加投资效率的指数设计，特别是要加快研发适合中国金融市场的差异化可投资指数，从多个维度挖掘市场的投资机会，丰富市场投资产品种类，拓展市场容量。

经研究发现，以中国A股市场上市公司会计信息编制的基本面指数，通过投资回测检验，与国外市场的基本面指数在投资绩效方面具有基本一致的特征，即不仅可以超越作为基准的市值指数，而且在价格噪音相对更大的中小型股市场上更加具有领先优势。因此，采用基本面指数编制方法，以A股市场上市公司的会计信息编制基本面指数，可以作为一种新的市场投资工具。而且在选股与加权方面，可以根据中国资本市场与上市公司的特征，选择不同的会计指标组合来编制指数，从而能够更加充分地挖掘市场潜在的投资机会，以满足投资者的不同需求。加强对指数化投资模式创新研究，将会更好地促进中国资本市场的稳健发展。

研发多种可投资指数，提高资本市场风险定价效率。研发多种可投资的指数会大大丰富资本市场的投资工具，这有利于改善资本市场对风险定价的效率。由于市场的风险收益结构具有多样、多元和可分等特点，从不同维度来挖掘市场的风险收益结构，据此编制多样化的可投资的指数，不仅能更好地满足投资者各种不同的投资需求，而且针对市场价格噪音问题研发的可投资指数，更加有利于市场对风险进行准确的评价，提高中国资本市场的效率。

发展多样性指数化投资工具，促进资本市场国际化发展。丰富多样的指数化投资工具，将会成为中国资本市场国际化发展所需要的一项基本设施。与国外市场指数化投资模式的创新及研发技术日臻成熟状况相比，国内相关的研究与发展还较为滞后。这一点虽然尚未成为当前中国资本市场国际化发展的主要障碍，但随着其他条件逐渐完备，内地市场缺乏具有庞大投资容量的投资工具问题将会成为资本市场发展的瓶颈。

据全景网资讯，中证指数公司和深圳证券信息公司指数事业部加快了指数发布速度，指数发布数量呈现跨越式增长。截至2011年11月底，两家机构发布的线上实时计算指数累计达到350条。其中，2011年以来发布107条，创历年指数发布数量新高。

各指数系列分类别数量统计（见表16-1）。

各指数系列的策略指数（见表16-2）。

表16-1　各系列指数分类别数量统计

	上证系列		深证系列		中证系列		巨潮系列		小计	
	历年累计	2011年	历年累计	2011年	历年累计	2011年	历年累计	2011年	历年累计	2011年
规模指数	8	0	14	7	8	2	7	0	37	9

（续）

	上证系列		深证系列		中证系列		巨潮系列		小计	
	历年累计	2011年	历年累计	2011年	历年累计	2011年	历年累计	2011年	历年累计	2011年
综合指数	11	0	28	0	1	0	3	0	43	0
行业指数	20	10	10	10	33	10	10	10	73	40
风格指数	12	4	10	6	4	0	8	0	34	10
主题指数	31	10	17	7	42	12	21	0	111	29
策略指数	18	8	7	4	10	3	2	0	37	15
基金指数	1	0	3	2	0	0	2	2	6	4
债券指数	5	0	0	0	2	0	1	0	8	0
海外指数	0	0	0	0	1	0	0	0	1	0
合计	106	32	89	36	101	27	54	12	350	107

数据来源：深圳证券信息公司指数事业部。

表 16-2　各指数系列的策略指数

上证系列（18 条）		中证系列（10 条）	深证系列（7 条）	巨潮系列（2 条）
信息等权	大盘等权*	基本面 50	深 100EW*	南方低碳
电信等权	380 等权*	基本面 200	深 300EW*	分析师指
能源等权	180 等权*	基本面 400	中小板 EW*	
材料等权	180 分层*	基本面 600	创业板 EW*	
工业等权	上证 F200*	等权 90	深证 F60	
可选等权	上证 F300*	300 分层*	深证 F120	
消费等权	上证 F500*	500 等权*	深证 F200	
医药等权	沪财中小*	300 等权*		
金融等权		财富大盘		
公用等权		银河 99		

数据来源：深圳证券信息公司指数事业部。

2012 年，瑞士再保险公司与鼎和财产保险股份有限公司合作，为广东梅雁水电股份有限公司提供国内首例降水发电指数保险方案，这也是国内首次将天气指数保险应用到能源企业。

天气指数保险是指以实际天气事件（如降雨、气温、风速等指数低于预期指数的偏差）为理赔标准，被保险人遭受经济损失后，由保险公司向投保者提供赔偿。

鼎和财险为广东梅雁水电股份有限公司提供的降水发电指数保险，属于天气指数保险的一种。合同约定，如果投保区域降水不足的原因导致被保险人实际发电量低于预期发电量，保险公司将给予赔偿，最高赔偿额可达 8 000 万元。

天气指数保险可适用的领域众多，一般在能源和农业方面应用最广。“天气指数保险在国外已有成熟运用经验。”

越来越多的国内保险公司开始关注天气指数保险。据了解，国寿财险可能会在今年年底之前，在福建龙岩推出烟叶种植天气指数保险。中国保监会在2012年5月份发布的《关于做好2012年农业保险工作的通知》中明确指出，要加强天气指数保险研究。

三、参与机构

1. 中国科学院数学与系统科学研究院

中国科学院数学与系统科学研究院由中科院数学研究所、应用数学研究所、系统科学研究所及计算数学与科学工程计算研究所这4个研究所整合而成。研究院是一个综合性的国立学术研究机构，是国际上有重要影响的研究中心，培养和造就高级研究人才的著名中心，国民经济和国防建设有关问题研究和咨询的重要中心。

2. 远东商品交易指数有限公司

远东商品交易指数有限公司是一家专业的数据运营商和指数运营商，主要从事大宗商品数据链的研究、编制和应用，以及大宗商品系列指数的研究、编制与应用。远东商品交易指数有限公司的宗旨是为中国不同领域大宗商品提供有效的数据链和指数系统，改变中国大宗商品数据与指数领域的落后状态。

3. 新华（杭州）大宗商品指数发布中心

该中心将依托新华浙江大宗商品交易中心，兼顾浙江省内宁波、舟山两大商品交易所，发挥新华社在资讯与数据采集、发布方面的优势，及时发布各类大宗商品价格指数。在此基础上，新华社将组织相关各省分社力量，采集国内主要大宗商品生产、交易市场的数据，进行分区块、分门类发布，以及加权发布“新华（杭州）”大宗商品系列指数。此外，该中心还将借助金融信息交易所与国际各大交易所的合作渠道，逐步推动“新华（杭州）”系列大宗商品指数进入国际间金融衍生产品交易市场，不断提升中国在国际大宗商品领域的定价权与话语权。

4. 北大汇丰金融研究院金融指数研究室

该研究室是北大汇丰金融研究院下属科研机构，成立于2009年9月1日。研究室秉承北大优良的学术传统，运用现代金融理论与工具，致力于适合中国的金融指数以及金融衍生品研究。研究室依托北大汇丰金融研究院强大的研究实力，联合其他权威机构的研究人员，以学术的规范与严谨来研究灵活丰富的金融实践，为政府部门决策，金融从业者操作提供切实、有效的科研支持。研究室近期推出的主要成果是北大汇丰中国商品的期货指数以及各行业的子指数。

5. 中证指数有限公司

中证指数有限公司由上海证券交易所和深圳证券交易所共同出资成立，是一家从事指数编制、运营和服务的专业性公司。股东会是公司最高权力机构。中证指数有限公司秉承“专业、勤奋”的精神，坚持“服务资本市场、推动金融创新”的理念，依托沪深证券交易所的信息和技术资源优势，管理和发展中证系列指数、交易所系列指数以及客户定制类指数。

四、业务与产品

伦敦金融时报100指数(或伦敦金融时报100种股价指数)，简称富时100(FTSE100)指数，创立于1984年1月3日，是在伦敦证券交易所上市的最大的100家公司的股票指数。该指数是英国经济的晴雨表，也是欧洲最重要的股票指数之一，该指数基值定为1 000。相关的股票指数包括富时250指数(除了100家最大的公司以外接下去的250家最大的公司的股票指数）和富时350指数(富时100和富时250指数的结合)。

富时100指数的成分每季度决定一次。截至2005年12月31日，指数成分中6家最大的公司分别为：英国石油公司（BP)、荷兰皇家壳牌集团、汇丰集团、沃达丰、苏格兰皇家银行集团和葛兰素史克股份有限公司。

FTSE 100指数由世界级的指数计算金融机构FTSE（富时指数有限公司）所编制，自1984年起，特别挑选在伦敦证券交易所交易的100种股票，其成分股涵盖欧陆9个主要国家，以英国企业为主，其他国家包括德国、法国、意大利、芬兰、瑞士、瑞典、荷兰及西班牙。为世界投资人欢迎的金融商品之一，和法国的CAC－40指数、德国的法兰克福指数并称为欧洲三大股票指数，是当前全球投资人观察欧股动向最重要的指标之一。

金融形势指数（Financial Condition Index，FCI），为了探索资产价格的货币政策信息作用，经济学家沿着两个方向进行：一是构造包含资产价格的广义物价指数；二是构造资产价格指数，如构造货币形势指数MCI和金融形势指数FCI。FCI指数作为货币政策和金融危机的一个重要参考指标，受到了各国中央银行和研究机构的关注。

构造了金融形势指数FCI是用来反映未来产出与通货膨胀率的变化。常规的FCI指数包括真实短期利率、真实房地产价格指数、真实有效汇率指数和真实股权价格指数。实证研究表明，FCI指数包含了未来通货膨胀率的有用信息，对于G—7国家（7个工业化国家：美国、英国、加拿大、德国、法国、意大利和日本）的CPI（Consumer Price Index）通胀率在样本内具有良好的预测效果。

借鉴Goodhart和Hofmann（2001），人们可以构造金融形势指数，计算资产在FCI中的权重，可以采用下列3种估计方法：一是大型宏观经济联立性模型；二是简化形式的总需求模型；三是VaR脉冲响应函数。

中国金融中心指数（CDI CFCI）是在多年进行金融中心竞争力研究的基础上推出的关于中国内地金融中心的评价体系。主要以城市金融产业绩效、金融机构实力、金融市场规模和金融生态环境等方面为考核指标。

本期 CDI CFCI 在评价方法上进行了微调，首次通过“网上问卷调查”方式将金融专业人士的主观评价结果计入评价模型，同时对客观指标体系也进行了优化，将“金融深度”“金融宽度”“产权交易市场”等指标首次计入评价模型。由于评价方法的变化，使得第三期 CDI CFCI 部分金融中心得分和排名与前两期出现了较大差别。

第三期 CDI CFCI 综合竞争力排名结果依次是上海、北京、深圳、广州、杭州、南京、天津、大连、成都、苏州、武汉、沈阳、宁波、重庆、西安、厦门、济南、青岛、长沙、郑州、福州、昆明、无锡、合肥、南昌、长春、温州、哈尔滨、石家庄。

中国金融中心指数是指对中国城市综合金融竞争力的衡量指数。对中国内地 24 个城市综合金融竞争力评价比较，上海、北京、深圳分获前三名。

关于金融中心的形成、发展和竞争等问题国内外已经有大量的机构和学者进行了从金融学、地理学和现代经济学等各方面的研究，并形成了关于金融中心形成及发展的诸多理论。

中国金融中心指数选择中国内地 24 个 2007 年 GDP 在 1 400 亿元以上的省会城市和计划单列市为样本。

2010 年 7 月，新华社旗下中经社控股联合芝加哥商业交易所集团（CME）指数服务公司（道琼斯指数公司），首次向世界推出了“新华—道琼斯国际金融中心发展指数”。该指数遵循“科学、公正”的评价原则，将主观评价与客观数据充分融合，将发展和成长性作为指数研发的重要维度，不仅关注存量，更加关注增量，对构建国际金融格局评价体系、促进全球金融要素合理流动具有重要参考价值。

2011 年度“新华—道琼斯国际金融中心发展指数”在上海发布。在充分体现过去一年世界形势变化对国际金融中心发展影响的情况下，纽约、伦敦与东京继续领跑国际金融中心城市发展实力三甲，而中国上海则由上一年度排名全球第 8 位上升至第 6 位。在中国的金融中心中，上海排在第 6 位，北京排在第 14 位，深圳排在第 21 位，均处于中上位次。

按照上一年度可比口径指标与数据，经过全面统计和分析，IFCD INDEX 课题组得到 45 个国际金融中心发展能力的综合排名。其中排在前 10 位的分别是纽约、伦敦、东京、中国香港、新加坡、上海、巴黎、法兰克福、悉尼和阿姆斯特丹。

根据上年度可比口径指标与数据，经过全面统计和分析，IFCD INDEX 课题组得到全球 45 个国际金融中心发展能力的综合排名。其中排在前 10 位的国际金融中心分别是纽约、伦敦、东京、中国香港、新加坡、上海、巴黎、法兰克福、苏黎世和芝加哥。由于欧债危机对传统金融中心发展影响较大，悉尼和阿姆斯特丹今年已被苏黎世和芝加哥分别取代，退出 10 强之列。

除了上海之外，在中国内地金融中心中，北京由去年第 14 位上升 3 名至第 11 位，深圳也由去年第 21 位上升 2 位，首次跻身前 20 位，中国金融发展力度初步展现。

伦敦金融城公司的全球金融中心指数（GFCI），是全球范围内率先对全球各大金融中心进行专业排名的权威性指数。2007 年 3 月开始，该指数开始对全球范围内的 46 个金融中心进行评价，并于每年 3 月和 9 月定期更新以显示金融中心竞争力的变化。该指数着重关注各金融中心的市场灵活度、适应性以及发展潜力等方面。

GFCI指数将构成金融中心竞争力的诸多因素划分为5个核心领域，即人才、商业环境、市场发展程度和基础设施，以及在上述4个领域的领先进而具备的总体竞争力。

上海金融景气指数作为陆家嘴金融论坛的重要内容之一，上海金融业联合会19日发布了“2011上海金融景气指数”。这也是中国首度发布金融中心城市金融指数。报告显示，“十一五”期间上海金融业整体发展势头强劲，以年均复合22%的增速，超越上海同期GDP增速1.8倍。同时，金融国际化加速，但金融机构和人才景气程度仍有待提高。

“2011上海金融景气指数”建立了系统性的、包含6个一级指标、35个二级指标和203个三级指标的指数体系，从金融市场、金融机构、金融人才、金融创新、金融国际化和金融生态环境6个维度对上海金融发展和国际金融中心建设进行综合评估和分析，是对上海国际金融中心发展现状、趋势及发展能力的全面测度和客观评价，具有反映发展度和景气度的双重内涵。

北大光华—富邦离岸人民币国债指数特色在于考虑市场流动性，充分反映离岸人民币国债交易报价，并与离岸人民币汇率走势相关。它的组成是具高度流动性与价格透明度之离岸人民币国债商品，并根据离岸人民币债券市场变化，于每月底动态调整各债券权重，且定期新增或删除成分债券，以利实时反映香港离岸人民币债券市场变化。

目前香港离岸人民币债券市场指数多为综合指数，同时涵盖国债与企业债且企业债比重较高。而根据历史数据显示，企业债流通及交易量远低于国债，因而较难从综合债券指数之走势分析国债价格走势。而“北大光华—富邦离岸人民币国债指数”仅纳入交易量高的离岸人民币国债，为市场投资人提供更明确的离岸人民国债价格变化指针。投资人可依指数观察人民币趋势，对投资人民币资产有很大的帮助。

北大光华—富邦两岸100股票指数的特色在于它是全球首支两岸股价指数，在QFII/QDII开放趋势中，反映两岸资本市场互补特性。该指数成分股选取台湾证券交易所上市股票、上海证券交易所与深圳证券交易所上市之A股股票，筛选方式力求两岸企业标准一致，以利建构合理的跨市场指数。该指数采用市场上实际可投资股数作为计算标准，其他包括成分股筛选、指数计算方法等规定均符合国际标准，以确保指数的代表性与可投资性，且对于未来发展相关指数基金、跨境ETF等金融商品将有帮助。

北大光华—富邦两岸100股票指数撷取两岸产业的特色，完整反映两岸资本市场，以两岸特色的金融及信息技术类股为指数主要构成成分，在内地QFII及QDII额度越来越开放的趋势下，该指数将是反映及观察两岸资本市场发展的优异指标，可为投资人提供更有效追踪大中华市场的投资参考，且有利于未来发展指数基金、跨境ETF、指数衍生性商品等特色金融商品。

复旦人民币汇率指数为贸易加权综合汇率指数，反映了人民币汇率对中国对外贸易竞争力的综合影响。该系列指数权重为24种货币对应的国家或地区对华贸易占中国进口和出口的比重。该篮子货币对应的对华贸易总额，占中国对外贸易总额的85%以上，具有广泛的代表性。目前社会上讲人民币汇率过多地聚焦于人民币对美元双边汇率而讲人民币升值贬值只看人民币对美元汇率。实际上对国际贸易影响较大的是以贸易加权的实际有效汇率。人们从宏观经济效应角度对汇率的关注应该从聚焦于人民币对美元双边汇率转移到人民币实际有效汇率。

复旦人民币汇率指数的有效汇率和模拟汇率均为日度指数，按日编制和发布。国际清算银行编制的人民币有效汇率指数是按月编制，滞后 1 月发布。复旦人民币汇率指数按日编制并发布（其中，实际有效汇率当月按上月 CPI 编制，待样本国和地区发布上月 CPI 后发布修正后的上月实际有效汇率）。这对于提高人民币汇率指数的及时性和动态性具有重要意义。

贸易权重根据滞后 2 期的 12 个月的月度移动平均数，每个月进行调整，能够及时地反映中国对外贸易结构的变化，具有较好的动态特性。国际清算银行编制的有效汇率指数的贸易权重是过去 3 年的年度平均数据。

北大汇丰中国商品期货指数（PKU HSBC Chinese Commodity Futures Index），简称“北大汇丰指数”或“PHCCI”，是由北京大学汇丰金融研究院金融指数研究室（HFRI Financial Indices Lab）推出的中国商品期货大盘指数，同时具备对应期货组合复制功能。

北大汇丰指数（PHCCI）作为中国商品期货市场的大盘指数，具有实时性：北大汇丰指数是一个实时的中国商品期货大盘指数。标杆性：北大汇丰指数以清晰的结构反映中国商品期货市场大盘，可以为期货交易者进行交易提供一个明确标杆。

国泰君安“个人投资者投资景气指数”（Individual Investment Index，以下称 3I 指数）。3I 指数采用“灯号”形式直观呈现投资景气度，将景气度分为“高涨”“趋热”“正常”“趋冷”“低迷” 5 种情景，并分别对应不同的指数运行结果：高涨：景气指数综合分值在 150 以上；趋热：景气指数综合分值在 120～150 之间；正常：景气指数综合分值在 100～120 之间；趋冷：景气指数综合分值在 100 以下；低迷：景气指数综合分值低于 80。

中银香港—富时人民币离岸债券指数系列，旨在量度在中国内地境外发行及结算的人民币债券的表现，为全球投资者提供具透明度的市场基准。该指数系列包括一个基准指数及一系列次级分类，让市场参与者根据发行人类别、剩余到期日及信贷评级等划分市场类别。

第十七部分

相关产业金融动态

一、农业金融

从历年的投资案例数量情况看，2006—2012年，中国农业领域已经披露的投资案例累计达到287起。2012年较2011年投资案例数大幅增加，创下历年投资案例数最大增幅50起，几乎是2011年较2010年增幅的2倍。主要是因为近年来在国家政策的大力支持下，农业各细分行业的发展非常迅速，吸引了包括产业资本、社会资本在内的各类机构积极投资，极大地提升了对农业的参与意愿。

从历年的投资金额情况看，2006—2012年，中国农业领域已经披露投资金额共38.87亿美元。2012年投资金额同样创造了历史新高，在2011年9.47亿美元的基础上，大幅增长到14.81亿美元，涨幅超过5亿美元，与其他行业相比，农业领域的投资涨幅较为明显，投资案例及金额均大幅上涨。

2006—2012年中国农业领域二级行业投资分布情况（见表17-1）。

表17-1　2006—2012年中国农业领域二级行业投资分布情况

二级行业	投资案例/起	投资金额/亿美元	二级行业	投资案例/起	投资金额/亿美元
农业（种植业）	95	8.402 2	农资	40	6.046 7
林业	28	2.206 7	农产品及食品加工	30	5.603 0
畜牧业	55	6.684 6	其他	24	6.094 4
渔业	15	3.831 8	合计	287	38.869 4

数据来源：《2012年中国农业产业投资报告》。

2012年中国农业产业投资报告

在农业产业投资中，一些农业生产固有特性带来的潜在风险也值得关注。例如，农产品相对较低的利润水平，生产易受到天气、自然灾害、病虫害的影响，生产流程标准化程度较低，产品质量可控制性较低，农产品价格的浮动较明显等。

2012年VC/PE背景企业并购案例数量和并购金额（见表17-2）。

2012年各季度涉农金额贷统计（见表17-3）。

表17-2　2012年VC/PE背景企业并购案例数量和并购金额

并购方	被并购方	所属行业	并购完成时间	并购金额/百万元	股权比例/%
西部牧业	花园乳业	农产品及食品加工	2012年1月5日	84	60
梅林正广和	冠生园	农产品及食品加工	2012年1月29日	1 032	100

（续）

并购方	被并购方	所属行业	并购完成时间	并购金额/百万元	股权比例/%
宣华木业	华嘉木业	林业	2012年6月4日	222.22	75
宣华木业	热带林	林业	2012年6月4日	3.56	75.1
宣华木业	加蓬森林工业出口公司	林业	2012年6月4日	3.56	87.25
宣华木业	森林开发	林业	2012年6月4日	3.56	100
宣华木业	常式采伐工业公司	林业	2012年6月4日	3.56	100
梅林正广和	苏食肉品	农产品及食品加工	2012年9月1日	216	60
梅林正广和	淮安苏食	农产品及食品加工	2012年9月1日	60.6	60
中垦农业	种子集团	农业（种植业）	2012年11月21日	150	52
晨光生物	瑞德天然色素	农产品及食品加工	2012年11月22日	6.8	23
唐人神集团	株洲油脂	农产品及食品加工	2012年11月28日	13.26	100
大康牧业	九鼎牧业	畜牧业	2012年12月28日	47.89	51
辉丰股份	焦点农业	农业（种植业）	2012年12月29日	15.8	51

数据来源：清科研究中心。

表 17-3　2012 年各季度涉农金额贷款统计

季　　度	本外币农村贷款余额/万亿元	农户贷款余额/万亿元	农业贷款余额/万亿元
第一季度	12.87	3.31	2.55
第二季度	13.5	3.48	2.67
第三季度	14.1	3.61	2.74
第四季度	14.54	3.62	2.73

数据来源：清科研究中心。

2012年上半年，分机构看，中资全国性大型银行、中资区域性中小型银行及农村合作金融机构涉农贷款同比增加较多。至6月末，全国共组建农村商业银行247家，农村合作银行173家，以县（市）为单位的统一法人农村信用社1 858家。

网易早于2009年就开始布局养猪项目，养猪场落户于浙江省湖州市安吉县开发区，占地1 200亩。复星集团于2009年6月斥资1.6亿元参股养猪企业。绿城集团计划在嵊州市投资20亿元建设现代化农业综合体项目，培育4个单位面积超5 000亩、单体投资超3亿元，第一、第二、第三产结合的现代农业产业，逐步把嵊州现代农业项目打造成国际知名、国内一流的综合性园区。联想控股也早已布局农业事业，开始进行养牛、种植猕猴桃等生态项目。中粮集团更是从各个细分行业全方位布局，全面打造农业产业链。

截至2010年8月，中国在农村地区营业的金融机构主要包括政策性银行1家，大型商业银行1家，邮政储蓄银行1家，农村商业银行43家，农业合作银行196家，农村信用社3 056家，村镇银行148家和农村资金互助社 16 家等。

有资料表明，农业供应链金融模式最早产生于龙江银行大庆分行（即原大庆市商业银行，以下简称“大庆商行”）。大庆商业银行 2006 年开始农业供应链金融的研究，最初是受到中粮集团“全产业链”理念的启发，从原材料生产到采购，从农产品加工到食品生产，再到食品终端的零售，形成了从田间到餐桌的链条，其中的各参与主体都被供应链条结合在一起。

通过不断创新和完善，大庆商业银行以中粮肇东生化能源为试点企业，将农业供应链金融率先在黑龙江省肇东市五里明镇大面积推广。在“公司＋农户＋银行”的农业金融新模式下，按照产融协同理论，在同一个平台上不同层次的系统之间，通过业务关联的互补和合作，使业务流程从无序向有序转化，实现了资源的有效配置，形成了“核心企业＋上下游企业＋农户＋政府＋银行＋保险＋科技＋其他”的开放式农业供应链金融框架。

龙江银行继承和发展了农业供应链金融模式，并坚持不懈地开展产品创新，目前已经形成了农业供应链融资的五种模式和六大产品。同时，针对农户抵押物不足的问题，与中粮信托在“五里明模式”的基础上，联合开发了土地使用权信托计划。通过中粮信托的中间作用，将土地信托权利质押给银行，解决了因农村土地不能抵质押导致的贷款难题。为了保证农业供应链金融模式的先进性，龙江银行正与荷兰合作银行开展深入合作。荷兰合作银行是全球农业产业金融经营最好的银行，其农业贷款已占荷兰农业产业信贷的 80%，在全球范围内拥有上百人的研发团队。

就农业而言，其产业链可划分为农业生产资料的生产和销售，农业生产，农产品收储和加工、农产品销售 4 个主要环节。在农业产业链内，农资公司、农户、农产品收储和加工企业、农产品贸易公司构成了维系产业链运作的主体，形成了物流和资金流的双向循环。在生产和流通过程中，原材料和农产品因生产、加工、销售等过程而增加其价值，给相关企业和农户带来收益。各参与主体将产品或服务提供给最终用户的上下游企业，从而形成了农业供应链。这种多向的农业供应链成为构成农业产业链的基础，在其发展过程中，供应链各环节的资金需求为开展农业供应链金融创造了前提条件。

农业供应链金融模式主要有种植业、养殖业、生产物资、农产品加工业、粮贸企业和农机六大目标市场。面对的客户可按照不同的角度细分：按行业分为农业、林业、牧业、副业、渔业；按照涉农贷款的主体可分为企业法人、个体工商户、农业专业合作社、协会、其他经济组织、自然人、农村妇女创业贷款等；按照农业产业链上参与方性质可分为供应商、生产商、销售商、加工企业、零售企业、终端消费者、农垦、地方企业等。龙江银行形成了金字塔形的客户体系，农业供应链当中的农户是金字塔的基座，核心企业为金字塔的塔尖。

截至 2011 年 9 月末，龙江银行资产总额达到 1 422.64 亿元，比成立之初增加 1 017.26亿元，增长 250.94%。2011 年前 9 个月实现净利润 12.25 亿元，同比增加 8.45 亿元，增长 222.37%；农业供应链贷款余额 72.48 亿元，累计投放 268 亿元，覆盖土地 3 870余万亩，惠及农户和就业人群超过 550 万人。

2013 年 4 月份，国务院批准《黑龙江省“两大平原”现代农业综合配套改革试验总体方案》，将黑龙江省现代农业改革试验上升到国家战略高度加以实施。为了进一步加快金融配套改革，中国人民银行、中农办、农业部、中国银监会、证监会、保监会等相关部门组成调研组，深入黑龙江省调查研究，专门在省城哈尔滨市组织召开了金融支持黑龙江省“两大平原”现代农业综合配套改革试验座谈会。

农业政策性金融本质上仍属于政策性金融的范畴。农业政策性金融，就是在国家和政府支持下，以国家信用为基础，运用各种特殊的融资手段和优惠的存贷利率，严格按照国家政策的界定，以支持农业和农村经济发展为主要职责，直接或间接地体现国家对农业和农村经济支持和扶持政策的一种特殊的资金融通行为。

而农业政策性金融资金需求的客体边界则相对要广泛得多。为配合政府不同时期农业政策的需要，农业政策性金融一般都有特定的业务领域和范围，并且不断地拓展。如美国联邦土地银行资金运用主要是提供长期不动产抵押贷款；联邦中间信贷银行主要提供动产抵押的中短期农业贷款；合作社银行贷款主要是用于帮助农业合作社扩大农产品销售，促进农产品出口，保证农业生产资料供应等。日本农林渔业金融公库资金运用主要是对土壤改良、造林、林间道路、渔港等生产性基础设施建设和改善生产条件提供贷款。印度国家农业和农村开发银行一般是为大型的农业基本建设项目贷款，如兴修水利、推广使用农业机械、土地开发等。

截至2012年年底，中国农业银行涉农贷款余额1.91万亿元，比2007年增加约1.3万亿元，增幅超过130%。

尝试探索了水资源经营权质押、收费权质押等多种新型抵（质）押担保方式，不断加大信贷投入。2012年全年累计投放农田水利建设贷款153.8亿元，年末贷款余额达721.5亿元。

2010年启动并推进“丰收计划”，以13个粮食主产省（区）和全国800个产粮大县为重点区域，加大金融支持力度。截至2012年年底，农业银行粮食生产相关领域贷款余额超过1 000亿元，在13个粮食主产省（区）的贷款余额为1.08万亿元。对国家级、省级农业龙头企业的服务覆盖分别达到918家、4 602家；为全国244户农业科技企业提供信贷支持，授信总额97.49亿元。由中国农业银行支持的国家农业科技园区入驻龙头企业超过4 500家，推广应用新科技超过5 400项，新品种超过8 000个。自2010年以来，中国农业银行累计发放商品流通市场建设贷款130亿元，贷款余额超过120亿元，新增市场建设客户110家。

“金益农”品牌下部分“三农”特色产品目录（对公）（见表17-4）。

表17-4 “金益农”品牌下部分“三农”特色产品目录（对公）

类　别	全行产品性	区域特色产品
“三农”对公产品	1. 小企业简式快速贷款	1. 农贷通
	2. 小企业自助可循环贷款	2. 小企业葡萄原酒抵押贷款
	3. 县域中小企业动产质押融资	3. 小企业专业担保机构担保贷款
	4. 县域中小企业应收账款质押融资	4. 钢结构资产抵押贷款
	5. 林权抵押贷款	5. 小企业退税质押贷款

（续）

类　别	全行产品性	区域特色产品
“三农”对公产品	6. 农业产业化集群客户融信保	6. 海域使用权抵押贷款
	7. 化肥淡季商业储备贷款	7. 绒毛动产质押贷款
	8. 季节性收购贷款	8. 小企业多户联保贷款
	9. 小水电贷款	9. 小企业商铺经营权质押贷款
	10. 农村城镇化贷款	10. 小企业流动资金循环贷款
	11. 县域高级中学贷款	11. 中小企业厂房按揭贷款
	12. 县域医院贷款	12. “金光道一园区”小企业产品
	13. 县域商品流通市场建设贷款	13. 铜单质押（铜账户托管）贷款
	14. 县域房地产开发贷款	14. 船舶按揭贷款
	15. 县域建筑业贷款	15. 农民专业合作社贷款
	16. 县域旅游开发建设贷款	16. 县域中小企业特色农产品抵押贷款
	17. 县域中小企业产业集群多户联保贷款	17. 采矿权质押贷款
		18. 县域企事业营运贷款
		19. 库存原酒抵押贷款
		20. 动物资产抵押担保融资业务
		21. 收付通
		22. “金农包一单通”一小企业
		23. 电脑福利彩票实时缴款
		24. 银烟通
		25. 空中充值
		26. “万村千乡市场工程”农商通产品
		27. 中小企业现金管理结算套餐

数据来源：人民网。

截至2012年年底，涉农行业优180家企业在银行间债券市场发行非金融企业债务融资工具449只，共计3 973.15亿元；2012年累计发行1 293.34亿元，年末余额为1 970.71亿元。其中，发行短期融资券2 407.2亿元，中期票据1 266.7亿元，非公开定向债务融资工具83亿元，超短期融资券190亿元，中小企业集合票据（含区域集优集合票据）26.25亿元。

二、航运金融

与2002年相比，2007年在上海注册的国际船舶的代理企业从37家增加到132家，国际的船舶管理企业从8家增加到17家，从事无船承运业务的企业从329家增加到747

家。有很多公司的总部设在上海，全球最大的前20家班轮公司都在上海设立了分支机构和办事处，劳氏船级社也在上海设立了代表处。在航运要素不断向上海集聚的同时，受美国次贷危机的影响，航运金融市场的一些业务重心进一步从欧洲转移到亚洲，上海周边几个港口城市如日本东京、韩国釜山等都在积极发展航运金融市场，而且中国在有关政策、法规和汇率等方面不占优势，上海航运金融市场同样面临着诸多挑战。

随着欧洲造船中心的东移，中国造船业急速发展及亚洲地区对船舶需求殷切，已引起国际金融业人士的关注。仅中国的干散货运输和石油运输市场就有极大的增长。有研究表明，仅就中国的油轮船队而言，2010年前，中国有7 500万吨位油轮的需求。到2020年，这个数字将增加到1.3亿吨。中国期望至少50%的原油进口由本国油轮承运。庞大的市场需求吸引国内外金融机构竞相开展船舶融资业务。目前国际船舶融资市场日益成熟，在新造船的船舶融资中，船东仅提供小部分自有资金（其中70%～80%的款项来自银行贷款）就可建造新船。

资金问题是中国造船业和航运业的风险之一。目前，全球已签到2010年的造船订单量大概共需要4 500亿美元，其中中国占了订单份额的20%还多，其中2 500亿美元资金已经落实，而没有落实的2 000亿美元中相当一部分关系到中国的造船业。上海完全可以利用自身的金融优势，促进金融界和航运业的沟通，创造新的金融产品，用资金扶持国内航运业的发展。

因此，伴随着船舶工业的发展，国内外投资机构纷纷看好船舶融资业。国际上著名的银行都设有专门的船舶融资部门，如德国北方银行、美国花旗银行、挪威银行、汇丰银行等都在船舶融资方面位列世界前列。德国KGSystem也是典型的船舶基金机构，该机构的船舶基金已经成为国际上主流的船舶融资平台。

挪威银行是首家在华获得全面外汇银行业务营运许可的外资专业船舶融资银行。其主要业务涉及船舶、海运和物流等领域，该行目前的主要工作是向中国船舶业提供融资服务。

瑞典银行在上海设立了亚洲范围内的首家分行，并将船舶融资作为其重点业务。目前该行与中国进出口银行合作，为中国航运市场提供船舶出口买方信贷。还将涉足中国的造船业与航运业方面的融资业务。

招商银行提供了预付款保函、船舶按揭、船厂贷款、离岸金融服务等船舶融资业务，以及回避汇率风险的资金保值服务。该行已开出10多份各种型号的船舶预付款保函，船舶总计吨位超过100万吨。其中2007年5月，该行曾为一大型船舶公司开出一张金额为16亿元的保函。

中国工商银行与挪威银行及德国北方银行等合作，为德国Rickmers集团向丹麦马士基集团期租4艘13100TEU大型集装箱船安排了总额3.7亿美元的船舶融资。

国内其他银行大多采取对船舶企业、航运企业直接贷款的方式。船舶公司买新造的船时，一般要在确定订单时交20%订金；在生产过程中，船舶公司还需要按照进度来追加投资，达到船款的60%左右；最后在船舶交付时一次性付清尾款。

航运业对各类航运保险的巨大需求，催生了航运类保险的快速增长。以国际航运中心之一的伦敦为例，其拥有超过800家的保险公司。近年来，伦敦航运保险费收入达 32 亿英镑，约占世界市场份额的 19%。由此可见，航运保险也成了衡量一个航运中心国际地位的重要标准。除伦敦外，东京、汉堡、纽约等几个城市占据了全球海上保险市场超过 30%的份额。

中资保险公司与从事海上保险的国际大保险公司相比，创新能力不足，保险产品匮乏，风险管控能力不高，国际网络少，国际认可度较低，缺少遍布全球主要港口的服务网络，也缺乏与国际大公司之间的合作。

再保险方面缺乏实力，需依靠国外实力强劲的保险公司。国内承保商要先与国外再保险商约定好再保险价格，才能与承保对象签订保单，这种模式决定了定价权掌握在再保险商手中。

在保险公司的数量及规模上，中国人民保险集团、中国太平洋保险集团、中国平安保险集团三家公司控制了国内 80%以上的航运险市场，囊括国内绝大部分业务；而且网点分布少。而国外的一些保险公司数量多且规模大，如美国美亚、日本三井及一些国际保赔协会等品牌影响度高，且营业网点多。

中国目前还没有一家国际航运资金结算中心。由于中国是航运大国，各航运集团公司具有下属单位多及各自在银行设立账户多，资金分散，不便于集中管理和调剂使用等特点。围绕航运市场规模的拓展和航运企业实际发展的需求，中国有必要建立具有国际影响力的航运资金结算中心，来强化资金管理及防范资金风险，并使其能吸引更多的国外航运公司在我们这里进行航运资金结算。

上海地区发展航运金融，有必要借鉴国外的先进经验，提高自身的经营管理水平，扩大规模。如船舶融资方面，德国的 KC 模式实践证明是一个非常成功的模式，即由许多合伙人共同出资成立一家船舶有限责任公司，用所获资金订造新船，再租给航运公司获利。同时借鉴国外自由港和自由贸易区的管理模式，集国内各种特殊区域各项优惠政策于一体，拓展洋山保税港区功能，使之成为中国内地第一个自由港和自由贸易区。构建与国际金融和航运中心功能相适应的航运金融的功能，大力发展金融期货、商品交易及证券、保险、银行、产权期货、衍生品等金融业务。

上海航运金融相关的企业、机构由于服务跟不上，致使大量客户外流，所以提高航运金融相关企业、机构的服务水平已迫在眉睫，有必要制定适合上海航运特点、能够被本地区客户所认可的服务体系；加快航运金融产品的创新，增强航运金融机构的竞争力。如油价风险、外汇风险已经成为航运企业面临的主要风险，而国内投资避险工具缺乏。

要进一步转变政府管理职能，构建行为规范、运转协调、公正透明、廉洁高效的行政管理体制。加大投融资体制改革及其他各项制度改革的力度，在外资出入境、海上保险、出口退税、国际结算、银行担保、国际信贷、资金汇兑等方面提供快捷、优质的服务。要继续深化航运企业改革，按照现代企业制度的要求，完善法人治理结构，以实现投资主体多元化为重点，通过规范上市、中外合资、相互参股、兼并收购等多种途径进行股份制改革，调整和优化产权结构。

2011 年 8 月 18 日，招商银行宁波分行入驻宁波国际金融服务中心，成为首家进驻该中心的银行。2009 年 11 月，招商银行宁波分行在宁波开展金额达 10 亿元的船舶融资租赁业务，到 2011 年 8 月，总融资金额已超过

10亿元。目前已有5家合作对象，还有十余家在接触与洽谈中。2010年招商银行总行将租赁业务作为新兴批发业务发展，当年2月招商银行宁波分行就与招银租赁公司合作和宁波丰华船务有限公司签下了1.72亿元的融资租赁合同。

近年来，宁波港航业的迅猛发展为航运金融的快速发展打下了坚实基础。2010年宁波港货物和集装箱吞吐量分别超过4.1亿吨和1 300万标箱，实现大宗商品交易总额近2 000亿元。

交通银行宁波分行成立了航运金融发展领导小组，组建了航运金融业务团队，致力于推进航运金融服务、打造航运金融服务专业品牌。围绕航运企业的发展需求，该行推出了水上运输企业、船舶制造企业、港口建设等金融综合服务。在航运金融特色化服务方面，该行则推出了四方协议、造船行业保函银团、香港IPO上市一条龙服务。

2010年，交通银行宁波分行航运行业(包括水运行业、港口业和船舶制造业）客户累计已达39户，比2009年新增3户；贷款余额27.48亿元，比2009年增加4.36亿元，高于全行平均贷款增速。同时，该行率先在宁波开展船舶租赁融资业务，2010年交银租赁公司与宁波航运企业协议租赁融资9亿元。

据了解，目前宁波的各大银行中，交通银行、中国银行、宁波银行、浦发银行、招商银行等均在航运企业贷款以及融资租赁方面有所涉及。一些以前没有介入航运领域的银行，诸如浙商银行、杭州银行等也有意发展航运金融业务。据透露，平安财险宁波分公司也将成立航运事业部，加快开发航运保险业务，并于2011年9月推出船舶保赔险。

2011年6月27日，中国人民银行宁波市中心支行、宁波银监局和宁波市海洋经济工作领导小组办公室联合下发了《关于金融支持宁波市海洋经济发展核心示范区建设的指导意见》，提出宁波市金融部门将从资金投入、机构设置、产品创新、服务优化和协作机制5个方面对海洋经济发展提供保障，其中建设航运金融集聚区则为其核心政策思路之一。

据了解，目前宁波市共有金融机构149家，但没有专门以船舶贷款为主业的银行。在被列入第二批人民币跨境结算试点城市后，宁波将设立进出口银行宁波分行，出台鼓励发展航运金融的举措，依托梅山保税港区的建设和宁波港的深水港、大宗货源转运优势，引进国际著名供应商、金融保险机构、物流企业、口岸监管机构，探索拓展航运金融服务的多种融资方式。

三、汽车金融

汽车金融是由消费者在购买汽车需要贷款时，可以直接向汽车金融公司申请优惠的支付方式，可以按照自身的个性化需求，来选择不同的车型和不同的支付方法。对比银行贷款，汽车金融是一种购车新选择。

自2004年8月18日，《汽车金融公司管理办法》正式实施起，中国汽车金融市场已经走过近9个年头。在此期间，中国汽车销量增长近300%，但汽车金融的渗透率却仅仅翻了一番，与国外70%～80%的消费比重相去甚远。

此外，近几年中国汽车金融公司数量增长几乎停滞，截至目前总共不过十余家，且大部分都是外资主导。

造成以上局面的原因除了国内消费者的消费意识和方式不同于国外，主要还在于汽车金融公司的资金主要来源于银行的资金拆借，导致中国汽车金融公司成本高企。再者，国内汽车市场的不够成熟和信用体系不够健全等都加大了汽车金融的风险。

中国汽车消费信贷有很大的发展潜力。根据中国汽车工业协会的预测，到2025年，中国汽车金融业将有5 250亿元的市场容量。

《2013—2017年中国汽车金融行业市场前瞻与投资战略规划分析报告》数据显示，2011年，中国人均GDP已达到5 300美元，而平均每千人汽车保有量仅为60辆左右，除北京等个别大城市外，均低于每千人141辆的世界平均水平。

作为中国首家汽车金融公司，上海通用汽车金融有限责任公司如今已是国内最大的汽车金融公司。截至2012年年底，凭借国际先进的汽车金融管理经验和技术，它的服务范围已扩展至全国30个省300多个城市，为逾百万汽车消费者提供了全方位的汽车金融服务。而2011年车市陷入低速增长，通过周边业务服务来提升新车销量，成为汽车企业尤为关注的问题。据前瞻网统计，2011年，全国新成立5家汽车金融公司。

在中国汽车金融尚处萌芽阶段。发达国家的贷款购车比例平均都在70%左右。截至2006年，全球41个国家有38.2%的用户是通过贷款买车的。汽车金融公司已经成为汽车公司重要的利润来源之一。当一国人均GDP达到700美元时，便开始进入汽车消费时代。

2004年8月18日，上海通用汽车金融有限责任公司正式成立。这是《汽车金融公司管理办法》实施后中国首家汽车金融公司，标志着中国汽车金融业开始向汽车金融服务公司主导的专业化时期转换。

随后又有福特、丰田、大众汽车金融服务公司相继成立。2004年10月1日，银监会又出台了《汽车贷款管理办法》，以取代《汽车消费贷款管理办法》，进一步规范了汽车消费信贷业务。中国汽车消费信贷开始向专业化、规模化方向发展。在这个过程中，保险公司的车贷险业务在整个汽车消费信贷市场的作用日趋淡化，专业汽车信贷服务企业开始出现，银行与汽车金融公司开始进行全面竞争。

近年来，中国汽车消费市场的蓬勃发展为汽车金融服务培育了广阔的发展空间。中国汽车工业协会最新数据显示，2013年中国汽车产销量均突破1 000万辆，分别达到1 075.17万辆和1 078.22万辆，同比分别增长12.8%和12.3%。为分享汽车金融市场的发展机遇，包括国有银行、股份制商业银行以及各大汽车厂商的汽车金融公司在内的众多金融机构都积极拓展汽车金融业务。

自1998年央行正式批准开展汽车消费信贷业务以来，该业务在中国实现了飞速发展。2001年全国汽车消费信贷余额为436亿元。据中国人民银行统计，截至2008年年底，全国各金融机构共发放汽车消费贷款余额1 583亿元，截至2011年年底，汽车消费金融市场余额已突破 3 000 亿元。2012 年汽车金融发展速度超过了 30%，达到 3 920 亿元。

到 2015 年，汽车消费金融市场金额将达 6 700 亿元。其中，通过商业银行消费贷款的金额预计将达 3 250 亿元，占比 49%；信用卡车贷分期余额将达 1 350 亿元，占比 20%；汽车金融公司消费贷款金额将达 1 600 亿元，占比 24%。其他 500 亿，占比 7%。

截至 2013 年 8 月，国内主要汽车金融公司情况（见表 17-5）。

表 17-5 国内主要汽车金融公司（截至 2013 年 8 月）

企　业	成立时间	股权属性
上海通用汽车金融	2004 年	中外合资
大众汽车金融（中国）	2004 年	外商独资
丰田汽车金融（中国）	2005 年	外商独资
福特汽车金融（中国）	2005 年	外商独资
戴姆勒一克莱斯勒汽车金融（中国）	2005 年	外商独资
东风标致雪铁龙汽车金融	2006 年	中外合资
沃尔沃汽车金融（中国）	2006 年	外商独资
东风日产汽车金融	2007 年	中外合资
菲亚特汽车金融	2007 年	外商独资
奇瑞徽银汽车金融	2009 年	奇瑞汽车＋徽商银行
宝马汽车金融（中国）	2010 年	外商独资
三一汽车金融	2010 年	三一集团＋湖南省信托＋华菱钢铁
广汽汇理汽车金融	2010 年	广汽集团＋东方汇理
一汽汽车金融	2011 年	一汽财务＋吉林银行
北京现代汽车金融	2012 年	中外合资
重庆汽车金融	2012 年	庆铃汽车＋渝富资产管理＋重庆农商银行
瑞福德汽车金融	2013 年	江淮汽车＋桑坦德消费金融
天津长城滨银汽车金融有限公司	2013 年	长城汽车＋天津滨海农村商业银行

数据来源：根据各公司官网整理。

四、钢铁金融

中信银行依托中信集团综合金融服务平台，致力于帮助钢铁产业内客户拓宽融资渠道、降低融资成本、改善财务效率，提供优质、高效、便捷的银行服务。中信“钢铁金融”服务方案内容主要包括：供应商金融服务（国内综合保理、商票保贴）、生产商金融服务（生产线建设融资、采购融资、票据库服务、资金管理服务）、经销商金融服务（保兑仓模式、存货质押模式)。

中信银行钢铁金融业务专题研讨会在天津召开。长期以来，中信银行一直将钢铁行业作为重点支持的领域，特别是对大中型贸易商提供以保兑仓、先票后货、存货质押、代理采购融资等供应链金融模式为主的各类型融资和服务，“中信钢铁金融”已成为中信银行公司银行业务的一项品牌。但在最近一段时期，钢铁行业受到宏观经济形势变化的影响，企业经营和行业发展经历着阶段性周期性的波动。

2011 年“中国钢铁产业重组与发展高峰论坛”上工信部官员表示，中国钢铁产业如何提高核心竞争力，尤其是在目前国际原材料市场上的价格话语权，以及铁矿石市场金融化这两个方面，亟须深入研究。

从 2010 年开始，坚守了 20 余年的铁矿石年度谈判定价模式被淡水河谷、力拓及必和必拓三大矿山公司更改为季度定价，同时采用了指数定价。2011 年，印度商品期货交易所（ICEX）宣布正式推出铁矿石期货产品，成为世界上首家推出铁矿石期货的交易所。国外已经在产业和金融业结合方面迈出了脚步，中国的产业界与金融界也需要找到二者的交集，融合发展，才能促成中国钢铁市场金融化，进一步实现在国际原材料市场上的价格话语权。而工信部也正在对此展开调研。

五、矿业金融

2012 年 11 月 5 日，国土资源部与天津市人民政府在天津梅江会展中心举行天津国际矿业金融改革示范基地揭牌仪式。天津国际矿业金融改革示范基地的揭牌，标志着中国探索建立以资源、资产、资本三位一体的新型矿业体制机制，构建符合市场经济规律和地质工作规律的、开放的、监管有效的现代国际矿业金融服务体系和市场建设活动全面启动。

中国冶金地质总局、河南省地勘局、有色金属华东地勘局、江西省地勘局、西北有色地勘局成为天津矿业权交易所首批风险融资试点单位，并正式签署诚信承诺宣言。昆仑信托、建信信托、天津信托、北方国际、新华信托、华澳国际 6 家信托机构成为首批矿业权信托融资试点单位。中国银行与天津矿业权交易所签署战略合作协议，为交易所会员提供 100 亿美元综合授信。蒙古国发展协会、蒙古国出口商协会、辽宁省地勘局、湖南省有色地勘局、吉林省有色地勘局、吉林省地勘局及澳大利亚伊尼瓦燃气有限公司分别与交易所签署相关协议。通过天津矿业权交易所电子平台，6 个国家 48 家企业的 158 个矿业项目在现场成功挂牌，其中国际项目 19 个。

天津矿业权交易所负责人认为，做矿业权融资时，在行使抵押权的同时，我们为采矿企业提供信托、资金、契约等行使的融资。第三交易所可以为开采企业提供融资租赁，同时也可以为勘察企业在勘察阶段的各种类型（在国内称为资产包，在国际上称为联合风险勘察协议），提供联合风险勘察协议的契约式融资，最后为中国企业在国际间开展矿产资源的开发合作的空间提供当地国基础设施的建设融资。

清蓝金融是中国的矿业金融机构，其业务包括以下几个方面：

(1) 矿业投资银行业务：为全球矿业公司提供在中国的融资服务，帮助海外矿业公司寻找中国战略合作伙伴，包括寻找矿石买家及卖家的贸易业务，帮助多家中国矿业公司在多伦多上市。

(2) 股权交易所：清蓝金融与中国创新的天津股权交易所共同创办了中国矿业资本平台——天交所矿业板，寻找并帮助优秀中国矿业公司首次公开发行，在未来帮助海外公司在中国上市融资，致力于打造中国的TSX，成为全球矿业金融市场重要的成员。

(3) 基金：清蓝金融通过设立矿业投资基金，整合中国较为分散的资金资源，促进中国矿业对海外的投资，现在已经发起了北京中矿联合基金、上海中矿新能基金、中国香港中矿福曼基金、中国香港清蓝黄金基金 4 只矿业基金。

六、房地产金融

根据百度百科的解释，房地产业作为一个资金密集型行业，对金融有很强的依赖性。与房地产相联系的房地产金融是指在房地产开发、建设、经营、流通和消费过程中，通过货币流通和信用渠道所进行的筹资、融资及相关金融服务的一系列金融活动的总称。房地产金融有广义和狭义之分，广义的房地产金融，是与房地产活动有关的一切金融活动。狭义的房地产金融表现为一些具体的金融形式，如对房地产银行发行债券，成立住房储蓄机构，安排房地产企业和基金上市，成立按揭类的证券公司，抵押贷款证券化，等等。一种看法认为，房地产金融最简单的含义就是房地产资金的融通，其实，房地产资金的融通不等于房地产金融。融资是房地产金融的一个主要方面，它包括房地产信贷融资、房地产股本融资、房地产债券融资和运用信托方式融资等。房地产金融除了融资功能外还有许多其他的金融功能，如房地产保险、房地产信托、房地产证券、房地产典当等。中国目前的房地产金融现状，还没有形成真正意义上的房地产金融。房地产金融包括政策性的房地产金融和商业性的房地产金融。政策性房地产金融主要是房改金融，它是与住房制度改革有关的一系列金融活动。广义的房地产是土地与房屋的合称，因而房地产金融也可以进一步分为房产金融和地产金融。

中国房地产业载文称，由于中国房地产金融的发展还处于初级阶段，资本市场发展还不完善，国有商业银行本身改革还不到位，这导致了中国房地产业的融资主要依靠商业银行。根据推算，中国房地产开发企业的资金来源有 18%来自自有资金，2%来自其他渠道，剩余的 80%都来自商业银行贷款。

从中国房地产市场的运行过程及其资金链来看，商业银行信贷贯穿于土地储备、交易、房地产开发和房产销售的整个过程，所以商业银行实际上直接或间接地承受了房地产市场运行中各个环节的市场风险和信用风险。

系统性风险问题实质上是资金来源单一性和融通效率低下产生的风险在银行体系中的表现。房地产资金供给的80%来源于银行本身就说明了风险的高度集中。这种系统性风险主要来源于两个方面：一是房地产供求失衡带来的房地产金融风险。近几年房地产开发速度很快，与需求的增速不成正比，商品房空置总量和空置率仍在上升，一旦房地产业出现一些大的起伏，资金链出现断裂，容易带来金融风险。二是个人住房信贷违约而形成的信用风险。目前，中国商业性个人住房贷款不良贷款率不到0.5%，住房公积金个人住房贷款的不良贷款率仅为0.24%，这对改善银行资产质量起到了十分重要的作用，因此，商业银行普遍把个人购房贷款看成优良资产而不遗余力地大力发展。但是按照国际惯例，个人住房信贷的风险暴露期通常为5～8年。中国的个人住房信贷业务是最近5年才开始发展起来的。一方面，基数较小且发展较快，一些问题容易被掩盖和忽视；另一方面，中国的个人住房信贷刚刚进入风险暴露期，即使有问题也可能还没有充分暴露。

七、文化金融

2010年中国文化产业增加值占GDP的比重仅为2.75%左右。十七届六中全会指出，到2020年，文化产业的发展目标是成为支柱性产业。这意味着文化产业增加值占GDP的比重要逐步上升至5%左右，即文化产业增加值将从2010年的约1.1万亿元增加至约4.3万亿元，年均增速要达到15%（名义增长率），远超过GDP的增长。

统计数据显示，近年来，中国金融机构的信贷投放主要集中在房地产、钢铁、水泥和电解铝等几大行业，相比之下，对中小企业、民生、文化服务和消费等领域的贷款则相对较少。金融机构的信贷结构过于集中的现状，显著地放大了金融机构的业务运作风险。推进金融机构信贷结构的多元化和均衡化，迫切需要对金融机构的业务进行创新，文化金融服务创新就是可供选择的路径之一。

据悉，国家开发银行近年来不断加大对文化产业的支持力度，与文化部、新闻出版总署建立合作机制，与河南、上海、安徽等7个省市签订文化产业合作备忘录；支持了上海世博文化中心、华强文化科技产业园等一批文化产业重大项目。截至2011年9月底，国家开发银行文化产业贷款余额达1 053亿元，在金融同业保持首位，成为支持文化产业发展的主力银行。

2013年，国家统计局发布报告称，2012年中国文化及相关产业法人单位增加值为18 071亿元，文化产业对当年经济增长的贡献为5.5%。目前中国的文化及相关产业，已由原有的新闻出版、广播电影电视、文化艺术演出等传统形态，扩展到文化信息传输服务、文化创意及设计等新兴业态。

根据投中数据统计，自2012年，国内文

化产业基金无论是从数量还是规模上，都呈现明显上升趋势。其中开始募集基金数量从2009年的2只增至2012年的17只，目标规模由21.2亿元增至455.6亿元，增幅约21倍。至今国内累计成立92只文化产业基金，其中36只基金处于开始募资状态，56只基金募资完成（含首轮募集），平均单只基金募资完成规模达8.31亿元。

《金融时报》资讯，2011年，中国人民银行营管部联合北京市文促中心举办了“金融服务走进北京市文化创意产业集聚区”活动，“送货上门”的金融服务为银企有效对接、深入合作奠定了良好基础。2010年，中国人民银行营管部积极推动辖内银行参加“北京文化创意产业投融资项目推介会暨银企洽谈会”，7家辖内银行与17家文化创意企业达成了近90亿元的授信协议。

在中国人民银行营业管理部的推动下，在辖内银行对文化创意产业的支持力度明显加大，文化金融产品不断创新。中国工商银行北京市分行将文化产业信贷管理模式从传统的“物权控制”向“未来现金流控制”转变，与文化创意龙头企业签署合作协议金额近200亿元。北京银行在总行和分行层面设立了文化创意产品经理和风险经理团队，着力培育一批文化创意融资特色行和资深客户经理。国家开发银行北京市分行深入挖掘有效客户，紧抓文化创意产业龙头企业，探索文化创意产业链融资业务。中国农业银行北京市分行设立了文化创意产业专营金融服务中心，大力支持文化创意产业聚集区建设。华夏银行北京分行运用总、分、支三级联动服务模式，探索成立特色支行和实施专项营销考核等组织管理创新，构建文化金融工作长效机制。

在创新金融文化产品方面，交通银行北京市分行整合文化创意企业版权担保贷款，推出“智融通”中小企业智权融资和“视融通”影视版权供应链融资服务方案。中国银行北京市分行、民生银行总行营业部、兴业银行北京分行、天津银行北京分行等多家银行相继推出知识产权质押贷款业务。招商银行北京分行逐步推出了广告通、影视贷、动漫通、出版贷等一系列文化金融创新产品。光大银行北京分行推出阳光创值计划之“紫薇花”文化金融篇，为文化创意企业提供一揽子的金融服务。

北京银行、中国交通银行北京市分行、中国工商银行北京市分行、中国农业银行北京市分行等辖内银行先后与北京市文化局、广电局、文促中心等文化管理部门签署了战略合作协议，承诺为文化企业提供优质高效的金融服务，通过打造产融合作平台，支持文化创意企业发展。在中国人民银行和银行间市场交易商协会的支持下，北京三浦灵狐动画设计有限公司等3家文化创意企业发行中小企业集合票据融资4 800万元。这是国内首单由文化创意企业发行的中小企业集合票据。截至2011年11月末，北京地区上市的文化创意企业累计已达44家，首发融资340.7亿元。截至2011年11月末，北京市中资银行文化创意产业贷款余额为406.2亿元，同比增长77.3%；贷款企业1 259户，同比增长58%；前11个月累计发放贷款332亿元，同比增长67.7%。

中国民生银行于2011年成立文化产业金融事业部，专业化、专门化为文化产业企业提供金融服务。因业务发展及专业团队建设需要，文化产业金融事业部为中国民生银行事业部体制下文化产业专营业务机构，业务范围主要涵盖符合文化产业定义范畴下的影视、艺术品、文化旅游、出版发行、演艺、传统文化和文化创意等行业及相关细分行业。将以“间接融资＋直接融资”“融资＋融智”的准投资银行服务模式开展特色经营。为适应事业部专营需要，拟在业务板块实行总部直营及设立区域分部的组织架构。

据了解，2012 年度，上海银行完成 300 笔中小微文化企业贷款，提供的信贷融资总余额达 25 亿元；浦发银行上海分行为 120 余家文化创意类小微企业提供贷款余额达 10.9 亿元；北京银行上海分行完成 37 笔文化企业贷款，总贷款额 7.9 亿元；中国银行上海分行累计为 160 余家中小微文化企业提供授信，授信余额 5.48 亿元；上海东方惠金融资担保公司全年累计为 65 家中小微文化企业提供了 2.8 亿元的担保贷款。

第十八部分

金融资产交易

一、基本情况

金融资产交易在2012年是业务成长最快速的交易市场之一，由于许多产业进行了广泛的转型和升级，对数量巨大的资产产生了处置需求。此外，许多新型的金融业务迅速开展，而对某些金融业务或金融产品在市场上的流通也产生了持续需求。此外，由于金融资产具有流通性、特殊收益性等特点，在2011年，也成为许多投资机构所热衷的产品。

2012年，中国重点筹建统一监管下的全国性场外交易市场，将资本市场服务范围扩大到暂不具备公开发行上市条件的成长型和创新型中小企业。全国性场外市场挂牌公司将纳入非上市公众公司监管，同时突破200人的股东限制。相对于"新三板"前流动性不足的状况，此举将大大提升场外市场的交易活跃度。

证监会相关负责人表示，场外市场不是以融资为主要目的，而是以交易为目的。以中关村试点的数据为例：在2006—2012年，中关村股份代办系统总的定向融资额仅有17.1亿元。从发行对象来看，场外市场挂牌的企业的融资对象多为有关联的产业资本或者股权基金，并不针对社会公众发行。将来的场外市场也会对投资者有严格的适当性管理，主要的参与者可能是产业资本或者PE等机构，这些机构并不参与二级市场投资，因此不会对市场资金造成分流。从活跃度来看，2011年中关村系统的成交额仅有7.32亿，换手率仅3.4%，同期场内市场的换手率高达234%。

根据国务院的要求，中国证监会作为清理整顿工作的牵头部门，积极履行工作职责，牵头建立了联席会议工作机制，对地方交易所开展摸底调研，制定清理整顿的实施细则，加强督促协调，及时提供政策指导和服务；同时，加强对重点地区的专项督导，把握舆情动态，配合公安机关的立案调查，开展检查验收工作。截至2012年年底，有8省区市通过联席会议的检查验收。

引导区域性股权交易市场规范发展，推动区域性股权交易市场规范健康发展，更好地为企业，特别是中小微企业提供股权交易和融资服务，对繁荣地方实体经济，防范金融风险，维护市场秩序和社会稳定具有积极意义。2012年8月，中国证监会发布《关于规范证券公司参与区域性股权交易市场的指导意见（试行）》，明确了股权交易市场是为市场所在地省级行政区域内的企业，特别是中小微企业提供股权、债券的转让和融资服务的私募市场，由省级人民政府负责监管。完成交易场所清理整顿工作的省区市可以在"统筹规划、合理布局、审慎审批"的原则下设立新的股权交易场所。中国证监会也鼓励证券公司通过投资入股、提供会员服务等方式参与地区股权交易市场的建设和发展。

2012年8月，中国证监会发布《关于推动证券公司改革开放、创新发展的思路与措施》，明确"允许证券公司探索面向自己客户的柜台交易市场"。2012年12月，中国证券业协会（简称"中证协"）发布《证券公司柜台交易业务规范》，正式启动柜台市场试点工作。证券公司柜台市场定位于私募市场，是集证券公司交易、托管结算、支付、融资和投资等基础功能为一体的综合平台，注重投资者适当性管理，并且借鉴发达市场经验，遵循“证监会指导、协会自律管理、市场监测中心监测”的基本思路，强化证券公司自主经营、自担风险的特征。截至 2012 年年底，已有海通证券、国泰君安证券、国信证券、申银万国证券、中信建投证券、广发证券、兴业证券 7 家公司获得试点资格。

在中国，金融资产的处置和退出一般缺少专业化的交易平台和实施平台，绝大多数直接投资所形成的金融资产如股权、股权收益权、或某些投资形成的票据类资产，以往均通过私下撮合方式实现交易，而 2012 年中国出现了不同类型的金融资产交易平台，增加了直接投资机构所拥有的不同类型金融资产的交易机会。据不完全统计，自 2009 年 7 月 10 日中国第一家金融资产交易平台——上海产权市场金融资产交易中心成立开始，截至 2012 年年底，中国有多家金融资产交易所陆续成立，包括北京金融资产交易所、天津金融资产交易所、重庆金融资产交易所、陆家嘴金融资产交易所、四川金融资产交易所、武汉金融资产交易所、前海金融资产交易所、海峡金融资产交易所、河北金融资产交易所、中国平安西双版纳金融资产商品交易所等。

而在 2012 年新成立的股权和产权类交易平台也共有 17 家，分别如下（见表 18-1）：

表 18-1　17 家股权和产权类交易平台

时　间	事　件
2012 年 2 月 15 日	上海股权托管交易中心开业
2012 年 2 月 25 日	海峡文化产权交易所在福州三坊七巷正式揭牌成立
2012 年 3 月 1 日	蓝色经济区产权交易中心成立
2012 年 3 月 27 日	上海文化产权交易所北京总部揭牌成立
2012 年 4 月 27 日	山东黄河三角洲产权交易中心举行揭牌仪式
2012 年 5 月 15 日	前海股权交易中心揭牌
2012 年 8 月 3 日	喀什产权交易中心揭牌并正式启用
2012 年 8 月 9 日	广州股权交易中心正式挂牌
2012 年 8 月 16 日	泰州产权交易中心成立
2012 年 8 月 16 日	江苏长三角技术产权交易中心开业
2012 年 9 月 28 日	天津股权交易所泉州区域运营中心在晋江市正式挂牌运行
2012 年 9 月 28 日	鄂州市农村综合产权交易所挂牌运行
2012 年 10 月 18 日	浙江股权交易中心正式揭牌
2012 年 10 月 23 日	广西北部湾产权交易所柳州分所挂牌成立
2012 年 10 月 28 日	全国文化产权交易共同市场成立
2012 年 12 月 11 日	鲁南技术产权交易中心在正式成立
2012 年 12 月 28 日	温州农村产权服务中心挂牌

数据来源：根据各交易平台官网整理。

二、产权交易所

中国的产权交易所是一种特殊而广泛的金融资产交易平台。据不完全统计，在2012年中国新成立的产权交易所有12家，分别如下（见表18-2）：

表18-2　2012年新成立的产权交易所

时　　间	事　　件
2012年2月25日	海峡文化产权交易所在福州三坊七巷正式揭牌成立
2012年3月1日	蓝色经济区产权交易中心成立
2012年3月27日	上海文化产权交易所北京总部揭牌成立
2012年4月27日	山东黄河三角洲产权交易中心举行揭牌仪式
2012年8月3日	喀什产权交易中心揭牌并正式启用
2012年8月16日	泰州产权交易中心成立
2012年8月16日	江苏长三角技术产权交易中心开业
2012年9月28日	鄂州市农村综合产权交易所挂牌运行
2012年10月23日	广西北部湾产权交易所柳州分所挂牌成立
2012年10月28日	全国文化产权交易共同市场成立
2012年12月11日	鲁南技术产权交易中心在正式成立
2012年12月28日	温州农村产权服务中心挂牌

数据来源：根据各交易平台官网整理。

在所有产权交易所中，可以交易中央资产资质的三大产权交易所分别为上海联合产权交易所、北京产权交易所和天津产权交易中心。2012年，中国产权交易所各类产权交易额大幅增长。以北京产权交易所为例，北京产权交易所发布的2012年全年交易数据显示，北交所集团全年共完成各类产权交易24 897项，成交额9 395.16亿元，增长115.65%和107.11%，连续三年实现交易额倍增。自此，北交所成立9年来累计交易额突破2万亿元，达到20 190.84亿元。

其中，中国技术产权交易所全年累计完成知识产权交易1 673项，成交额62.47亿元，初步形成技术交易综合配套服务体系，“专利技术价值分析体系”已成为行业标准并获国家知识产权局发文推广应用。

北京产权交易所是经北京市人民政府批准设立的综合性产权交易机构，是以企业产权交易为基础，集各类权益交易服务为一体的专业化市场平台。1994年成立北京产权交易中心，2003年成立中关村技术产权交易所，2004年2月14日合并重组为北京产权交易所。北京产权交易所参控股专业平台包括：中国技术交易所，中国林权交易所，北京金融资产交易所，北京环境交易所，北京国际矿业权交易所，北京石油交易所，北京金马甲产权网络交易有限公司、北京黄金交易中心，北京市房地产信息网。

上海产权市场完成的各类交易量及成交金额也同比均实现较大幅度增长，其市场化、开放性的兼并重组功能正在强化。统计数据显示，2012 年 1～9 月，上海产权市场累计完成各类交易超过 5.3 万宗，同比增长 17 倍以上，各类产权成交金额同比增长 1.75 倍以上，企业并购交易涉及 7 250 家企业及投资人，遍及 26 个省市及 13 个国家与地区。

上海联合产权交易所是经上海市人民政府批准设立的具有事业法人资格的综合性产权交易服务机构，是集物权、债权、股权、知识产权等交易服务为一体的专业化市场平台，是国务院国有资产监督管理委员会选定的从事中央企业国有产权转让的指定机构，是长江流域产权交易共同市场理事会理事长单位，是立足上海、面向世界、服务全国、连接各类资本进退的专业化权益性资本市场。上海联合产权交易所通过遍布境内外的网络分支机构，为各类出资主体提供灵活、便捷的投融资服务，是上海多层次资本市场重要的组成部分。

天津产权交易中心成立于 1994 年，是经天津市人民政府批准组建的具有行政管理职能的事业单位。是一个综合性、规范化、多功能、开放性的产权交易服务机构。天津产权交易中心在市国有资产监督管理委员会的领导下，面向国内外办理跨国界、跨地区、跨所有制、跨行业的产权交易并提供综合性配套服务。天津产权交易中心的主要业务范围是：依照国家法律、法规、政策规定组织企业整体或部分产权（股权）的转让；企业存量资产的折股转让；实物资产的转让调剂；企业经营权的转让；企业无形资产的转让；企业的产（股）权托管。为客户代找买方卖方；协助客户策划企业的资产重组、收购、兼并、拍卖、破产等事宜；为客户组织各种类型招商引资活动；对产权经纪人的培训及管理等。天津产权交易中心下设：天津实物转让调剂市场（天津市设备调剂服务中心）、天津技术产权交易所、天津市设备管理协会、天津排放权交易所。

但值得关注的是国有企业产权资产交易的数量有所降低，市场多元化资产的交易量则呈现上升趋势。

三、金融资产交易所

据不完全统计，截至 2012 年年底，中国已有 11 家金融资产交易所陆续成立，包括北京金融资产交易所、天津金融资产交易所、重庆金融资产交易所、陆家嘴金融资产交易所、四川金融资产交易所、武汉金融资产交易所、前海金融资产交易所、海峡金融资产交易所、河北金融资产交易所、中国平安西双版纳金融资产商品交易所等。

金融资产交易所主要从事金融国有资产、不良资产、信贷资产、债券、债权、信托、私募股权等产品的交易。值得关注的是，金融资产交易所目前还是以政府、国企持股为主的。譬如，天津市的天津金融资产交易所。

金融资产由于理解不同，分类不同，所

形成的资产类型有较大的差异。一般来说，狭义的金融资产包括不同类型金融机构的股权资产和相关项目资产，包括商业银行的股权，商业银行的信贷资产，租赁公司、信托投资公司、保险公司、基金公司、担保公司等机构的股权资产以及相应的信托资产、租赁资产、担保资产等。广义的金融资产还包括多种类型的票据化资产、收益权资产和企业间的债务或债权资产。

不同类型金融资产交易的机构和平台是产业金融发展的重要的、关键的工具，能够促进在不同类型的产业金融服务和金融业务的类型，相关金融产品的流通，金融商品的流通，优化金融资产的产品类型，降低金融资产的存续风险。

截至 2012 年 10 月末，广西辖区各金融机构买入返售资产余额达 1 104.11 亿元，比上年同期增加 345.25 亿元，同比增长 45.50%。值得注意的是，一方面，一直贴票据为标的传统的买入返售金融资产类业务增长相对有限，截至 2012 年 10 月末，余额为 859.93 亿元，比上年同期增长 242.38 亿元，同比增长 39.25%。

2013 年以来，广西辖区金融机构买入返售信托收益权业务从无到有，发展迅速。据统计，截至 2013 年 10 月，辖区累计发生商业银行用自有资金进行买入返售信托收益权业务 40 笔，金额达 150 亿元，是本年新增人民币贷款的 10.57%。

1. 北京金融资产交易所

北京金融资产交易所是经北京市人民政府批准设立的专业化金融资产交易机构。于 2010 年 5 月 30 日正式揭牌运营。

北金所是在北京产权交易所原有金融企业国有资产交易和不良资产交易业务基础上，在法律、法规允许范围内，在监管部门的指导和支持下，积极探索信贷资产交易、信托资产交易、私募股权资产交易等创新业务，为各类金融资产提供从登记、交易到结算的全程式服务，逐步打造成为一家全国性金融资产专业化交易平台。

北金所采用有限责任公司的组织形式，由北京产权交易所、信达投资有限公司、中国光大投资公司、北京华融综合投资公司、华能资本服务有限公司共同出资组建。注册资金 2.1 亿元。

2. 上海陆家嘴国际金融资产交易市场

上海陆家嘴国际金融资产交易市场股份有限公司（以下简称“陆金所”）是中国平安保险（集团）股份有限公司旗下成员，成立于 2011 年 9 月，注册资金 4 亿元。公司的经营团队由金融管理和电子商务等业界一流的国际专业人士组成。

陆金所作为中国平安集团倾力打造的网络投融资平台，隶属于上海陆家嘴国际金融资产交易市场股份有限公司，结合全球金融发展与互联网技术创新，陆金所致力于为中小企业提供融资新渠道，更为个人提供创新性投资理财服务。

3. 天津金融资产交易所

天津金融资产交易所有限责任公司经财政部和天津市人民政府共同批准，于 2010 年 5 月 21 日注册设立于天津滨海新区于家堡中心商务区，6 月 11 日正式揭牌运营。金融交易所建设和发展的目标就是建设一个统一的、专业化的、独立公开的金融资产流转市场。

其主要特色如下：

（1）国际化、专业化、规范化、标准化的金融资产交易平台；

（2）立足天津、覆盖全国、服务全球的金融资产交易市场；

（3）中国金融产品创新工厂，通过提供专业化服务，促进中国资本市场的发展和产品的创新；

（4）不良金融资产营销、公告、交易；

（5）金融企业国有资产营销、公告、交易；

（6）信贷资产（含普通信贷及银团贷款、票据、信托产品、租赁产品等）营销、公告、交易；

（7）在基础资产上开发的标准化金融产品和金融衍生产品交易；

（8）其他标准化金融创新产品的咨询、开发、设计、交易和服务。

4. 重庆金融资产交易所

按照国发［2009］3号文件将重庆建设成为“长江上游地区金融中心”的国家战略要求，重庆市政府2010年12月以渝府［2010］119号文件批准设立重庆金融资产交易所。

交易所是重庆市政府设立的国有控股公司，按照稳健发展、风险可控的原则开展多种金融资产交易服务和组合金融工具创新。采用“中央登记、中央交易、中央清算”的顶层设计模式，交易所提供全方位、高效率的资产交易服务。作为重庆七大金融要素市场之一，交易所采用多层次严密的风险防控体系，充分保障投资者利益。

主要职责：提供各类应收账款、债权债务产品转让相关服务；提供金融业相关托管、结算等服务；开展组合金融工具应用、综合金融创新业务；承担市政府或市政府有关部门依法委托或授权的其他事项。

5. 四川金融资产交易所有限公司

四川金融资产交易所是由四川省人民政府批准设立的从事金融资产交易服务、投融资服务及其他相关金融服务的专业机构。

四川金融资产交易所由成都投资控股集团有限公司、西南联合产权交易所有限责任公司、四川富赛投资管理有限公司、四川德瑞企业发展有限公司和四川省华谊投资控股有限公司共同出资组建，公司注册资本1亿元。四川金融资产交易所实行多种形式的会员服务模式，采用“线上与线下”相结合的交易形式。四川金融资产交易所按照金融资产交易的不同功能属性和不同交易特征，通过协议转让、集中招标、集合竞价以及混合型交易等多种机制为交易各方提供服务。

6. 武汉金融资产交易所

武汉金融资产交易所由湖北省人民政府于2011年8月29日批准设立。2011年9月30日完成工商登记注册，注册地点在湖北武汉东湖新技术开发区光谷资本大厦，注册资本1.2亿元。2012年6月28日，武汉金融资产交易所交易大厅正式启用，交易系统上线运行。2012年11月7日，武汉金融资产交易所顺利通过国家验收。

聚集金融信息资源、加快金融资产流转、发现金融资产价格、规范金融资产交易、优化金融资源配置、推动金融市场繁荣、促进区域经济发展。

其主要特点：实行会员制；采用“一个

平台、多个品种”的业务架构；电子交易系统，统一信息发布；采取协议交易、竞价交易的方式。

7. 深圳前海金融资产交易所

深圳前海金融资产交易所开展的业务主要包括金融资产、金融投资品种及并购业务等。其中，金融资产交易业务主要指金融企业国有产权转让、不良资产交易等业务，金融产品交易业务主要包括银行理财计划、资产支持类产品及私募基金等金融品种的托管、项目登记、挂牌、撮合交易、交割结算等全程式第三方市场服务支持业务，并购业务主要包括投资银行业务、重组和并购顾问服务以及投资管理和咨询业务等。

8. 河北金融资产交易所

河北金融资产交易所是河北省人民政府批准成立的专业化金融资产交易机构，2011年6月30日正式揭牌运营。

河北金融资产交易所作为区域性资本市场与金融产业有效链接的市场平台，立足于服务河北金融产业发展，全方位服务于金融企业资产转让、债权转让、股权转让、地方金融机构改制增资扩股等。在现有金融资产业务品种基础上开展各类创新性金融服务。

交易所实行会员代理制，所有交易项目均需委托交易所的会员代理运作。交易所对保证金、交易价款实行统一账户全程监管以确保交易安全。

四、股权交易及托管中心

2012年，中国各地陆续成立股权交易中心或股权托管中心，据不完全统计，2012年新成立的股权交易平台共有5家，分别如下（见表18-3）：

表18-3 2012年新成立的5家股权交易平台

时间	事件
2012年2月15日	上海股权托管交易中心开业
2012年5月15日	前海股权交易中心揭牌
2012年8月9日	广州股权交易中心正式挂牌
2012年9月28日	天津股权交易所泉州区域运营中心在晋江市正式挂牌运行
2012年10月18日	浙江股权交易中心正式揭牌

数据来源：根据各交易平台官网整理。

2012年2月15日上海股权托管交易市场正式启动，首批19家企业成功在上海股权托管交易中心挂牌。上海股权托管交易市场将重点面向尚不具备上市条件的科技型、中小型企业提供服务，通过规范企业公司治理，为统一监管的场外交易市场及创业板、中小板甚至主板，培育、输送优质的企业资源。

2012年4月12日，深圳市政府常务会议研究通过《关于加强改善金融服务支持实体经济发展的若干意见》，意见提出，深圳将推进前海股权交易所建设，规范企业股权流动和股权融资，建成在全国有重要影响力的区域性场外交易市场。

总体而言，股权交易中心和托管中心还缺乏标准化的产品，标准化的交易模式，标准化交易的金融、法律和评估服务，许多股权交易中心或托管中心还缺乏专业性、产业性和金融性的参与机构及运行标准。

五、新三板市场

2012年7月，在扩大股份转让试点方案中，对挂牌公司的准入规则进行了进一步调整：除坚持中关村试点中要求的公司治理健全、运行规范、存续满两年且具有持续经营能力等条件之外，同时考虑企业多样化特点，将“主营业务突出”调整为“业务明确”，对业务是否突出不做量化要求，重点要求公司要真实、准确、完整描述业务模式、业务分布、营业收入构成及比例等详细信息。

设立“新三板”，扩大非上市公司股份转让试点。2012年8月，经国务院批准，扩大非上市公司股份转让试点工作正式启动，试点园区除北京中关村园区外，新增天津滨海、上海张江、武汉东湖三个国家级高新技术开发区。中国证监会按照“总体规划，分步推进，稳妥实施”的原则，设立全国中小企业股份转让系统（又称“新三板”），为试点园区的非上市股份公司提供股份报价转让等服务。中国证监会已与北京、天津、上海、湖北4省市政府签署了合作备忘录。2012年9月，全国中小企业股份转让系统有限责任公司正式登记成立，首批扩大试点的企业实现挂牌。截至2012年年底，先后有207家园区公司在新三板挂牌，其中已有7家实现在中小板或创业板上市。扩大试点工作的启动，是推进全国性场外市场建设的重要步骤，标志着非上市公司股份转让试点开始从北京中关村园区走向全国。

2012年9月，上海华岭集成电路技术股份有限公司等6家上海、天津、武汉公司股份报价转让的备案文件，已通过中国证券业协会备案确认。这6家公司将于2012年9月7日在代办股份转让系统挂牌，意味着这6家公司将成为新三板扩容后首批挂牌的中关村之外的公司。

第十九部分
开发区与基地金融

一、基本情况

2013 年，上海市黄浦区对外发布《黄浦区关于建设外滩金融创新试验区的十大举措》，宣布将启动建设外滩金融创新试验区，而当下的热点——互联网金融和民营金融将是试验区的两大核心。

而十大具体举措里，最重要的当属互联网金融和民营金融机构。黄浦区政府指出，要打造互联网金融集聚区，提出支持网上银行、网上保险（放心保）、网上证券等互联网金融落户外滩金融集聚带。支持各类信息技术公司和互联网企业发起或参与设立创新型互联网金融服务企业。支持互联网企业和银行、保险、证券等机构的融合与嫁接，不断创新金融服务产品。支持利用云计算、大数据等资源和平台，改变传统依靠物理网点提供金融服务和产品销售的方式。

打造民营金融集聚区主要包括支持民营企业加快产融结合，设立金融控股公司、财务公司或其他新型金融机构。积极争取金融监管部门的支持，协助民营资本发起设立自担风险的民营银行、金融租赁公司和消费金融公司等金融机构。积极支持符合条件的民营企业设立小额贷款公司、融资性担保公司等机构，鼓励通过发行中小企业私募债、资产证券化等方式拓宽融资渠道和规模。

二、开发区金融服务

1. 浦东新区

浦东新区是上海的一个副省级市辖区，南面与奉贤、闵行两区接壤，西面与徐汇、黄浦、虹口、杨浦、宝山 5 区隔黄浦江相望，北与崇明隔长江相望。

1990 年 4 月 18 日，党中央、国务院宣布浦东开发开放，提出了“开发浦东，振兴上海，服务全国，面向世界”的方针，标志着浦东开发开放从 20 世纪 80 年代的上海地方战略构想，上升为 20 世纪 90 年代的国家重大发展战略，标志着中国改革开放进入一个新的阶段。1992 年 10 月 11 日，国务院批复，设立上海市浦东新区，撤销川沙县，浦东新区的行政区域包括原川沙县、上海县的三林乡、黄浦区、南市区、杨浦区的浦东部分。1993 年 1 月，浦东新区管理委员会成立。2000 年 8 月，浦东新区人民政府成立。2005 年 6 月，国务院正式批准浦东新区进行综合配套改革试点。2009 年 5 月，国务院批复同意原南汇区行政区域划入浦东新区。2013 年 1 月 29 日，入选住建部公布第一批国家智慧城市试点名单。

2009年5月，国务院批复上海市《关于撤销南汇区建制将原南汇区行政区域划入浦东新区的请示》，同意撤销上海市南汇区，将其行政区域并入上海市浦东新区。政府驻花木街道世纪大道2001号。

1990—1995年，浦东新区城市基础设施投资达到了220多亿元。1996—2000年，浦东新区城市基础设施投资600多亿元，建设浦东国际机场、浦东国际信息港、浦东深水港一期工程、地铁2号线一期工程、外高桥电厂二期工程、外环线、给排水工程、黄浦江越江隧道工程、东海天然气工程。这些重大工程，到20世纪末基本完成，构筑了现代化新城区的框架。

2001—2010年，浦东陆续投入1 500亿元，围绕“四网”——对外交通网、区域交通网、越江交通网、轨道交通网，“三港”——国际航空港、深水港、信息港。

2010年地区生产总值达到4 707.52亿元，比上一年增长12.4%。地方财政收入达到425.40亿元，比上一年增长12.0%。社会消费品零售总额达到1 036.88亿元，比上一年增长20.6%；商品销售总额达到7 594.61亿元，比上一年增长26.9%。全社会固定资产投资完成1 432.30亿元，与上一年基本持平。外贸进出口总额完成1 865.62亿美元，比上一年增长34.2%。外商直接投资实际到位金额38.56亿美元，完成预期目标。

浦东新区金融机构集聚效应增强。2010年净增金融机构46家、总数达到649家；机构能级不断提升，一批国际知名金融机构和新型金融机构落户。跨国公司总部累计达132家，占全市50.8%。引进金融配套服务机构，加快金融信息领域平台建设。新华社金融信息平台、环球银行金融电信协会(SWIFT)、注册金融分析师（CFA）协会等相继在新区建立上海总部或办公室、代表处。陆家嘴金融贸易区积聚了全区绝大部分的金融机构，金融城规模初显。

未来几年，浦东将加快战略性新兴产业发展，预期到2016年实现“两个50%”，即战略性新兴产业增加值占上海市比重达到50%左右；战略性新兴产业中制造业规模占全区工业比重达到50%左右。

在重点产业布局方面，主要集中在“4+3”重点开发区域，包括张江、金桥、外高桥、陆家嘴4个国家级开发区和临港、前滩、迪士尼3个新拓展区域。特别是临港地区，将实行特殊政策、建立特别机制，今后3年总投资1 000亿元，建设成全市重大装备研发基地和战略性新兴产业集聚地。

在重大产业项目方面，浦东将加强战略招商，坚持大项目带动，做产业集群、做长产业链。在建、拟建1亿元以上的重大产业项目就有200多个，总投资1 000亿元以上，其中战略性新兴产业占65%。今后5年，浦东战略性新兴产业投资预期超过千亿元。

金桥出口加工区是1990年经国务院批准成立的国家级经济技术开发区，总规划土地面积27.38平方公里。金桥已建成了以高新技术产业为主导，以汽车整车及零部件、现代家电及办公设备、电子信息、生物医药与食品加工为支柱产业的现代科技园区，形成了上海市规模最大的先进制造业基地。2009年，金桥实现工业总产值1 672.91亿元，比上年增长约12.2%。占上海市工业总产值的6.7%。

航运中心建设取得新突破，上海浦东机场综合保税区封关并正式运行，航运金融服务方面的先行先试取得重大进展。外高桥港和洋山港集装箱吞吐量达到2 509.50万标箱，同比增长 17.3%，推动上海港成为全球第一大集装箱港。浦东机场完成货物吞吐量 322.12 万吨，同比增长 26.7%。新型贸易主体加快集聚，电子商务商品交易额达到 3 000 亿元，外高桥国际贸易示范区建设取得积极成效。

新区旅游会展业高度集中在陆家嘴地区，拥有东方明珠塔、上海科技馆、上海新国际博览中心、上海国际会议中心、浦东展览馆等知名旅游会展场所。2009 年，共举办大型会议 1 340 次，展览（博览）会 112 个，展出面积 373.07 万平方米。

2. 天津滨海高新技术产业开发区

天津滨海高新技术产业开发区 1988 年经天津市委、市政府批准建立，1991 年被国务院批准为首批国家级高新技术产业开发区，总体规划面积 85.74 平方公里。天津滨海高新技术产业开发区包括华苑科技园、滨海科技园、南开科技园、武清科技园、北辰科技园、塘沽科技园 6 部分。其核心区域华苑科技园、滨海科技园位于天津市西南和东部，是天津经济发展的双子星座。

建区以来，主要经济指标持续保持 30% 以上的增长速度。1991 年全区完成技工贸总收入 4.7 亿元，上缴税金2 416万元，到 2008 年，分别达到 1 718 亿元和 97 亿元，是 1991 年的 365 倍和 401 倍，完成地区生产总值 412 亿元。

2001 年，天津滨海高新技术产业开发区被科技部评为“国家先进高新技术产业开发区”；2005 年，被国家知识产权局批准为全国首家“国家知识产权试点园区”，核心区华苑科技园被环保部、国家科技部批准为创建 ISO 14000 国家示范区；2006 年，核心区滨海科技园成为科技部和天津市共建的全国第一个国家高新区。2009 年，天津滨海高新技术产业开发区成为国家科技部首批创新型科技园区建设试点单位之一。

作为国家首批创新型科技园区之一的天津滨海高新技术产业开发区，最终将建设成中国自主创新和高新技术研发的高地，成为引领全球科技及新技术产业发展的龙头，以及科技创业者的乐园和科技人才大展身手的舞台。

3. 重庆两江新区

重庆两江新区于 2010 年 6 月 18 日，也就是重庆直辖 13 周年之际挂牌成立的，是中国内陆地区唯一的国家级开发开放新区，也是继上海浦东新区、天津滨海新区后，由国务院直接批复的第三个国家级开发开放新区。

两江新区位于重庆主城区长江以北、嘉陵江以东，规划面积 1 200 平方公里，其中可开发建设面积 550 平方公里，涵盖江北区、渝北区、北碚区 3 个行政区部分区域及北部新区，拥有内陆唯一的保税港区——两路寸滩保税港区，所属的重庆两江新区开发投资集团有限公司负责两江工业园区的开发建设工作。

两江新区空间布局和产业布局合理。两江新区分为现代服务业、先进制造业、都市综合功能区三大板块；形成十大功能区，即江北嘴中央商务区、保税港区、鱼复现代制造和物流区、龙兴先进制造区、北部都市经济区、空港临港产业区、悦来会展城、蔡家高技术产业区，水复生态产业区、古木出口加工区。在产业布局上，将形成轨道交通、电力装备（含核电、风电等）、新能源汽车、电子信息、节能材料五大战略性产业，以及国家级研发总部、重大科研成果转化基地、数据中心三大战略性创新功能布局，并加快培育一批高成长性新兴产业集群，形成“5+3”的战略性布局。

两江新区开发基础条件较好。与浦东和滨海几乎“白手起家”不同，两江新区是“老城+新城”，内陆地区唯一的保税港区、西部最大的会展中心、金融商贸区均在区内。2009年GDP约800亿元，分别是浦东和滨海设立之初的13倍和4倍，具有一定的基础。

到2012年，实现地区生产总值翻番，超过1 600亿；到2015年，超过3 200亿；到2020年，两江新区将建成功能现代、产业高端、总部聚集、生态宜居，具有国际影响力和内陆开放示范效应的新区，GDP达到6 400亿元，工业总产值达到10 000亿元。

4. 前海深港现代服务业合作区

前海合作区位于深圳西部蛇口半岛的西侧，珠江口东岸，地处珠三角区域经济发展主轴和沿海功能拓展带的十字交汇处，毗邻香港、澳门。

2010年8月26日，国务院正式批复了《前海深港现代服务业合作区总体发展规划》，2011年3月，国家正式将深圳前海开发纳入“十二五”规划纲要。开发建设前海，是国家在深圳经济特区成立30周年的历史节点上所做出的一项重大战略决策，承担着探索改革开放科学发展的新路子、探索内地与香港紧密合作的新途径、探索转变经济发展方式的新经验的历史使命。

前海的功能定位为现代服务业体制机制创新区，现代服务业发展集聚区，香港与内地紧密合作的先导区，珠三角产业升级的引领区。重点发展金融、现代物流、信息服务、科技服务及其他专业服务四大产业。

5. 天津经济技术开发区

天津经济技术开发区于1984年12月6日经中华人民共和国国务院批准建立，为中国首批国家级开发区之一，为天津市滨海新区的重要组成部分，国家综合配套改革试验区的一部分，是中国首批国家级经济技术开发区之一。

天津经济技术开发区位于天津市东60公里，紧邻塘沽区。总规划面积33平方公里。此外，还分别在武清区、西青区和汉沽区辟建了逸仙科学工业园、微电子工业区和化学工业区3个区外小区。

2012年，天津经济技术开发区已有3 300多家外商投资企业落户，投资总额超过150亿美元。以摩托罗拉、雀巢、SEW、诺和诺德等跨国企业为代表，形成了电子通信、食品、机械、生物医药四大支柱产业，经济飞速发展，人均生产总值已达中等发达国家水平，综合实力在全国57个国家级开发区中排名第一，成为“滨海新区”的龙头和天津市重要的经济增长点。

天津开发区海关与天津机场海关、北京机场海关签有正式转关协议，空运货物可直接在开发区报关：进口料件可直接运抵开发区后报关；出口产品在开发区装箱报关后直接上机，对于进出口量大的企业，开发区海关可考虑提供“绿色通道”的通关便捷。2001年8月，天津海关的主要部门迁址开发区，方便了企业通关作业。

2013年上半年，天津经济技术开发区结合产业金融、科技金融，并充分借重首都资源，使一大批好项目签约和注册，累计引进130余个高科技、金融和总部项目，投资总额达到 80 亿元。金融方面，开发区融资租赁、保理、总部等金融创新类项目新增注册及签约投资额已达 70 亿元，融资租赁合同额占全市 50%；科技方面，上半年开发区新增科技型中小企业 522 家、总量达 3 334 家，新增科技小巨人企业 63 家、总数 263 家，数量均居全市第一。2013 年 7 月 22 日，天津经济技术开发区签约的 11 个项目涵盖债权交易服务平台、融资租赁、商业保理、电子商务，签约项目总投资额达 12 亿元。

6. 北京经济技术开发区

北京亦庄开发区已经形成了集信贷、投资、担保、债券和境内外上市于一体的产业投融资架构，形成了担保公司、创投公司、小额贷款公司等主体多元化发展，股权投资、风险投资、融资担保和上市服务等业务协同支撑的格局。

2010 年至 2012 年 9 月，已成功推进发行两期中小企业集合票据，涉及京运通、经纬纺机新技术公司、康特荣宝等 6 家高新技术企业，发行金额共计 2.48 亿元。中小企业不仅可以通过票据募集资金，企业在参与中小企业集合票据发行过程中，还可享受开发区给予的担保费及 10 万元中介费的补贴支持。京运通当年通过集合票据募集资金 1 亿元。

除了中小企业集合票据外，开发区的中小企业还可以通过小额贷款公司、亦庄国际担保有限公司进行融资贷款。其中，“亦保通”小额融资方案，企业仅在 5 天内就能低成本获得 300 万元以下贷款，高效率地缓解了企业融资难问题。

截至 2011 年年底，开发区共有银行机构 23 家，村镇银行总部 2 家，融资性担保公司 8 家，小额贷款公司 4 家。

7. 烟台经济技术开发区

2012 年，该区以新设立的小额贷款担保公司作为主发起人，联合市区创业投资引导基金、中央财政新兴产业创投引导基金及社会出资人，共同建立了新兴产业创业投资基金。此外，开发区还鼓励银行与企业间开展知识产权质押融资。

企业规模化发展后促进银企对接，提供担保服务。2012 年开发区信用担保公司已发展到 2 家，其中，银桥担保资本金已达到 1.18 亿元，累计为 248 家企业提供融资担保 32.7 亿元。

对拟上市企业进行定期跟踪，给予补贴奖励。2011 年，开发区出台了企业上市、融资补贴奖励资金操作细则，设立了企业上市专项扶持资金，帮助企业降低上市成本。

8. 武汉经济技术开发区

开发区还出台新入区金融机构业务配套政策，鼓励融资性担保、股权投资、融资租赁、保险等各类金融机构拓展业务，为中小企业提供多种金融服务。新入区金融机构向区内中小企业发放贷款，年末余额每增加 1 亿元，奖励 20 万元；对新入区金融机构发放信用贷款及知识产权类质押贷款出现损失，经全力催收确实无法收回，进入银行核销程序后，开发区也将给予一定的风险补偿。

2011 年，开发区已经引导设立规模达 3 亿元的三只股权投资基金，扶持企业发展壮大，催化企业上市，并组建开发区中小企业担保联盟，为中小企业在银行贷款提供增信服务。同时，对企业在境内外主板市场、创业板市场、“新三板”上市等按政策给予相应奖励。

9. 日照经济技术开发区

2013年，日照经济技术开发区确定了超常规跨越发展的工作基调，把产业发展、城市建设、民生保障的大投入作为关键来抓，安排了总投资512亿元的44个重点产业项目、投资50多亿元的城建工程、投资近10亿元的民生项目。

开发区为政、银、企深化合作、共建服务示范区营造一流的金融环境；全面推进政府、企业和全社会信用建设，用足用活各项金融政策，强力推进重点企业、重大项目、蓝色产业、城市新区建设，为全区跨越发展注入强大活力。2013年2月，该区与人民银行日照市中心支行联合组织了银企对接活动。银行业金融机构共对开发区内71个项目予以信贷支持，涉及资金总额85.2亿元，截至2013年3月，已到位资金（含授信）74.24亿元，另有合同金额1亿元，意向金额9.96亿元。

10. 临沂经济技术开发区

2011年以来，临沂经济技术开发区围绕打造金融集聚高地这一目标，通过积极搭建政、银、企合作平台，争取信贷资金支持，拓宽融资渠道，加强金融机构建设，加快推动金融创新等方式，着力解决中小企业的融资瓶颈。截至2011年9月末，各金融机构在开发区贷款余额达161.73亿元，同比增长41%。

金融集聚助力经济快速发展。2011年1～9月，开发区完成规模以上工业总产值317亿元，同比增长43%；实现财政总收入17.3亿元，增长63%。

11. 武汉东湖开发区

东湖高新区一直重视利用金融资源促进高科技产业发展工作，2009年即出台、推进了《关于进一步支持中小企业融资的指导意见》（简称“十项举措”），已初步搭建起“一个规划、二个体系、十项举措”的科技金融创新和企业多层次融资服务体系。

“十项举措”包括但不限于构筑银企对接、加大信贷创新、增强融资担保、支持企业上市、深化小额贷款试点、支持股权质押业务、开展科技保险、引导创业投资、建立融资补偿机制、加大财政支持等，并根据创新实践不断予以充实和完善。

12. 青岛经济技术开发区

根据《青岛市人民政府关于进一步促进金融业发展的意见》，在“十二五”期间，青岛经济技术开发区要着力打造特色金融示范区，顺应自由贸易港区发展趋势，围绕服务家电电子、海洋工程、石化、汽车、船舶等产业和港口、贸易、物流等领域，引进业务特色鲜明的金融机构和组织，构建专业化的金融要素市场，大力开展产业金融服务，深化发展离岸金融，推进投融资体制改革试点工作。

13. 兰州新区

兰州新区位于兰州北部秦王川盆地，地处兰州、西宁、银川三个省会城市共生带的中间位置，是国家规划建设的综合交通枢纽。2012年8月28日，是继上海浦东新区、天津滨海新区、重庆两江新区、浙江舟山群岛新区后，国务院批复的第五个国家级新区。

规划建设石化、高端装备、新能源新材料等七大产业集群以及高新技术产业等五大片区。经过5～10年的建设，兰州新区将发展成为甘肃省乃至西北地区跨越式发展的重要经济增长极，成为西部地区特色鲜明、功能齐全、产业聚集、服务配套、人居环境良好的现代化新区。

14. 长沙高新区

长沙高新技术产业开发区创建于1988年10月，1991年3月经国务院批准为首批27个国家级高新区之一。经过多年发展，长沙高新区综合经济实力在全国105个国家级高新区中排名16位，综合创新能力名列第9位，在中部11个国家级高新区中综合经济实力名列第2位。2009年以来，长沙高新区先后获批国家级首批9个创新型科技园区之一，国家三个科技与金融结合试点高新区之一，国家15个科技服务体系试点园区之一和湖南省首个国家海外高层次人才创新创业基地。目前，长沙高新区已成为长株潭两型社会和长沙创新型城市建设核心区。

截至2012年年底，入园企业共5 000多家。2012年麓谷园区预计完成技工贸总收入1 760亿元，同比增长13%，实现规模工业总产值1 238亿元，同比增长13%；规模工业企业实现利税总额180多亿元，增长20%。全年完成全社会固定资产投资140亿元，财政总收入登上60亿元台阶，同比增长20%，财政一般预算收入达20.5亿元，同比增长20%。

15. 湘潭九华开发区

湘潭九华经济技术开发区始建于2003年年底，是长株潭城市群国家资源节约型、环境友好型社会建设综合配套改革试验区的示范区，也是湖南省政府批准的台商投资区，2011年9月获批为国家级经济技术开发区。湘潭九华经济技术开发区地处长株潭核心区域。目前，园区已开发建成面积20平方公里，入园企业230家，总投资1 000亿元，已投产企业124家，其中有美国塔奥、法国佛吉亚、韩国三星、日本美达王、中国台湾联电、吉利控股集团等世界500强企业和中冶京诚等国内500强企业。2012年，园区实现技工贸总收入710亿元，工业总产值406亿元，财税收入18.8亿元，完成固定资产投资201亿元。2013年，计划实现技工贸总收入1 100亿元，工业总产值600亿元，财税收入26亿元，完成固定资产投资280亿元。

16. 无锡新区

无锡国家高新技术开发区成立于1992年。1995年在高新区的基础上正式成立无锡新区。经过近20年的发展，无锡新区已加入国家级高新技术开发区行列。无锡新区下辖无锡高新技术产业开发区、太湖国际科技园、空港产业园、中国工业博览园、中国吴文化博览园、国际生活社区六大功能区以及旺庄、江溪、硕放、梅村、鸿山、新安6条街道，行政管理区域从最初的5.4平方公里发展到220平方公里，常住人口60余万人。

无锡新区是无锡市经济增长、改革开放和参与国际竞争的产业高地。

2012年1～9月，全区GDP总量达到580亿元，同比增长12.8%；财政总收入完成128.1亿元，同比增长6.88%。无锡新区以占全市6%的人口、土地，创造了占全市16%以上的地区生产总值和地方一般预算收入、25%的规模以上工业产值、40%的服务外包产值和到位外资、45%的高新技术产业增加值、60%的进出口总额、90%的高新技术产品出口。在江苏省开发区综合排名中，无锡新区居第二位。

17. 苏州工业园区

苏州工业园区于1994年2月经国务院批准设立，同年5月实施启动，行政区划面积288平方公里，其中，中新合作区80平方公里，下辖4条街道，常住人口约76.2万。

2012年，园区实现地区生产总值1 738亿元，比上年增长10.7%；公共财政预算收入185亿元，增长12.6%；新增实际利用外资19.6亿美元，增长1.3%；完成进出口总额795亿美元，增长3.3%；完成全社会固定资产投资740亿元，增长11.1%；实现社会消费品零售总额242亿元，增长17%，初步展现基本实现现代化的总体形态。

2013年以来，1～6月，园区实现地区生产总值930亿元，增长10.3%；公共财政预算收入111.1亿元，增长11.8%；新增实际利用外资13.8亿美元，同比略有增长；完成进出口总额393.1亿美元，增长2%；完成固定资产投资336.2亿元，继续保持较大规模；实现社会消费品零售总额133.2亿元。

目前，园区以占苏州市3.4%的土地、5.2%的人口创造了15%左右的经济总量，并连续多年名列“中国城市最具竞争力开发区”排序榜首，综合发展指数位居国家级开发区第二位，在国家级高新区排名居全省第一位。

三、金融基地及金融服务区

1. 上海陆家嘴金融贸易区

2009年3月25日，国务院常务会议通过《关于推进上海加快发展现代服务业和先进制造业、建设国际金融中心和国际航运中心的意见》，陆家嘴被确认为上海打造国际金融中心的核心区域。

截至2011年9月底，区域内有626家中外资金融机构。其中198家银行：分行级以上中资银行29家，外资银行法人行18家（占全国半数以上，全国32家），外资银行分行60家；261家证券类机构，包括证券公司8家，基金公司30家（接近全国一半，全国61家），期货公司19家，外资证券基金代表处50家；167家保险类机构。区域内拥有证券、期货、钻石、石油、金融期货、人才、农产品、化工等11家国家级和市级要素市场。区域内有跨国公司地区总部71家；中资银行总部10多家，其中国家级总部1家，上海市总部9家；外资银行法人行18家。

2. 北京金融街

北京金融街占地1.18平方公里，是北京市第一个大规模整体定向开发的金融产业功能区。金融街聚集了中国人民银行和中国银监会、中国证监会、中国保监会等金融监管部门及众多国内外大型金融机构和国企总部，是资金、技术、知识密集度最高、税收增长最快的地区之一，也是全国1平方公里高端产业最聚集、创造价值最大的区域。随着高盛高华证券有限责任公司、瑞士证券有限责任公司、摩根大通银行（中国）有限责任公司等一批国际知名金融机构落户金融街，其国际化程度不断提高。

2012年全年，金融街实现三级税收2 484.8亿元，同比增长29.0%，占西城区三级税收总额的81.4%，占北京市三级税收总额的30.8%。

作为首都金融主中心区，在金融街的三级税收中，金融业占比仍居第一。北京市金融工作局近日发布数据显示，2012年，北京市金融业实现增加值2 592.5亿元，同比增长14.4%，占地区生产总值的比重为14.6%。

北京金融局表示，金融业对北京市经济增长的贡献率达到24.7%，居各行业首位。金融行业依然是带动北京市经济增长和财政收入增长的第一支柱产业，其战略产业地位进一步巩固。

1993年国务院批复的《北京城市总体规划》，提出在西二环阜成门至复兴门一带建设国家级金融管理中心，集中安排国家级银行总行和非银行机构总部，北京金融街应运而生。

金融街区域总体规划建筑面积为402万平方米，其中，写字楼面积达74%，公寓占3%，酒店占4%，绿地等其他配套占19%。目前，已完成建筑面积322万平方米，在建面积为51万平方米。全部投资预计为460亿元，已经完成投资380亿元。依照总体规划，到2008年金融街全部建成。

3. 天津于家堡金融区

天津拟耗资2 000亿元在滨海新区建全球最大的金融区，占地3.86平方公里，拟分四期建设。按照规划，2009年启动的于家堡金融区工程，预计3年全面开工、5年初具规模、10年基本建成。目前，起步区35个项目中，已开工12个项目，2013年年底前将有23座楼宇破土动工。10年后，其定位是“与中国北方经济中心相适应的金融服务体系和金融改革创新基地”。

4. 天津国际矿业金融改革示范基地

2013年天津国际矿业金融改革示范基地的揭牌，标志着中国探索建立以资源、资产、资本三位一体的新型矿业体制机制，构建符合市场经济规律和地质工作规律的、开放的、监管有效的现代国际矿业金融服务体系和市场建设活动全面启动。

国土资源部主要负责研究推进矿产资源管理改革等相关事宜，在矿产资源管理政策和相关工作方面给示范基地以支持。天津市人民政府负责组织领导、支持示范基地建设并对金融、融资活动进行监管。同时，备忘录还明确中国矿业联合会负责示范基地建设中的组织和协调工作，指导天津矿业权交易所在会员之间开展股权变更和矿业权融资托管试点工作；有关研究机构，与天津矿业权交易所共同开展矿产风险勘查资本市场规则制度的制定工作，并推动规则标准的国际化；组织各有关会员单位，开展国内外矿业及相关信息采集、整理、加工、分析等工作。天津矿业权交易所在天津开展矿业企业股权融资、基金融资、信托融资、债券融资等试点工作。备忘录还明确了双方的合作机制，共同成立示范基地领导小组，由双方主要负责人担任领导；国土资源部有关司局、中国矿业联合会、中央地质勘查基金管理中心，天津市有关部门、机构和研究单位、天津矿业权交易所主要负责人为领导小组成员。领导小组下设办公室，地点设在天津。

5. 广东金融高新技术服务区

广东金融高新技术服务区于 2007 年 7 月由广东省政府在佛山市南海区授牌成立，是广东建设金融强省战略七大基础性平台之首，也是广东省人民政府批准的唯一省级金融后台服务基地，根据国务院《珠江三角洲地区改革发展规划纲要（2008—2020）》及有关战略部署，金融高新区将依据“金融后台，产业金融”的战略定位，致力建设：

（1）辐射亚太地区的现代金融产业后援服务基地。继续坚持金融后台特色，大力发展金融产品研发中心、清算结算中心、金融信息咨询中心、理财服务中心等智力密集型高端金融后台产业。

（2）广东产业金融中心。大力发展产业金融，吸引国内风险投资、私募股权、融资租赁、小额贷款等创新型金融机构进驻，努力探索重大金融创新活动，力促金融、科技、产业融合发展。

广东金融高新技术服务区规划显示，通过各种扶持以及优惠政策，欲在 3～5 年内将使中央和全国性驻粤金融机构、地方金融机构以及境外金融机构的后台业务部门在金融服务区内高度聚集，成为重要的金融创新产品发源地。

6. 沈阳金融商贸开发区

沈阳金融商贸开发区始建于 1991 年，占地面积 2.97 平方公里，是全国除上海陆家嘴金融贸易区以外第二个以金融商贸为属性的开发区，2002 年被辽宁省政府批准为省级开发区。

截至 2009 年，开发区已聚集各类金融机构 68 家，其中包含了在沈的全部中资银行，中国香港东亚银行等在沈的全部 10 家港资和外资银行，英国恒安人寿保险公司等 29 家国内外保险公司，以及中国香港华富嘉洛证券、银河期货等 9 家证券、期货公司。2008 年，开发区内金融机构存、贷款余额已分别占沈阳市金融机构存贷款余额的 55% 和 53%。2009 年，开发区已聚集了全球四大会计师事务所之一的美国毕马威等中介服务机构 200 余家，中石油东北公司等区域性公司总部 44 家，已形成了以金融为主导，公司总部和中介机构为补充的商务平台。同时，在监管功能上，省银监局、保监局已经设在开发区，中国人民银行沈阳分行、省证监局也即将入驻开发区，开发区已经成为全省乃至整个东北的金融管控中心。

截至 2011 年 10 月，沈阳金融商贸开发区聚集了中、外资银行和保险、证券、期货、基金等金融机构 105 家。2010 年年末，沈阳金融商贸开发区金融机构存、贷款余额分别占全省的 1/6 和东北地区的 1/10，100 多家区域总部、185 家咨询和担保等金融服务机构也相继落户。沈阳金融商贸开发区金融服务功能日臻完善，辐射能力持续增强。

7. 西安金融商务区

自 2008—2013 年，遵循陕西省政府提出的“建立浐灞金融商务区，构建西部重要金融中心”战略目标要求，西安金融商务区累计完成固投 161 亿元，累计签约入区各类金融机构及商务配套项目60余家，总投资额超过300亿元，涵盖金融监管机构、金融机构总部、金融机构后台、金融要素市场、金融中介项目、商务配套等方面。

2013年4月，陕西省政府批复同意将西安金融商务区列为省级开发区，并享受省级开发区相关优惠政策。

8. 中国北方金融产业后台服务基地

2010年年初中国北方金融产业后台服务基地（B区）在石家庄开工建设之后，2010年11月，中国北方金融产业后台服务基地（A区）在廊坊正式揭牌，该基地规划占地6 000亩。

9. 北京市石景山区现代金融产业基地

现代金融产业在北京市石景山区迅速崛起，对区域经济增长贡献度达到25%。

数据显示，石景山区2012年新引进金融企业33家，注册资本金96.45亿元，全区各类金融机构总计达到93家，已初步构建起种类齐全、业态多样、分工协作、竞争互补的现代金融产业格局。2012年金融业对区域经济增长贡献度达到25%。

10. 中关村互联网金融产业园

石景山互联网金融中心是即将要成立的中关村互联网金融产业园的战略规划的一部分，是北京首个挂牌互联网金融的基地。2013年8月30日，石景山区召开国家服务业综合改革试点区互联网金融产业基地揭牌新闻发布会，宣布建立北京互联网金融产业基地。据了解，该区将每年安排1亿元专项资金用于支持互联网金融产业基地建设。此外，还将成立互联网金融资信公司，建立互联网金融征信平台。

在北京市金融工作局的支持指导下，区政府将联合清华大学五道口金融学院共同成立北京互联网金融研究院，实现石景山区金融创新研究与资源整合。将成立“北京市互联网金融联盟”，推动行业标准研究与制定，培育一批高水平的专业人才，不到3年时间，汇聚了上百家金融企业。本市资金量最大的小额贷款公司、本市首只政府和特大企业共同设立的股权投资基金、全国首家文化创意中小企业集合票据等一系列金融创新产品的推出，2013年上半年石景山区现代金融产业增加值已达到15.2亿元，同比增长12%，对区域经济增长贡献已达25%，增加值占地区生产总值比重超过9%。

11. 沈阳金融服务外包产业基地

2009年9月，沈阳国际投资融资交易服务中心、滨海国际（天津）股权交易所有限公司沈阳分公司、中国金融外包服务中心在沈阳金融街正式挂牌成立，沈阳正在推进金融服务外包产业基地建设。

截至2009年9月，“沈阳金融街”聚集了2家金融监管机构、160余家银行机构、55家保险机构、24家证券公司，以及投资、期货、信贷、事务所、咨询中介等100余家各类金融机构。“沈阳金融街”银行存贷款余额分别占沈阳市银行业存贷款余额的28%和37%，居沈阳市之首。

12. 上海金融产业服务基地

上海市奉贤区《奉贤区“十二五”规划

纲要》提出，打造金融后台服务基地，对接服务上海国际金融中心建设。2011 年 4 月，上海市金融办复函同意奉贤设立上海金融产业服务基地（简称“金融基地”），并将其列入上海市“十二五”金融集聚区布局规划。6 月，基地揭牌。11 月，上海市政府常务会议批准将基地纳入上海市市首批现代服务业综合改革试点区。

金融基地先后与中国国际金融有限公司、大唐电信、海航集团等公司签订合作协议，总计 50 余家企业，资产管理规模近 50 亿元。

13. 天津中科招商产业金融创新基地

2012 年 1 月 19 日，天津市北塘经济区管委会与中科招商投资（基金）管理公司签署投资框架协议，建立中科招商产业金融创新基地。

北塘经济区是滨海新区“十大战役”之一，规划了国际会议产业区、北塘古镇区、企业总部区、特色旅游区和生态居住区五大功能区，着力发展金融、会展、总部经济等现代服务业，相继吸引了一大批大项目好项目落户。中科招商投资（资金）管理公司是中国最大的股权投资基金专业管理机构之一，先后完成投资项目 200 多个，其中已有数十家先后成功上市。

14. 深圳科技园金融基地

科技园金融基地是深圳科技工业园有限公司为贯彻落实 2007 年深圳市政府一号文件精神，满足深港金融企业后台服务中心的建设需求，促进服务外包产业发展而建设的。科技园金融基地产业定位于“信息技术为基础的深港金融后台服务中心以及金融信息技术创新中心”，是金融机构及为金融机构提供后台服务的金融数据中心、应用中心、软件外包、后台服务中心等企业和机构的聚集区。

15. 浙江金融创新产业园区一站式融资服务基地

该示范区实行浙江省中小企业局与杭州市拱墅区政府共建共管，联合成立示范区管理委员会，独特的金融创新园区管理模式，聚合了地方政府、政府主管部门、各类投融资协会以及民间专业机构的各种资源和力量。

16. 成都金融科技产业园

成都天府新区拟建金融科技产业园，规划面积 8 平方公里，承载金融 IT 研发制造基地、金融创新和资讯中心等功能。

成都天府新区在创新研发产业功能区，规划建设天府金融科技产业园。

产业园规划面积 8 平方公里，将承载金融 IT 研发制造基地、金融人才培养基地、金融创新和资讯中心、第三方支付管理中心等功能。

成都目前有银行 48 家、保险公司 62 家、金融服务外包企业 30 余家、金融后台服务总部 14 家。

第二十部分

离岸金融

一、基本情况

“十二五”期间，上海将调整和优化税收结构鼓励金融机构发展，并将允许符合条件的合格机构，在境内银行开设离岸贸易专用账户，按照相关外汇管理规定办理外汇收支业务，重点推进离岸账户、离岸银行、期货保税交割、离岸保险、资产管理等业务的试点突破。

“十二五”期间，上海将着力改善金融监管环境，加快监管部门与国际监管准则接轨；通过税收鼓励金融机构发展，调整和优化税收结构，改善税收体系。同时，还将依托上海离岸贸易的发展，积极开展离岸金融业务，并在完善现有跨国公司借助离岸账户进行外汇资金集中管理试点的基础上，拓展“浦九条”模式，允许跨国公司财务中心和资金中心以外的合格机构，在境内银行开设离岸贸易专用账户，按照离岸银行业务管理办法等相关外汇管理规定办理外汇收支业务。

二、离岸银行业务

根据中国银行和重庆市政府 2012 年 8 月 15 日签署的合作备忘录，中国银行将在重庆引进外资、企业“走出去”、转变进出口贸易模式、建设国际性物流集聚渠道等方面，提供项目融资、贸易结算、资金交易、投资银行、保险银行、现金管理、财务顾问等领域的合作，并进一步推动银政企三方在财税、社保、公积金、工商管理等政府服务领域的合作，拓展与政府部门及国有经济体系、民营经济体系服务领域的合作，配合重庆市“内陆开放高地”建设。

重庆还创新离岸资金运用方式。以离岸银行海外代付、协议付款等方式便利进出口企业贸易融资，以境内企业担保方式利用离岸银行资金为“走出去”企业提供融资，通过境外特殊目的公司股权融资、发行离岸金融市场债券等方式支持企业直接融资。

2009 年 12 月 31 日，国务院办公厅发布了《国务院关于推进海南国际旅游岛建设发展的若干意见》，提出探索开展离岸金融业务试点，这也是继深圳、上海、天津试点离岸金融业务后，中央批准的第四个开展离岸金融业务地区。

2010 年 6 月，海南成为全国第二批跨境贸易人民币结算试点省份，仅仅两个月后，海南就以 38 亿元的结算金额拿到了第二批试点省份的第一名，超越了不少经济发达省份。截至 2010 年 12 月 31 日，海南省企业已完成人民币结算业务 126 笔，交易金额 113.93 亿元，位居同批开展试点业务省（市）的第三位。

海南在金融创新的一些领域已经表现出持续发展的活力。经中国人民银行、财政部、商务部、海关总署、税务总局和银监会批复同意，海南省首批40家企业已成为出口货物贸易人民币结算试点单位。便利化的金融政策服务，有效地助推了外贸进出口增长。

洋山保税港区也在拓展离岸银行业务。目前的离岸银行业务只能由获得离岸银行业务经营资格的商业银行的总行设立离岸银行业务部经营。建议突破分支行不能从事离岸银行业务的限制，按照1997年《离岸银行业务管理办法》的规定，允许总行（总公司）已获离岸银行业务经营资格的金融机构，在报相关监管部门审批同意的前提下，授权部分分支机构，如设在洋山保税港区的银行分支机构，从事离岸银行业务。

业务范围窄、业务品种少是当前离岸银行业务面临的发展瓶颈之一。建议扩展离岸银行业务品种至更广泛的范围，建议扩大离岸账户收支范围，包括离岸账户收支结算、外汇买卖、贷款与贸易融资、国际结算以及企业避险增值需求下的理财服务等。

随着中国（上海）自由贸易试验区（下称“上海自贸区”）的正式挂牌，11家金融机构工商银行、农业银行、中国银行、建设银行、交通银行、招商银行、浦发银行、上海银行、交银金融租赁公司、花旗银行（中国）有限公司、星展银行（中国）有限公司以“8中资＋2外资＋1金融租赁”正式阵容落地上海滩，成为首批挂牌的金融机构。

其中，八大中资银行上海自贸区分行的设立，多数为区内现有银行网点或机构的升级，且多为总行或上海分行直接管理。值得注意的是，交通银行和浦发银行作为上海本地上市银行，在上海自贸区具有独特优势，而在上海自贸区的议事框架里，本地银行被期望“有所作为”。

三、离岸保险业务

2009年12月，太平洋保险成立行业内首个航运险事业部，对航运险业务实施一体化管理、纵向到底的业务经营体制。据太平洋产险航运险事业部总经理金鹏介绍，事业部的成立是面对航运险发展新形势下的创新举措，通过集约化形成政策合力。

在“航运险（上海）国际研讨会”上，有专家建议，要适当降低银行船舶贷款业务、保险公司海上保险业务的营业税，对注册在洋山保税港区内的航运企业从事国际航运业务取得的收入免征营业税，并扩大航运保险免营业税的险种范围。航运险产品创新同样被提上日程。上海将进一步发展船舶险、货运险、保赔保险等传统优势险种，并探索新型航运险业务。太保航运险事业部成立后，其业务领域将拓展至海事责任险、码头财产险和责任险以及海事担保等。

四、其他离岸金融业务

1. 国际离岸金融业务发展

离岸金融最早出现在19世纪美国的特拉华州，主要是通过合法避税而兴起的一种金融现象。最早的离岸法律是1927年的《巴拿马公司法》。

离岸金融市场在20世纪60年代的兴起，使国际金融市场的发展进入了一个全新的发展阶段。美国自从20世纪50年代开始，就连续发生国际收支逆差，大量美元流往境外，形成了“欧洲美元市场”，即境外美元市场。20世纪60年代后，欧洲联邦德国马克、欧洲法国法郎、欧洲荷兰盾以及其他境外货币，也在这个市场出现，从而使欧洲美元市场发展成为欧洲货币市场。欧洲货币市场是一个新型的国际金融市场。这种金融市场，最早出现在伦敦，以后在新加坡、纽约、东京、中国香港等地相继开设。

纽约离岸金融市场称“国际银行便利”，于1981年6月设立，12月营业。1968年10月1日，新加坡政府允许美洲银行新加坡分行在银行内部设立一个亚洲货币经营单位，以欧洲货币市场同样的方式接受非居民的外国货币存款，为非居民提供外汇交易以及资金借贷等各项业务。这标志着新加坡离岸金融市场的诞生。该市场的特点一是受政府强力支持与严格管制；二是在亚洲首创有特色的亚洲货币市场和金融期货市场。东京离岸金融市场建立于1986年12月。

离岸金融市场在20世纪80年代获得了很大的发展，目前该市场已遍及全球，其发展脉络与地理分布如下表所示（见表20-1）。

表20-1 离岸金融市场在全球的发展

中心群	所在时区	核心国或城市	外围圈
西欧群	西一区～东二区	伦敦、苏黎世、卢森堡	直布罗陀、马恩岛、泽西岛、马耳他、圣马力诺、摩纳哥、列支敦士登
中东群	东三区～东四区	巴林	塞浦路斯、贝鲁特、科威特、迪拜
亚太区	东七区～东十区、东十二区～西二区	中国香港、新加坡、东京	马尼拉、台北、瓦努阿图、瑙鲁、汤加、西萨摩亚、库克群岛
北美群	西四区～西八区	纽约	加利福尼亚、佛罗里达、伊利诺伊
加勒比海	西六区～西八区	巴哈马、开曼群岛、巴拿马、百慕大	哥斯达黎加、安哥拉、安提瓜、阿鲁巴岛、巴巴多斯、英属维尔多京群岛、荷属安的列斯、蒙特塞拉特、特克斯和凯科斯岛、圣文森特

数据来源：花桥金融外包研究中心整理。

目前世界上有70多个国际离岸金融中心，其中较为著名的国际离岸金融中心是：中国香港、瑞士、英国、新加坡、开曼群岛、百慕大、卢森堡、巴哈马、海峡群岛和英属维尔京群岛等。世界著名的五大国际航运中心纽约、伦敦、东京、新加坡和中国香港同时也是著名的国际金融中心。

在国际上，目前已形成了以伦敦为代表的伦敦型离岸金融中心、以纽约为代表的纽约型离岸金融中心和避税型离岸金融中心（一般设在风景优美的海岛和港口，如维尔京群岛、开曼群岛、巴哈马群岛、百慕大群岛、西萨摩亚、安圭拉群岛等）。

2. 国内离岸金融业务发展

中国非常重视离岸金融的建设。早在1989年，中国人民银行和国家外管局就批准了招商银行在深圳开办离岸金融业务。1999年受亚洲金融危机的影响，为了保护本国金融体系，央行停办了该项业务。经过将近3年的调整，2002年6月又重新开放了7家银行开办离岸金融业务。至2006年6月底，中国银行离岸业务资产总量约达20亿美元，增速17.6%，国际结算业务200亿美元，增加了33.3%，利润为2 200万美元，增速达到了100%。

除了允许相关银行开办离岸金融业务外，2006年6月还批准天津滨海新区作为离岸金融的改革试点，2009年4月8日，国务院决定在上海市和广东省广州、深圳、珠海、东莞4城市开展跨境贸易人民币结算试点。2009年4月20日，中国人民银行发布的《中国支付体系发展报告（2008）》指出，2009年将研究建立符合国家对外开放需要的人民币跨境支付清算体系。这说明，随着中国人民币自由兑换的不断推进，离岸金融市场的建设越来越受到重视。

深圳离岸金融业务在经营模式上，采用功能分离型；在业务范围上，以传统的存、贷、结算等业务为主；在市场拓展上，以港澳市场为主；在资金来源的渠道和形式上，主要有3种：①直接吸收客户存款，包括境外金融机构存款和在银行开户的公司间歇资金、闲置资金；②通过国外同业拆借形式筹集短期资金；③发行大额存款证吸引国际金融市场的储蓄资金、待用资金。

2012年8月，重庆得到国家相关部门的大力支持，在国内率先开展离岸金融结算。但因目前国内的银行还未开展相关业务，只能与外资银行合作。重庆建设离岸金融中心，还需市场、技术、体制和政策等方面的一系列配套措施进行配合。发展离岸金融市场最主要还是需要国家在政策上有突破。例如，国家要允许相关银行在保税区开展离岸金融业务；要有宽松的外汇管理政策，允许离岸账户内交易货币实行自由兑换等。

2012年11月，海南国际旅游岛建设上升为国家战略后，在国家赋予海南的一系列优惠政策中，“探索开展离岸金融业务试点”是政策之一，且《海南离岸金融业务试点方案》（以下简称《方案》）已经完成。《方案》指出，海南发展离岸金融业务，近期目标是建设涉旅企业区域性财务中心、洋浦保税港区和海口综合保税区企业结算中心、大型商业银行离岸业务中心3个，长期目标是建设国际旅游金融服务体系，迈向国际离岸金融岛。

《方案》提出在全岛范围内，不限定特别地理区域，以制度安排划定业务范围和构建风险管理；以大型商业银行设立离岸业务部（海南）为突破口，试点范围分步推开；业务范围以银行业务为主，适时再扩展至基金、保险、证券、信托等业务。

《方案》提出海南将重点发展5大特色业务。一是涉旅企业国际化经营的离岸业务。

国内外涉旅企业在海南设置分支机构、出入境接待中心，以及国内涉旅企业在境外设立分支机构，需要离岸业务管理企业跨境资金。二是跨境贸易、物流产生的离岸业务。两区企业具有货物在境内关外进口、加工、仓储和再出口等“两头在外”的准离岸经营性质，企业需要离岸金融来便利其跨境贸易和物流。三是非居民的离岸业务。跨国公司参与海南国际旅游岛建设以及大量境外游客到海南观光休闲度假，需要便利离岸金融服务。四是离岸融资租赁业务；洋浦石油化工产品储备和中转、国际游艇邮轮经济以及海航集团，存在相应船舶、游艇邮轮、飞机及其发动机等大型设备的离岸融资租赁业务。五是境外人民币业务。

3. 国内离岸金融业务监管

根据《离岸银行业务管理办法》，离岸银行业务是指银行吸收非居民的资金，服务于非居民的金融活动。离岸银行业务市场准入由银监会负责。其中，中资银行适用《离岸银行业务管理办法》(该办法适用范围仅限中资银行)，目前只能在总行的离岸业务部门开展；外资银行市场准入适用《外资银行管理条例》。中央银行、税务部门等负责制定离岸业务存款准备金豁免、税收优惠等政策。外汇局负责离岸账户管理、离岸业务资金流动监管、国际收支统计申报、外债管理等。

值得注意的是，外资银行一直以来可以经营离岸业务，但监管机构并未发放专门牌照。主要因为外资银行长期被视为外国银行，可以经营非居民业务。

（1）离岸银行运营模式要求

中资银行实行内外分离型管理。根据《离岸银行业务管理办法》第十九条和《离岸银行业务管理办法实施细则》第三条的规定，银行对离岸银行业务应当与在岸银行业务实行分离型管理，设立独立的离岸银行业务部门，配备专职业务人员，设立单独的离岸银行业务账户，并使用离岸银行业务专用凭证和业务专用章。离岸银行业务实行独立核算，其账务处理采取借贷记账法和外汇分账制，应分币种单独填制会计凭证，设置单独账簿，并编制单独的财务报表和统计报表。离岸账户抬头应当注册“OSA”。

目前，中国离岸金融业务主要是离岸银行业务。离岸银行业务范围主要包括货币业务，如存贷款等，以及较少的证券业务。《离岸银行业务管理办法》规定了中国离岸银行业务的具体范围。该办法第十六条规定：“银行可以申请下列部分或者全部离岸银行业务：①外汇存款；②外汇贷款；③同业外汇拆借；④国际结算；⑤发行大额可转让存款证；⑥外汇担保；⑦咨询、见证业务；⑧国家外汇管理局批准的其他业务。”第十七条规定：“本办法所称‘同业外汇拆借’是指银行与国际金融市场及境内其他银行离岸资金间的同业拆借。本办法所称‘发行大额可转让存款证’是指以总行名义发行的大额可转让存款证。”

《离岸银行业务管理办法实施细则》还对上述有关业务的发行规模、条件等进行了规范。如根据该细则第十六条和第二十条规定，离岸银行发行大额可转让存款证的余额不得超过上年离岸负债月平均余额的40%；离岸银行发行大额可转让存款证，须符合如下条件：包括银行应遵守国家金融法规，近3年无重大违法违规行为，开办离岸银行业务一年以上且经营状况良好，离岸银行业务总资产规模在1亿美元以上等。

（2）离岸银行业务交易对象

对离岸金融交易对象做出限定，一般是

为了隔离在岸金融市场和离岸金融市场的联系，使得资金在两种账户之间不得随意流动，从而起到防范和化解金融风险的作用。因此，这一限制的具体内容实际上是与市场模式息息相关的。内外业务混合型离岸金融市场一般不对交易对象作限制，居民与非居民皆可从事离岸金融交易。内外业务分离型离岸金融市场限定交易对象普遍存在，一般将交易对象限定在非居民范围内。

中国离岸金融业务属于内外业务分离型，现行法规仅允许非居民作为离岸金融业务交易对象。《离岸银行业务管理办法》第三条规定："本办法所称'离岸银行业务'是指银行吸收非居民的资金，服务于非居民的金融活动。"第四条规定："本办法所称'非居民'是指在境外（含港澳台地区）的自然人、法人（含在境外注册的中国境外投资企业）、政府机构、国际组织及其他经济组织，包括中资金融机构的海外分支机构，但不包括境内机构的境外代表机构和办事机构。"

离岸公司（非居民法人）开立离岸账户时必须向离岸银行提供有效文件，包括商业登记证影印本或社团登记证明文件；主要经营人员身份证或护照影印本；机构组织大纲及章程影印本；开户委托书；印鉴卡。非居民自然人开户时，应提供能证明其为非居民身份的有效法律文件。离岸银行应当核实非居民提供的开户资料，并复印留底。

(3) 离岸银行业务交易币种

离岸金融交易的币种通常为可自由兑换货币。本国货币一般不被允许作为离岸金融交易币种，一是为了隔离本币市场与外币市场，把金融风险控制在外币市场；二是本币业务在市场上的份额太少；三是本币尚未成为可自由兑换货币。

中国现行规定仅允许可自由兑换货币作为离岸金融业务的交易币种。《离岸银行业务管理办法》第五条规定："离岸银行业务经营币种仅限于可自由兑换货币。"第十七条规定："本办法所称'外汇存款'有以下限制：①非居民法人最低存款额为等值5万美元的可自由兑换货币，非居民自然人最低存款额为等值1万美元的可自由兑换货币。②非现钞存款。"当然，经过中国人民银行和外汇局批准，离岸银行业务范围也可以扩大到人民币。

(4) 财政和税收补贴优惠政策

总体上，各地离岸金融业务仍停留在论证阶段，具体落实和推进措施较少。但对于个别行业，如离岸服务外包，在相关地区已推出优惠政策。2010年7月28日，财政部、国家税务总局、商务部发布《关于示范城市离岸服务外包业务免征营业税的通知》，规定：自2010年7月1日起至2013年12月31日，对注册在北京、天津、大连等21个中国服务外包示范城市的企业从事离岸服务外包业务取得的收入免征营业税；从事离岸服务外包业务取得的收入，是指企业根据境外单位与其签订的委托合同，由本企业或其直接转包的企业为境外提供本通知附件规定的信息技术外包服务（ITO）、技术性业务流程外包服务（BPO）或技术性知识流程外包服务（KPO），从上述境外单位取得的收入。

从事离岸业务的企业如属于高科技企业或注册在特殊区域的企业，也可享受一定税收优惠。如根据《财政部、国家税务总局关于支持天津滨海新区开发开放有关企业所得税优惠政策的通知》，对在天津滨海新区设立并经天津市科技主管部门按照国家有关规定认定的内、外资高新技术企业，按15%的税率征收企业所得税；天津滨海新区内企业的固定资产（房屋、建筑物除外），可在现行规定折旧年限的基础上，按不高于40%的比例缩短折旧年限。

（5）离岸账户与境外机构境内外汇账户管理比较

2009年7月，外汇局发布《关于境外机构境内外汇账户管理有关问题的通知》，允许所有境内中外资银行为境外机构开立外汇账户，即NRA，并规定NRA与境外来往自由，与境内在岸账户按跨境交易管理，审核相应单证或审批文件。如此一方面在一定程度上放开了未取得离岸银行业务资格的中资银行经营非居民业务；另一方面首次规范了外资银行非居民账户管理，杜绝此类账户与在岸账户随意划转、渗透。

1989年5月，经中国人民银行和国家外汇管理局批准，招商银行在全国率先试办离岸银行业务，拉开了中国离岸银行业务的序幕。随后，交通银行、中国工商银行深圳市分行、中国农业银行深圳市分行、深圳发展银行、浦东发展银行、广东发展银行深圳分行相继获准试办离岸银行业务。由于国际离岸银行"革命"本身处于低潮，加上国内存在政策不到位、业务品种少、抗风险能力差等先天性不足，因此离岸银行业务在中国的发展并不尽如人意。以深圳市为例，截至1998年6月，总资产规模仅26亿美元。

中国离岸银行业务起步不久，就遭遇亚洲金融危机、海南发展银行关闭和广东国际信托投资公司破产的冲击。面对资本外逃压力，从风险控制的角度出发，1999年国家停办了离岸银行业务。随着国家外汇储备的逐年增加和金融监管体制的逐步健全，为人民币国际化夯实基础、发展离岸银行业务的呼声渐强。2002年，经中国人民银行批准，招商银行、交通银行、上海浦东发展银行、深圳发展银行等银行重新取得离岸银行业务经营资格。截至2004年9月底，四家银行离岸资产总计在16亿美元左右。

中国离岸银行业务发展初期，政策相对宽松，管理发展的方向明确，《离岸银行业务管理办法》及其实施细则也于1997年和1998年相继出台。但2002年离岸银行业务复办以来，既没有对不完全适应目前新形势的《离岸银行业务管理办法》及其实施细则进行修订，也没有出台新的管理办法，导致政策定位不明确，制约了离岸银行业务的发展。银行自身经营中的一个突出问题就是利用离岸与在岸业务联动，逃避监管，增加潜在风险，如2003年下半年收汇、结汇外汇专项检查中发现，个别已开办离岸金融业务的银行通过客户在其离岸市场部的外汇存款作质押或担保，对境内企业发放人民币贷款，增加了资本流入的压力。

中国离岸银行业务发展采取了内外分离为基础、适度渗透作补充的模式。近年来，中国银行离岸业务结构和运作模式出现了一些新的特点，如国际结算等中间业务成为主要利润增长点，同业短期拆借业务有了长足发展等。

（6）招商银行离岸银行业务

1989年5月，经中国人民银行和中国国家外汇管理局批准，招商银行在全国率先试办离岸银行业务。在多年的经营中，招商银行离岸业务部充分利用其地处深圳经济特区，毗邻中国香港这个国际金融中心的地理优势，借鉴国外离岸金融市场的做法，建立了规范的业务运作规则，积累了一定的经验。

招商银行主要业务类型包括：离岸网上企业银行、离在岸背对背信用证、离岸备用信用证担保项下在岸人民币授信业务、离在岸联动账户监管、全球授信、银团贷款、综合服务方案。

(7) 浦东发展银行离岸银行业务

浦东发展银行离岸银行服务是指浦东发展银行在中国内地为中国境外（含港、澳、台地区）注册的公司和非居民个人客户提供的存款、贷款、结算等海外银行服务。它以境外的可自由兑换货币为交易工具，基本上不受中国国内外汇管制及税制限制。

浦东发展银行离岸银行服务在服务功能上与境内银行服务互为补充，相互促进，为国际化经营提供多渠道、全方位、快速便捷的海外银行服务，满足从事全球化贸易、生产、投资中产生的各类海外银行服务需求。

(8) 交通银行离岸银行服务

经中国人民银行批准，交通银行离岸银行业务经营如下的业务：外汇存款；外汇贷款；国际结算；同业拆借；外汇担保；外汇买卖；咨询、顾问业务；离岸债权投资业务；中国人民银行批准的其他业务。

交通银行离岸银行业务经营的币种限于可自由兑换的货币，目前暂定为美元、日元、港元、欧元、英镑、澳大利亚元、新加坡元、加元 8 种货币。

(9) 广东发展银行离岸银行业务

离岸银行业务是指广东发展银行按照国际惯例直接吸收非居民存款，并为非居民办理商业银行业务、提供融资及理财策划等银行服务的一种境外金融业务，包括外汇存款、外汇买卖、外汇同业拆借、国际结算、咨询见证等。

离岸银行业务的产品特性为：客户对象为境外企业法人、自然人等非居民；实行自由外汇政策，资金可自由划拨和转移；利率市场化，参照国际金融市场确定广发银行利率；境内操控，境外运作，方便快捷地为国内关联企业提供资金支持。

(10) 平安银行离岸银行业务

平安银行是中国内地获得离岸银行业务经营牌照仅有的 4 家商业银行之一。

平安银行在为离岸客户服务过程中，开发了内保外贷、外保内贷、离岸代付、出口双保理离在岸联动模式等特色产品。离岸银行产品涵盖了离岸贸易融资、离岸贷款、离岸存款、支付结算等。

4. 离岸银行业务管理办法

(1) 离岸保险业务

2008 年全国航运保险费收入仅为 39 亿元，占全国财产保险收入的 2%，其中上海船舶保险业收入仅为 6 亿元，占当地保险收入的 5%。而全球海上保险市场规模约 250 亿美元，英国伦敦占全球市场份额的 23%，而上海占相关业务全球市场的份额不足 1%。

2008 年，上海货运险保费收入 11.7 亿元，同比增长 8.05%，增长幅度高于上海货物吞吐量及集装箱吞吐量。上海船舶险保费收入 4.4 亿元，同比增长 25.05%，而同期上海船舶出入艘次同比减少 28.49%。上海保监局有关人士介绍，上海与航运相关各险种业务在国内主要港口城市中排名居前，2008 年上海船舶险和货运险业务在国内名列第一。上海航运险保费收入与上海港口地位不匹配，业务主要集中在低端险种，保险公司在创新产品、定价议价能力、风险管控能力等方面存在不足。

截至 2009 年年底，全球有 45% 的船舶由远东地区船东协会掌握，但只有 22% 的船舶在亚洲地区投保，在中国境内投保的更少。这既说明上海航运保险与国际市场存在巨大差距，也显示出未来的巨大发展空间。

2009 年 12 月 3 日，中国太平洋保险成立了国内保险业首家航运保险事业总部，而在 2010 年 3 月 16 日，总部设在瑞士的苏黎世保险出资2 000万元，在上海成立了第一家外资航运金融研究中心。此外，华泰财险推出了码头责任保险，美亚财险方面也表示，准备适时推出针对中国航运险市场的海上责任险。

远洋保险行业在2009年达到了122亿美元，伦敦市场的保费已经达到了37亿美元。截至2010年6月，全球海上保险市场规模约250亿美元，英、日、德、美是传统的四个海上保险大国，占据全球海上保险市场60%的份额。其中英国伦敦就占全球市场份额的23%，全球67%的船东保赔协会保费基本都集中于伦敦。虽然，目前在上海有很多世界级的航运公司，上海的船舶保险保费收入占全国船舶保险的1/6～1/5市场份额，主要来自中远集团、中海集团，以及其他一些大型船舶公司。但上海航运保险在世界上的占比并不高，严重落后于航运业的发展。

2009年12月，深圳市前海深港现代服务业合作区建设政策研究联合工作小组，建议在深圳前海现代服务业示范区探索开展离岸再保险业务，充分利用香港国际再保险市场的承保能力、信息资源和专业技术优势，联手打造深港国际再保险中心。

中国国务院于2009年年初设定目标，计划至2020年，将上海基本建成与中国经济实力以及人民币国际地位相适应的国际金融中心；并基本建成航运资源高度集聚、航运服务功能健全、航运市场环境优良、现代物流服务高效，具有全球航运资源配置能力的国际航运中心。

为支持上海国际金融中心和航运中心建设，保监会将积极发展上海再保险市场，积极探索开展离岸再保险业务，积极推进符合条件的保险公司在上海金融中心开展综合经营试点，支持保险公司开展航运保险服务。

由于上海洋山保税港区离岸再保险业务的交易主体是非居民的（再）保险人，即均为外国保险机构和再保险机构，那么离岸再保险业务的交易货币为非本币，是认可的世界货币，如美元、欧元等。

上海保监局指出，上海洋山保税港区离岸再保险业务的税收政策可以借鉴新加坡的做法，首先可以将保险公司经营离岸再保险业务的所得税降至10%～15%；其次可以根据离岸再保险业务的类别减免一定的营业税，如对货物运输保险、船舶保险、出口信用保险等业务免征营业税，或者制定不同的营业税纳税基数，而不是一律以毛保费收入作为纳税基数。

由于水险业务金额大，国际化水平高，法律法规和行业惯例相对成熟，所以，上海洋山保税港区离岸再保险业务可以优先试点水险业务，即先给予水险业务一定的优惠政策，然后再逐步地放开至其他业务。

离岸人民币市场发展相关政策（见表20-2)。

表20-2 离岸人民币市场发展相关政策

时间	主要事件
2003年11月	中国人民银行在香港提供人民币清算业务
2004年1月	香港人民币个人业务获得批准，包括存款、外汇、汇款与信用卡业务
2005年12月	香港人民币个人业务扩展，允许当地居民设立支票账户
2007年1月	允许内地金融机构在香港发放人民币债券

（续）

时间	主要事件
2009 年 1 月	金管局与外管局签订 2 000 亿人民币互换协议以提供人民币流动性
2009 年 6 月	人民币跨境贸易试点计划开展，在香港上海和广东开展人民币跨境贸易结算业务
2010 年 2 月	金管局宣布主要条例扩展人民币银行业务的范畴并允许内地非金融机构在香港发放人民币债券
2010 年 6 月	人民币跨境结算贸易业务扩展至 20 个省
2010 年 7 月	允许香港银行向公司提供人民币账务、贷款及投资产品，并解除人民币兑换及转账上限
2010 年 8 月	允许授权外国央行，香港及澳门人民币清算中心及其他参与人民币结算贸易的外国银行投资内地银行间债券市场
2010 年 10 月	香港人民币清算中心中银香港用尽与上海外汇贸易中心就贸易结算交易所指定的本年度 80 亿人民币兑换配额
2010 年 11 月	外管局收紧了资本账户管理规则，规定银行在每日末必须持有美元净头寸大于 0
2010 年 12 月	将允许进行人民币跨境贸易结算业务的 365 个公司扩展至 67 359 个公司；金管局要求银行要先用本身人民币头寸应付结算支付，不足时才可透过清算行中银香港到上海购买人民币；金管局规定只有 3 个月到期支付的贸易交易，才可以通过清算行去上海购买人民币；金管局首次启动 2 000 亿互换协议中的 200 亿元；金管局关规定无论银行持有人民币长仓或短仓，不可超过其人民币净资产或负债的 10%
2011 年 1 月	中国人民银行规定凡获准开展境外直接投资的境内企业都可以人民币进行境外直接投资；内地银行的香港分行或代理银行可以从内地取得人民币资金，向进行投资的企业发放人民币贷款

数据来源：根据相关信息整理。

《内地与香港关于建立更紧密经贸关系的安排》（简称 CEPA）签署后，2003 年 8 月中央政府对 CEPA 作重大调整，增加了“积极研究允许香港银行在香港试行办理人民币个人业务，条件许可时优先考虑在香港开设人民币离岸金融中心”等 6 项内容。同年 11 月 19 日，中国人民银行和香港金融管理局在北京签署有关人民币业务合作的备忘录，中国人民银行同意为香港银行试行办理个人人民币业务提供清算安排。2004 年 1 月，香港所有持牌银行均可以开展办理的个人人民币业务，其范围包括人民币存款、兑换、汇款和银行卡业务，但只限于方便个人消费，不涉及投资等资本项目的安排。

2004 年 2 月，香港银行开始试办个人人民币业务，包括存款、汇款、兑换及信用卡业务。每人每天不超过等值 2 万元的兑换。

截至 2006 年 11 月底，香港共有 38 家银行开办了人民币业务，香港人民币存款余额约 228 亿元；香港汇往内地汇款 22 亿元；内地银行卡在香港消费和提现合计 206 亿元，香港银行卡在内地累计消费和提现 7.5 亿元；香港支票在内地消费金额 1 282 万元。2007 年 1 月，经国务院批准，内地金融机构经批准可以在香港发行人民币金融债券；香港进口内地货物时，可以使用人民币支付。

自 2007 年人民银行与发改委共同发布《境内金融机构赴香港特别行政区发行人民币债券暂行管理办法》以来，经国务院批准，已有包括两家港资法人银行在内的 7 家境内金融机构赴港发行人民币债券 470 亿元。同时，人民银行积极支持并配合财政部落实国务院关于推动中央政府在香港发债的精神，财政部于2009年、2010年和2011年在港发行人民币国债共计340亿元。

2010年是离岸人民币市场的形成阶段。这个阶段的主要特点是：人民币以细水长流的方式出境，以个人小额纳入；产品以储蓄定息为主，基本是市场驱动；收益动力以人民币升值预期为主，开始向固定收益转变。与此同时，市场建设全面展开，从境外自由流通起步，开始进入整个市场人民币化的初期准备。

2010年7月，在中国人民银行和香港金管局主导下签署的《清算协议》是香港境外人民币市场的一大突破。允许境外金融机构将境外人民币存量投资于国内银行间债券市场，迅速带动较存款产品更高收益的保险产品和基金产品的发展。有更高收益来源的银行也能以更大规模和更优惠价格吸引更多的人民币储蓄产品，进而提高人民币兑换出境与贸易伙伴使用人民币的积极性。

到2010年7月底香港人民币存量达到1 037亿元。总体来看，在离岸人民币市场的形成阶段，香港市场已有一千多亿元人民币的存量，主要由个人持有，初始驱动力是人民币的升值预期，投资产品则是存款、国债、保险和基金等为数不多的定息产品。随着香港人民币回流内地的渠道逐渐打通，收益开始成为持有人民币的主要驱动力。至此，可以说香港离岸人民币市场已经初步形成。

2011年8月22日，商务部在其网站上就《关于跨境人民币直接投资有关问题的通知(征求意见稿)》公开征求意见。商务部拟允许外国投资者以境外合法获得的人民币依法来华开展直接投资活动，并明确了相关业务的办理流程。同时，人民银行也在拟定《外商直接投资人民币结算业务管理办法（征求意见稿)》。2011年9月，国家发改委拟修订《外商投资项目核准管理办法》，允许外国投资者以人民币在境内投资项目并参照该办法执行。

目前，中国跨境人民币贸易结算总额的80%以上在中国香港进行。新加坡、伦敦和纽约等其他国家和地区也准备建立自己的人民币离岸中心。

2012年，跨境贸易人民币结算业务保持较快发展，全年累计办理经常项下跨境人民币结算业务2.94万亿元，同比增长41%，其中货物贸易结算金额2.06万亿元，占同期海关货物进出口总额的8.4%，比上年提高1.8个百分点。截至年末，与境内发生人民币实际收付业务的境外企业所在国家和地区达206个。全年跨境贸易人民币结算实收1.3万亿元，实付1.57万亿元，净流出2 691.7亿元，收付比由2011年的1∶1.7升至1∶1.2。

2012年，跨境投资人民币结算业务也有序开展。全年共办理人民币对外直接投资结算金额304.4亿元，同比增长51%，其中非金融类对外直接投资人民币结算实际流出金额占全国非金融类对外直接投资金额的4%；外商直接投资结算金额2 535.8亿元，同比增长1.8倍，其中非金融类外商直接投资资本金人民币结算实际流入金额占全国非金融类实际使用外资金额的16%。截至年末，境外项目人民币融资已批贷项目金额1 011.2亿元，贷款余额437.6亿元；共有100家境外机构获准进入银行间债券市场，总批复额度为4 747亿元。

2012年，境外机构在境内开立人民币账户数量稳步增加。截至年末，境内代理银行为境外参加银行共开立人民币同业往来账户1 592个，比上年年末增加404个，账户余额2 852.0亿元。

（2）离岸投资业务

离岸投资是指外国投资者不在境内设立法人机构而直接在境外控制、处置境内资产（主要是房地产）的行为。已知中国对非居民以经营为目的在境内从事房地产资本交易没有任何限制性规定，不需要办理任何资本项目外汇登记手续。

（3）离岸投资业务发展

2010年以来，离岸人民币“点心债”市场得到了迅速发展，其中2010年总发行量为450亿元，2011年上半年总发行量为830亿元，但2011年下半年总发行量则下降为750亿元人民币（其中2011年第四季度发行量只有250亿元），而2011年下半年推出的离岸人民币合格境外投资者（RQFII）产品，首期200亿元额度，则受到投资市场欢迎。

截至2011年12月16日，27家美国公司报称其在美国以外拥有总额5 380亿美元的未纳税的离岸利润，而这些公司利用这些利润中的46%对美国的银行或资产进行了投资。

《2012年中国财富报告：洞悉客户需求致力科学发展》指出，截至2012年年底，中国个人拥有的可投资资产规模预计为29万亿元。2012年，中国富人的资产加速向海外配置，拥有海外资产的人群占比达到了25%，比2011年上升了8个百分点。在进行海外投资时，中国投资者必然面临语言、文化、法律等多重障碍，于是对于投资的金融产品一般比较保守，在海外的资产配置还是摆脱不了“习惯性投资”——偏向于购置房产和股票。

随着中国资本奔向海外的渠道和方式都在扩宽，保险资金也逐步开始海外投资。2012年，获批的保险类QDII额度达到了210亿美元，中国的保险公司的海外投资不超过150亿美元，主要集中在港币、美元现金以及香港的H股。中国个人境外资产以每年近100%的速度在增长，海外金融市场因而成为很多投资人日益关注的投资方向。截至2013年5月，国内投资者选择海外投资地点时最主要的考量因素是地缘优势，主要选择美国、加拿大和中国香港，其投资占到了境外资产的一半以上。

2013年6月18日，光大银行和香港新鸿基金融集团在京签订长期战略合作协议。双方透露，签约后，两家金融机构可就高端客户投资移民与境外资产管理等方面促进协同效应，以期达到共赢的目的。两家金融机构合作，以期为高端客户提供更多元化、个性化的香港投资移民服务、海外投资渠道和资产配置方式，共同进行离岸资产配置、投资移民业务、财富管理业务等领域的战略合作。

（4）离岸基金的概念和发展

赛领国际投资基金是由上海国际集团和相关投资人共同发起设立的人民币国际投贷基金，也是上海国际集团旗下第四只基金，为目前中国最大规模的人民币国际投贷基金，于2012年2月16日在上海正式启动，母基金规模500亿元。其中首期募集规模120亿元，基金投资人包括中央和地方企业集团、上市公司、知名民营企业及金融机构等，通过母子基金、投贷结合及发行债券等多级放大方式，未来基金投资总规模可超过1 500亿元。

2013年5月，在云南省政府支持下新近成立的云南云盟股权投资基金管理有限公司，拟为首支基金募资至多150亿元（合24亿美元），重点将在东南亚投资。这是中国的第二支离岸人民币投资基金。该基金的募资对象为金融机构、国有企业和其他国内公司。该基金将进行股权和债务投资，目标是商用房地产、酒店行业、金融服务和能源与自然资源。首期募资金额为50亿元（合8.15亿美元）。

第二十一部分

互联网金融

一、基本情况

根据百度百科的解释，互联网金融是传统金融行业与互联网精神相结合的新兴领域。互联网“开放、平等、协作、分享”的精神往传统金融业态渗透，对人类金融模式产生根本影响，从广义上讲，具备互联网精神的金融业态统称为互联网金融。

理论上任何涉及了广义金融的互联网应用，都应该是互联网金融，包括但是不限于为第三方支付、在线理财产品的销售、信用评价审核、金融中介、金融电子商务等模式。从狭义的金融角度来看，互联网金融则应该定义在跟货币的信用化流通相关层面，也就是资金融通依托互联网来实现的方式方法都可以称之为互联网金融。

互联网金融与传统金融的区别不仅仅在于金融业务所采用的媒介不同，更重要的在于金融参与者深谙互联网“开放、平等、协作、分享”的精髓，通过互联网、移动互联网等工具，使得传统金融业务具备透明度更强、参与度更高、协作性更好、中间成本更低、操作上更便捷等一系列特征。可以通过互联网技术手段，最终可以让金融机构离开资金融通过程中的曾经的主导型地位，因为互联网的分享、公开、透明等理念让资金在各个主体之间的游走，会非常直接、自由，而且违约率低，金融中介的作用会不断的弱化，从而使得金融机构日益沦落为从属的服务性中介的地位。不再占据金融资源调配的核心主导定位。也就是说，互联网金融模式是一种努力尝试摆脱金融中介（金融脱媒）的行为。

当前国内主要互联网金融模式包括以下几种。

第一种模式是传统的金融借助互联网渠道为大家提供服务。这个是大家熟悉的网银。互联网在其中发挥的作用应该是渠道的作用。

第二种模式，类似阿里金融，由于它具有电商的平台，为它提供信贷服务创造的优于其他放贷人的条件。互联网在里边发挥的作用是依据大数据收集和分析进而得到信用支持。

第三种模式，即大家经常谈到的 P2P 的模式。这种模式更多地提供了中介服务，这种中介把资金出借方需求方结合在一起。发展至今由 P2P 的概念已经衍生出了很多模式。中国网络借贷平台已经超过 2 000 家，平台的模式各有不同，归纳起来主要有以下 4 类：

一是担保机构担保交易模式，这也是相对安全的 P2P 模式。此类平台作为中介，平台不吸储，不放贷，只提供金融信息服务，由合作的小贷公司和担保机构提供双重担保。此模式首先在人人贷平台创立，由人人贷与中安信业共同推出产品“机构担保标”。此类平台的交易模式多为“1 对多”，即一笔借款需求由多个投资人投资。此种模式的优势是可以保证投资人的资金安全，中安信业、证大速贷、金融联等国内大型担保机构均介入到此模式中。

二是“P2P 平台下的债权合同转让模式”

的宜信模式。可以称为“多对多”模式，借款需求和投资都是打散组合的，甚至有由宜信负责人唐宁自己作为最大债权人将资金出借给借款人，然后获取债权对其分割，通过债权转让形式将债权转移给其他投资人，获得借贷资金。宜信也因其特殊的借贷模式，制定了“双向散打”风险控制，通过个人发放贷款的形式，获得一年期的债权，宜信将这笔债权进行金额及期限的同时拆分。这样一来，宜信利用资金和期限的交错配比，不断吸引资金，一边发放贷款获取债权，一边不断将金额与期限的错配，不断进行拆分转让，宜信模式的特点是可复制性强，发展快。其构架体系可以看作是左边对接资产，右边对接债权，宜信的平衡系数是对外放贷金额必须大于或等于转让债权，如果放贷金额实际小于转让债权，等于转让不存在的债权，根据《关于进一步打击非法集资等活动的通知》，属于非法集资范畴。从短期来看，金融的互联网化将占据主要地位，但是只需 10～20 年，直接融资模式下的 P2P 与众筹模式将会取代传统金融模式。届时必定将升级为互联网金融的高级阶段。

三是大型金融集团推出的互联网服务平台。与其他平台仅仅几百万元的注册资金相比，陆金所 4 亿元的注册资本显得尤其亮眼。此类平台有大集团的背景，且是由传统金融行业向互联网布局，因此在业务模式上金融色彩更浓，更“科班”。还拿风险控制来说，陆金所的 P2P 业务依然采用线下的借款人审核，并与平安集团旗下的担保公司合作进行业务担保，还从境外挖了专业团队来做风控。线下审核、全额担保虽然是最靠谱的手段，但成本并非所有的网贷平台都能负担，无法作为行业标配进行推广。值得一提的陆金所采用的是“1 对 1”模式，1 笔借款只有 1 个投资人，需要投资人自行在网上操作投资，而且投资期限为 1～3 年，但由于 1 对 1 模式债权清晰，因此陆金所在 2012 年年底推出了债权转让服务，缓解了供应不足和流动性差的问题。

四是以交易参数为基点，结合 O2O（Online to Offline，将线下商务的机会与互联网结合）的综合交易模式。例如阿里小额贷款为电商加入授信审核体系，对贷款信息进行整合处理。这种小贷模式创建的 P2P 小额贷款业务凭借其客户资源、电商交易数据及产品结构占得优势，其线下成立的两家小额贷款公司对其平台客户进行服务。线下商务的机会与互联网结合在了一起，让互联网成为线下交易的前台。

第四种模式，通过交互式营销，充分借助互联网手段，把传统营销渠道和网络营销渠道紧密结合；将金融业实现由“产品中心主义”向“客户中心主义”的转变；调整金融业与其他金融机构的关系，共建开放共享的互联网金融平台。由于此模式发展时间较短，平台的模式各有不同，归纳起来主要有以下三大类：

一是专业 P2P（Professional to Professional）模式。在专业的金融服务人员之间建立信息交换和资源共享的平台，在中间从事信息匹配和精准推荐，促进线上信任的建立和交易的欲望。专业 P2P 模式远非市场上泛滥的 P2P 贷款模式可比。

二是金融混业经营模式。通过互联网平台对所有金融机构开放共享资源，为金融产品销售人员发布各种金融理财产品、项目信息，为客户打造和定制金融理财产品。在金融混业经营中使用的互联网平台则定位于服务 500 万金融机构和非金融机构及客户经理，并将囊括房产、汽车、奢侈品销售人员，提供一个开放共享、进行综合开拓交叉销售的平台。

三是金融交叉销售模式。打破理财行业的机构壁垒，通过平台上各类理财产品的展卖聚拢投资人资源，促进金融产品销售人员产品的销售。金融产品销售人员们可以在平台上进行内部的交流沟通和资源置换，在不同产品领域寻找并组建自己的合作团队，达成利益分享规则后，团队内共享投资人资源，为投资人推介团队内部产品进行资产配置，从而实现金融产品销售人员间的交叉销售合作。

以互联网为代表的现代信息科技，特别是移动支付、云计算、社交网络和搜索引擎等，将对人类金融模式产生根本影响。20 年后，可能形成一个既不同于商业银行间接融资、也不同于资本市场直接融资的第三种金融运行机制，可称之为“互联网直接融资市场”或“互联网金融模式”。

在互联网金融模式下，因为有搜索引擎、大数据、社交网络和云计算，市场信息不对称程度非常低，交易双方在资金期限匹配、风险分担的成本非常低，银行、券商和交易所等中介都不起作用；贷款、股票、债券等的发行和交易以及券款支付直接在网上进行，这个市场充分有效，接近一般均衡定理描述的无金融中介状态。

在这种金融模式下，支付便捷，搜索引擎和社交网络降低信息处理成本，资金供需双方直接交易，可达到与资本市场直接融资和银行间接融资一样的资源配置效率，并在促进经济增长的同时，大幅减少交易成本。

中国金融业的改革是全球瞩目的大事，尤其是利率市场化、汇率市场化和金融管制的放松。而全球主要经济体每一次重要的体制变革，往往伴随着重大的金融创新。中国的金融改革，正值互联网金融潮流兴起，在传统金融部门和互联网金融的推动下，中国的金融效率、交易结构，甚至整体金融架构都将发生深刻变革。

当前，在 POS 领域，以往不被重视的大量中小微企业的需求，正被拥有大量数据信息和数据分析处理能力的第三方支付机构深度聚焦着。随着快钱、乐富支付等先后推出移动支付产品，这种更便携、更智慧、更具针对性的支付体验必将广泛惠及中小微商户。

二、发展状况

近年来，第三方支付、网络信贷、众筹融资以及其他网络金融服务平台等互联网金融业迅速崛起。以第三方支付为例，2012 年市场规模超过 10 万亿元。其中，支付机构移动支付业务 1 811.9 亿元。央行副行长刘士余在刚刚结束的 2013 年中国互联网大会上透露，截至目前，互联网支付企业的支付总规模约为 6 万亿元，占支付总量的 0.5%。

在 2013 年中国互联网大会上与会专家认为，互联网金融业的发展，已经促使很多行业发生了新的变革，也改写了多个市场的发展格局。同时，也有业界专家认为，支付的互联网属性提升行业效率，转变支付理念，而支付的金融属性，尤其是近年来金融属性的逐步加强，推动了金融行业创新。

中国互联网络信息中心数据显示，2012年中国的互联网用户总数达到了5.64亿人。其中使用手机上网的用户总数达到了4.2亿人，这个数字占到了互联网用户总数的74.5%。

移动互联网+O2O模式的发展，已经深入到生活服务。艾瑞咨询数据显示：2012年中国本地生活服务O2O在线商务用户规模为1.35亿元，市场规模达755.6亿元。O2O模式诞生于互联网，但其模式是线上线下相互结合的模式，需要更加便利的网络应用方式。而移动互联网其固有的随身便捷性、可鉴权、可身份识别等独特优势，为O2O模式提供了可行性。

微博、微信、互联网金融等互联网衍生品的出现，在信息传播，通信方式，金融格局等方面，打破了传统的垄断。如微博的出现，为人们提供了一个即时发言平台，从时效性、内容的丰富性、互动性等方面突破了传统媒体的局限，在这个平台上发出了更多个人的声音。再如第三方支付公司的发展，其在用户支付、资金结算、清算管理、代理基金、保险等业务方面，尤其介入小额信贷、财富管理等银行的传统领域，支付打破传统金融的垄断格局。

随着大数据时代的来临，数据的大量积累和数据处理能力的不断提升促进了互联网金融业的发展。作为传统金融业与互联网结合的新兴领域，互联网金融具有透明度高、参与广泛、中间成本低、支付便捷、信用数据更为丰富和信息处理效率更高等优势。

艾瑞咨询的数据显示，2012年中国移动支付业务市场交易规模达1 511.4亿元，同比增长89.2%。预计2013年移动支付市场将实现交易规模翻番，到2016年，中国的移动支付市场交易规模将超过1.3万亿元。

第三方支付成立之初，主要提供在线网关支付，而如今，随着支付行业的发展，特别是近年来移动支付的发展，线上和线下的概念逐渐被打破。

移动支付打破了线上线下的界限。移动互联网可以让人在任何点都可以方便地上网，不再有在线和离线的概念。客户可以在超市扫二维码，然后就可以对比线上线下的价格。随着移动支付技术和功能的升级与发展，人们在日常消费中的支付便捷性将得到大幅提升。而对于企业客户而言，客户消费规模和消费途径也将变得更加多样性。便捷，是移动支付为企业与消费者实现双赢提供的平衡点。

2012年支付牌照的颁发为支付行业提供了很好的发展契机，而第三方支付企业的行业模式也快速发展，大力推动互联网金融创新，主要体现在企业理财和产业链融资。第三方支付公司拥有大量的商户，其中相当部分商户有理财需求，另外相当部分商户有融资需求，而这些用户亦有信用需求。因为这些需求在支付公司的系统中都是闭环的，营销成本低，而且利用历史和实时的交易信息可以高效评估信用，和金融机构合作为商户提供网络理财和融资服务，或为用户提供网络信用服务。互联网金融是传统金融与互联网精神相结合的新兴领域，互联网精神的渗透和实践使得金融服务具备成本更低、操作更便捷、透明度更好、参与度更高、个性化更强等一系列新特征。因此，可以说支付改变了传统金融固有的模式，推动互联网金融的创新。

随着支付行业金融属性的增强，支付与金融的进一步融合，以及支付在金融市场所占比重进一步增强，由支付引发了金融市场的服务种类、服务形式、服务深度的一系列转变与创新。

有专家总结，当前互联网金融发展呈现出第三方支付、P2P网络贷款等6种模式。第三方支付分别有以阿里巴巴支付宝、财付通和快钱为代表的3种模式。P2P网络贷款，即通过第三方互联网平台进行资金借贷方的匹配，借款人可通过网站平台寻找出借人，通过平台和其他贷款人一起分担一笔借款额度来分散风险，目前存在分别以宜信、拍拍贷、翼龙贷为代表的债权转让模式、纯线上模式和连锁加盟模式3种模式。基于大数据的金融服务平台，如阿里巴巴、苏宁易购和京东商城已开展无抵押贷款。众筹融资模式，是指项目发起人因为资金问题遇到瓶颈，可通过一定的互联网平台，由项目发起人发起项目，由公众参与项目，公众个人或群体决定对项目进行投资。网络化金融机构，即金融机构通过互联网改变原来的金融服务模式，有线上银行、线上保险、线上证券和线上理财等多种模式。互联网金融门户，即利用互联网进行金融产品的销售及为此提供第三方服务的平台，现有的互联网金融门户主要涵盖了P2P信贷、投资理财及保险等领域，聚拢了分门别类的金融产品。

短短几年间，互联网金融已进入传统银行业的个人金融、公司金融、综合经营、跨境服务等多个服务领域，给银行业带来不小的挑战。如在国际结算领域，第三方支付公司的跨境结算已介入；国内结算和现金管理，快钱已进入；国际汇兑，阿里巴巴已实现了境外买家向境内卖家支付；中间业务，快钱等已介入基金和保险平台代销业务；在住房按揭、汽车按揭、信用卡、小额信用贷款等多个领域，都有互联网金融不同程度地介入。

在互联网快速发展及应用时期，中国的各类金融机构都在运用互联网和信息技术上进行了创新，如银行机构都有了“网上银行”，保险公司有了“网上保险”，证券公司有了“网上证券”等。现在一些银行机构还开始在各自网上开辟“网上商城”等新的业务领域。可以说，在金融互联网的快速发展过程中，其未来发展趋势将使传统金融业与其延伸的网络金融融合为一体，从而保证金融业长期生存和可持续发展。

中信银行的网络银行业务实现了自有品牌，中信银行的移动银行客户数达224.43万户，交易量同比增长7.6倍；个人网银客户数达882.59万户，比上年年末增加125.93万户；个人网银客户覆盖率33.29%，公司网银客户覆盖率61.26%。

据了解，中信银行围绕互联网金融着墨较多，例如通过推出“异度支付”品牌、网络贷款、资金管理等服务方案，解决“网商、网企、网上政府、网民”等客户服务；另外，该行网络贷款业务已初步搭建完成包括线上申请、受理、审批、放款和非现场贷后管理的新模式，为电子商务平台卖家、买家提供在线经营贷款和消费贷款服务。

平台建设方面，2013年上半年，中信银行推出了网上金融商城，具有产品开架式展示、银行与客户多维度互动等特点。功能丰富方面，网上金融商城推出在线缴纳美国使馆签证费、在线开户等特色功能；个人网银推出实时结售汇、资金批量自动归集功能；公司网银推出标准供应链金融产品；移动银行推出爱心捐款、金融助手等功能。

三、互联网金融

互联网借贷是借贷过程中，资料与资金、合同、手续等全部通过网络实现，从而完成放款和借款的借贷方式，一般为小额无抵押借贷。它是随着互联网的发展和民间借贷的兴起而发展起来的一种新的金融模式，是电子商务的一个重要分支，实现这一借贷过程的网络平台即互联网借贷平台。

2009 年 11 月，金银岛与中国建设银行、中远物流三方实现系统对接，推出了通过网络完成融资的新业务模式——“e 单通”，这一创新的业务模式实现了信息流、物流和资金流的三流合一，通过三方的紧密合作，成功搭建了全流程在线的网络融资平台。企业通过金银岛的网络平台申请贷款，不再需要拿房屋和其他不动产做抵押，而是根据企业的物流、信息流这些指标进行参照后，即可实现直接在网络上申请贷款。

当前 P2P 模式是最主要的网络借贷方式。自 2007 年在上海登陆以来，网络借贷影响范围遍及全国。在银行信贷持续偏紧的背景下，网络贷款中介公司近来呈现发展快速的态势。中国当前主要的 P2P 互联网借贷平台的基本信息如下（见表 21-1）：

表 21-1　主要的 P2P 互联网借贷平台的基本信息

平台名称	成立时间	总部所在地	平台名称	成立时间	总部所在地
拍拍贷	2007 年 8 月	上海	畅贷网	2010 年	上海
宜信	2007 年 10 月	北京	盛融在线	2010 年 10 月	广州
易贷网	2009 年 1 月	成都	给力贷	2011 年年初	桂林
红岭创投	2009 年年初	深圳	你我贷	2011 年 6 月	上海
365 易贷	2009 年年底	南京	蚂蚁贷	2011 年 7 月	重庆
e 速贷	2010 年年初	广东惠州	中宝投资	2011 年	衢州
人人贷	2010 年 9 月	北京	搜搜贷	2011 年	深圳
开开贷	2010 年	青岛			

数据来源：根据各互联网借贷平台官网整理。

四、部分互联网金融业务参与机构

2012年5月26日下午，中国人民银行公布了首批《支付业务许可证》，共颁给27家单位，其中支付宝、银联商务、财付通、快钱等悉数获得许可证。获得《支付业务许可证》的27家单位分别见表21-2。

表21-2 主要的P2P互联网借贷平台的基本信息

	许可证编号	公司名称	发证日期
1	Z2000133000019	支付宝（中国）网络技术有限公司	2011年5月18日
2	Z2000231000010	银联商务有限公司	2011年5月18日
3	Z2000311000013	北京商服通网络科技有限公司	2011年5月18日
4	Z2000444000013	深圳市财付通科技有限公司	2011年5月18日
5	Z2000531000017	通联支付网络服务股份有限公司	2011年5月18日
6	Z2000611000010	开联通网络技术服务有限公司	2011年5月18日
7	Z2000711000019	北京通融通信息技术有限公司	2011年5月18日
8	Z2000831000014	快钱支付清算信息有限公司	2011年5月18日
9	Z2000931000013	上海汇付数据服务有限公司	2011年5月18日
10	Z2001031000010	上海盛付通电子商务有限公司	2011年5月18日
11	Z2001111000013	钱袋网（北京）信息技术有限公司	2011年5月18日
12	Z2001231000018	上海东方电子支付有限公司	2011年5月18日
13	Z2001344000012	深圳市快付通金融网络科技服务有限公司	2011年5月18日
14	Z2001444000011	广州银联网络支付有限公司	2011年5月18日
15	Z2001511000019	北京数字王府井科技有限公司	2011年5月18日
16	Z2001611000018	北京银联商务有限公司	2011年5月18日
17	Z2001731000013	杉德电子商务服务有限公司	2011年5月18日
18	Z2001811000016	裕福网络科技有限公司	2011年5月18日
19	Z2001912000014	渤海易生商务服务有限公司	2011年5月18日
20	Z2002044000013	深圳银盛电子支付科技有限公司	2011年5月18日
21	Z2002131000017	迅付信息科技有限公司	2011年5月18日
22	Z2002211000010	网银在线（北京）科技有限公司	2011年5月18日
23	Z2002346000018	海南新生信息技术有限公司	2011年5月18日
24	Z2002431000014	上海捷银信息技术有限公司	2011年5月18日
25	Z2002511000017	北京拉卡拉网络技术有限公司	2011年5月18日
26	Z2002631000012	上海付费通信息服务有限公司	2011年5月18日
27	Z2002744000016	深圳市壹卡会科技服务有限公司	2011年5月18日

数据来源：根据各互联网借贷平台官网整理。

1. 支付宝（中国）网络技术有限公司

支付宝（中国）网络技术有限公司是国内领先的独立第三方支付平台，是阿里巴巴集团的关联公司。支付宝致力于为中国电子商务提供“简单、安全、快速”的在线支付解决方案。支付宝从2004年建立至今，已经成为中国互联网商家首选的网上支付方案。截至2012年12月，支付宝日交易额峰值超过200亿元人民币，日交易笔数峰值达到1亿零580万笔。易观国际的统计数据显示，按交易额来算，2012年，支付宝在中国第三方互联网在线支付市场占据46.6%的市场份额。

2. 深圳市财付通科技有限公司

由深圳市财付通科技有限公司创办的在线支付平台财付通，是腾讯集团旗下中国领先的第三方支付平台。经过多年的发展，财付通服务的个人用户已超过2亿，服务的企业客户也超过40万，覆盖的行业包括游戏、航旅、电商、保险、电信、物流、钢铁、基金等。结合这些行业特性，财付通提供了快捷支付、财付通余额支付、分期支付、委托代扣、epos支付、微支付等多种支付产品。易观国际的统计数据显示，按交易额来算，2012年，财付通在中国第三方互联网在线支付市场占据20.9%的市场份额。

3. 银联商务有限公司

银联商务有限公司，是中国银联旗下的、专门从事银行卡受理市场建设和提供综合支付服务的机构，成立于2002年12月，总部设在上海。2011年5月26日，银联商务有限公司首批获得人民银行颁发的《支付业务许可证》，涵盖了银行卡收单、互联网支付、预付卡受理等支付业务类型。支付业务许可证的颁发体现出监管机构对银联商务业务模式与合规措施的充分认可。易观国际的统计数据显示，按交易额来算，2012年，银联商务有限公司在中国第三方互联网在线支付市场占据11.9%的市场份额。

4. 快钱支付清算信息有限公司

快钱支付清算信息有限公司成立于2004年，在上海、北京、广州、深圳、南京等地设有公司，是国内领先的独立电子支付及清结算企业，专注于为各类行业和企业提供安全、便捷的综合电子支付服务。目前，快钱推出的基础支付产品包括但不限于人民币支付，外卡支付，神州行卡支付，联通充值卡支付，VPOS支付等众多支付产品，支持互联网、手机、电话和POS等多种终端；行业解决方案覆盖包括航空、保险、教育和零售等近20个行业。截至2011年1月31日，快钱已拥有超过8 100万注册用户和逾79万家商业合作伙伴，其中既包括中国国际电子商务中心、中国电信、中国联通、东方航空、中国航信、国美电器、新东方教育等传统大型企事业单位，也覆盖到索尼、苹果、联想、百度、新浪、搜狐、网易等知名高科技企业。快钱与包括四大银行、银联及农信银在内的五十多家金融机构建立了战略合作关系，开通了200多个银行结算接口，支持互联网、POS、手机、电话等多种线上线下的终端支付形式，以及银行卡、现金、外卡、电信卡等各种支付工具。同时，快钱还与VISA、Master等各大国际卡组织，以及PayPal等国际领先支付公司达成了战略合作。

2013年上半年，全球私募股权与互联网金融相关的领域延续了过去几年的火热。仅5月份，Twitter宣布收购大数据创业公司Lucky Sort；IDG宣布两宗与虚拟货币相关的投资；微软拟出资10亿美元收购Nook Media公司数字资产。

与全球范围内互联网金融活跃的投资行为相比，国内投资者对该领域的态度则谨慎得多。截至目前，国内仅IDG、红杉两家基金进行过投资。绝大部分投资机构持谨慎观望立场。

直到2013年8月1日，金融垂直搜索平台融360正式宣布已于7月中旬完成B轮3 000万美元融资。此次融资领投机构为红杉中国基金，光速安振中国投资、凯鹏华盈（K PC B）和清科集团跟投。这是互联网金融业近年来最大的一笔融资额；2012年3月融360完成A轮700万美元融资，由光速领投，K PC B和清科集团跟投。此次B轮3 000万美元融资，由红杉领投，光速、K PC B和清科集团跟投，创下互联网金融业融资额纪录。

5. 中国建设银行

2012年6月，建设银行电商平台"善融商务"正式上线。从试水善融商务到搭建智慧银行，中国建设银行努力为金融业务插上互联网的翅膀。在它的规划中，到2015年，它将把电子银行建设成为用户体验优秀、产品功能丰富、营销与服务能力强大、业务创新作用突出、风险控制水平先进的"国内领先、国际一流"的电子银行体系。

6. 中国招商银行

依托招行领先的电子银行资源，构建供应链"大数据"信息平台，整合银行内部和供应链各参与方的信息资源，包括核心企业、上下游中小企业、网上银行、海关、仓储物流服务商，实现各方信息在线实时推送，并通过对供应链中产生的商流、物流、资金流和信息流的自动归集和"智能"分析，为供应链节点企业提供包括账权、货权在内的在线综合金融解决方案。

7. 中国民生银行

2013年，中国民生电子商务有限责任公司在前海注册，注册资本30亿元，是国内第一家与商业银行形成对应关系的银商紧密合作型企业。由此，中国民生银行七大非国有股东将正式进入互联网金融领域，中国民生银行重金投资进军互联网金融，正是看到其行业发展趋势和挑战。

8. 中国电信天翼电子商务有限公司

中国电信天翼电子商务有限公司是基于移动互联网技术的金融信息服务提供商。公司业务范畴涵盖移动电话、固定电话、pos机等不同媒介的支付服务，为个人和行业用户提供安全、便捷、时尚的"通信＋支付"、"支付＋理财"等金融信息服务，并具备天翼积分、天翼账单支付等差异化资金来源。翼支付依托中国电信遍布全球的销售服务网络和中国电信优质资质，确保了客户的信息和资金安全。天翼电子商务有限公司的产品主要依托于自有账户和第三方关联账户（包括银行账户及公交卡等准金融账户），为用户提供基于互联网、手机、固定电话、IVR自助语音、IPTV、公话信息亭、自助终端服务机等各类渠道的近场和远程方式的支付服务。

9. 中国金融认证中心

中国金融认证中心（China Financial Certification Authority，简称 CFCA）是经中国人民银行和国家信息安全管理机构批准成立的国家级权威安全认证机构，是国家重要的金融信息安全基础设施之一。在《中华人民共和国电子签名法》颁布后，CFCA 成为首批获得电子认证服务许可的电子认证服务机构。

自 2000 年挂牌成立以来，CFCA 一直致力于全方位网络信任体系的构建，历经 10 多年发展，已逐步由单一的电子认证服务机构转变为综合的信息安全服务提供商。目前公司已形成包括数字证书、交易监控及反欺诈、信息安全检测评估等在内的九大类信息安全整体解决方案，服务范围涵盖金融、电子商务以及电子政务各大领域，受到客户的广泛好评。截至目前，在全国已开通网上银行服务的银行中，有 95%的银行使用了 CFCA 提供的电子认证服务。

10. 北京融科盛达信息技术有限公司

北京融科盛达信息技术有限公司是专业化从事电子金融服务解决方案的高新技术企业，从公司创立至今，围绕供应链，设计开发出覆盖供应链各个环节的融资产品，以网络贷方式提供融资，实现在线融资、在线全额还款或部分还款、随借随还、授信额度循环使用。

公司已为近 200 家核心企业、3 000 多家小企业提供在线电子金融服务，已在线发放贷款12 000多笔，包括订单融资、电子保兑仓融资、电子保理、订单融资、担保融资等，完整覆盖了供应链的各个环节，为核心企业、上下游客户、银行、物流仓储企业、交易市场、平台商圈提供一揽子的电子金融解决方案；融信通金融服务平台已涵盖三农、钢铁、服装、家居、建材、商场超市、食品医药、在线旅游、电子商务、化工等多个行业。

11. 温州翼龙贷经济信息咨询有限公司

温州翼龙贷经济信息咨询有限公司于 2007 年成立翼龙贷网是中国首家倡导 P2P/P2C/B2C 互联网电子借贷交易平台的高科技技术企业，由北京同城翼龙网络科技有限公司投资并运营。将互联网络便捷的操作方式与传统金融借贷相结合，通过这一平台，可以将个人对个人、个人对小微企业的借贷交易网络在线完成，帮助信用良好且有不同需求的人群解决资金短缺问题。

五、互联网金融行业机构

1. 中国支付清算协会互联网金融专业委员会

中国支付清算协会互联网金融专业委员会成立于 2013 年，由银行、证券、第三方支付及 P2P 等 75 家机构共同发起成立，并于成立大会上审议通过了《互联网金融专业委员会章程》、《互联网金融自律公约》。

中国支付清算协会互联网金融专业委员会的发起机构名单如下：

1. 中国平安保险集团股份有限公司
2. 中国工商银行股份有限公司
3. 中国农业银行股份有限公司
4. 中国银行股份有限公司
5. 中国建设银行股份有限公司
6. 交通银行股份有限公司
7. 中信银行股份有限公司
8. 中国光大银行股份有限公司
9. 中国民生银行股份有限公司
10. 招商银行股份有限公司
11. 平安银行股份有限公司
12. 上海浦东发展银行股份有限公司
13. 浙商银行股份有限公司
14. 渤海银行股份有限公司
15. 恒丰银行股份有限公司
16. 中国邮政储蓄银行股份有限公司
17. 北京银行股份有限公司
18. 北京农村商业银行股份有限公司
19. 上海农村商业银行股份有限公司
20. 中信证券股份有限公司
21. 国泰君安证券股份有限公司
22. 中国人民银行清算总中心
23. 中国人民银行征信中心
24. 中国银联股份有限公司
25. 中国金融认证中心
26. 腾讯集团
27. 阿里小微金融服务集团
28. 京东世纪贸易公司
29. 平安付智能技术有限公司
30. 上海钮海电子商务有限公司
31. 通联支付网络服务股份有限公司
32. 支付宝（中国）网络技术有限公司
33. 深圳市财付通科技有限公司
34. 易宝支付有限公司
35. 快钱支付清算信息有限公司
36. 银联商务有限公司
37. 上海汇付天下数据服务有限公司
38. 迅付信息科技有限公司
39. 上海盛付通电子支付服务有限公司
40. 东方电子支付有限公司
41. 资和信电子支付有限公司
42. 开联通网络技术服务有限公司
43. 网银在线（北京）科技有限公司
44. 深圳市壹卡会科技服务有限公司
45. 渤海易生商务服务有限公司
46. 拉卡拉支付有限公司
47. 联动优势电子商务有限公司
48. 钱袋网（北京）信息技术有限公司
49. 上海银联电子支付服务有限公司
50. 裕福支付有限公司
51. 海南新生信息技术有限公司
52. 上海捷银信息技术有限公司
53. 上海富友金融网络技术有限公司
54. 中移电子商务有限公司
55. 通联支付有限公司
56. 天翼电子商务有限公司
57. 北京百付宝科技有限公司
58. 北京新浪支付科技有限公司
59. 宜信惠民投资管理（北京）有限公司
60. 人人贷商务顾问（北京）有限公司
61. 上海陆家嘴国际金融资产交易市场股份有限公司
62. 深圳市红岭创投电子商务股份有限公司
63. 上海拍拍贷金融信息服务有限公司
64. 温州翼龙贷经济信息咨询有限公司
65. 合力贷（北京）科技有限公司
66. 开鑫贷融资服务江苏有限公司
67. 北京融世纪信息技术有限公司

68. 上海外滩网信互联网金融有限公司
69. 社科院金融研究所
70. 清华大学五道口金融学院
71. 北京大学法学院金融法研究中心
72. 中国人民大学法学院
73. 中国政法大学商法研究所
74. 南开大学资本市场研究中心
75. 德勤企业咨询（上海）有限公司

2. 附《互联网金融自律公约》

第一章　章程

第一条　为推动成员单位规范经营，防范互联网金融业务风险，促进互联网金融健康有序发展，经中国支付清算协会互联网金融专业委员会成员单位共同协商，制定本公约。

第二条　本公约倡导互联网金融从业机构和从业人员自觉遵守本公约，加强自律，为互联网金融创造良好的发展环境。

第三条　各成员单位从事互联网金融业务应遵循“安全、效率、诚信和公平竞争”的原则。

第二章　自律约定

第四条　自觉遵守和执行国家相关法律、法规和规定，不得从事损害国家利益、社会公共利益、行业利益和消费者合法权益的举动。

第五条　按照平等自愿、公平竞争的原则拓展业务，遵循市场规律，科学合理定价，维护正常的市场秩序。

第六条　遵守商业道德和职业操守，加强同业合作，不以诋毁同业的商业声誉，泄露其商业秘密等不正当手段争揽业务。

第七条　了解自己的客户，采用有效手段对客户身份进行识别和认证。

第八条　规范管理客户资金，确保交易资金可追溯，切实保障客户资金安全。

第九条　保障客户信息安全，防止客户信息的灭失、损毁和泄漏；不利用客户信息从事超出法律许可和未经客户授权的活动，不利用技术或其他优势侵犯客户的合法权益。

第十条　强化信息披露，充分保障客户的知情权和选择权；不进行虚假宣传、误导陈述。

第十一条　平等对待客户，与客户签订公平、公正的服务协议，明确相关主体的权利和义务、纠纷处理原则、违约责任等事项。

第十二条　自觉维护客户的合法权益，建立稳定、有效、方便的客户服务体系，及时受理和解决客户咨询、查询、申诉和投诉等方面的问题。

第十三条　积极完善交易监控体系，采取必要措施防范不法分子利用互联网金融产品或服务进行交易欺诈、法侵、违规套现等违法范围活动。

第十四条　构建覆盖全面的风险保障体系，针对信用风险、市场风险、操作风险等制定切实可行的防范措施，并向客户提示业务风险。

第十五条　针对可能发生的重大风险时间，制定有效地应急计划和风险处理预案。

第十六条　完善业务处理系统、平台的管理措施，保障其运营的安全性和稳定性。

第十七条　建立有效的公司治理机制，健全内部控制制度和内部审计制度。

第十八条　树立理性创新理念，在规范运营和管理的基础上积极推动互联网金融产品和服务创新。

第十九条　加强对互联网金融业务的研究，共同构建良好的信息沟通、交流和共享机制。

第二十条　加强从业人员职业操守教育和业务能力培训，不断提高从业人员的职业道德水平和业务素质。

第三章　公约执行

第二十一条　中国支付清算协会互联网金融专业委员会负责组织和监督本公约的实施。

第二十二条　成员单位之间发生争议时，争议各方应本着互谅互让的原则，争取协商解决；如协商不成，可申请中国支付清算协会互联网金融专业委员会进行调解。

第二十三条　成员单位有权对其他成员单位执行本公约情况进行监督，并向中国支付清算协会互联网金融专业委员会反映相关情况。

第二十四条　成员单位如违反本公约，中国支付清算协会互联网金融专业委员会依照公开、公平、公正的原则，及时查证，并视情采取在成员单位范围内通报、取消成员资格等自律惩戒措施。

第四章　附则

第二十五条　本公约经中国支付清算协会互联网金融专业委员会全体成员会议审议通过，自发布之日起施行。

第二十六条　本公约由中国支付清算协会互联网金融专业委员会主任联席会附则解释和修订。

第二十二部分

信用金融

一、基本情况

中国人民银行征信管理局于2005年年底启动了征信标准化工作，迄今共发布了7项标准。其中，《征信数据元 数据元设计与管理》《征信数据元 个人征信数据元》《信贷市场和银行间债券市场信用评级规范 信用评级主体规范》《信贷市场和银行间债券市场信用评级规范 信用评级业务规范》和《信贷市场和银行间债券市场信用评级规范 信用评级业务管理规范》5项于2006年11月发布；《征信数据元 信用评级数据元》和《征信数据交换格式 信用评级违约率数据采集格式》于2009年1月发布。

通过多年的推广实施，上述标准对提高征信数据质量、规范评级市场行为以及促进企业和个人征信系统推广应用发挥了重要作用。

七项标准内容概述如下。

(1)《征信数据元 数据元设计与管理》：规定了征信数据元的基本概念和结构、征信数据元的表示规范以及设计规则和方法等，并给出了征信数据元的动态维护管理机制；适用于与征信业务有关的机构进行数据元设计与管理，并为建立征信数据元的注册与维护管理机制提供指导。

(2)《征信数据元 个人征信数据元》：规定了与个人征信业务有关的机构使用的数据元；适用于从事个人征信业务的机构与相关机构间的个人征信信息交换与共享。

(3)《征信数据元 信用评级数据元》：规定了与信用评级相关的数据元；适用于对信用评级机构及金融机构内部评估系统的评级结果进行质量评价，以及相关机构间的信用评级信息交换与共享。

(4)《征信数据交换格式 信用评级违约率数据采集格式》：规定了信用评级违约率数据采集业务中对数据的要求、数据采集对象和来源、数据采集指标体系、数据采集报文的结构以及数据采集流程和方式；适用于从事信用评级违约率数据采集业务的机构与相关数据报送机构间的信用评级违约率数据的交换与共享。

(5)《信贷市场和银行间债券市场信用评级规范 信用评级主体规范》：规定了在信贷市场和银行间债券市场从事信用评级的机构进入和退出该市场的程序、从事信用评级业务的基本原则及要求；适用于信贷市场和银行间债券市场中从事信用评级业务的主体。

(6)《信贷市场和银行间债券市场信用评级规范 信用评级业务规范》：规定了信用评级业务中信用评级程序、信用等级符号及含义、信用评级报告内容等；适用于信用评级机构进行信用评级时的业务操作。

(7)《信贷市场和银行间债券市场信用评级规范 信用评级业务管理规范》：规定了开展信用评级业务准则、信用评级的跟踪与检验、信用评级业务的质量检查和信用评级业务数据的管理与统计等内容；适用于信用评级市场信用评级业务的管理和控制。

《征信业管理条例》（以下简称《条例》）经2012年12月26日国务院第228次常务会

议通过，2013年1月21日中华人民共和国国务院令第631号公布。《条例》分总则、征信机构、征信业务规则、异议和投诉、金融信用信息基础数据库、监督管理、法律责任、附则8章47条，自2013年3月15日起施行。《条例》的出台，解决了征信业发展中无法可依的问题。有利于加强对征信市场的管理，规范征信机构、信息提供者和信息使用者的行为，保护信息主体权益；有利于发挥市场机制的作用，推进社会信用体系建设。

2013年7月31日，保监会发布《关于加强保险资金投资债券使用外部信用评级监管的通知》(以下简称《通知》)，按照“宽进严管”的原则，主要规范了以下三个方面内容。

一是明确了评级机构的服务能力标准。《通知》设定的能力标准一方面要保证评级服务质量的合理基准；另一方面也兼顾了市场公平竞争的需要，有利于保持市场的稳定性。

二是建立行业自律管理机制。《通知》将评级机构纳入中国保险业相关协会组织自律管理，并由行业协会组织保险机构，每年对评级机构评级质量进行评价。通过市场化评价机制，督促评级机构提高评级服务质量。

三是建立持续性监管机制。《通知》改变了过去重准入不重监管的做法，建立了评级机构报告制度和持续性能力评估机制，动态监测评级机构服务行为，对不合格机构及时予以市场退出。

2013年10月17日，保监会发布关于认可7家信用评级机构能力备案的公告，这也是继保监会发布《通知》后首次公布备案评级机构的名单。

公告指出，大公国际等7家信用评级机构承诺接受中国保监会的持续监管及行业协会的自律管理，配合中国保监会对相关信用评级业务的询问和检查，依规履行报告义务。具体名单如下（按公司名称字母顺序排列）：大公国际资信评估有限公司、东方金诚国际信用评估有限公司、联合信用评级有限公司、联合资信评估有限公司、上海新世纪资信评估投资服务有限公司、中诚信国际信用评级有限责任公司、中诚信证券评估有限公司。

中国人民银行组织商业银行建设的全国集中统一的征信系统已基本覆盖农村地区所有从事信贷业务的金融机构，信息网络遍布农村地区银行类金融机构的信贷营业网点，已将大部分农村地区居民和企业的信贷信息纳入，在支持农村居民和企业融资及防范信贷风险、服务农村金融机构和金融市场方面发挥了重要作用。截至2012年年底，全国共为1.48亿多家农户建立了信用档案，并对其中9 784万家农户进行了信用评定。已建立信用档案的农户中获得信贷支持的近8 524万户，贷款余额1.76万亿元。全国50多个地区（市、县）开展了农村信用体系实验区建设工作。

浙江省丽水市政府印发了《关于推进农村信用体系建设进一步改善金融支农工作的实施意见》，在县、乡两级政府建立196个领导小组（其中县区级10个、乡镇级186个），抽调金融机构工作人员、行政干部以及村民代表1.73万人，举全市之力全面收集农户信用信息，开展农户信用评价工作。在全国率先研发了市、县两级联网的“农村信用信息数据系统”，将38万多户的农户信息全部纳入数据库管理，实现了全市农户信息共享。其二是构建农户信用评价体系。制定了《丽水市农村信用评价暂行办法》，建立“一对一”的农户信息采集机制。形成了“村、乡、县”职责分明的农户信用等级评定流程。

截至2012年年底，丽水市行政村信用评价面达100%，农户信用评价面达92%，共创建信用村692个、信用乡（镇）24个、信用社区 13 个、信用县 1 个；全市评定信用农户 36.4 万户，其中，32.5 万户信用农户获得金融机构 103.2 亿元授信，已有 17.7 万信用农户累计获得 159.7 亿元贷款。

二、参与机构

1. 大公国际资信评估有限公司

1994 年经中国人民银行和国家经贸委批准，成立大公国际资信评估有限公司。大公拥有中国政府特许经营的全部评级资质。经过 18 年发展，大公已形成比较完备的信用评级理论和标准研究创新体系、信用信息生产和市场服务体系，构建起了独具特色的博士后科研工作站、研究院和天财大公信用学院；国内有 34 个分支机构，国际有 2 个分支机构；现有员工 600 名。

18 年来，大公主要形成了以下发展成果：

(1) 作为中国早期成立的信用评级机构，大公一直致力于推动中国信用评级行业的健康发展，积极探索评级发展规律，为行业发展做出了历史性贡献。

(2) 原创了一系列信用经济和评级思想理论，发现了生产与信用、信用与评级推动信用经济社会的矛盾运动规律，最早提出了人类进入信用经济社会发展阶段和评级关系人类社会安全发展的论断。

(3) 作为改革国际信用评级体系的首倡者和推动者，大公在全球信用危机爆发之初率先指出了现存国际评级体系是危机制造者，揭示了危机形成、发展和结束的规律，提出了唯有构建新型国际评级体系才能推动世界经济复苏的论断，形成一系列有关改革国际评级体系的思想理论、目标和路线图。

(4) 形成了独有的信用评级思想理论自主创新和评级标准制定的能力，具备了承担社会评级责任的能力。

(5) 长期关注并研究中国信用体系建设与社会管理创新，努力探索解决中国信用社会化进程中信用风险信息不对称矛盾的途径。

(6) 大公是世界上第一个系统研究并揭示美国评级思想和方法弊端的评级机构，是首家下调最大债务国美国信用等级的评级机构。

2. 上海新世纪资信评估投资服务有限公司

上海新世纪资信评估投资服务有限公司是一家专业从事债券评级、企业资信评估、信用管理咨询等信用服务业务的全国性信用评级机构，成立于 1992 年 7 月，主要股东有中国金融教育发展基金会、上海财经大学等。经过 20 年的发展，新世纪公司已经成长为中国信用评级行业内资质齐全、规模较大、有一定影响力的资信评级机构之一。

在 20 年的发展中，新世纪在中国信用评级历史上创造了 7 个第一：全国第一家取得人民银行（1997 年）、发改委（2003 年）、保监会（2003 年）、证监会（2007 年）等全部资质的信用评级机构；全国第一本以国际视野介绍信用评级的著作——《资信评级》(1996年)；中国证券市场第一份投资价值报告——青岛啤酒股份公司投资价值报告(1994年)；全国第一本《英汉信用评级词汇手册》出版(2009年)；评定的中国第一只证券公司短期融资券——国泰君安短期融资券成功发行(2005年)；评定的中国第一批三只中小企业集合票据成功发行(2009年)；评定的中国第一单外资银行人民币债券——三菱东京日联银行(中国)有限公司金融债券成功发行(2010年)。

3. 联合资信评估有限公司

联合资信评估有限公司(简称“联合资信”)是目前中国唯一一家国有控股的信用评级机构，是市场公认的最专业的信用评级机构之一。

联合资信总部设在北京，注册资本3 000万元。股东为联合信用管理有限公司和惠誉信用评级有限公司，前者是一家国有控股的全国性专业化信用信息服务机构，后者是一家全球知名的国际信用评级机构。

联合资信的主要业务领域包括：资本市场信用评级和信用风险咨询。

联合评级资质齐全，是中国人民银行、国家发展和改革委员会、中国保险监督管理委员会等监管部门认可的信用评级机构，是中国银行间市场交易商协会理事单位。

4. 中诚信国际信用评级有限责任公司

中诚信国际信用评级有限公司(简称“中诚信国际”，英文简称“CCXI”)是经中国人民银行总行、中华人民共和国商务部批准设立，在中国国家工商行政管理总局登记注册的中外合资信用评级机构。2006年4月13日，中国诚信信用管理有限公司(简称“中国诚信”，英文简称“CCX”)与全球著名评级机构穆迪投资者服务公司(简称穆迪，Moody's)签订协议，出让中诚信国际信用评级有限公司49%的股权；2006年8月15日中国商务部正式批准股权收购协议，中诚信国际正式成为穆迪投资者服务公司成员。作为中国本土评级事业的开拓者，中国诚信(中诚信国际前身)自1992年成立以来，创新开发了数十项信用评级业务，包括企业债券评级、短期融资券评级、中期票据评级、可转换债券评级、信贷企业评级、保险公司评级、信托产品评级、货币市场基金评级、资产证券化评级、公司治理评级等。近年来中诚信国际在信用评级业务方面完成了数项开创性评级业务和技术，新的评级业务和技术创新极大地推动了中国评级市场的发展。中诚信国际是国家发展与改革委员会认可的企业债券评级机构；也是中国人民银行认可的银行间债券市场信用评级机构；中国保监会于2003年5月30日发布的《保险公司投资企业债券管理办法》中将中诚信国际列为首位认可的信用评级机构。

5. 东方金诚国际信用评估有限公司

东方金诚国际信用评估有限公司成立于2005年。

2008年3月21日经财政部财金［2008］35号文批准，中国东方资产管理公司成为东方金诚控股股东，同时将公司名称变更为东方金诚国际信用评估有限公司。公司注册资本为12 500万元，总部设在北京。

公司在全国各地设立了26家分公司，并全资控股一家专业数据咨询公司——北京东方金诚数据咨询有限公司，是一家全国性信用评级机构。

东方金诚控股股东中国东方资产管理公司是具有独立法人资格的国有独资金融企业，注册资本为 100 亿元人民币，由财政部全额拨入，在全国 26 个中心城市设有 25 家办事处和 1 家经营部，负责所辖区域的资产管理、经营、处置等工作，旗下拥有东兴证券股份有限公司、中国外贸金融租赁有限公司、东方金诚国际信用评估有限公司、邦信资产管理有限公司、大业信托有限责任公司、中国东方资产管理（国际）控股有限公司等平台公司。

三、商品及市场评级

商务部国际贸易经济合作研究院信用评级及认证中心的前身是商务部国际贸易经济合作研究院信用管理部，为顺应我国社会信用体系建设和信用评级与认证业务发展的需要，经商务部批准，于 2009 年 8 月设立商务部研究院信用评级与认证中心。

商务部国际贸易经济合作研究院（以下简称商务部研究院）是集经贸研究、信息咨询、新闻出版和教育培训等功能为一体的综合性社会科学研究与咨询机构，是商务部直属的事业单位。商务部研究院信用管理部于 1987 年正式成立。

1987 年，商务部研究院信用管理部在国内率先引进世界先进信用风险管理技术，开创中国信用风险管理之先河，被公认为中国商务信用管理行业的先行者与奠基者。目前主要开展社会信用体系建设研究、企业信用管理体系研究、信用管理咨询服务（企业资信调查、信用评级、商账管理与追收、信用管理培训与咨询等）。

信用评级与认证中心的职能包括以下几个方面。

（1）信用评级职能。对各类商贸流通、制造业企业、上市公司、各协会会员企业及其他申请信用评级的企业进行信用评级，跟踪中国重要行业企业信用等级变化趋势，并进行定期或不定期的发布。

（2）信用认证职能。按照国家有关法规和技术标准，制定信用认证基本规范、认证规则和认证标志，开展电子商务领域的企业信用认证及其他类型的信用认证工作。

（3）企业财务风险预警职能。依托信用评级技术，开发各行业企业破产预警模型，开展企业财务风险预警分析咨询工作。

（4）行业信用风险的识别与度量。根据行业信用风险的实质与特点，开发相关度量方法与模型，对行业信用集中风险进行识别，确定行业信用风险度量。

（5）研究职能。承接政府、行业和企业委托的各类信用课题研究，开展广泛的学术交流，服务于政府监管、行业自律和企业信用风险管理。

（6）咨询与服务。根据企业和社会机构的需要，接受委托开展信用管理咨询服务，提供专项市场调查、信用分析与评估、风险预警报告的撰写。

为响应商务部和国资委推行的行业信用等级评价工作，中国国际电子商务中心和国富泰企业征信有限公司，参照关于印发《商会协会行业信用建设工作指导意见》的通知(整规办发［2005］29 号)、关于印发《行业信用评价试点工作实施办法》的通知（整规办发［2006］12 号)、关于统一行业信用评价证书、铭牌的通知（整规办发［2007］10号)、关于加强行业信用评价试点管理工作的通知（整规办发［2007］3 号)、关于行业信用评价工作有关事项的通知（商秩字［2009］7 号）等文件要求，通过企业自愿申报、严格评审、公示、复查等程序，依据有关法律、法规和行规行约，结合行业特点，综合考虑企业的基础素质、财务能力、竞争力状况、履约状况、守法守规及履行社会责任情况等因素，对企业信用状况做出的全面评级，为企业提供专业的信用服务。

中华人民共和国商务部于 2007 年 12 月 28 日发布《商贸企业信用管理技术规范》。该标准由中华人民共和国商务部提出并归口。该标准起草单位：商务部国际贸易经济合作研究院、北京中贸远大商务咨询有限公司。

该标准是关于商贸企业信用管理技术的行业标准，对企业改善信用管理流程和提高信用管理技能具有重要意义。该标准要求企业在经济信用活动中规范自身的信用行为，增强融资能力和防范信用风险的能力，使企业在运用信用提高企业竞争力的同时，有效规避信用风险。

该标准按照企业销售工作流程和采购工作流程设计企业的信用管理流程，把企业的信用管理流程分为前期管理、中期管理和后期管理。通过执行该标准，企业在信用管理过程中可做到管理流程清晰、技术操作规范、岗位责任明确。

该标准强调企业在信用管理过程中应不断进行信用管理考评，并依据考评结果分析和改进信用管理流程，使企业信用管理保持高效运转。

北京大学中国信用研究中心（CCRC，以下简称“中心”）是中国首家以研究社会经济信用为核心的权威研究机构。中心内设信用政策与制度；信用软件系统开发；信用标准控制；信用风险评估；信用数据处理；信用监管与服务 6 个研究室。

项目内容主要包括信用政策与制度；信用软件系统开发；信用标准控制；信用风险评估；信用数据处理；信用监管与服务等。重点研究项目采用课题组负责人承包制，科研成果直接为国家信用制度建设、企业实践和教学活动服务。

定期编制和公布我国“企业信用指数”“品牌信用指数”“行业信用指数”“地区信用指数”等各种综合及分类信用指数体系。

信用信息透明度指数（CTI）是信息计划信用核心基础，是综合反映信用主体信用信息公开程度的统计指数。这一指数不仅能反映政府机构的信用监管能力与水平，还能为政府提供决策支持，增强投资者信心，为投资者提供导向。

2010 年 6 月 4 日，中国人民银行发布《中小企业信用体系试验区建设指导意见》只要工作内容包括：①建立工作协调与保障机制；②建立信息采集与更新机制；③完善信用信息服务机制；④加强中小企业信用宣传；

⑤完善信用支持服务体系。

2012年11月30日，工业和信息化部发布了食品工业企业诚信管理体系委托评价机构（第二批）名单（工信部消费［2012］567号）食品工业企业诚信管理体系委托评价机构（第二批）有：北京食品协会、中融博信（北京）国际信用评价中心、长城（天津）质量保证中心、河北省电子信息技术研究院、黑龙江省诚信建设促进会、江苏省食品工业协会、河南省商业科学研究所、重庆市食品安全促进会、吉林众浩信用评级服务有限公司、上海市食品协会、浙江省食品工业协会、山西省食品工业研究所、广东省南方食品医药行业评估中心、东北认证有限公司、福建食品工业协会、甘肃省轻工业联合会、中国酒业协会。

四、金融产品评级

2006年3月29日，中国人民银行发布了《中国人民银行信用评级管理指导意见》，该意见是为了规范信用评级机构在银行间债券市场和信贷市场信用评级执业行为，促进信用评级业的健康发展。该意见要求，信用评级机构应拥有相当有一定经验的金融、会计、证券、投资、评估等专业知识的专业评估人员。该意见还要求，拟发行债券的信用评级结果由债券发行人在中国人民银行指定的国内有关媒体上公告。借款企业和担保机构信用评级结果，由信用评级机构在企业自愿的原则下，将其信用等级在国内有关媒体上公告。

为建立规范统一的商业银行监管评级体系，2006年银监会发布《商业银行监管评级内部指引（试行）》（以下简称《内部指引》）。这是银监会成立以来，坚持以风险监管为导向，按照国际惯例提高监管透明度，推行分类监管，保护存款人和金融消费者利益的一项重要举措。此举将对促进商业银行改进风险管理，加强监管机构的持续、审慎、有效监管发挥重要作用。

《内部指引》是在借鉴国际通行的骆驼评级法的基础上，结合我国股份制商业银行和银行监管队伍的实际情况设计出来的。它确定了具有中国特色的“CAMELS+”的监管评级体系。即对商业银行的资本充足、资产质量、管理、盈利、流动性和市场风险状况6个单项要素进行评级，加权汇总得出综合评级，而后再依据其他要素的性质和对银行风险的影响程度，对综合评级结果做出更加细微的正向或负向调整。综合评级结果共分为6级，其结果将作为监管机构实施分类监管和依法采取监管措施的基本依据。对于评级结果为5级和6级的高风险商业银行，银监会将给予持续的监管关注，限制其高风险的经营行为，要求其改善经营状况，必要时可采取更换高级管理人员、安排重组或实施接管、甚至予以关闭等监管措施。

《内部指引》具有以下特点：一是统一整合和修订完善了现行的多个评级办法。二是增加了定性因素分析的相关内容。《内部指引》除了对管理要素全部采用定性分析外，对其他单项评级因素在定量分析的同时，还进行了定性分析。三是保证了定量指标与《核心指标》和银监会监管信息系统（“1104工程”）非现场监管指标的衔接。四是突出了资本充足、资产质量和管理三大要素的重要性。五是新增了对市场风险状况的评价。六是新增了其他要素以细化评级结果。

《内部指引》分为总则、评级要素、评级操作规程和职责分工、评级结果的运用和附则共5个部分；对监管评级的依据和适用范围、评级要素、评级结果及监管措施、评级步骤和信息披露等项内容作了说明。目前，该指引适用于在中华人民共和国境内依法设立的所有商业银行的法人机构，包括中资商业银行、外资独资银行和中外合资银行。

《内部指引》的发布，有利于监管机构进行同质同类银行比较和推行分类监管，有利于监管机构全面掌握商业银行的风险状况，有利于监管机构合理配置监管资源，提高监管效率。

2009年4月21日，中国人民银行关于推进农村信用体系建设工作的指导意见要求：①加大农村地区信用宣传力度。②推进农户电子信用档案建设。③积极开展农户信用评价工作。④探索建立农民专业合作社等农村新型经济组织的信息采集与信用评价机制。⑤加快农村中小企业信用体系建设。⑥提高企业和个人信用信息基础数据库在农村地区的服务水平。⑦引导农村地区金融机构改善金融服务。⑧争取地方政策支持，推广信用信息产品使用。⑨健全风险分担机制，提升信用管理水平。

2010年4月1日，银监会下发关于修订《信托公司监管评级与分类监管指引》的通知(银监发［2010］21号)。通知规定，评级要素包括公司治理、内部控制、合规管理、资产管理和盈利能力5个方面。单项要素的评级结果根据定量指标和定性因素的得分情况划分为1～6级，综合评级根据各要素的重要性和级别情况确定为1～6级，每个级别分别设A、B、C3档。

评级结果应当作为衡量信托公司风险程度的主要依据。

综合评级1级：表明公司经营非常稳健，治理结构完善，经营体系和内控制度与业务发展匹配，风险管理能力强，业务管理中无薄弱环节。公司完全遵守现行法律、法规，资产管理能力处于行业领先水平，经营业绩优良，股东能有长足动力支持公司业务发展。

综合评级2级：表明公司经营稳健，治理结构合理，风险管理能力强，经营体系和内控制度与业务发展较为匹配，能够按照法律、法规开展业务，资产管理能力强，经营业绩良好，股东能对公司的业务发展提供积极支持。

综合评级3级：表明公司经营基本稳健，治理结构较为合理，风险管理能力较强，经营体系和内控制度与业务发展基本匹配，能够按照法律、法规开展业务。资产管理能力较强，经营业绩较好，股东能对公司的业务发展提供支持。

综合评级4级：表明公司经营存在一定的不稳定性，至少在一个要素方面不太稳健。治理结构和内部控制存在一定的薄弱环节，风险管理能力和资产管理能力一般，能够按照法律法规开展业务。经营业绩处于行业中等水平，股东对公司业务发展的支持有限。

综合评级5级：表明公司经营存在较为严重的问题，治理结构和内部控制薄弱、风险管理能力和资产管理能力较低，业务发展缓慢或停滞，获利能力差并严重影响公司的财务状况，极有可能对信托受益人的利益造成威胁，股东不能对公司的业务发展提供支持。

综合评级6级：表明公司存在严重的问题，业务发展停滞，财务状况恶化，在治理结构、内部控制、合规管理等很多方面存在关键性缺陷，对公司的稳健性构成严重威胁，也严重威胁信托受益人的利益。股东不能对公司的业务发展提供支持。

2011年2月17日，银监会发布了《中国银监会关于规范商业银行使用外部信用评级的通知》(以下简称《通知》)，对商业银行使用外部信用评级的行为进行规范，防范商业银行因外部评级调整产生的系统性风险。

《通知》的发布，一方面将规范商业银行选用外部评级机构、引用外部评级结果等行为；另一方面也建立了银行业协会层面的外部评级监督机制，从而建立银行业金融机构与外部信用评级的制衡关系，防范过度依赖外部评级、评级变动等情况带来的潜在风险，促进银行业金融机构和金融市场稳健发展。

《通知》建立了银行业协会层面的外部评级机构监督机制，对商业银行在授信业务、投资业务以及内部评级体系建设等方面的外部信用评级使用行为进行了规范。

在授信业务方面，《通知》要求商业银行应当审慎使用外部信用评级，不应将外部评级直接作为授信依据，并应指定专业部门负责在授信业务过程中管理外部信用评级的使用情况。《通知》强调，商业银行应对所使用的外部评级机构进行必要的尽职调查，审核其独立性、专业性和评级公信力，并对所使用的外部评级机构进行持续评估。

在投资业务方面，《通知》规定商业银行的重大投资原则上应以内部评级为依据。对于没有内部评级的重大投资产品，商业银行必须引用至少两家外部评级机构的评级结果进行比较，并选择使用评级较低的外部评级。

在内部评级体系方面，《通知》要求，商业银行确定评级时引用或参考外部评级结果，应至少选择两家外部评级机构的评级结果和违约概率数据进行比较，并选择使用评级较低、违约概率较大的外部评级，以确保对评级结果的审慎使用。

在行业监督方面，鉴于重要商业银行的外部评级对市场信心和宏观经济具有系统性影响，《通知》提出建立银行业协会层面的外部评级机构监督机制。商业银行可向银行业协会申诉外部评级机构对本银行有失公正的评级结果，银行业协会应组织对该评级结果进行调查，并公开调查结果。

2011年8月28日，银监会公布《商业银行理财产品销售管理办法》，其中指出，要对理财产品和客户风险承受能力分别进行评级。

商业银行应当采用科学、合理的方法对拟销售的理财产品自主进行风险评级，制定风险管控措施，进行分级审核批准。理财产品风险评级结果应当以风险等级体现，由低到高至少包括5个等级，并可根据实际情况进一步细分。商业银行应当根据风险匹配原则在理财产品风险评级与客户风险承受能力评估之间建立对应关系；应当在理财产品销售文件中明确提示产品适合销售的客户范围，并在销售系统中设置销售限制措施。

商业银行应当对客户风险承受能力进行评估，确定客户风险承受能力评级，由低到高至少包括5级，并可根据实际情况进一步细分。风险承受能力评估依据至少应当包括客户年龄、财务状况、投资经验、投资目的、收益预期、风险偏好、流动性要求、风险认识以及风险损失承受程度等。

2012年7月17日，国务院对发展改革委、人民银行提出的调整社会信用体系建设部际联席会议职责和成员单位有关问题的请示给予批复，同意调整社会信用体系建设部际联席会议（以下简称联席会议）成员单位和主要职责。①联席会议牵头单位为发展改革委、人民银行，召集人由发展改革委主任和人民银行行长担任。②增加中央纪委、中央宣传部、中央政法委、中央文明办、高检院、教育部、监察部、民政部、司法部、财政部、农业部、文化部、卫生部、预防腐败局、公务员局、知识产权局、食品药品监管局为成员单位。③调整联席会议主要职责，增加以下内容：推进政务诚信、商务诚信、社会诚信和司法公信建设；推进信用标准和联合征信技术规范的建立；协调推进政府信用信息资源整合和交换，建立健全覆盖全社会的征信系统，推进信用信息的开放和应用；指导地方和行业信用体系建设，推进有条件的地区和重点领域试点先行；协调推进信用文化建设和诚信宣传工作；承办国务院交办的其他事项。

社会信用体系建设部际联席会议成员名单有：

召集人：张平　发展改革委员会主任
周小川　人民银行行长

召集人助手：连维良　发展改革委员会副主任
潘功胜　人民银行副行长

成员：王伟　中央纪委常委、监察部副部长
申维辰　中央宣传部副部长
王其江　中央政法委副秘书长
王世明　中央文明办专职副主任
林蕙青　教育部部长助理
杨学山　工业和信息化部副部长
张新枫　公安部副部长
姜力　民政部副部长
郝赤勇　司法部副部长
李勇　财政部副部长
胡晓义　人力资源社会保障部副部长
潘岳　环境保护部副部长
郭允冲　住房城乡建设部副部长
陈晓华　农业部副部长
姜增伟　商务部副部长
赵少华　文化部副部长
尹力　卫生部副部长
鲁培军　海关总署副署长
宋兰　税务总局副局长
刘玉亭　工商总局副局长
刘平均　质检总局副局长
贺化　知识产权局副局长
崔海容　预防腐败局副局长
安建　法制办副主任
蔡鄂生　银监会副主席
姚刚　证监会副主席
周延礼　保监会副主席
杨春光　公务员局副局长
边振甲　食品药品监管局副局长
邓先宏　外汇局副局长
江必新　最高人民法院副院长
杨振江　最高人民检察院检察委员会专职委员

五、其他

征信业是市场经济中提供信用信息服务的行业，在防范金融机构信用风险、维护金融稳定方面发挥着重要作用，对个人破产制度、金融普惠制度等现代社会经济制度的建立和实施也起到支撑作用。

改革开放以来，中国征信业从无到有，逐步发展，市场初具规模，但发展仍然较慢且不规范，不能适应信用经济发展和社会信用体系建设的要求，迫切需要形成制度化设计，用法律予以规范。

2012 年 12 月 26 日，《征信业管理条例》经国务院常务会议审议通过，于 2013 年 1 月 21 日颁布，自 2013 年 3 月 15 日起实施。

《征信业管理条例》（以下简称《条例》）的颁布标志着中国征信业开始步入有法可依的轨道。《条例》适用于在中国境内从事个人或企业信用信息采集、整理、保存、加工，并向信息使用者提供的征信业务及其相关活动，明确人民银行作为征信业监督管理部门，依法对征信业和金融信用信息基础数据库运行机构进行监督管理。《条例》对征信机构的设立、征信业务规则做出规定。个人征信机构实行准入制，采集和使用个人信息须经信息主体同意，禁止采集涉及个人隐私的信息，报送不良信息要提前告知信息主体，不良信息保存 5 年。从事企业征信业务的征信机构仅需备案，采集和使用企业信息不需取得企业的同意，征信机构可以通过多种渠道采集企业信息。《条例》明确金融信用信息基础数据库由国家设立，由专业机构建设、运行和维护，接受从事信贷业务的机构按照规定提供的信贷信息。

《条例》的出台，解决了征信业发展中无法可依的问题，有利于加强对征信市场的管理，规范征信机构、信息提供者和信息使用者的业务行为，保护信息主体权益，培育和发展征信业，改善社会信用环境。

2012 年 5 月和 9 月，国际保险监督官协会（IAIS）分别发布了《全球系统重要性保险机构评估方法（征求意见稿)》及《对全球系统重要性保险机构的政策措施（征求意见稿)》，提出了全球系统重要性保险机构（G-SIIs）一揽子政策框架。G-SIIs 系统重要性评估指标（见表 22-1）。

表 22-1　G-SIIs 系统重要性评估指标

指标分类及权重	具体指标	权　重
规　模（5%～10%）	总资产	2.5%～5%
	总收入	2.5%～5%
全球活跃性（5%～10%）	母国之外的收入	2.5%～5%
	有分支机构的国家数量	2.5%～5%
关联性（30%～40%）	金融体系内资产	4.3%～5.7%
	金融体系内负债	4.3%～5.7%

（续）

指标分类及权重	具体指标	权重
关联性（30%～40%）	再保险衍生品的公允价值	4.3%～5.7%
	大额暴露（对前10大交易对手）	4.3%～5.7%
	金融市场上的活跃程度	4.3%～5.7%
	3级资产	4.3%～5.7%
非传统保险业务/非保险业务（40%～50%）	非保险负债和非保险收入	6.7%～8.3%
	衍生品交易（CDS）	6.7%～8.3%
	短期融资	6.7%～8.3%
	财务担保	6.7%～8.3%
	变额年金	6.7%～8.3%
	集团内担保	6.7%～8.3%
可替代性（5%～10%）	特定业务保费收入	5%～10%

资料来源：IAIS《全球系统重要性保险机构评估方法（征求意见稿）》。

第二届信用评级专业委员会第一次会议审议并原则通过了《中国银行间市场交易商协会信用评级专业委员会2013年工作计划》，同时就如何完善评级自律管理体系、建设评级行业执业体系和市场化评级体系等有关问题进行了研究讨论。

在数据库及信息系统方面，中国银行间债券市场信用评级机构通过外部采购和自主开发形成40多个数据系统，涉及宏观数据、各类行业数据、评级业务及行政管理系统等，为评级机构的规范、高效运作提供了坚实的技术保障。

2011年中国银行间债券市场信用评级机构共出具了3 718份委托评级报告，同比增长74.39%，其中非跟踪评级报告2 478份，跟踪评级报告1 240份；另外，评级机构对48家企业进行了主动评级，将15家企业列入信用观察名单，撤销评级2家次。

2011年中国银行间债券市场信用评级机构的评级业务收入增长迅猛，评级总收入达48 263.05万元，较上年增长97.56%。其中，非跟踪评级业务收入46 104.07万元，较上年增长97.79%；跟踪评级业务收入2 158.98万元，较上年增长92.77%。

2011年共有59家电力企业发行非金融企业债务融资工具。该行业主体信用等级均在AA－级（含）以上，集中分布在AAA级和AA级，与2010年相比，进一步向高信用等级集中，AAA级和AA＋级的个数有明显增加，AA－级有所减少。

2011年共有45家煤炭企业发行非金融企业债务融资工具，同比增加40.63%。该行业主体信用等级分布呈现左偏特征和发散趋势，AA级以上占比达86.67%，且在AAA级、AA＋级和AA级上分布均匀。

2011年共有36家化工企业发行非金融企业债务融资工具，同比增加44.00%。该行业主体信用等级分布分散，近似钟形，AA－级和AA级的占比最大，为63.89%。

2011年共有33家农牧生产企业发行非金融企业债务融资工具。主体信用等级分布在A＋级至AA＋级之间，呈现钟形特点，AA－级占比最多，达到42.42%。

2011年共有24家高速公路企业发行非

金融企业债务融资工具。与2010年相比，主体信用等级进一步向高信用等级集中，最低级别为AA级，呈现左偏特点。

中国信贷市场信用评级以借款企业信用评级为主要业务。随着金融业务的不断创新发展和社会对信用产品的需求增加，信贷评级业务品种从单一的借款企业评级延伸至担保机构评级和集团企业评级。

近年来，借款企业信用评级在金融监管和商业银行授信面发挥的作用日益增加，借款企业评级业务也不断拓展，参评企业逐年增加。以信贷市场评级业务开展相对成熟的上海为例，近3年借款企业主体评级家数稳步增长，等级分布以BBB级，BB级为中枢呈正态分布。

担保机构信用评级通过近几年的不断深化完善，逐渐成为信贷市场信用评级的重要组成部分，在引导担保机构合规、稳健经营，推进金融机构和担保机构合作等方面起到推进作用。近年来，北京、上海、广州、浙江等多地均出台了相应的担保机构信用评级实施方案，有效推动了担保机构评级业务的开展。以上海为例，2011年，共有4家评级机构获得上海市担保机构评级资质，并分别设计制定了政策性、商业性、互助性3套评级方法和指标体系，以突出不同类型担保机构的运行机制和业务特点。2011年，上海市共完成38家担保机构的信用评级，其中政策性担保机构7家、融资性担保机构10家、互助性担保机构21家。

但评级技术的研究仍相对落后，除了开展业务时间较短，研究力量相对较弱外，还有以下几方面客观原因：首先数据库的建设相对滞后，特别是违约率数据的缺失造成信用评级检验的困难。其次，债券主场创新产品层出不穷，对信用评级机构的研究实力提出了更高的要求。最后，由于中国信用评级行业发展历程较短，评级机构对于企业信用风险在整个经济周期中的变化尚未有系统深刻的认识。

20世纪初，美国出现了第一家现代意义上的信用评级机构——穆迪投资者服务公司。此后随着美国债券市场的发展，普尔出版公司、标准统计公司以及惠誉出版公司先后在美国本土开展了评级业务，直至20世纪70年代，美国以外的国家和地区才有评级机构出现，如加拿大、日本和英国。20世纪80年代，美国穆迪、标准普尔、惠誉三大国际信用评级机构乘着金融全球化和脱媒化的东风开始向全球扩张，与此同时，韩国、印度、墨西哥、马来西亚、泰国、印尼等新兴市场国家的评级行业也都开始陆续发芽。根据国际货币基金组织的统计，截至2010年，全球范围内具一定影响力的信用评级机构共有74家。从市场规模来看，美国、欧洲、亚洲是全球三大债券市场，但三者评级行业的发展水平相差较大。

截至2010年12月NRSRO机构市场份额比较（见表22-2）。

表22-2　NRSRO机构市场份额比较（截至2010年12月）

单位%

评级机构	所属国家	金融机构		保险公司		工商企业		ABS		政府债券	
		2010年	2009年	2010年	2009年	2010年	2009年	2010年	2009年	2010年	2009年
Moody's	美国	29.4	33	22.94	22.44	30.5	32.46	33.57	33.43	38.49	38.63

（续）

评级机构	所属国家	金融机构		保险公司		工商企业		ABS		政府债券	
		2010 年	2009 年	2010 年	2009 年	2010 年	2009 年	2010 年	2009 年	2010 年	2009 年
S&P	美国	25.8	22	41.44	35.39	44.82	43.34	38.98	39.48	44.19	45
Fitch	美国	29.4	31	8.37	18.92	13.48	13.2	21.34	21.86	16.65	15.8
A. M. Best	美国	0	0	25.58	22.07	2.06	2.35	0.02	0.02	0	0
Kroll	美国	7.89	7	0.24	0.25	1.01	1.05	0	0	0	0
Egan－Jones	美国	0.04	0	0.24	0.19	0.88	0.89	0	0	0	0
Morningstar	美国	0	0	0	0	0	0	2.75	2.78	0	0
DBRS	加拿大	7.14	7	0.79	0.49	3.89	5.6	3.34	2.65	0.62	0.56
JCR	日本	0.08	0	0.15	0.13	0.5	0.54	0	0.02	0	0
R&I	日本	0.24	0	0.24	0.12	2.86	0.57	0	0.06	0.05	0.01
Total		100	100	100	100	100	100	100	100	100	100

资料来源：《美国证监会 NRSRO 机构检查报告》。

美国的 A. M. Best，其 2010 年保险公司评级业务的市场份额占 NRSRO 机构的 25.58%，高于穆迪和惠誉，仅次于标准普尔。

可以在银行间债券市场使用的评级机构名单（见表 22-3）。

表 22-3　可以在银行间债券市场使用的评级机构名单

上海	上海新世纪资信评估投资服务有限公司	山东	山东新世纪信用管理有限公司
上海	上海远东资信评估有限公司	湖北	湖北金银评信用管理咨询有限公司
上海	中诚信证券评估有限公司	湖北	武汉资信管理有限公司
上海	华杰资信评级有限责任公司	湖北	湖北银企评信咨询有限公司
上海	上海中誉企业信用咨询有限公司	湖北	武汉安泰信用管理咨询有限公司
上海	上海天诚企业征信有限公司	广东	武汉长江资信评估有限公司
上海	上海万隆资信评估有限公司	广东	鹏元资信评估有限公司
上海	上海联合资信评估有限公司	广东	佛山远东企业信用评估有限公司
天津	联合信用管理有限公司	广东	深圳联合资信评估有限公司
天津	天津东方资信评估有限公司	广东	深圳南方资信评估有限公司
天津	天津海泰信用服务有限公司	广东	深圳中诚信信用管理有限公司
辽宁	辽宁信佳咨询有限公司	广东	广东普惠资信评估有限公司
辽宁	华泰信用评级有限公司	四川	佛山市鹏元信用管理服务有限公司
辽宁	大连市天诚信用评级有限责任公司	四川	四川省金通咨询资信评估有限责任公司
辽宁	辽宁万隆众天资信评估咨询有限公司	四川	四川椰都信用管理评估有限公司
江苏	江苏中诚信信用管理有限公司	四川	四川远东资信评估有限公司
江苏	江苏远东国际评估咨询有限公司	北京	成都中诚资信评级事务所
江苏	南京中贝国际咨询有限公司	北京	大公国际资信评估有限公司
江苏	江苏安博尔信用评估有限公司	北京	中国诚信信用管理有限公司
江苏	江苏恒大信用评价有限公司	北京	东方金诚国际信用评估有限公司
山东	华信信用管理有限公司	北京	北京国融工发投资咨询有限公司
山东	山东省信誉评级有限公司	北京	北京君维诚信用评估有限公司

（续）

北京	北京银建资信评估事务所	安徽	安徽金诚资信评估有限公司
	北京资信评级有限公司		安徽九州资信评估有限公司
	长城资信评估有限公司		安徽省联众资信评估有限公司
	银通投资咨询公司	河南	河南中正德资信评估有限公司
重庆	重庆信通资信评估有限公司		河南资信评估有限公司
河北	河北金石至诚信用管理服务有限公司	湖南	湖南友谊信用评估有限公司
	河北新世纪资信服务有限公司		湖南远东资信评估咨询有限公司
黑龙江	黑龙江省金信信用咨询有限责任公司	海南	海南企业实业评介中心有限公司
	黑龙江联合信用评级有限责任公司		海南椰都联合信用管理有限公司
	黑龙江省信用管理有限公司	贵州	贵州博远信用管理评估有限公司
浙江	浙江众诚资信评估有限公司		贵州中鼎资信评估有限公司
	杭州资信评估公司	云南	云南大公信用评估事务有限公司
	浙江禾晨信用评估有限公司		云南滇诚信用评估事务有限公司
	浙江华亿评估咨询有限公司		云南国联资信评估有限公司
	杭州联合资信评估咨询有限公司		云南融合信用评估有限公司
	宁波远东资信评估有限公司		云南追知来信用评估咨询有限公司
福建	福建中诚信信用评级咨询有限公司	新疆	新疆维吾尔自治区诚信评估中心
	厦门金融咨询评信有限公司		奎屯信用资信评估服务中心

文章来源：中国人民银行征信管理局官网。

武汉市科技局联合中国人民银行武汉分行营管部、武汉东湖高新区等共同开展科技企业信用评级工作，成立了武汉东湖企业信用促进会，对参与信用评级的信用促进会会员企业补贴50%的信用评级费用，对按期还本付息的试点企业按照基准利率给予20%～35%的贷款贴息，对试点银行给予3‰～5‰的贷款补贴，对担保机构给予5‰的担保补贴，对银行信用贷款损失给予本金30%的补贴，对担保机构给予损失本金20%的风险补偿。

成都高新区正在积极依托中国人民银行企业征信系统和四川省中小企业信用信息辅助查询系统，整合科技型中小企业的科技、质检、工商、税务、融资等信息、建立科技型中小企业信用信息数据库，为政府部门、金融机构、担保公司、投资机构等部门提供信息查询服务。在建立和完善科技型中小企业数据库的基础上，通过信用创建、信用评级、信用堆积、信用宣传，进一步提升科技型企业的信用意识和信用水平，优化科技金融信用环境。

上海市制造和实施上海市科技企业信用体系建设方案。通过信息化方式，整合本市项目、税务、工商等信息，收集企业信用信息，建立科技型企业信用评价模式，并将科技型企业信用评价结果用于科技企业立项、融资等方面。

第二十三部分

金融控股

一、基本情况

“新湖系”的知名度较高。此前，“新湖系”旗下掌控着3家上市公司：新湖中宝、新湖创业和哈高科。2007年前后参股湘财证券，收购浙江金洲管道科技公司20%股权，入股盛京银行、长城证券等。此后，再通过新湖中宝换股吸收合并新湖创业，“新湖系”公司数量减少1家。但公开资料能看到的是这两家公司旗下控制了6家金融机构，包括5家银行和1家证券公司。

二、国有金融控股

1. 中国银河金融控股有限责任公司

中国银河金融控股有限责任公司是经中国国务院批准，成立于2005年8月8日，注册资本70亿人民币，出资人为中央汇金公司和财政部，其中，中央汇金公司出资55亿元，财政部出资15亿元。中国银河金融控股有限责任公司是国内首家公司名称里明确带有“金融控股”字样的控股公司。公司经营范围为证券行业投资。

中国银河金融控股有限责任公司已经投资控股中国银河证券股份公司、银河基金管理有限公司、银河保险经纪有限责任公司，并参股中国银河投资管理有限公司。

2. 中国中信集团公司

经国务院批准，2011年12月，中国中信集团公司（原中国国际信托投资公司）整体改制为国有独资公司，并更名为中国中信集团有限公司（简称“中信集团”），注册资本为人民币1 837.026 3亿元。

中信集团目前已发展成为一家金融与实业并举的大型综合性跨国企业集团。其中，金融涉及银行、证券、信托、保险、基金、资产管理等行业和领域；实业涉及房地产、工程承包、资源能源、基础设施、机械制造、信息产业等行业和领域，具有较强的综合优势和良好发展势头。

截至2012年年末，中信集团总资产达35 657亿元，净资产2 355亿元，全年实现营业收入3 498亿元，净利润301.6亿元。2009年以来连续4年入选美国《财富》杂志“世界500强”企业排行榜，2012年排名第194位。

3. 中国国际金融有限公司

作为中国第一家中外合资投资银行，中国国际金融有限公司（“中金公司”）致力于为国内外机构及个人客户提供高品质的投资银行服务，业务范围覆盖证券研究、股本与债务发行与承销、兼并收购财务顾问、证券销售交易、固定收益、资产管理、个人财富管理、直接投资等诸多领域。

中金公司成立于 1995 年 7 月，是由国内外著名金融机构和公司基于战略合作关系共同投资组建的中国中外合资投资银行，注册资本 2.25 亿美元。中金公司总部设在中国北京，在中国内地上海和深圳设有分公司，在北京、上海、深圳等 16 个城市设有证券营业部。随着业务范围的不断拓展，中金公司亦积极开拓海外市场，在香港、纽约、伦敦和新加坡设有子公司，初步建立了全球化的业务平台。

中金公司植根于中国本土市场。经过多年的实践和研究，中金公司在中国的电信、电力、交通运输、石油天然气、石化、金属、采矿和金融等重要领域积累了丰富和深入的行业知识，并针对中国市场的特点开发出了一系列金融创新产品与服务。

中金公司的股东包括：中央汇金投资有限责任公司、新加坡政府投资公司、TPG 亚洲特拉华基金、KKR 集团、中国投资担保有限公司、名力集团控股有限公司、大东方人寿保险有限公司。

中金公司总部设在北京，并在中国资本市场的战略要地——香港、上海和深圳，设有子公司、分公司，在全国 16 个主要城市设有证券营业部。这一市场服务网络使中金公司得以及时、准确地把握中国资本市场脉搏，更好地为客户提供投资银行和证券服务。

自成立以来，中金公司的业务不断发展，现有 8 个主要业务部门：投资银行部、资本市场部、销售交易部、研究部、固定收益部、资产管理部、直接投资部和财富管理部。另外，中金公司还设有完整的后台支持部门以及信息技术和风险控制系统。

中金公司是国有控股的投资银行，主要从事证券发行、承销、交易、企业重组、兼并与收购、投资分析、风险投资、项目融资等业务的非银行金融机构，是资本市场上的主要金融中介。在中国内地，投资银行的主要代表有中国国际金融有限公司、中信证券、中银国际证券等。

4. 光大金控资产管理有限公司

光大金控资产管理有限公司成立于 2009 年 6 月，注册资本 12 亿元，是光大集团的全资子公司。光大金控是按照国务院关于中国光大集团整体改制方案的批复要求，整合集团内金融资源而成立的综合服务平台，业务范围遍及直接股权投资、PE 基金管理及投资、并购及结构性融资、信托、证券基金管理及投资等。是继光大银行、证券、保险之后，中国光大集团又一重要的金融业务。

中国光大集团创办于 1983 年 5 月，拥有 4 家上市公司的特大型企业集团。截至 2010 年年底，资产总额达 16 000 亿元，实现利润 220 亿元。

5. 招商局集团

招商局集团是国家驻港大型企业集团，经营总部设于香港。截至 2012 年年底，招商局集团拥有总资产 3 920.83 亿元（以下单位，未经注明均为人民币），净资产 1 820.45

亿元，管理总资产3.59万亿元。2012年，集团营业收入646.91亿元，利润总额264.75亿元，经常性利润245.82亿元，净利润214.80亿元。集团利润总额在各央企中排名列第10位。招商局亦被列为香港四大中资企业之一。2004—2012年招商局连续9年获国务院国资委评为A级中央企业。

招商局集团的金融业包括银行、证券、基金及基金管理、保险及保险经纪等业务领域。招商局发起、目前又是作为最大股东的招商银行。2008年招商银行国际化战略加快推进，全资收购香港永隆银行；在美国设有纽约分行和代表处，在英国设有伦敦代表处；在台北设有代表处，这都为招商银行今后的进一步发展奠定了基础。招商证券为国内首批创新类券商之一。2007年，招商证券获得首批券商QDII资格。2009年，招商证券成功上市，注册资本35.85亿元。旗下博时基金管理有限公司是中国管理资产规模最大的基金管理公司之一。2008年，招商证券获中国证监会评级为AA级券商（全国共10家）。

6. 中国平安保险（集团）股份有限公司

中国平安保险（集团）股份有限公司于1988年诞生于深圳蛇口，是中国第一家股份制保险企业，至今已发展成为融保险、银行、投资等金融业务为一体的整合、紧密、多元的综合金融服务集团。公司为香港联合交易所主板及上海证券交易所两地上市公司。

中国平安的愿景是以保险、银行、投资三大业务为支柱，它通过旗下各专业子公司及事业部，即保险系列的中国平安人寿保险股份有限公司（平安寿险）、中国平安财产保险股份有限公司（平安产险）、中国平安养老保险股份有限公司（平安养老险）、中国平安健康保险股份有限公司（平安健康险）；银行系列的平安银行股份有限公司（平安银行）、中国平安产险信用保证保险事业部（平安小额消费信贷）；投资系列的平安信托有限责任公司（平安信托）、平安证券有限责任公司（平安证券）及中国平安证券（香港）有限公司［平安证券（香港）］、平安资产管理有限责任公司（平安资产管理）及中国平安资产管理（香港）有限公司［平安资产管理（香港）］、平安期货有限公司（平安期货）、平安大华基金管理有限公司（平安大华）、上海陆家嘴国际金融资产交易市场股份有限公司（陆金所）等。

7. 上海国际集团有限公司

上海国际集团有限公司于2000年4月20日注册成立，注册资本为105.6亿元。按权益法核算，截至2012年年末，集团并表资产总额1 297.23亿元，净资产897.56亿元，合并利润总额123.67亿元。按照集团控股及核心投资项目相关数据测算，2012年年末，集团资产管理规模为11 184.87亿元。集团公司具有投资控股、资本经营和国有资产管理三大功能，经上海市人民政府授权，开展以金融为主、非金融为辅的投资、资本运作与资产管理业务，进行金融研究，提供社会经济咨询等服务。

集团公司现阶段的发展定位是战略控制型的以金融投资为主业的综合投资集团，其发展目标是成为以金融产业为核心，涵盖银行、信托、证券、基金、保险、资产管理、金融服务等多个金融领域。

8. 天津新金融投资有限公司

2008年9月经天津市人民政府审议通过，天津新金融投资有限责任公司正式成立。作为于家堡金融区的城市运营商，承担金融区的整体规划、开发建设、招商引资和经营管理任务。2009年年末总资产达236亿元，注册资本金60亿元。

9. 天津泰达投资控股有限公司

天津泰达投资控股有限公司成立于2001年12月，注册资本60亿元，由天津经济技术开发区管委会授权行使国有资产经营管理，总资产1 005亿元。经营范围涉及金融、基础设施、土地开发、工业、物流、能源供应、交通运输和会展酒店等行业。

2010年，销售收入578亿元，总资产1 612亿元，主要经营领域为区域开发与房地产、公用事业、制造业、金融和现代服务业等，拥有泰达集团、泰达建设等14家全资公司，天津钢管、滨海快速、滨旅控股等25家控股公司和泰达发展、长江证券等23家参股公司，其中泰达股份、津滨发展、滨海能源、泰达物流、四环药业、滨海投资6家为上市公司。

10. 中油资产管理有限公司

中油资产管理有限公司是中国石油天然气集团公司直属全资子公司，专业从事投资和资产管理，是集团公司重要资本运营平台。公司注册资本人民币50.2亿元，下属瑞邦兴达科技有限公司、奥伊尔投资管理有限责任公司二家全资子公司和昆仑信托有限责任公司（持股比例82.18%）、天津排放权交易所有限公司（持股比例53%）二家控股子公司。公司下设直接投资部、股权投资部、资产管理部、企划研究部、财务部、综合管理部和人力资源部7个职能部门。

公司主营业务：进行战略性和财务性投资；进行资产管理、运营和不良资产的清收、处置；进行参股公司的股权经营；进行社会资产经营管理；高新技术产业投资；企业财务、资本运营策划与咨询；经济信息咨询和服务等。

11. 温州市金融投资集团有限公司

温州市金融投资集团有限公司是在温州市深入推进温州金融综合改革试验区（以下简称温州金改）建设的背景下，于2012年7月，经温州市人民政府批准由温州市国资投资集团有限公司更名成立，注册资金12亿元。温州金改的主要实施平台、载体与市属唯一的金融投资集团。

金投集团的主要业务领域包括：

一是通过控股、参股等多种投资方式参与金融服务业、高新科技产业、文化创意、教育、房地产、制造业、旅游、现代服务业等多领域投资任务。

二是承接温州金融综合改革试验区国有金融投资任务，负责组建并完善各类地方性金融服务机构和金融要素市场，搭建国有企业融资和金融服务中心平台，积极参与发起和主办银行、保险、证券、信托等金融服务业，积极参与和承办担保、创投、股权托管、基金和各类区域性金融工具的创新和发展，为企业投融资提供渠道和服务。

金融控股公司属于典型的中央集权式的经营管理组织，因此成为整合和强化地方金融资源的一种标志性模式，成为地方政府控制和联合金融市场的主要渠道。而且地方政府主导金控，还可以抵制外部投资者对本地金融机构的控制。

三、民营金融控股

1. 中科智控股集团有限公司

中科智控股集团有限公司是以商业担保为主营业务的综合金融服务企业集团。集团主要业务是为银行贷款的借款人（主要是中小企业和个人房屋购买者）提供信用担保、委托贷款和与融资相关的咨询服务，目前集团业务覆盖深圳、北京、上海、广东、福建和湖南等地，是第一家跨区域的全国性担保公司。

2. 汇通金控集团

汇通金控集团注册资本 8 亿元，经营范围涉及商务服务、租赁、物业管理、科技交流和推广、计算机服务等多个领域。在立足担保、小额贷款、金融仓储、商业银行等金融领域的基础上，汇通金控适时引入地产旅游、知识产权交易等产业项目。截至 2012 年 9 月，汇通金控旗下的汇通担保已在全国范围设立了 20 余家分支机构及营业网点，为企业及个人提供各种类型的担保户数达 12 041 户，担保笔数 12 618 笔，累计担保金额 182.29 亿元。

3. 海尔集团公司

海尔集团拥有全资的海尔财务公司，已对鞍山信托、青岛商业银行绝对控股，是长江证券的第一大股东；并与纽约人寿合资（各占 50%）建立了寿险公司。海尔集团明确将通过建立控股公司整合其对金融业的投资。海尔集团作为拥有众多零售客户群和关联企业的大型制造业集团，具有直接开展金融业的客户基础和市场网络基础。

4. 东方集团股份有限公司

东方集团创建于 1978 年，是一家投资控股型民营企业集团。东方集团股份有限公司是黑龙江省第一家股票公开发行并上市的企业，也是中国内地最早实行股份制改造并获准上市的企业之一。目前投资和经营六大产业：金融保险业、建材流通业、信息产业、港口交通业、高新材料业和地产建设业。对金融业的投资主要包括：参股中国民生银行 7.51%、新华人寿保险股份有限公司 10%、中国民族证券有限公司 19.98%。东方集团在组织结构上确立了集团母体为投资控股公司，各产业为专业化公司的经营管理体制。

5. 新希望集团有限公司

新希望集团是大型民营企业——“希望集团”的四个分支之一，是中国农业产业化国家级重点龙头企业，中国最大的饲料生产企业，中国最大的农牧企业之一。新希望集团有农牧与食品、化工与资源、地产与基础设施、金融与投资四大产业集群。在金融与投资产业，控股和参股的公司有：新希望财务有限公司、兴业国际信托有限公司、中国民生银行。

6. 阿里巴巴集团控股有限公司

阿里巴巴集团成立于 1999 年，致力为全球所有人创造便捷的网上交易渠道。提供多元化的互联网业务，涵盖 B2B 贸易、个人零售、支付、企业管理软件和生活分类信息等服务范畴。在互联网金融领域，阿里巴巴集团先成立了主攻小微企业贷款的阿里小贷，再成立主攻线上虚拟财产保险的众安在线，现在控股从事基金业务的天弘基金，这使得阿里巴巴集团已布局五大金融形态（银行、保险、基金、证券、信托）中的三个，正在成为一家基于互联网金融的金融控股集团。

7. 浙江新湖集团股份有限公司

浙江新湖集团股份有限公司是一家按现代企业制度组建的大型企业集团，成立于 1994 年。公司产业覆盖房地产、港口、医药、农产品加工、金融、贸易、矿产、化工、金属制造、旅游、酒店、教育等多个行业。

金融产业是新湖关注的战略投资领域之一，长期以来，新湖在投资金融产业方面进行过诸多成功的探索和实践，曾投资杭州商业银行，成为该行最早的民资股东，目前新湖控股的哈高科是温州市商业银行最大的民资股东之一。

四、外资金融控股

10 月 28 日，国泰人寿获准筹建天津分公司。10 月 26 日，保监会批准国泰财险设立广东分公司。10 月 13 日，国泰世华银行获批在内地设立分行。不论是国泰人寿、国泰财险，还是国泰世华，他们的背后都有一个共同的名字，那就是国泰金融控股股份有限公司。

而这只不过是中国金融业不断开放的一个缩影。事实上，多触角进入中国的外资金融集团已不在少数。《证券日报》保险周刊就以保险公司为主线，发掘那些活跃在中国各个金融领域的国际知名金融集团。

1. 美国国际集团

美国友邦保险有限公司（下称“友邦保险”）是第一家获许在中国经营保险业务的外资保险公司。众所周知，其背后的全资控股股东是鼎鼎大名的美国国际集团（AIG）。

除了一张寿险牌照外，AIG 还有一个在

海外经营财产保险等非人寿险业务的保险机构叫 AIU。1995 年，AIU 旗下的美亚保险公司获准成立广州分公司；2007 年 7 月，美亚保险获批将分公司改建为在中国注册的全资附属子公司——美亚财产保险有限公司。除此之外，AIG 还持有人保财险 9.9%的股权。

2004 年，AIG 通过旗下全资子公司 AIGGIC 和华泰证券公司合资组建友邦华泰基金管理有限公司，最初持股 33%。

2. 汇丰集团

2009 年方才开业的汇丰人寿是由汇丰保险集团（亚太）有限公司以及国民信托分别出资 50%成立的。

汇丰保险集团（亚太）有限公司是香港上海汇丰银行有限公司的全资附属机构。香港上海汇丰银行有限公司为汇丰集团属下以伦敦为基地的汇丰控股有限公司所拥有的机构。

另外，汇丰集团还入股上海银行 8%的股份，平安保险 16.8%的股份，以及交通银行 19%的股份等。

汇丰晋信基金管理有限公司则于 2005 年 11 月成立。

3. ING 集团

全球排名第 11 大的资产管理公司——ING 荷兰国际集团，曾是中国唯一一家拥有两张寿险牌照的保险公司（在上海的太平洋安泰保险公司和在大连的首创安泰保险公司）的外国企业。

2002 年 12 月，第一家中外合资的基金管理公司——招商基金管理有限公司成立，ING 的全资子公司荷兰投资持股 30%。

4. 荷兰全球保险集团

海康人寿外资股东荷兰全球人寿保险集团（AEGON 保险集团）2008 年 1 月受让兴业全球基金公司股权，持股 49%。

5. 三井住友金融集团

2001 年，日本三井住友海上火灾保险公司在上海设立了中国内地第一家分公司。三井住友金融集团下辖三井住友银行、三井住友租赁、三井住友信用卡公司和日本综合研究所 4 家子公司。其中，三井住友银行在中国上海、天津、苏州和广州设有 4 家分行，并在北京、大连、沈阳、重庆开设了代表处。

6. 澳洲联邦银行

澳大利亚联邦银行是澳洲最主要的房地产信贷银行、最大的信用卡发行银行、最大基金经理、最大零售退休金管理公司和最大人寿保险公司。投资交银康联，澳洲联邦银行还在中国投资了杭州银行和齐鲁银行两家城商行。

中国信达资产管理公司和澳大利亚联邦银行的全资子公司首域集团共同发起设立信达澳银基金管理有限公司则在 2006 年成立。

7. 新加坡华侨银行

中新大东方人寿由新加坡大东方人寿保险有限公司和中国重庆市地产集团合资组建。大东方人寿的控股公司大东方控股，背后的股东是新加坡华侨银行。华侨银行（中国）有限公司在成都、上海、天津和广州均成立了分行，在北京和青岛成立了代表处。

第二十四部分

相关研究机构的观点

1. 中国社会科学院产业金融研究基地

中国社会科学院产业金融研究基地成立于2010年1月，其成立的目的包括：一是围绕中国国情，把产业组织理论、产业优化理论、公共政策理论等与金融发展结合起来，从而实现学科建设与理论前沿的突破；二是在国内外新形势下进一步探讨金融如何服务于实体经济的问题；三是加强与产业、企业的联系，从而广泛拓展金融政策分析的微观基础，增加金融研究的应用范围；四是针对政府产业政策与金融政策的有效结合，提供更多具有建设性的政策意见，从而充分发挥“政府智囊”的作用。

研究基地的主要业务活动包括：第一，依托研究基地，针对产业金融的分支领域展开深入的理论和政策研究，争取保持前沿和领先地位。第二，依托研究基地，为各级政府和公共部门提供政策咨询和研究服务。第三，依托研究基地，与各类企业展开应用型的研究合作，促进产学研结合。第四，依托研究基地，举办包括学术讨论会、培训班等在内的活动，促使基地能够成为国内产业金融理论与实践的重要先行者。第五，依托研究基地，与国内外学术机构展开全面的交流与合作。

基地学术委员会总顾问李扬，基地理事长王国刚，基地主任研究员杨涛。

2. 上海新金融研究院

上海新金融研究院是为支持上海国际金融中心建设而成立、国内领先的非营利性金融类专业学术研究机构。研究院由中国金融四十人论坛（China Finance 40 Forum，CF40）举办，与上海市黄浦区人民政府战略合作。探索国际金融发展新趋势，求解国内金融发展新问题，支持上海国际金融中心建设。独立、专业、开放的学术交流平台，努力提供一流的研究产品和高层次、有实效的研讨活动。研究院设顾问委员会、理事会、学术委员会和监事会。首届理事长万建华，副理事长周伟、王海明。

3. 中国人民大学重阳金融研究院

中国人民大学重阳金融研究院成立于2013年，是由中国人民大学与上海重阳投资管理有限公司联合创办的一所现代化智库。中国人民大学校长、中国人民银行货币政策委员会委员、金融学家陈雨露教授任院长、王文为执行副院长。

中国人民大学重阳金融研究院以“立足人大，放眼世界；把脉金融，观览全局；钻研学术，关注现实；建言国家，服务大众”为宗旨，力求为国家培养和发展输送高级金融人才，立志打造一所以“大金融”研究与传播为核心目标、有中国特色的现代化智库，最终实现金融报国、知识报国的宏愿。

重阳金融研究院依托中国人民大学财政金融学院，致力于打造一个开放性平台，在全国甚至全球范围内的各大经济、金融、政府部门及各类具有实际操作经验的企业人士中，寻找有思想、有影响力的行业精英。通过非专职聘用其为高级研究员、兼职教授等方式，最大化吸收社会资源，集聚前沿、尖锐与务实的智慧，进而完成扎实、可行与优秀的研究成果，逐步形成重阳金融研究院的大智库形象。

在课题定位方面，重阳金融研究院将长期保持强烈的问题意识和现实关怀，尽可能对研究成果的风格、内容进行创新，利用政府咨询报告、内部参考等形式，对政府决策提供建设性的意见、建议与参考；也将充分利用报刊、电视、网站、微博、手机报等媒体路径，对研究成果进行广泛传播，提升重阳金融研究院在国内外媒体的知名度；还将不定期地与全国各地以及欧美国家的研究机构合作，形成并扩大以研究院为平台的社会网络，为日后培养与输送高层次的金融人才打下扎实的基础。

4. 湖南大学产业金融研究院

湖南大学产业金融研究院，于 2011 年 6 月 29 日开始筹备，2012 年 5 月 19 日批准设立。该研究院是中国高校中第一个从事系统化产业金融研究、提供产业发展解决方案和产业金融教育的高端学术机构。

湖南大学产业金融研究院站在国家产业金融发展战略的高度，以金融治国理念，立足于解决我国在产业升级和产业转型过程中所出现的复杂和多类型的问题，立足于加强与产业协会的整合、产业发展研究和产业发展解决方案；立足于针对我国产业升级和产业整合的需要，培养相关产业金融等专业人才；在政府、专业基金、商界、协会和企业的支持下，发挥湖南大学管理学科、金融学科、机械制造、汽车和经贸等专业优良学术传统和科研优势，成为具有国际影响、国内顶尖的产学研一体化的专业科研与服务机构。

理事长赵跃宇，执行理事长陈收、赵远。

5. 广东产业金融研究院

广东产业金融研究院于 2013 年 2 月 18 日成立，该院的成立将促进广东金融高新区建设广东产业金融中心，加强产业金融理论研究，为产业金融发展和推动地方经济转型升级提供智力服务。其职责主要有三个，一是为广东省乃至全国产业金融发展提供理论依据和学术指导；二是为广东金融高新区创建广东产业金融中心及国家产业金融试验区提供智力支持；三是为金融机构产品创新及企业投融资需求提供专业服务。广东产业金融研究院的成立具有前瞻性，将为广东产业金融发展和经济转型升级提供智力支持，为广东省乃至全国产业金融发展提供理论依据和学术指导。

执行院长陆磊。

6. 上海交通大学中国高级金融学院

上海交通大学中国高级金融学院是上海市人民政府为实现将上海建设成为国际金融中心的国家战略、满足上海乃至全国金融业发展并与国际接轨的迫切需要，依托上海交通大学而创建的一所按照国际一流商学院模式办学的金融学院，英文名称为 Shanghai Advanced Institute of Finance（SAIF）。学院以汇聚国际一流师资、培养高端金融人才、构筑开放研究平台、形成顶级政策智库作为自己的必达使命。

学院现开设金融 MBA（工商管理硕士）、金融 EMBA（高级管理人员工商管理硕士）、全球金融 DBA（工商管理博士）、金融硕士、金融学博士、EDP（高层管理教育）等项目。学院不仅训练掌握现代金融理论和技术、通晓中国和国际金融业运作管理的复合型人才，也着重培养具有国际视野、卓越才能和创新能力的商界领袖。

7. 中欧陆家嘴国际金融研究院

中欧陆家嘴国际金融研究院由中欧国际

工商学院与上海陆家嘴（集团）有限公司于2007年10月共同发起创办。研究院定位为开放、国际化的学术交流平台，依托上海作为金融市场中心的有利条件，积极探索金融法制环境的改善，致力于为金融企业、金融监管部门、立法机构提供一流的研究、咨询和培训服务，成为建设上海国际金融中心和推动中国金融体系现代化的思想库与智囊团，成为中国与欧盟学术机构的交流平台。研究院开展以下活动：研究与上海国际金融中心建设及中国金融体系现代化密切相关的前沿性课题；向政府部门提供相关决策咨询服务；为金融机构提供一流的研究、咨询、培训服务；培养能适应全球性竞争的中高级国际金融人才；整合国内外资源，借鉴欧洲及世界各国的经验，提供金融论坛、沙龙等交流、研讨和凝聚共识的高端平台。

8. 浙江大学金融研究院

“浙江大学金融研究院”（浙江大学社会科学研究院主管）（Academy of Financial Research, Zhejiang University 简称：AFR-ZJU）暨“浙江省金融研究院”（浙江省社会科学界联合会主管）(Academy of Financial Research, Zhejiang Province 简称：AFR-ZJP）是“以省校共建为基础、政产学研结合”模式组建的新型科研平台。“两院”合署运作，广泛整合浙江大学、浙江省乃至全球学术力量，动员政府和社会资源，按照开放型、专业化的方式运营和管理。

AFR确立“时代特征、中国特色、浙江特点”的办院方针，以区域金融发展研究为特色，以地方金融（资本市场）、中小金融、民间金融和创业金融（简称4F问题）研究为重点，密切追踪和积极承担当前国家、区域金融发展中面临的重大战略性、紧迫性需求，创造性地开展能够反映中国金融发展真实背景、独特规律和内在机制的理论与现实问题研究，特别关注金融体系建设和金融创新发展中与区域经济发展密切相关的本土性、区域性金融问题。

AFR建设目标是：面向国际学术前沿和国家重大战略，服务于中国区域金融产业和金融市场（资本市场）的创新发展。把AFR建设成为高水平、领先型的金融创新研究基地、金融创新示范基地、金融创新人才培养基地，全力打造具有浙江特色的中国一流金融研究平台和政策智库。力争使浙江的区域金融研究与上海的国际金融研究、北京的国家金融研究并列成为“中国三大金融研究基地”。

理事长张曦，常务副理事长陈国平。

9. 国务院发展研究中心产业经济研究部

该部主要研究产业结构、产业组织、产业布局、产业政策、产业竞争力等问题；研究政府监管体制问题；研究促进产业结构优化的投资结构和投资政策；研究国民经济各产业的相互关系及其协调发展问题，提出综合性的对策建议。直接参与改革方案制定和相关规划起草工作，承担党中央国务院交办的一些重大专题研究。

10. 中国资本市场学院

中国资本市场学院成立于2012年8月13日，是由中国证券监督管理委员会直接管理的非营利性事业单位，由深圳证券交易所、上海证券交易所、上海期货交易所、中国金融期货交易所、大连商品交易所、郑州商品交易所以及中国证券登记结算有限责任公司共同出资20亿元建设。

资本市场学院致力于为中国资本市场的创新发展提供智力支持，培养高端人才。学院定位为高层次、市场化、国际化的研究平台、特色教育平台、高端培训平台，以及在此基础上衍生的咨询顾问平台、设计开发平台、信息智库平台，集研究、教育、培训于一体。资本市场学院注重自身特色和品牌打造，强调高起点、高标准、高质量、严要求，在整合资源能力、课程研发设计、中国资本市场案例中心建设、研究课题的过程管理及深化应用、培训项目的精细化流程化管理、国际双向交流、业务模式创新、信息技术的应用等方面逐步形成特色和优势。

11. 北京大学金融与产业发展研究中心

北京大学金融与产业发展研究中心成立于2005年8月，是隶属于北京大学的学术研究机构。它以金融与产业领域的研究为基础，致力于向社会提供提升产业竞争力、深化金融体制改革的理论和实践指导，进而为提高推进国家发展的整体竞争力而努力。

中心的主要职能定位是：从事中国金融与产业发展的科研与学术交流，以及相关的咨询、培训、规划、项目促成等活动。

理事长刘伟、主任何小锋。

12. 第一财经研究院

研究院是第一财经的核心“脑库”，以其专业的研究能力，为第一财经跨媒体平台提供权威的政策研判和市场数据；并向市场提供其自主研发的财经资讯产品，包括财经信息加工、行业研究与数据库、咨询服务、各类指数与榜单四类核心业务。研究院是第一财经未来发展的孵化器。[1]

第一财经研究院推出了以向企业高层管理者提供决策支持为主要功能，以“内参版”“金融版”“证券版”“行业版”四大模块组合而成的“第一财经高层决策参考系统”；在数据库业务方面，开发了中国内地首个《商业银行理财产品数据库》，首个《阳光私募基金数据库》，以及《上市商业银行竞争力数据库》等；在第一财经“CSR企业社会责任榜”和“金融价值榜”等大型评选活动中，也承担了独立评审机构的工作。

13. 中国电子商务研究中心

中国电子商务研究中心于2006年年底在“中国电子商务之都”——杭州创办，是中国最早创办、也是目前唯一一家以研究与服务电子商务为己任的第三方行业研究机构。

近年来，由中心发布的各项电子商务数据报告屡获包括国家统计局、发改委、国新办、商务部、工信部、工商总局在内的多部委引用和认可。中心每年还通过有关“内部渠道”，不定期向中央发送内参，引起数位中常委高度重视与批示，并下发至有关部委予以实施。

秉承一贯的专业性、科学性、权威性、中立性、前瞻性原则，中心每年度编制数十部各类调研报告，用于战略规划、政府调研、投资创业、并购IPO、科研教学、市场调查、汇报引用、数据分析、申报项目、课题研究、竞争者情报、政府咨询等诸多领域。

14. 上海交通大学现代金融研究中心

上海交通大学现代金融研究中心依托上海交通大学拥有的强大理工学科背景和雄厚的金融学科基础，以及作为名牌高校与海外合作，所建起的具有相当影响、配合默契的金融研究队伍。

2000 年 2 月 20 日，由陈朝晖等 10 多位年轻的旅美经济学家和上海交通大学共同发起，并在多方的共同努力下，正式建立起上海交通大学现代金融研究中心。

中心是高素质人才的聚合体，在理论和实务的研究方面都具备了实力雄厚的基础。中心聘请了近 30 家国内目前具有代表性的金融机构为理事单位，近 30 名活跃于国内外金融学术界、实业界和政府部门的资深学者和权威人士作为特约研究员和顾问，中心的主要成员均任职于国内外著名的金融机构和金融研究部门。中心常务副主任吴冲锋，具有丰富的金融研究经验，主持过许多国内一流的金融科研项目。

中心集产、学、研、市场跟踪、产品开发和政策咨询为一体。中心的管理和运作模式将借鉴美国的脑库“全国经济研究局”、欧洲的脑库“经济政策研究中心”以及伦敦经济学院金融研究中心的成功经验，走将国外先进的经济金融理论和经验与中国国情相结合的发展道路。中心将采取跨国网式的组织形式，与分布于世界各地的学术研究机构、政府部门和金融机构的中心所属研究人员，尤其与国内金融机构的研究人员保持良好的联系与沟通。

15. 南京农业大学金融学院

金融学院成立于 2012 年 10 月，其前身为南京农业大学经济管理学院的会计与金融系。南京农业大学金融学和会计学的教学研究历史悠久，早在 20 世纪初期卜凯教授就开始从事农业保险的调查研究工作。1985 年，南京农业大学开始招收农村金融专业的本科生，是江苏省最早招收金融方面本科生的高等院校。20 世纪 80 年代开始招收农村金融方向和会计审计方向硕士研究生，1998 年取得金融学专业硕士学位授予权，2004 年取得会计学专业硕士学位授予权，2002 年开始招收农村金融专业博士生，2010 年在应用经济学一级学科下设金融学专业博士点。

金融学院目前拥有金融学专业博士、金融学硕士、会计学硕士、金融专硕、会计专硕、MBA 等多层次的研究生培养体系，曾经专门为中国农业银行总行、中国人民银行南京分行等举办金融学硕士班，为政府有关部门、银行、保险公司、证券公司、会计审计事务所等培养了众多高层次的金融、会计和审计方面的专业人才。

金融学院教师依托江苏省高校哲学社会科学重点研究基地——江苏省农村金融发展研究中心、南京农业大学中国金融和区域经济研究中心、南京农业大学财政金融研究所等研究平台开展研究工作。近几年来，该院教师主持国家社科基金重大项目、国家自然科学基金、国家社科基金、教育部、农业部、世界银行等各种省部级以上课题 80 多项，在《管理世界》《金融研究》《经济学季刊》《中国农村经济》等核心刊物上发表研究论文 200 余篇，获得省部级等各种奖励 20 多项。

16. 北京产业研究院

北京产业研究院成立于 2001 年，是北京中研华泰信息技术研究院开通并运营的一家大型专业化市场研究机构，提供针对企业用户的各类信息，如深度研究报告、市场调查、统计数据等，为了满足企业对原始数据的需求，也为了能给企业提供更为全面和客观的研究报告，北京产业研究院与国内各大数据源（包括政府机构、行业协会、图书馆、信息中心等权威机构）建立起战略合作关系。

北京产业研究院基于海量的企业数据、产品细分数据、进出口数据、市场监测数据及第一手市场调查数据，科学准确地把握产品细分市场动向，向行业管理机关和各产品生产（经销）企业提供宏观与微观的经济信息和服务，以及产业经济发展思路和工业技术咨询方案，产业发展建议等。

北京产业研究院的核心团队突出素质，强调专业，注重从企业及市场发展角度思考问题，从而寻求有效的解决方案。经过经验积累，已形成庞大的专业化团队。核心人员来自国内各行业颇具专业经验的专家，外聘专家来自各行业协会及科研院所的资深人士，所涉及的研究项目类型广泛，产品细分数据翔实、更新及时，掌握定量研究、定性分析的研究技术和多种研究模型。

17. 对外经济贸易大学中国汽车金融研究中心

对外经济贸易大学中国汽车金融研究中心由一汽-大众销售有限责任公司与对外经济贸易大学联合成立，将以实体方式运行，“中国汽车金融研究中心”将充分利用对外经济贸易大学雄厚的科研、教学实力，并以对外经济贸易大学为科研教学基地，以一汽-大众为实践应用基地，致力于培养汽车金融专业的高端人才，探索出适合中国汽车市场的金融衍生产品和服务模式。工作重点在于培养高级汽车金融人才，以及独立研发既有实用性又有研究性的汽车金融课题。

第二十五部分

政府机构与行业协会

一、政府机构

1. 中国银行业监督管理委员会

银行四部承办对政策性银行及国家开发银行、邮政储蓄机构和金融资产管理公司的监管工作。依法审核有关机构的设立、变更、终止及业务范围；拟定监管规章制度；负责对有关机构的现场和非现场监管工作；监测资产负债比例、资产质量、业务活动、财务收支等经营管理、内部控制和风险情况；对违法违规行为进行查处；审查高级管理人员任职资格。

非银部承办对非银行金融机构（证券、期货和保险类除外）的监管工作。依法审核有关机构的设立、变更、终止及业务范围；拟定监管规章制度；负责对有关机构的现场和非现场监管工作；监测资产负债比例、资产质量、业务活动、财务收支等经营管理、内部控制和风险情况；对违法违规行为进行查处；审查高级管理人员任职资格。

合作部承办对农村存款类合作金融机构、新型农村金融机构的监管工作。规范管理，推动有关机构体制改革；拟定对有关机构资产负债比例管理、资产质量管理、风险管理、利率监管等制度，对其风险情况进行监控，督促其完善内部监督和制约机制；拟定有关机构设置条件、业务经营范围、法人代表任职资格等管理办法并组织实施；对违法违规行为进行查处。

创新监管部协调银监会内部监管部门在法定职权范围内制定统一的业务创新审慎监管标准；制定业务创新监管的专业化操作规程，为会内监管部门提供专业化监管和协助；为会内监管部门对业务创新的持续监管提供技术指导和支持；依法配合有关部门制定创新业务规则；参与人民银行、证监会、保监会等部门研究分析银行业金融机构业务创新及监管情况，制定相应的风险监管策略；就银行业金融机构业务创新监管的相关情况与会外有关部门进行联系、协调。

融资担保部承担融资性担保业务监管部际联席会议日常工作；负责协调有关部门研究制定促进融资性担保业务发展的政策建议；拟定融资性担保业务监督管理制度；协调有关部门共同解决融资性担保业务监管中的重大问题；指导地方人民政府对融资性担保业务进行监管和风险处置。

2. 国家发展和改革委员会财政金融司

（1）研究分析全社会资金平衡状况和政策措施，负责汇总和分析财政、金融、保险等情况，研究和参与制定财政政策、货币政策及金融保险监管政策，分析财政政策和货币政策的执行情况并提出建议。

（2）组织研究财税、金融体制和国有资产管理体制改革问题，参与研究投融资体制改革，参与相关法规起草；协调银行业、证券业和保险业发展、改革与开放中的相关政策，参与制定财税、金融、保险业中长期发展规划；协调年度预算、财政中长期收支计划与国民经济和社会发展战略及其他公共政策间的关系，参与确定财政性建设资金总量安排和使用方向；协同有关部门确定财政补贴的规模和方向；负责本委财税、金融业务的统一对外工作。

（3）研究提出直接融资的发展战略和政策建议；负责企业债券发行管理工作，审核发债资金投向，监督发债资金使用情况；参与公司发行各类股票和可转换公司债券的审核工作；研究推进建设项目股份制试点等工作；参与境外上市股份有限公司的审核工作；负责本委证券期货和股份制业务的统一对外工作。

（4）研究提出引导社会融资发展的政策建议；参与研究和指导全国社会信用制度建设，组织协调委内有关建立企业和个人征信体系的工作；负责起草产业投资基金和创业投资企业管理法规，并组织实施；指导和协调飞机、船舶等融资租赁业务；研究提出保险业、邮政储蓄发展和引导保险资金、邮储资金合理运用的政策建议。

（5）确定财税、金融、证券、保险等系统固定资产投资规模，审核财税、金融、证券、保险系统重大项目及印钞造币行业建设项目。

（6）承办委领导交办的其他事项。

处级机构：综合处，财政处，金融处，证券处。

3. 国家发展和改革委员会固定资产投资司

（1）监测分析全社会固定资产投资状况，研究提出全社会固定资产投资调控政策，提出固定资产投资总规模、结构和资金来源；提出国家财政性投资（包括预算内投资、国债投资和各类专项建设基金，下同）的规模和投向；引导民间资金用于固定资产投资的方向；指导和监督政策性固定资产贷款的使用方向；参与提出直接融资的政策。

（2）研究提出投融资体制改革建议，起草投资法规和规章，并组织实施。

（3）编制固定资产投资中长期规划；参与编制行业发展建设规划，参与规划国家重大项目布局；研究提出综合性行业投资政策，提出国家财政性投资配置意见。

（4）编制固定资产投资年度指导性计划；提出年度国家财政性投资分行业、分部门、分地区使用方向和安排意见；安排重大项目的国家财政性投资。

（5）负责组织核定和调整国家财政性投资项目和重大项目的概算；委托咨询评估评审机构对国家财政性投资项目和重大项目进行评估、评审；参与提出企业债券的发行总量和资金投向；组织固定资产投资管理信息系统的建设。

（6）会同有关方面编制重大城市基础设施、城市环保设施项目发展建设规划；审核重大城市基础设施、城市环保设施、房地产开发项目；安排国家对城市基础设施、城市环保设施的补助投资；会同有关部门提出房地产投资调控政策，编制全国经济适用房建设指导计划。

（7）负责国务院各部门、全国人大、全国政协（包括民主党派）、中直系统、高检、高法机关建设和事业发展项目的审核和投资安排；安排公检法司设施、国家安全设施建设投资；会同有关方面审核和安排需综合平衡预算内投资的特殊事项。

（8）承办委领导交办的其他事项。

处级机构包括：

综合计划处，项目信息处，地方投资处，公共事业处，城市设施处，制度法规处，农林水处，交能处，以及工业处。

4. 国家互联网信息办公室

国家互联网信息办公室于 2011 年 5 月正式挂牌。国家互联网信息办公室不另设新的机构，在国务院新闻办公室加挂国家互联网信息办公室牌子。

国家互联网信息办公室职责：落实互联网信息传播方针政策和推动互联网信息传播法制建设；指导、协调、督促有关部门加强互联网信息内容管理；负责网络新闻业务及其他相关业务的审批和日常监管；指导有关部门做好网络游戏、网络视听、网络出版等网络文化领域业务布局规划；协调有关部门做好网络文化阵地建设的规划和实施工作；负责重点新闻网站的规划建设；组织、协调网上宣传工作；依法查处违法违规网站；指导有关部门督促电信运营企业、接入服务企业、域名注册管理和服务机构等做好域名注册、互联网地址（IP 地址）分配、网站登记备案、接入等互联网基础管理工作；在职责范围内指导各地互联网有关部门开展工作。

5. 财政部经济建设司

牵头与国家发改委等有关部门研究制订财政投资的有关政策，参与项目安排；负责管理国家物资、粮食、棉花、食糖、医药等专项储备资金和政策性补贴；会同分管部门（单位）研究提出经费开支标准、定额、年度预算和专项资金支出预算建议；负责监督分管部门（单位）预算的执行；对专项资金追踪问效，检查项目实施中资金的管理使用和配套到位情况，进行项目的效益考核；制订部门（单位）和项目资金使用的财务管理办法；审核和批复分管部门（单位）的年度决算等。

经建司下设 9 个处：综合处、投资处、经贸处、环资处、粮食处、商业处、交通处、能源处、应急处。

6. 财政部社会保障司

承担人力资源和社会保障、民政、卫生等方面的部门预算有关工作，研究提出相关财政政策；会同有关方面管理中央财政社会保障和就业及医疗卫生支出；会同有关方面拟订有关资金（基金）财务管理制度；承担社会保险基金财政监管工作；编制中央社会保障预决算草案；审核全国社会保险基金预决算草案。

7. 财政部金融司

负责货币政策及其与财政政策协调配合的研究工作；负责金融机构国有资产的基础管理工作，组织实施金融机构国有资产的清产核资、资本金权属界定和登记、统计、分析、评估；负责金融机构国有资产转让、划转处置管理，监交国有资产收益；拟订银行、保险、证券、信托及其他非银行金融机构的资产与财务管理制度并监督其执行；指导地方金融机构资产和财务监管工作；研究政府外债发行政策，拟订管理制度；负责办理中国政府对外发行债务和主权信用评级工作；负责编制政府统借统还外债还本付息年度预决算和外国政府贷款的中长期计划；负责外国政府贷款（含日本国际协力银行不附带条件贷款、联合融资贷款）的对外磋商、谈判与签约业务，拟订相关政策和制度，并对贷款使用与偿还进行监督与管理；负责制订并组织实施出口信用保险的国家限额和费率政策；拟订担保业的相关政策和制度，对担保业实施监督和管理等。

8. 财政部投资评审中心

财政部投资评审中心是财政部直属的事业单位，成立于 1999 年 5 月，主要承担中央财政投资项目预（概）算、决（结）算的审核和后评价等工作。1999—2003 年，财政部投资评审中心坚持为积极财政政策和预算管理提供基础性、技术性服务的工作宗旨，评审人员积极投身于公路、机场、西气东输、江河治理、航道整治、中央储备粮库建设等一系列重大国家投资项目的评审和后评价等工作，累计审核项目 1 242 个，累计审减不合理资金 70 多亿元，有力遏制了建设项目中截留、挪用资金，高估冒算和“三超”等浪费现象，为积极财政政策的落实和加强项目建设的财政监管做出了重要贡献。

9. 银监会融资担保部

承担融资性担保业务监管部际联席会议日常工作；负责协调有关部门研究拟定促进融资性担保业务发展的政策措施；拟定融资性担保业务监督管理制度；协调有关部门共同解决融资性担保业务监管中的重大问题；指导地方人民政府对融资性担保业务进行监管和风险处置。

10. 银监会创新担保部

协调银监会内部监管部门在法定职权范围内制定统一的业务创新审慎监管标准；制定业务创新监管的专业化操作规程，为会内监管部门提供专业化监管和协助；为会内监管部门对业务创新的持续监管提供技术指导和支持；依法配合有关部门制定创新业务规则；参与人民银行、证监会、保监会等部门研究分析银行业金融机构业务创新及监管情况，制定相应的风险监管策略；就银行业金融机构业务创新监管的相关情况与会外有关部门进行联系、协调。

11. 国际与地矿金融项目部

推动矿业企业开展合作与交流，搭建国内整装勘查区以及“走出去、引进来”的服务体系平台的部（室）。

主要职责如下：

（1）矿业企业商贸信息咨询、企业管理策划，地质设计、勘查施工和地质储量报告评审及制定解决方案咨询；

（2）负责制订年度外事工作计划，组织实施，统筹协调各项活动；

（3）负责本会与有关国际矿业组织机构、社团等建立双边和多边联系；

（4）负责与港澳台地区的矿业组织的联系，组织开展国际及海峡两岸矿业交流、考察活动；

（5）加强国际交流与合作，研究国际矿业动态，建立服务平台，促进国内外矿业企业和地勘单位合作，为会员单位进入国内整装勘查区或者“走出去”勘查开发、并购、收购创造条件；

（6）接待国外（地区）及港澳台地区矿业组织、矿业公司、团组及外籍专家、学者来访；承担本会领导出访及接待外宾的翻译工作；

（7）为会员单位制定发展战略提供政策咨询服务。

二、行业协会

1. 中国金融协会

中国金融协会，是依据《中华人民共和国金融法》和《社会团体登记管理条例》等相关规定成立的，遵守国家法律法规，维护全行业与会员单位的合法权益和共同利益，反映企业的愿望和要求，沟通企业与政府之间的联系，推动会员单位之间、国际同行之间的合作与交流，与时俱进，开拓创新，为提高金融行业快速发展做出贡献。

其业务范围包括：①调查研究金融行业经济运行、企业改革、技术进步、资产重组等方面的情况，为政府制定金融行业发展规划、产业发展政策、技术政策、法律法规及行业改革与发展方向等提供建议和服务；对与金融发展有关的技术经济政策、贸易政策和法律法规的贯彻进行跟踪研究，及时向政府部门反映金融行业和企业的意见和要求。②收集、整理、分析和发金融经济与技术信息；跟踪了解国外同行的发展情况、国内外市场动态和技术进步趋势，进行市场预测预报，为会员单位、金融行业、政府和社会提供信息服务。③组织会员单位、金融企事业单位赴国外考察和学习，为国内金融企业开拓国外市场创造条件。④推广金融行业先进技术和工艺；开展优秀品牌培育工作。⑤组织展会、研讨会、论坛、培训等。⑥编辑内部资料和协会刊物，与出版社合作出版书籍。

2. 中国金融认证中心

中国金融认证中心（China Financial Certification Authority，CFCA）是经中国人民银行和国家信息安全管理机构批准成立的国家级权威安全认证机构，是国家重要的金融信息安全基础设施之一。在《中华人民共和国电子签名法》颁布后，CFCA 成为首批获得电子认证服务许可的电子认证服务机构。

自 2000 年挂牌成立以来，CFCA 一直致力于全方位网络信任体系的构建，历经十多年发展，已逐步由单一的电子认证服务机构转变为综合的信息安全服务提供商。目前，公司已形成包括数字证书、交易监控及反欺诈、信息安全检测评估等在内的九大类信息安全整体解决方案，服务范围涵盖金融、电子商务以及电子政务各大领域，受到客户的广泛好评。截至目前，全国已开通网上银行服务的银行中，有 95%的银行使用了 CFCA 提供的电子认证服务。

在提供专业化服务的同时，CFCA 充分利用自身的权威品牌优势举办行业公益活动——“中国电子银行联合宣传年”（原“放心安全用网银联合宣传年”）。自 2004 年起，“中国电子银行联合宣传年”通过一系列形式向大众传播电子银行安全知识，并得到了中国人民银行、银监会以及公安部政府主管部门的大力支持，有效促进了电子银行整体行业的健康发展。2011 年，活动的官方网站“中国电子银行网”（www. cebnet. com. cn）

正式上线，目前已成为互联网金融第一大门户网站。

CFCA作为国内一流水平的电子认证服务机构和信息安全综合解决方案提供商，一直致力于创建高水准的基础设施条件和管理体系，竭诚为广大客户提供高质量的产品和一流服务。为营造可信的网络环境、构建稳固的网络信任体系而不断努力，以推动中国的信息安全事业繁荣发展。

3. 中国金融管理协会

中国金融管理协会于2008年5月正式成立，是全国各银行、证券、保险业等相关单位为适应中国金融改革与发展的需要自愿组成的全国性非营利性专业社会团体。协会的宗旨是：遵守国家宪法、法律、法规和相关政策，遵守社会道德风尚，为政府主管部门和会员单位服务，维护会员的合法权益，推动和促进中国金融行业健康发展。是沟通银行和证券保险行业的桥梁、区域间信息交流的平台、国内金融行业自律和行业约束的载体、加强与国际国内合作的渠道。

中国金融管理协会的会员单位包括各类商业银行、证券、保险、投资担保、各类农村金融机构、金融研究机构和金融媒体等，至2009年年底，已发展会员单位总计300余家。

4. 中国银行业协会

中国银行业协会（China Banking Association，CBA）成立于2000年5月，是经中国人民银行和民政部批准成立，并在民政部登记注册的全国性非营利社会团体，是中国银行业自律组织。2003年中国银监会成立后，中国银行业协会主管单位由中国人民银行变更为中国银监会。凡经中国银监会批准设立的、具有独立法人资格的银行业金融机构（含在华外资银行业金融机构）以及经相关监管机构批准、具有独立法人资格、在民政部门登记注册的各省（自治区、直辖市、计划单列市）银行业协会均可申请加入中国银行业协会成为会员单位。经相关监管机构批准设立的、非法人外资银行分行和在华代表处等，承认《中国银行业协会章程》，均可申请加入中国银行业协会成为观察员单位。

截至2013年11月，中国银行业协会共有354家会员单位和3家观察员单位。会员单位包括政策性银行、国有商业银行、股份制商业银行、城市商业银行、资产管理公司、中央国债登记结算有限责任公司、中国邮政储蓄银行、农村商业银行、农村合作银行、农村信用社联合社、外资银行、村镇银行、各省（自治区、直辖市、计划单列市）银行业协会、金融租赁公司、货币经纪公司、汽车金融公司。观察员单位为中国银联股份有限公司和农信银资金清算中心和山东省城市商业银行合作联盟有限公司。

根据工作需要，中国银行业协会设立17个专业委员会，包括法律工作委员会、自律工作委员会、银行业从业人员资格认证委员会、农村合作金融工作委员会、银团贷款与交易专业委员会、外资银行工作委员会、托管业务专业委员会、保理专业委员会、金融租赁专业委员会、银行卡专业委员会、行业发展研究委员会、消费者保护教育委员会、养老金业务专业委员会、贸易金融业务专业委员会、理财业务专业委员会和货币经纪专业委员会和城商行工作委员会。汽车金融专业委员会、村镇银行工发委员会、私人银行业务专业委员会在筹。

中国银行业协会以促进会员单位实现共同利益为宗旨，履行自律、维权、协调、服务职能，维护银行业合法权益，维护银行业市场秩序，提高银行业从业人员素质，提高为会员服务的水平，促进银行业的健康发展。

5. 中国金融办工作协会

中国金融办工作协会（China Finance Working Association，CFWA）于2010年11月12日正式成立。协会是在国际经济危机呈现周期性特点，国家与国家间经济联系日益紧密，国际金融市场环境发生重大变化的情况下，着眼中国金融业的健康发展，由国内外知名金融专家、资深学者和相关业内机构人士共同发起并积极参与，主要会员由中央企业、全国各省（市）金融局（办）、地方银行、小额贷款公司、担保公司、投资公司、投资管理公司、融资类企业、其他跟融资有关的企业为主，联合组成的全国性不以盈利为目的的社团机构，并接受国家发改委、中国银监会、中国保监会、中国证监会、最高人民法院、工信部、财政部等部委的业务监管。

6. 汽车金融服务网络协会

由中国工商银行牵头组织，上海地区的大型优质汽车经销商、保险公司、拍卖行、二手车经营公司、租赁公司以及法院、公安交通管理部门等近百家单位联合成立了全国首家“汽车金融服务网络协会”。该协会的主要任务是联合社会力量“整体营销汽车金融产品，综合治理汽车信贷风险”。通过进一步细分市场、强化分工，形成汽车消费贷款市场营销、动态跟踪、逾期催收、违约处置等较为严密的汽车金融协作网络，促进个人汽车金融服务的健康发展。

7. 中国风险投资协会有限公司

由世界华商联合总会倡导发起成立，协会成立后得到了政府有关部门领导的大力支持和指导。

中国风险投资协会有限公司主要从事风险投资，风险基金建立管理的专业性投资机构与行业协调组织。

中国风险投资协会有限公司致力于风险投资业在中国地区的发展，首先作为风险投资的直投机构，以解决国内新企业的融资发展。同时协会作为行业性协调组织为海内外的风险投资机构及国内企业构建合作交流、信息沟通的平台，并为风险投资机构的成功退出提供资本市场的操作平台，促进风险投资业在中国地区的良性发展。

其主要业务包括：风险投资、项目投资、项目评估、基金管理、股权投资、股权转让、海外上市、信息交流、行业协调等。

8. 中国股权投资基金协会

中国股权投资基金协会是由股权投资行业人士自愿联合发起成立的非营利性社会团体法人机构，接受国家行业主管部门的工作指导和业务支持，服务于在全国注册的各类基金及管理、中介机构等，致力于建设行业自律监管机制，维护会员的合法权益，提高会员从业素质，加强会员与境内外股权投资基金界的合作与交流，促进中国股权投资基金产业健康发展。

中国股权投资基金协会下设自律委员会、资格鉴定委员会、学术委员会、LP委员会和国际合作委员会。

中国股权投资基金协会秘书处是会长办公室会议领导下的常设机构，下设会员部、合作部、研究部、培训部、国际部5个部门，承担着中国股权投资基金协会的日常性工作以及事业发展、会员管理、国际合作、研究、培训等职能。

9. 中国信托业协会

中国信托业协会成立于2005年5月，是全国性信托业自律组织，是经中国银行业监督管理委员会（以下简称“中国银监会”）同意并在中华人民共和国民政部（以下简称“民政部”）登记注册的非营利性社会团体法人。接受业务主管单位中国银监会和社团登记管理机关民政部的指导、监督和管理。

中国信托业协会的宗旨：协会以促进会员单位实现共同利益为宗旨，遵守宪法、法律、法规和国家政策，依据《中华人民共和国信托法》《中华人民共和国银行业监督管理法》等法律、法规，认真履行自律、维权、协调、服务职能，发挥相关管理部门与信托业间的桥梁和纽带作用，维护信托业合法权益，维护信托业市场秩序，提高信托业从业人员素质，提高为会员服务的水平，促进信托业的健康发展。

中国信托业协会主要职责：组织会员签订自律公约及其实施细则，建立自律公约执行情况检查和披露制度，受理会员单位和社会公众的投诉，采取自律惩戒措施，督促会员依法合规经营，共同维护公平竞争的市场环境；受主管部门委托，组织制定行业标准和业务规范，推动实施并监督会员执行，提高行业服务水平；建立、健全信托业诚信制度以及信托公司和从业人员信用信息体系，加强诚信监督，协助推进信托业信用体系建设；制定从业人员道德和行为准则，对信托从业人员进行自律管理，组织信托从业人员资格考试和相关培训。

10. 中国担保协会

中国担保协会（香港注册登记，民政部门备案）于2009年7月8日由国内外知名金融担保行业企业家、著名专家、资深学者及相关业内机构人士共同组建而成。其中博士学历专业人才占53%，硕士学历专业人才占33%，其他专业人才占14%，主要任务：规范中国担保行业市场，促进担保行业健康稳定可持续发展、为会员服务及维权，实现合作、发展、维权、服务的理念。接受中国银监会、中国保监会、中国证监会、最高人民法院、工业与信息部、财政部、建设部、商务部、法制办、工商总局职能等部门业务监管。

协会下设：办公室、发展研究中心、国际合作部、国内合作部、投资分会秘书处、担保分会秘书处、会员信息部、《中国担保与城市发展报告》办公室和《中国担保杂志》编辑部。

11. 中国外商投资企业协会

中国外商投资企业协会于1987年11月在北京创立，是由商务部主管，在民政部登记注册，由在中国境内的外商投资企业以及香港、澳门、台湾同胞和海外侨胞投资企业为主，联合组成的全国性不以盈利为目的的社会团体。

12. 中国银行间市场交易商协会

中国银行间市场交易商协会是由市场参与者自愿组成的，包括银行间债券市场、同业拆借市场、外汇市场、票据市场和黄金市场在内的银行间市场的自律组织，会址设在北京。

协会经国务院同意、民政部批准于2007年9月3日成立，为全国性的非营利性社会团体法人，其业务主管部门为中国人民银行。

协会会员包括单位会员和个人会员，银行间债券市场、拆借市场、外汇市场、票据市场和黄金市场的参与者、中介机构及相关领域的从业人员和专家学者均可自愿申请成为协会会员。协会单位会员将涵盖政策性银行、商业银行、信用社、保险公司、证券公司、信托公司、投资基金、财务公司、信用评级公司、大中型工商企业等各类金融机构和非金融机构。

13. 中国期货业协会

中国期货业协会（简称中期协）成立于2000年12月29日，是根据《社会团体登记管理条例》和《期货交易管理条例》成立的全国期货业自律性组织，是非营利性社会团体法人，接受中国证监会和国家民政部的业务指导和监督管理。

中期协以“自律、服务、传导”为基本宗旨。在国家对期货业实行集中统一监督管理的前提下，进行期货业自律管理；发挥政府与期货业间的桥梁和纽带作用，为会员服务，维护会员的合法权益；坚持期货市场的公开、公平、公正，维护期货业的正当竞争秩序，保护投资者利益，推动期货市场的规范发展。截至2012年年底，中期协共有会员198家，其中期货公司会员160家，期货交易所特别会员4家，地方协会联系会员34家。

14. 中国上市公司协会

中国上市公司协会是依据《中华人民共和国证券法》和《社会团体登记管理条例》等相关规定成立的，由上市公司及相关机构等，以资本市场统一规范为纽带，维护会员合法权益而结成的全国性自律组织，是非营利性的社会团体法人。中国证监会为其业务主管部门。

中国上市公司协会以“服务、自律、规范、提高”为基本职责，致力于促进提高上市公司质量，促进完善上市公司治理，推动建立良好的公司文化，竭诚打造上市公司高端服务平台，进而促进提高整个资本市场的质量。

中国上市公司协会以会员为主体，构建会员代表大会、理事会、监事会协调运转的治理结构，致力于建设新型社会中间组织，积极表达会员发展诉求，维护会员整体利益，提供高端专业服务，传导自律规范需求，进而促进资本市场体系的成熟和完善。

中国上市公司协会于2012年2月15日成立，发起人会员228家，理事会成员249名、常务理事会成员119名（其中非会员常务理事24名），监事会成员34名（其中非会员监事1名）。首任会长陈清泰先生，执行副会长李小雪先生。

截至2012年年底，中上协共有上市公司普通会员1 667家，特别会员8家（证券交易所2家，金融期货交易所1家，商品期货交易所3家，证券登记结算公司1家，投资者保护蓟金公司1家），地方上市公司协会团体会员 26 家。

15. 中国保险行业协会

中国保险行业协会成立于 2001 年 2 月 23 日，是经中国保险监督管理委员会审查同意并在国家民政部登记注册的中国保险业的全国性自律组织，是自愿结成的非营利性社会团体法人。2007 年 12 月 17 日，根据中国保监会《关于加强保险业社团组织建设的指导意见》(保监发［2007］118 号) 精神，中国保险行业协会召开第三届会员代表大会并成功实现了换届，顺利开展了体制机制改革，建立了专职会长负责制，稳步推进人员队伍规范化、专业化、职业化建设。

截至目前，中国保险行业协会共有会员 225 家，其中保险公司 152 家、保险中介机构 37 家、地方保险行业协会 36 家。中国保险行业协会的最高权力机构是会员代表大会。理事会是会员代表大会的执行机构，理事会选举产生会长、副会长、常务理事。协会实行专职会长负责制，由专职会长负责协会日常工作。协会根据工作需要聘任秘书长和副秘书长。协会通过每年度召开理事会的形式共同商讨协会的工作。协会下设财产保险工作委员会、人身保险工作委员会、保险中介工作委员会、保险营销工作委员会和公司治理专业委员会 5 个分支机构，各分支机构的日常工作由协会相应工作部承担。协会还通过定期召开全国地方协会秘书长联席会议，交流情况，协调工作。目前，协会日常办事机构由办公室、法律事务部、信息部、培训部 4 个部门组成。

16. 中国证券业协会

中国证券业协会是依据《中华人民共和国证券法》和《社会团体登记管理条例》的有关规定设立的证券业自律性组织，属于非营利性社会团体法人，接受中国证监会和国家民政部的业务指导和监督管理。

中国证券业协会成立于 1991 年 8 月 28 日，在中国证监会的监督指导下，团结和依靠全体会员，切实履行“自律、服务、传导”三大职能，在推进行业自律管理、反映行业意见建议、改善行业发展环境等方面做了一些工作，发挥了行业自律组织的应有作用。

中国证券业协会的最高权力机构是由全体会员组成的会员大会，理事会为其执行机构。中国证券业协会实行会长负责制。截至 2011 年 6 月，协会共有会员 239 家，其中，证券公司 107 家，证券投资咨询公司 86 家，金融资产管理公司 2 家，资信评估机构 5 家，特别会员 39 家 (其中地方证券业协会 36 家，证券交易所 2 家，证券登记结算公司 1 家)。

17. 中国国际投资促进会

中国国际投资促进会 (以下简称“投促会”) 是经国务院批准成立，由商务部主管的、在民政部登记注册的具有独立法人地位的全国性投资促进机构。其宗旨是：根据中国的经贸战略，充分发挥社团组织的作用，整合全国的投资促进资源和力量，建立全国性的经贸投资促进平台；促进中国参与区域经济一体化战略的实施，实施中国政府制定的投资促进战略；协助各级政府改善投资环境、扩大对外宣传，提高吸收外商投资的质量；推广多元化投资促进产品，为促进外商来中国投资和中国企业到海外投资、参与国际经济技术合作提供有效服务；实现资源共享，协调发展，为繁荣经济、促进社会进步服务。

投促会下设5个二级分支机构及文化产业联盟，现有会员332家。投促会拥有一支专业化的工作团队和由业内资深人士组成的顾问团队，并与众多国际组织、社会团体、投资促进机构建立了战略合作伙伴关系，投促会的高端策划和协调实施能力以及拥有的国内外各方资源，使之成为中国投资促进领域一支有活力、有前途、有作为的力量。

内设投资促进机构工作委员会、中巴企业家工作委员会、中智企业家工作委员会、服务外包工作委员会、投融资工作委员会5个二级非独立法人分支机构。这些工作委员会的日常工作分别由各自的秘书处负责，由投促会秘书处统一协调，其工作接受商务部有关司局指导，成员单位按照有关管理规定缴纳会费，参加投促会和各相关工作委员会的工作活动。

18. 中国外商投资企业协会

中国外商投资企业协会于1987年11月在北京创立，是由商务部主管，在民政部登记注册，由在中国境内的外商投资企业以及香港、澳门、台湾同胞和海外侨胞投资企业为主，联合组成的全国性不以盈利为目的的社会团体。

协会遵照国家对外开放、鼓励外商投资的方针、政策和法律、法规，努力为会员和投资者服务，引导会员守法经营，维护会员的合法权益；增进会员之间、会员和政府之间的相互了解、友谊和合作，促进会员在中国社会主义经济建设事业和国际经济合作中发挥积极作用。

职能：宣传贯彻国家对外开放、吸引外资的方针、政策和法律、法规，介绍中国的投资环境，为促进境外客商来华投资提供信息、咨询等服务；组织会员企业交流在经营管理等有关方面的经验，表彰先进，促进共同提高；接受会员的申诉，向政府有关部门反映会员、境外投资者对改善投资环境的意见；根据政府主管部门授权或委托，组织协调会员企业参加出口商品配额招标、反倾销应诉等事宜；举办适应会员企业需要的培训班、讲习班、研讨会、考察活动等；组织会员企业在国内外举办产品展销活动；组织联谊活动，增进会员之间的友谊与合作，增强会员与政府有关部门的联系和相互了解；开展同海外经济团体的友好往来，促进国际交流与合作；编辑出版吸收外商投资工作的书刊；办理政府有关部门和会员委托的事项。

19. 中国投资协会

中国投资协会是经中华人民共和国民政部登记注册，具有社团法人资格的全国性社会团体，是中国投资建设领域权威性、综合性社团组织。其主管部门为国家发展和改革委员会。

2000年，根据国家有关文件精神，原国家发展计划委员会决定将1980年成立的中国固定资产投资建设研究会和1995年成立的中国投资协会合并重组，并于2001年2月17日召开会员大会正式成立新的中国投资协会。

经过10年的发展，中国投资协会现有会员600多个，既有国有、民营和外资企业，也有专家学者，几乎涵盖了各个行业。协会下设9个专业委员会、9个中心、5个职能部门和1个组织工作委员会。在过去的10年中，中国投资协会在国家发展改革委及有关部门的指导下，在广大会员的关心和支持下，深入贯彻落实科学发展观，坚持服务宗旨，在为国家经济社会发展与改革服务、为会员和各类投资主体服务、为提高投资项目管理水平和投资效益服务等方面取得了显著成绩。

今后，中国投资协会将按照协会的宗旨，继续以国家和全体会员为主要服务对象，全心全意地为国家经济社会的发展与改革出谋划策，为促进会员单位的发展和维护会员的权益尽心尽力，为当好政府和会员单位之间的桥梁纽带做出应有的贡献。

20. 中国外商投资企业协会租赁业工作委员会

1988年，在主管部门和中国外商投资企业协会（“协会”）的支持下，外商投资的融资租赁企业成立了联谊会；1993年，联谊会转为协会的第一个专业委员会——租赁业委员会；2009年，根据民政部的要求，正式更名为“中国外商投资企业协会租赁业工作委员会”。目前，中国外商投资企业协会租赁业工作委员会已成为外商投资租赁企业自主管理、企业踊跃参与的融资租赁行业性自律组织。

在主管部门和协会的领导下，租赁业工作委员会不仅见证了中国融资租赁业发展的全过程，还直接推动和参与了《中华人民共和国合同法》融资租赁合同专章、《中华人民共和国融资租赁法（草案）》《企业会计准则——租赁》、融资租赁相关监管法规、税收政策的制定，开创了中国民间行业协会推动法律法规建设的成功先例。租赁业工作委员会呼吁和组织协调了合资租赁公司欠租问题的解决，依法维护了投资者的权益。在亚洲金融危机之际，租赁业委员会积极采取措施，稳定了行业队伍。

作为国内第一个融资租赁行业组织，租赁业工作委员会集中了国内最主要的融资租赁业务的专业人才，与政府相关部门建立了最为密切的关系，在推动中国融资租赁业对内、对外进一步开放以及在开展融资租赁业务理论研究、国际同行交流、业务推广宣传、租赁市场拓展、专业人员培训、行业组织建设等方面做了大量卓有成效的工作，为中国融资租赁业的健康发展做出了突出贡献，得到了会员、政府主管部门和业界的肯定和好评，有力地推动了中国融资租赁业的发展，支持了国家的经济建设。外商投资融资租赁公司不仅是中国融资租赁业的开拓者，而且目前仍然是中国融资租赁业发展的主力军。

21. 中国互联网协会

中国互联网协会由国内从事互联网行业的网络运营商、服务提供商、设备制造商、系统集成商以及科研、教育机构等70多家互联网从业者共同发起成立。中国互联网协会是面向中国互联网界，是与互联网有关的单位自愿参加的非营利性、全国性社团组织；是经原信息产业部批准，民政部核准注册，受国家法律保护的独立法人组织。中国互联网协会成立于2001年5月25日，由国内从事互联网行业的网络运营商、服务提供商、设备制造商、系统集成商以及科研、教育机构等70多家互联网从业者共同发起成立。中国互联网协会现任理事长为原中国科协副主席胡启恒院士，现有会员400多个，协会的业务主管单位是工业和信息化部，办公地点设在北京市。

22. 中国城市金融学会

中国城市金融学会（China Urban Financial Society）是中国从事城市金融科学研究

的全国性学术团体（社团法人）。主办单位是中国工商银行，经国家有关部门批准于 1993 年 1 月 18 日成立。中国城市金融学会长期致力于金融理论与实践的研究和交流，得到了社会各界的支持与参与，理事会中聚集了经济金融界权威的专家学者，实力雄厚，影响广泛，在金融界和学术界享有盛名。中国城市金融学会是首批 4A 级全国性学术类社团。

23. 上海金融业联合会

上海金融业联合会是由上海各金融同业公会、金融市场、大型金融机构及有关中介服务行业组织共同发起成立的跨部门、跨行业联合性的非营利性社会团体法人，业务主管单位是上海市金融服务办公室，登机管理机关是上海市社会团体管理局。

上海金融业联合会成立是上海金融业对国务院《关于推进上海加快发展现代服务业和先进制造业建设国际金融中心和国际航运中心的意见》精神的积极响应，其目的是要充分发挥金融市场、金融机构及相关中介服务机构作为上海国际金融中心建设的主体作用，进一步加强金融各行业之间的横向联合和交流，充分发挥上海金融业的整体合力和协同效应，努力在上海率先开展金融改革创新，积极推动对外开放，开创上海金融市场体系发育完备、金融及相关中介服务充足、金融产品丰富、金融人才云集的新局面，不断加快推进上海国际金融中心建设。

上海金融业联合会除了各金融同业公会及相关中介服务业协会外，还吸收了在上海的各金融要素交易市场，国内外金融机构为会员单位，并将吸纳财务、投资、典当、租赁、担保、会计、律师、评估、咨询、评级，以及私募股权投资和小额贷款公司等协会为机构会员。同时，联合会成立了由知名金融专家、学者和实务工作者组成的专家委员会。

第二十六部分

2012 年度部分代表人物

1. 李 扬

李扬，现任中国社会科学院副院长，学术委员会主席，首席经济学家。曾任美国哥伦比亚大学访问学者，研究员、教授、博士生导师，清华大学、北京大学、中国人民大学、复旦大学、南京大学、上海交通大学、中国科技大学、中央财经大学、上海财经大学等大学兼职教授。

中国货币政策委员会第三任专家委员(2002—2004)，中国金融学会副会长、学术委员会委员，中国国际金融学会副会长，中国财政学会常务理事，中国城市金融学会常务理事，中国科学院自然科学和社会科学交叉研究中心学术委员会委员，北京、上海、西藏、安徽等省、市（自治区）政府金融顾问，1992 年，获“国家级有突出贡献中青年专家”称号。1993 年，享受国务院“政府特殊津贴”。1997 年，被选为人事部等国家 7 部委首批“百千万工程第一、二层次人选”。2002 年，被国家科技部授予“全国杰出专业技术人才”称号。1990 年以来，曾 5 次获得“孙冶方经济科学”著作奖和论文奖，4 次获得“中国社会科学院优秀成果奖”。

2. 赵 远

《中国产业金融年鉴》主编，《中国大宗商品市场年鉴》主编，湖南大学产业金融研究院发起人和创办人之一，商品交易学知识体系创始人之一，提出和倡导在商品交易领域实施标准化、金融化和指数化，创立商品金融和商品交易金融的思想，并提出在商品交易链中所产生的复杂金融需求和大宗商品金融业务体系升级的必要性。曾出版专著《产业金融学》《商品交易学》《发现价值——直接投资的智能化管理》《投资基金的策划与管理》《非典型时代》。

2012 年，赵远出版的专著《产业金融学》，对产业金融尝试建立新的知识体系，提出产业银行、产业投资、产业投资银行、商品金融、基地金融、产业金融资源配置等相关的思想与理念。开始首部《中国产业金融年鉴》的编纂工作。赵远运用新的规则体系和知识体系对年鉴进行了分类和编纂。

3. 万建华

万建华，现任国泰君安证券董事长，曾任招商银行总行副行长、招商银行常务副行长，中国银联筹备组组长、中国银联总裁、上海国际集团总裁、副董事长，兼任国通证券公司（现招商证券）董事长、长城证券公司董事长、香港江南财务公司副董事长兼总经理等职。

从 2002 年 3 月银联正式挂牌成立至今，万建华作为董事长兼总裁一直相当低调。但在金融圈里，万建华的名字早已和“实干派”联系在一起。万建华凭直觉感到了“个人银行业务集中在银行卡这种载体上的趋势”，所以当组建中国银联的任务找到了万建华时，他毫不犹豫地接受了。“我感觉这肯定代表了未来商业银行的一个发展方向。所以尽管当时心里并不是很有底，但是感觉这个事业的发展前景广阔，凭直觉我接受了这项任务。”银联从筹备到正式挂牌仅用了不到一年的时间。

2002 年，银联顺利实现了在 300 个城市各大银行的行内联网，在 100 个城市实现银行卡的跨行通用，在 40 个城市发行银联标识卡，并且实现全国范围内的异地跨行通用。银联在中国金融界已经成为“标准的受卡高速公路”。当然，银联的作用还不止于此，“未来人民币成为可自由兑换货币后，银联可以依靠统一起来的庞大资源与外卡组织谈判准入事宜，各行的银行卡可以借助银联系统利用国际网络，走向国际。”

4. 李礼辉

李礼辉，现任中国银行党委副书记、行长，曾任厦门国际银行常务董事、派驻香港任工商国际金融有限公司副董事长兼副总经理、中国工商银行福建省分行副行长、中国工商银行驻新加坡首席代表、中国工商银行国际业务部总经理、中国工商银行副行长、海南省副省长、中国银行股份有限公司副董事长、行长。

5. 王国刚

中国社会科学院金融研究所所长，博士生导师，经济学教授，经济学博士，中国注册会计师，政府特殊津贴获得者。曾任“江苏兴达证券投资服务有限公司”总经理、“江苏兴达会计师事务所”董事长，“中国华夏证券有限公司”副总裁等职，兼任中国金融学会常务理事、中国农村金融学会常务理事、中国国际公共关系学会常务理事、海南“中国创业板市场”研究会会长等职；主要从事资本市场、公司金融等理论与实践问题研究，已发表《中国证券业的理论与实务》《中国企业组织制度的改革》《资本市场导论》《进入21世纪的中国金融》等著作26部，论文400多篇。

6. 朱晓明

朱晓明，现任中欧国际工商学院执行院长、管理学教授及中天集团管理学教授；上海交通大学经济与管理学院兼职教授、博士生导师；上海财经大学兼职教授、博士生导师。曾任中国工业与应用数学学会副理事长，上海工业与应用数学学会副理事长，上海浦东新区高级职称评审委员会主任，上海市国际商务专业高级技术评审委员会主任。

朱晓明历任上海市学联副主席（第九届，1979—1983年），上海市纺织工业局副局长，金桥出口加工区开发公司总经理、党委书记，上海市浦东新区管委会副主任；1995—2003年任上海市人民政府副秘书长兼上海市对外经济贸易委员会主任、上海市外国投资工作委员会主任；2003—2008年任上海市人大常委会副主任；2008—2011年任上海市政协副主席、党组副书记。

7. 王　战

王战，现任第九届全国政协委员、上海市人民政府发展研究中心党组书记、主任，上海WTO事务咨询中心理事长、长江开发沪港促进会副理事长等职，浙江宁海人，1983年毕业于复旦大学世界经济系，获学士学位，复旦大学客座教授、博士生导师，上海国际集团有限公司博士后科研工作站专家。1993年起享受国务院特殊津贴，1998年获国家人事部“突出贡献中青年专家”称号。

1983年起参与了五届上海市政府决策咨询研究，1992年起主持上海市决策咨询工作。有关上海土地批租、浦东开发、“构筑上海大都市圈”“中国加入WTO对上海经济的影响及对策研究”，以及“上海综合竞争力国际比较研究”等政策建议被市政府采纳，产生了一定的社会效益和经济效益。并兼任云南、江苏、成都、苏州等省市政府经济顾问，是国内决策咨询界享有较高知名度的专家学者之一。原上海市人民政府发展研究中心主任。

8. 王贵亚

王贵亚自 2011 年 3 月起出任中国建设银行投资理财总监兼总行投资银行部总经理。王先生自 2006 年 8 月至 2011 年 3 月任中国建设银行投资银行部总经理，其间 2007 年 1 月至 2010 年 8 月兼任建银国际（控股）有限公司董事长；2004 年 3 月至 2006 年 8 月任中国建设银行计划财务部总经理；2000 年 7 月至 2004 年 3 月任中国建设银行计划财务部副总经理。

9. 董文标

董文标，现任全国工商联副主席、中国民生银行董事长。第十届、十一届全国政协委员，第十一届全国政协经济委员会副主任，第十届全国工商联执委，中国民间商会副会长，中国上市公司协会副会长。

中国民生银行董事长董文标从 2004 年开始，在中国民生银行推行事业部制，在很多产业领域推动金融服务的专业化、规范化，在许多产业领域建立专业的事业部及金融中心，使银行服务产业化。截至 2012 年年底，民生银行事业部涉及的产业包括：钢铁、船舶、飞机、茶叶、海洋渔业。

10. 陈有安

陈有安，现任银河金控董事长、党委书记、银河证券董事长。曾先后在国家能源委员会、国家经济委员会、国家计划委员会、中国国际信托投资公司、国家开发银行、甘肃省人民政府、中央汇金公司任职服务。历任国家开发银行华东地区信贷局（上海、江苏、浙江、福建、安徽、山东、江西）副局长；国家开发银行兰州分行（甘肃、青海、宁夏）行长兼党委书记；甘肃省省长助理、省政府党组成员兼省贸易经济合作厅厅长、厅党组书记；甘肃省省长助理、省政府党组成员兼省商务厅厅长、厅党组书记、省农信社理事长、党委书记。

管理科学与工程博士、高级工程师、享受国务院政府特殊津贴专家。参与制定了全国“六五”“七五”能源发展规划、电力工业技改规划及全国“七五”“八五”利用外资计划的编制工作，参与全国 5 个经济特区、14 个沿海开放城市、保税区、保税仓库利用外资政策的制定。

11. 陈　收

陈收，湖南大学副校长，湖南大学产业金融研究院执行理事长。近年来在产业金融风险管理的思想理论建设，在湖南大学产业金融教育体制建设方面有效地推动了体系的建设，起到了领导作用。陈收参与创立湖南大学产业金融研究院，担任产业金融系列专著的共同主编，也是中国首个产业金融方向的博士生导师。在陈收的推动下，湖南大学创立首个产业金融本科试验班。2012 年陈收作为课题的总负责人获得了自然科学基金委项目，从事产业金融相关的研究，也是中国产业金融年鉴（2013）的副主编，参与中国产业金融知识体系的建设。

12. 王东明

王东明，现任中国中信集团公司董事、

总经理助理，中信控股有限责任公司董事，中信证券股份有限公司董事长，中信证券国际有限公司董事，中信国际金融控股有限公司（香港）董事，中信资本控股有限公司（香港）董事和华夏基金管理有限责任公司董事长。历任华夏证券公司投资银行部总经理，南方证券公司副总裁，中信证券副总经理、总经理、董事长等职务。长期致力于中国投资银行业务的发展和证券公司的规范治理。王东明还兼任中国证券业协会监事长，上海证券交易所第三届理事会理事，以及中国人民对外友好协会第八届全国理事会理事。

13. 吉晓辉

吉晓辉，男，汉族，1955 年 10 月生，1973 年 12 月参加工作，1976 年 9 月加入中国共产党，工商管理硕士，高级经济师，第十届全国政协委员。曾先后担任中国工商银行上海黄浦区办事处党委书记兼纪委书记；中国工商银行上海静安支行行长、党委副书记；中国工商银行上海浦东分行行长、党委副书记；中国工商银行上海市分行副行长兼浦东分行行长；中国工商银行上海市分行副行长、党委副书记（主持工作）；中国工商银行上海市分行行长、党委书记；上海市政府副秘书长、上海市金融工作党委副书记、上海市金融服务办公室主任；现任上海浦东发展银行股份有限公司党委书记兼董事长。

14. 朱云来

朱云来，现任中国国际金融有限公司总裁兼首席执行官，1977—1981 年就读于南京气象学院大气物理学专业，毕业后进入中国气象局工作，后赴美国深造。1994 年，朱云来获得美国威斯康辛大学博士学位后转向商业，在安达信会计师事务所的芝加哥分店任会计师。1996—1998 年，他在纽约的瑞士信贷第一波士顿公司担任一名投资银行雇员，开始了投资银行家的生涯。1994 年毕业于美国威斯康辛大学，修读大气科学。2005 年 7 月，美国《财富》杂志评选出“亚洲最具影响力 25 位商界领袖”，他排名第 15 位。

15. 杨　涛

杨涛，经济学博士，研究员。兼任中国社会科学院金融研究所金融市场研究室主任，中国社会科学院金融研究所支付清算研究中心主任，中国社会科学院金融政策研究中心秘书长，国家开发银行特聘专家，Gateway International Group Ltd. 首席经济学家。

经济学博士，管理学博士后，研究员，硕士研究生导师。主要研究领域包括：财政、货币理论与政策；投融资理论与实践；金融产品与金融创新；农村金融等。曾就职于投资银行、商业银行、政府财政部门等，拥有中国律师资格证书、中国注册会计师（CPA）资格证书。

16. 陆　磊

陆磊，现任广东金融学院党委副书记、院长、西南财经大学兼职研究员、中国金融学会会刊《金融研究》主编助理、《财经》首席研究员、广东金融学会学术委员会委员、《南方金融》特约观察员、《金融与经济》特约撰稿人、中国银河金融控股有限责任公司和中国银河证券股份有限公司独立董事。

陆磊自 1995 年起在中国人民银行政策研究室经济金融处、研究局国际金融处和招商银行研究部工作，先后任中国人民银行、国家外汇管理局人民币资本账户可兑换专题小组成员、国务院农村金融体制改革专题小组办公室成员、人民银行监管体制改革专题小组办公室成员，曾在英格兰银行中央银行研究中心、澳大利亚财政部财政政策司进修、工作，并获选国际货币基金组织（IMF）学者。陆磊教授现同时担任华泰联合证券首席经济学家。同时在中山大学传播与设计学院教授经济学原理课程，深受广大同学欢迎。荣获 2011 年第一财经金融价值榜年度青年经济学家。

第二十七部分

会议与论坛

一月

1 月 6 日，2012 中国投资年会在北京召开，由《每日经济新闻》主办。

1 月 7 日，第十六届中国资本市场论坛在北京召开，由中国人民大学金融与证券研究所、《中国证券报》社、兴业证券股份有限公司、《资本市场》杂志社主办。

1 月 17 日，2012 年“跨境人民币业务高峰论坛——人民币走出去的机遇与挑战”在北京召开，由中国银行与《21 世纪经济报道》《环球企业家》杂志社共同主办。

1 月 18 日，重汽财务公司 2012 年度第一次汽车金融会议在济南召开。

二月

2 月 18 日，第三届上海金融论坛在上海国际会议中心召开，由上海交通大学主办。

2 月 25 日，“2012 中国资本年会——并购与转型”在北京召开，由《融资中国》杂志社主办。

2 月 26 日，第四届全球 PE 北京论坛在北京召开，由中国股权投资基金协会、北京市金融工作局、北京市海淀区人民政府、北京股权投资基金协会主办。

2 月 29 日，2012 年三农金融业务工作会议暨三农金融事业部改革扩大会议在北京召开，由中国农业银行主办。

三月

3 月 15 日，2012“福布斯中国潜力企业投资论坛”在北京召开，由《福布斯》中文版主办。

3 月 20 日，2012 年三农金融业务工作会议在宝鸡召开，由农业银行陕西分行主办。

3 月 21 日，2012 航运金融法律论坛在上海召开，由上海国际航运研究中心、伦敦海事仲裁员协会和上海仲裁委员会共同主办。

3 月 24 日，中国经济 50 人论坛（上海）研讨会在上海召开，由中国经济 50 人论坛，上海现代服务业联合会和上海国和现代服务业股权投资管理公司联合主办。

3 月 29 日，第六届中国私募基金高峰论坛在深圳召开，由深圳市私募基金协会和私募排排网联合主办。

3 月 29 日，2012 中国地产金融创新论坛在上海市召开，由黄金湾投资集团主办，K8 黄金湾、中国地产金融拓展联盟、全国工商联房地产商会、中国地产投资与服务博览会组委会承办。

四月

4 月 12 日，第三届西部高新技术产业与金融资本对接推进会高层论坛在成都市新世纪会展中心召开。

4 月 23 号，安徽省首季金融形势分析暨文化产业金融服务专题研讨会在黄山市召开，由黄山市金融办主办。

4 月 26 日，2012 环渤海股权投资高峰会暨青岛特色优势产业资本对接会在青岛召开，由青岛市人民政府、中国风险投资研究院联合主办。

4 月 27 日，“中原经济区建设与金融产业发展”高峰论坛在郑州召开，由郑州市人民政府主办，《大河报》和百瑞信托承办。

五月

5 月 4 日，湖南大学长沙校友会第二届“岳麓之星 · 金融与产业发展”论坛在湖南大学逸夫楼召开，由湖南大学长沙校友会主办。

5月9日，第八届中国能源投资论坛在北京召开，由中国企业投资协会、中国投资协会、中国能源网主办。

5月13日，2012金融改革与创新高级论坛北京召开，由北京大学曹凤岐金融发展基金主办。

5月18日，第七届“中博会”旅游投融资合作洽谈会在湖南省张家界市召开，由国家旅游局、湖南省人民政府主办。

5月23日，中国金融论坛在北京召开，由科博会组委会办公室、中国银行业协会主办。

5月25日，2012年（第七届）21世纪中国资本市场年会在上海召开，由《21世纪经济报道》主办。

5月25日，2012中国股权投资论坛在上海召开，由《上海证券报》社主办。

5月31日，第三届中国金融租赁高峰论坛在天津召开，由中国银行业协会、天津市人民政府、中国外商投资企业协会主办。

六月

6月6日，2012（第十四届）中国风险投资论坛在深圳召开，由民建中央、科学技术部、广东省人民政府、深圳市人民政府主办。

6月7日，2012（第三届）中国民企投融资大会在杭州召开，由浙商传媒（《浙商》杂志社）、全国商人媒体联盟、浙商全国理事会主办。

6月8日，“2012中国地产金融创新论坛（丽江）暨产业地产成功经营模式高峰论坛”在丽江召开，由中国房地产业协会、黄金湾投资集团、新浪乐居、旅游卫视主办。

6月10日，第六届中国企业国际融资洽谈会在天津召开，由天津市人民政府、中华全国工商业联合会、国家科技部、美国企业成长协会联合举办。

6月14日，2012两岸四地国际投资合作高峰论坛暨中港经贸峰会在香港召开，由香港中华工商业协会主办。

6月21日，澳门电子金融产业贸易促进会在澳门召开，由澳门电子金融产业贸易促进会和广州银联网络支付有限公司联合主办。

6月27日，首届中国（广州）国际金融交易·博览会主题论坛在广州召开，由广东省人民政府主办，广东省人民政府金融工作办公室承办。

6月27日，钢铁能源类专题研讨会在北京举行，由银行间市场交易商协会举办，50多家钢铁能源类企业会员参会。

6月28日，2012陆家嘴论坛在上海市召开，由中国人民银行、中国银监会、中国证监会、中国保监会、上海市人民政府共同主办。

6月28日，“创新与发展——中小企业融资”论坛在广州召开，由广东省金融办、广东省工商联、《南方日报》社联合主办。

6月29日，中国经济与长三角有色金属产业高峰论坛在江苏省宜兴市召开，由上海期货交易所和宜兴市人民政府主办。

七月

7月5日，2012中国企业走向世界暨国际融资论坛在北京召开，由中国投资协会、北京金融资产交易所和《国际融资》主办。

7月7日，上半年汽车金融工作会议在济南召开，由中国重汽财务公司主办。

7月10日，“蕴通财富·相伴远航”重点港航企业交流会在南京召开，由国家海事局、交通银行主办。

7月10日，第三届中国小额信贷创新论

坛暨首届全国金融办主任圆桌会议在辽宁省召开，由中国金融学会、辽宁省人民政府金融工作办公室主办。

7 月 15 日，泛亚金融产业中心园区高峰论坛在昆明举行。

7 月 19 日，“蕴通财富·相伴远航”航运金融交流会暨银企战略合作协议签署仪式在福州召开，由交通银行主办。

7 月 20 日，2012 产业金融创新与发展高峰论坛在北京召开，由北京大学（深圳研究生院）主办。

7 月 20 日，由《每日经济新闻》报社与北大汇丰商学院共同发起举办“2012 产业金融创新与发展高峰论坛”在深圳举行。

八月

8 月 2 日，中信银行钢铁金融业务专题研讨在天津召开，由中信银行总行主办。

8 月 3 日，第二届中国创业投资行业峰会暨评优表彰颁奖典礼在北京召开，由中国投资协会创业投资专业委员会主办。

8 月 9 日，《中国信托业发展报告(2012)》发布会暨中国信托业高峰论坛在北京召开，由平安信托、《环球企业家》和《21 世纪经济报道》主办。

8 月 10 日，第三届地产金融创新峰会在北京召开，由和讯房产全国房地产投资基金联盟主办。

8 月 10 日，“中国融资租赁（广州）发展论坛”在广州召开，由中国外商投资企业协会租赁业工作委员会与广州越秀融资租赁有限公司联合主办。

8 月 17 日，产业金融畅谈会在北京召开，由北京经济技术开发区主办。

8 月 21 日，营口港口金融创新试验区座谈会在营口召开，由营口开发区主办。

8 月 22 日，中国社会科学院金融研究所十年庆在中国社会科学院学术报告厅召开，由社科院金融研究所主办。

8 月 22 日，中国（西部）房地产金融创新论坛暨陕西协和资产管理有限公司成立大会在西安召开，由全国工商联房地产商会、陕西省工商联房地产商会主办。

8 月 25 日，第三届全国房地产金融投资实务研讨会在北京召开，由全国房地产经理人联合会主办。

九月

9 月 8 日，“第二届老龄产业与金融合作高峰论坛”在北京召开，由全国老龄工作委员会办公室信息中心主办，北京沣沅弘投资有限公司承办。

9 月 9 日，中国信用评级行业二十年回顾与展望国际研讨会在北京召开，由国务院发展研究中心金融研究所和中国诚信信用管理有限公司联合主办。

9 月 10 日，2012 第六届中国银行家高峰论坛在中欧国际工商学院北京校园举行，由中欧国际工商学院和《财经》杂志共同主办。

9 月 13 日，2012 中国风险投资论坛——振兴东北投资高峰会（第七届）在沈阳召开，由民建中央、科学技术部、辽宁省人民政府、沈阳市人民政府主办。

9 月 14 日，2012（第九届）中国并购年会在北京召开，由中国并购公会和北京市朝阳区人民政府共同主办。

9 月 22 日，“借力汽车金融，促进汽车消费”圆桌会议在北京召开，由中国汽车流通协会主办。

9 月 23 日，第二届中阿经贸论坛金融合作分会在银川召开，由中华人民共和国商务部、中国国际贸易促进委员会、宁夏回族自治区人民政府主办。

9月24日，民营企业和中小企业类会员专题研讨会在福建举行，由银行间市场交易商协会举办，60多家民营企业会员参会。

9月25日，河南信阳钢铁物流金融商务研讨会暨信阳钢材物流交易中心信息发布会在信阳召开，由信阳欧亚经营管理有限公司主办。

9月26日，2012中国汉源中农科产业发展基金对接会在汉源县召开，由热地公司主办。

9月，中国证监会分别召开部分大型国有商业银行、大型综合金融控股集团以及部分私募基金、信托公司、资产管理机构负责人座谈会，就资本市场如何统筹长远与当前发展，如何服务实体经济和维护投资者利益等问题，进行了广泛深入的交流。

十月

10月26日，中国航空金融发展论坛在天津市召开，由天津东疆保税港区管理委员会和中国航空运输协会通用航空委员会共同主办。

10月18日，中国公务机和通航产业(BGA)发展研讨会在西安召开，由航空基地、国家航空产业基金、罗斯洛克集团共同主办。

10月28日，第九届中国国际金融论坛在上海召开，由金融时报、注册国际投资分析师协会、上海市对外文化交流协会等主办，上海财景文化传播有限公司、财金文化传媒有限公司承办。

10月31日，“2012 ChinaVenture中国投资年会·北京”在北京召开，由投中集团主办。

十一月

11月1日，中国江西钨产业发展与金融合作高峰论坛在赣州召开，由民生银行赣州分行承办。

11月1日，第八届中国地产金融年会在北京召开，由财讯传媒、中国民生银行主办。

11月1日，第八届中国地产金融年会将在北京举办，由思源集团、《地产》杂志、民生银行主办。

11月3日，第二届国际激光技术与产业化论坛举行。

11月4日，2012中国国际矿业大会携手应对、共促发展的主题论坛在天津召开，由国土资源部、天津市人民政府和中国矿业联合会主办。

11月9日，石材产业金融论坛暨中国·水头2012年世界石材发展峰会在福建泉州水头召开，由中华全国工商业联合会石材业商会、中国西部研究与发展促进会、中国民生银行股份有限公司、中国石材协会、南安市人民政府共同主办。

11月16日，中国小微金融60人论坛在北京召开，由中国小额信贷机构联席会主办。

11月17日，2012年中国·沙河产业与金融论坛暨《产业金融工程》首发式在沙河召开，由河北省沙河市人民政府、武汉大学中国金融工程与风险管理研究中心、人民出版社主办。

11月18日，2012金融街论坛在北京召开，由北京市金融工作局、西城区人民政府主办。

11月21日，“金融改革与产业创新升级”论坛在北京召开，长江商学院金融MBA项目联合快钱举办。

11月22日，2012年度全国城市与资本市长论坛在北京召开，由《财经国家周刊》、瞭望全媒体传播有限公司、全国市长研修学院主办。

11 月 23 日，中国—拉美经贸投资研讨会在北京召开，由中国国际问题研究基金会主办。

11 月 26 日，亚洲金融合作会议在孟买召开，由博鳌亚洲论坛、印度工商联合会主办。

11 月 26 日，中国汽车金融年会在广州召开，由《理财周报》主办。

11 月 28 日，《财经》年会——2013 预测与战略在北京召开，由《财经》杂志主办。

11 月 28 日，2012 武汉金融改革创新助力文化和科技产业振兴论坛在武汉召开，此次论坛由市委宣传部、市政府金融办主办，长江网承办。

11 月 30 日，第八届北京国际金融博览会在北京召开，由北京市金融局、西城区政府主办。

十二月

12 月 15 日，三亚·财经国际论坛在海南省三亚市召开，由三亚·财经国际论坛理事会主办。

12 月 17 日，中国银行间市场交易商协会信用评级专业委员会换届会议暨第二届委员会第一次会议在京召开。

12 月 18 日，首届中国（东莞）股权投资高峰会在东莞召开，由东莞市人民政府主办。

12 月 20 日，2012 中国股权投资年会在北京召开，由中国股权投资基金协会、北京市金融工作局、海淀区人民政府主办。

12 月 21 日，中国汽车产业发展论坛在北京召开。

12 月 21 日，2012 中国（广东）金融、科技、产业融合创新洽谈会在佛山市南海区召开，由广东省人民政府主办。

12 月 22 日，“2012 国际金融与产业发展论坛暨中国地方政府项目与资本对接大会”在国家会议中心召开，由国际金融投资家联合会和千人金融博士联谊会主办。

第二十八部分
大事记

一月

1 月 4 日，上海金融产业服务基地成为上海市首批服务业综合改革试点区域 10 个试点区之一。

1 月 16 日，发改委表示，内蒙古战略创新产业基金将正式启动，它是该区成立的首支大型产业基金。内蒙古战略创新产业基金由呼和浩特市政府、巴彦淖尔市政府、北京矿业权交易所等共同发起成立。基金规划总规模 200 亿元，分三期募集，主要投资于自治区能源行业、战略性新兴产业、现代服务业等。

1 月 19 日，北塘经济区管委会与中科招商投资（基金）管理公司签署投资框架协议，建立中科招商产业金融创新基地。

1 月 30 日，建筑机械生产商三一重工宣布，公司联手中信产业基金投资顾问公司，出资 3.6 亿欧元，收购德国混凝土泵生产商普茨迈斯特的全部股权，其中三一重工持股 90%。

二月

2 月 8 日，山东海洋投资有限公司主导发起的蓝色经济区产业基金管理有限公司、中国蓝色经济产业基金管理有限公司在济南正式挂牌成立。蓝色经济区产业投资基金是由政府推动、市场运营的国内第一只专注于海洋经济的产业投资基金。基金总规模 300 亿元，存续期限为 12 年，首期规模 80 亿元。投资策略以海洋经济产业为主，兼顾其他行业，通过上市、战略出售、并购重组及回购等多种方式退出。

2 月 14 日，广发银行与中升（大连）集团在广州签订《银企战略合作协议》，标志着双方正式建立全面的战略合作伙伴关系，广发银行全力打造区域汽车金融中心。

2 月 14 日，根据《上海推进物联网产业发展行动方案（2010—2012 年）》，嘉定区和浦东新区都加入了物联网发展大潮。浦东新区决心打造物联网产业基地，通过政府和社会筹资 10 亿元左右成立专门的产业发展基金，帮助企业在浦东发展，并引入复旦大学、上海交通大学和中科院上海微系统所等科研院所。

三月

3 月 7 日，交通银行广东省分行汽车金融中心正式挂牌成立，交通银行将拿出 200 亿元的专项信贷额度支持汽车金融。

3 月 13 日，广发银行在郑州成立首家汽车金融中心，这是广发银行继签约国内顶级汽车经销商中升集团后，在汽车金融服务领域的又一重要举措。

3 月 27 日，中信银行提供具有里程碑意义的供应链金融服务特色品牌“中信港口金融”，支持青岛市政府西海岸经济建设。

3 月 31 日，浙江省文化厅表示，浙江将设立总规模为 20 亿元的“浙江省卓越浙商文化产业基金”，扶持和引导浙江民营企业进入文化产业。

四月

4 月 10 日，首都产业金融中心在北京市顺义区国门商务区正式启动。

五月

5 月 18 日，第八届中国（深圳）国际文化产业博览交易会上，“中国文化产业投资基金新闻发布会暨投资项目签约仪式”在深圳会展中心隆重举行。

5月19日，湖南大学产业金融研究院成立，是中国高校中第一个从事系统化产业金融研究、提供产业发展解决方案和产业金融教育的高端学术机构。

5月30日，财政部宣布，经国务院批准，自2012年7月1日起中国将开征废弃电器电子产品处理基金，这是国家为促进废弃电器电子产品回收处理而设立的政府性基金。

六月

6月12日，南沙新区规划上报中央，将着力建航运金融中心。

6月19日，中国民生银行交通金融事业部大力推进"路转车"的业务转型，退出包括公路、铁路、机场、港口等基础设施建设为主的业务，转向制造业、流通服务业。

6月25日，中信银行"钢铁金融"针对不同网络制定了业务操作流程及标准协议文本，并表示在未来3～5年，把供应链金融作为全行公司银行的战略核心业务。

6月27日，中国民生银行石材产业金融事业部在福建泉州成立。

6月27日，中国民生银行茶业金融中心在福建厦门成立。

6月28日，中国民生银行海洋渔业金融中心在青岛市正式成立。

6月底，德国银行巨头——德国商业银行宣布退出航运金融业。

七月

7月10日，北京市顺义区政府与即将入驻顺义区和北京天竺综保区的9个项目正式签约，顺义区和北京天竺综保区大力进入国内产业金融和航空金融领域。

7月15日，北京市首只影视文化基金乐视星云影视文化基金正式成立，首期资金规模10亿元。该基金由乐视网的控股股东所属的乐视投资管理（北京）有限公司及鑫湾资本等机构发起设立，目前主要投资新技术电影，优秀剧本、导演、演员和好莱坞的电影技术，后期将逐步增加投资至30亿元。

八月

8月7日，广东金融高新区确立了打好"亚太金融后援基地"与"广东产业金融中心"双王牌的思路。

8月17日，中国动漫集团目前已经启动动漫产业基金筹备工作，预计将于2012年下半年正式推出。

8月17日，北京经济技术开发区管委会分别与中国农业银行股份有限公司北京市分行和国泰君安证券股份有限公司签署了战略合作协议，北京经济技术开发区对推动产业金融创新再次进行了积极尝试。

8月21日，中国民生银行大连分行依托辽宁省内大连港、北良港、营口港、锦州港、葫芦岛和丹东港，着手打造港口金融服务。

8月28日，兴业银行上海分行合同能源管理融资产品实现标准化，将未来收益权质押作为担保品。

8月31日，广东产业金融研究院举办揭牌仪式，助力建设广东产业金融中心及广东产业金融发展和经济转型升级。

九月

9月2日，北京市国有文化监督管理办公室提出要建设北京文化金融创新中心。

十月

10 月 10 日，杭州市文创办和光大银行杭州分行合作，将推出面向文创产业的“融易贷”基金。基金首期 5 000 万元，将为超过 20 家的中小型文创企业提供便捷的融资服务。

10 月 25 日，河南财经政法大学“产业与金融发展研究中心”获批第四批河南省高等学校人文社会科学重点研究基地。

10 月 30 日，在北京举办的中国银行业高峰论坛暨“细分之王”——2012《环球企业家》年度创新银行榜发布会上，平安银行获“最佳供应链金融服务银行”称号。

十一月

11 月 3 日，湖北省高新技术产业投资公司、团结高新、楚天激光、凌云光电、高科集团和新特光电共同签订组建光谷激光产业基金协议，预计规模将达 10 亿元，并规划建占地 5 800 亩全国最大的光谷激光产业基地。

11 月 4 日，中国社会科学院产业金融研究基地发布消息，该基地在进行以下委托课题的研究：《衡阳建设大湘南区域性金融服务中心规划研究》《朝阳区建设光华国际金融城的战略与对策研究》《青岛金家岭新区金融规划研究》《宁波建设离岸金融市场研究》《首都文化产业发展与金融创新体系建设研究》。

11 月 12 日，中国银行上海市分行推出航运金融创新方案并成功完成首单业务。

11 月 13 日，西安航空基地亮相与西安国家航空产业基金投资管理有限公司、美国罗斯洛克集团、罗兰贝格管理咨询有限公司进行了集中签约。西安国家航空产业基金投资管理有限公司与美国洛克菲勒家族旗下的罗斯洛克集团经过前期洽谈和考察，正式签署合作协议。根据协议，双方将共同出资成立一家总部位于上海的产业基金管理机构，并计划于近期发起一只首期规模 100 亿元的航空产业投资基金。该基金将在西安、上海等具备一定航空产业基础的城市开展投资业务，资金投向主要包括航空基础设施建设、航空金融、航空物流、航空服务、跨国并购等领域。

11 月 29 日，国家开发银行船舶融资中心在大连成立。

十二月

12 月 3 日，中国社会科学院研究生院与中国艺术产业研究院联合主办的首届中国艺术金融产业博士生课程班在上海大学举办开学典礼。

12 月 12 日，哈尔滨经济技术开发区与国内专注于云计算及移动互联网领域的专业化投资管理者——北京云基地，联合宣布双方面向“云计算”领域的产业投资基金正式启动设立，云谷产业基金Ⅰ期目标规模为 2.5 亿元，Ⅱ期目标规模 15 亿元。

12 月 14 日，广东文化产业投资管理有限公司与广州市景龙装饰设计有限公司签订增资扩股投资协议，广东文化产业投资基金将投资延伸到装修设计领域。

12 月 19 日，海南大宗商品交易中心挂牌成立，中心运营初期实现天然橡胶、热带瓜果等具有海南特色的大宗商品高效的金融交易运作。

12 月 27 日，董家口大宗商品交易中心与中信银行青岛分行开展合作，中信银行青岛分行为平台会员提供全流程的配套金融服务。

第二十九部分
主要著作与文献

1. 产业金融学

作者：赵远

《产业金融学》是一个全新的学科，是一个针对产业发展和金融发展之间有效整合的知识体系。产业金融理念的提出适应了全球性大宗商品交易定价话语权的竞争趋势，适应了全球及中国许多产业转型和产业升级所提出的复杂的金融需求，适应了国家针对实体经济的金融创新战略。

以往金融资源的构成与运作，大都以二级资本市场为核心，随着实体经济的发展和复兴，一级金融市场面临着从金融理念到金融业务和金融工具等一系列的转型和变革。产业金融意味着以产业发展、产业转型和产业升级为目标，提升不同类型金融机构的业务能级、资源配置能力和业务集成能力。

产业金融是代表未来的金融理念和金融实践，它将决定着金融机构从零售式、店铺式和报表式的业务模式转型成为集成化、产业化的新型业务模式。

2. 产业金融

作者：钱志新

本书写了发展产业金融前景广阔。随着现代产业的发展，金融与产业的融合显得愈来愈为重要。之所以造成全球金融危机是因为金融脱离了产业，自我发展，过度膨胀，产生了严重的泡沫，这从反面证实了产融结合的必然性，产融结合是医治金融危机的最佳良药。第一章　产业金融总论：产融一体创价值，第二章　网络金融：网上金流大通道，第三章　新能源金融：财富造就新源泉，第四章　航运金融：驶向蓝海金航道，第五章　环境金融：绿色生态推进器，第六章 房地产金融：构筑资本好通路，第七章　物流金融：物流生财倍增器，第八章　交通金融：资本增值快车道，第九章　汽车金融：汽车创富第五轮，第十章　钢铁金融：点铁成金真奇妙，第十一章　科技金融：高新技术主动力。

3. 平台战略：正在席卷全球的商业模式革命

作者：陈威如，余卓轩

本书系统性地探讨了“平台”这个改变人类商业行为与生活方式的概念，并且创新性地研发出了系统框架，解释平台战略的建构、成长、进化、竞争、覆盖等战略环节。本书立足于本土，以中国本土的互联网企业作为案例研究分析的对象，对腾讯、阿里巴巴、起点中文网、世纪佳缘、拉卡拉、维络城、大众点评等企业从平台战略的角度进行了解析和点评，对于企业管理者和创业者都极具启发意义。第一章　平台商业模式带来的变革与机会，第二章　平台生态圈的机制设计，第三章　平台生态圈的成长，第四章　平台生态圈的创新思路，第五章　平台生态圈的竞争，第六章　平台生态圈的覆盖战争。

4. 产业投资基金法律问题研究

作者：薛智胜，焦麦青

《产业投资基金法律问题研究》围绕产业投资基金法律制度的各个环节，以鼓励引导其发展，维护投资者利益为核心，展开了较为全面、系统的探讨，并对产业投资基金的法律关系、治理结构和税收等进行了深入研究，从法律的视角提出了制度构建的设想。第一章 产业投资基金概述，第二章 产业投资基金法律关系研究，第三章 产业投资基金市场准入制度研究，第四章 产业投资基金治理问题研究，第五章 有限合伙型产业投资基金法律制度研究，第六章 中国产业投资基金税收优惠法律制度的完善，第七章 产业投资基金退出环节分析。

5. 环保产业投资问题研究

作者：武普照

《环保产业投资问题研究》首次从投资者的需求出发，以经济学、管理学相关理论为依据，对中国环保行业进行系统审视，在此基础上，对环保行业内企业的投资价值做出评价分析。同时，《环保产业投资问题研究》还分析了政府介入环保行业投资的必要性和可行性，及环保行业投资在建设社会主义和谐社会以及环境友好型社会中的作用。此外，《环保产业投资问题研究》从财政融资和股权融资两个方面分析了提高环保产业投资绩效的路径和方法，并系统分析了发行环境市政债券强化环保投资的若干思路。第1章 绪论，第2章 环保产业投资分析的理论基础，第3章 环保产业投资机会分析，第4章 提高环保产业投资绩效的融资路径，第5章 环保产业发展的激励机制分析，第6章 中国环保产业投资价值分析。

6. 大宗商品与金融市场研究

作者：蔡纯

大宗商品既是商品，又是资源，还是金融投资品。大宗商品作为资源性商品，通过产业链条的传导路径，其价格将对整个中下游行业的价格体系以及资源配置都产生根本性作用：一方面，其影响一国的资源保障、产业和贸易竞争力，从而影响产业安全；另一方面，大宗商品的价格波动会对经济体系中的价格体系形成系统性的干扰，从而影响一国的通货膨胀和货币政策。导论，第一章 金融市场中的大宗商品价格决定，第二章 大宗商品期货市场投资，第三章 经济危机中的大宗商品投资及其价格波动，第四章 大宗商品价格波动对经济体系的影响。

7. 矿业投资决策理论与方法

作者：郑明贵，赖亮光

《矿业投资决策理论与方法》以矿业投资决策的理论与方法为研究主线，运用实物期权等多种方法进行综合研究，将柔性经营理念引入到矿业投资项目评价中，建立了相应的柔性决策模型，拓展了项目评价的研究范围，指出了增加项目净现金流量的途径，增强了项目的生存能力，并将研究成果系统应用于国内外两个矿业投资实例，得出传统DCF方法中投资项目净现值与本书中的投资项目动态净现值、改变运营规模期权（或复合期权）价值之间的简化关系，使得本书的理论成果易于被理解、接受与推广。

《矿业投资决策理论与方法》可供矿山管理人员、工程技术人员以及政府有关部门管理人员阅读，也可供高等院校矿业经济类专业的师生参考。1绪论，2矿业投资决策系统要素，3基于经济目标的矿业投资柔性决策模型，4基于多目标综合评价的矿业投资决策模型，5典型海外矿业投资实例应用，6典型国内矿业投资实例应用，7本书所用决策方法简评。

8. 航运金融学

作者：甘爱平，曲林迟

本书以金融经济学的分析思路为基础，探讨了航运市场与金融市场的关系，研究了经济周期、利率、汇率、通货膨胀等宏观经济因素对航运市场的影响，介绍了航运政策和临港产业与金融、国际航运中心和国际金融中心的有关内容。第一篇　总论，第二篇　微观部分（上）：航运企业的投融资，第三篇　微观部分（下）：航运风险、金融创新及相关制度，第四篇　宏观部分：宏观经济与航运发展。

9. 上海国际航运中心建设的金融引擎

作者：计小青等

《上海国际航运中心建设的金融引擎》主要内容包括：国际航运中心发展模式的演进趋势与条件：国际经验；国际航运中心发展中的航运金融市场：理论分析等。第一章　国际航运中心发展模式的演进趋势与条件：国际经验，第二章　国际航运中心发展中的航运金融市场：理论分析，第三章　中国航运上市公司的融资结构与航运金融市场的发展：实证研究，第四章　上海国际航运中心建设与航运金融市场发展：现状与问题，第五章　航运金融市场的超前发展与上海国际航运中心建设：政策建议。

10. 航运金融法律概论

作者：林江著

航运金融主要包括船舶融资、航运保险和再保险、航运金融衍生品三大领域，每个领域含有数十种金融产品。有鉴于此，林江编著的《航运金融法 律概论》分为船舶融资、航运保险、航运金融衍生品三篇，每篇选取相关领域内主要航运金融产品予以解析，重点关注产品的架构、所涉当事方、当事方之间的法律关系、所涉合同及合同中规定当事方权利义务的主要条款。《复旦卓越·21 世纪大学管理系列：航运金融法律概论》所选材料，特别是每类航运金融产品所涉合同均来自作者的实践，在国内外航运金融界中被广泛运用。这些实务材料与对每种航运金融产品的介绍和阐述，使得本书较好地做到了理论结合实践。第一篇　船舶融资，第二篇　航运保险，第三篇　航运金融衍生品。

11. 航运金融

作者：上海海洋大学航运金融课题组

《航运金融》的主要内容包含 4 个行业模块和 1 个专题：港口金融、物流金融、船舶金融和航运保险模块，以及国际航运中心建设专题。港口金融、物流金融、船舶金融和航运保险部分，编写思路是首先作个简单的概述；其次对该行业进行一定的经济学理论探讨；最后介绍该行业的金融实践。航运保险部分我们重点选择了海洋货物运输保险加以介绍，这是航运相关产业涉及的保险品种中最典型的保险种类。本书还有两个附录，附录 1 是项目投资分析方法简介，主要供航运专业学生学习时参考；附录 2 是航运组织简介，主要供金融专业学生学习时参考。第一章　港口金融，第二章　物流金融，第三章　船舶金融，第四章　航运保险，第五章　国际航运中心建设。

12. 不同情景下港口定价及投资策略研究

作者：周鑫

《不同情景下港口定价及投资策略研究》以产业经济学、博弈论为理论基础，主要运用空间区位模型，针对港口企业在不同情景下的竞争、合作两条主线，较为深入地探讨了港口企业的定价和投资问题。本书分 7 章：绪论、相关文献综述、港口产业结构分析、基于空间区位模型的港口企业竞争合作的演化策略研究、竞争情景下港口企业定价策略研究、合作情景下港口企业定价及投资策略研究、研究结论与展望。《不同情景下港口定价及投资策略研究》既可以作为高等院校交通运输、港口管理等专业本科生和研究生的教材，也可供从事交通运输、港口管理部门等相关科研及管理工作者参考。

13. 农业保险发展理论与实践：基于对云南实践的跟踪调查

作者：钱振伟

《农业保险发展理论与实践：基于对云南实践的跟踪调查》内容包括：1 农业保险相关概念的界定，2 政策性农业保险的基础理论，3 农业保险制度变迁及当前制度与政策环境，4 云南政策性农业保险发展现状及存在的问题，5 国际及国内经验借鉴。

14. 政策性农业保险在中国的发展研究

作者：丁少群

《政策性农业保险在中国的发展研究：基于风险管理视角的制度分析》从中国农业风险及其管理制度出发，探讨了中国传统的农业风险管理制度面临的挑战和以保险基金为主体的农业灾害损失补偿体系创新制度建立的必要性，在此基础上对中国历史上各阶段各地商业性农业保险多形式改革试验进行了比较研究，全面透视了中国政策性农业保险发展的理论依据。第 1 章　中国农业风险管理制度及其面临的危机与挑战，第 2 章　中国农业保险制度的历史分析：试验实践及其评价，第 3 章　中国发展政策性农业保险的理论依据，第 4 章　政策性农业保险的风险认知与农户需求分析，第 5 章　中国政策性农业保险的制度模式选择，第 6 章　政策性农业保险的巨灾风险分散机制研究，第 7 章　政策性农业保险逆选择风险及规避策略研究，第 8 章　政策性农业保险风险区划及费率分区研究，第 9 章　政策性农业保险的财政扶持机制研究。

15. 促进科技和金融结合政策文件汇编

作者：王伟中

本书主要收集了综合、创业投资、科技贷款、科技担保、资本市场和科技保险等方面的规章制度与相关的法律法规，对国家各类科技金融管理政策等内容进行了重点介绍，具有较强的指导性，可作为各级科技管理部门、金融管理部门、企事业单位开展科技金融工作和融资规划的重要资料。一、综合篇，二、创业投资篇，三、科技贷款篇，四、科技担保篇，五、资本市场篇，六、科技保险篇。

16. 中国文化产业财税政策研究

作者：杨京钟

《中国文化产业财税政策研究》运用比较

研究、实证分析，为中国文化产业可持续发展研究提供了一套具有创新意义的财税政策研究方法，力求为政府相关部门支持文化产业大发展与大繁荣提供一套具有完整理论支撑，可操作性，符合中国客观实际的财税政策改革方案。第一章　绪论，第二章　文化产业财税政策的理论依据，第三章　文化产业财税政策效应，第四章　文化产业财税政策的作用机理与激励效应，第五章　中国文化产业财税政策的实践，第六章　国外文化产业财税政策及其借鉴，第七章　中国文化产业财税政策体系的构建，第八章　中国特色“文化产业税”的税制设计，第九章　总结与展望。

17. 低碳融资的机制与政策

作者：潘家华，陈洪波，禹湘

本书主要围绕中国低碳发展的困境与融资需求、政府在低碳融资中的作用、融资工具选择等主题展开了讨论。《中国社会科学论坛文集：低碳融资的机制与政策》可为政府制定相关政策提供参考，也可作为相关研究人员的参考书。第一篇　低碳发展的理论分析与政策解读，第二篇　低碳融资的困境、机遇与挑战，第三篇　低碳融资的实践探索。

18. 产业结构调整中的财政金融支持体系建设

作者：李友元

本书分别讨论了银行主导型的金融体系、资本市场主导性的金融体系以及银行业结构对产业结构调整的金融支持问题，对中国产业结构调整的金融支持模式进行了专门的讨论。本书对风险投资体系和政府担保体系也分别作了专章讨论。第一章　经济发展、产业结构调整与政府，第二章　产业结构调整中的财政支持体系，第三章　产业结构调整中的金融支持体系，第四章　高新技术产业发展与金融支持，第五章　产业结构调整中财政金融支持的共振点——政府担保。

19. 中国战略性新兴产业发展与财政政策

作者：张少春

《中国战略性新兴产业发展与财政政策》内容简介：国际金融危机以来，虽然在党中央、国务院的正确领导和英明决策下，中国经济在全球率先实现回升向好，并迅速呈现出稳定增长的良好势头，得到了国际社会的一致好评。但是经济社会发展的基本制约因素没有发生根本性变化。转变经济发展方式，不仅是中国当前应对国际金融危机、巩固和保持经济稳定增长良好势头的迫切需要，也符合世界性经济增长方式变革的一般规律。第一章　战略性新兴产业的特征与意义，第二章　现阶段培育和发展战略性新兴产业的思路和政策体系，第三章　培养和发展战略性新兴产业的国际经验借鉴，第四章　积极运用财政政策支持战略性新兴产业发展，第五章　中国财政政策支持战略性新兴产业的现状与总体思路，第六章　支持战略性新兴产业发展的财政支出政策，第七章　支持战略性新兴产业发展的税收政策，第八章　引导社会各方资源，支持战略性新兴产业发展，第九章　深化财政管理制度改革，提高支持战略性新兴产业发展的财政政策绩效。

20. 中国煤炭业重组研究：产权交易与金融支持

作者：赵志华

《中国煤炭业重组研究：产权交易与金融支持》，本书主要内容包括：第一章　导论，第二章　煤炭业重组的理论阐述，第三章　国内外煤炭业重组的实践分析，第四章　中国煤炭业重组的模式选择，第五章　煤炭业重组的金融支持研究，第六章　产权交易市场介入煤炭业重组研究，第七章　山西省煤炭业重组案例研究。

21. 中国林业金融支持体系研究

作者：田治威，秦涛，潘焕学

本书借鉴产业经济学、金融经济学、信息经济学等理论的合理因素，从中国林业产业化发展的金融基础、产融互动和林业金融资源效率等多个角度，论述了中国林业产业化发展进程中的金融支持内在机理，并基于金融战略视角，从林业资本形成、投资效率、金融运行3个维度进行分析，通过构建“林业资本形成缺口模型”梳理林业产业发展进程中金融支持的内生逻辑和现实依据，为林业金融支持框架构建提供了理论依据。书中提出了林业金融支持制度安排的合理性以及体制的完善能够提供林业发展所需要的金融资源集聚与配置机制，通过以财政性融资、政策性融资和商业性融资所构成的三维空间支持体系奠定了中国林业金融支持体系的基础平台。第1章　导论，第2章　林业金融支持的相关理论，第3章　林业金融支持机理与金融支持体系框架，第4章　林业融资需求分析与信贷约束解决机制，第5章　林业产业吸融力（引资能力）评价及提升路径，第6章　林业融资模式优化与金融工具创新机制，第7章　林业风险管理与防范体系构建，第8章　中国林业金融支持制度供给与发展模式，第9章　研究结论与展望。

22. 农业产业化融资体系研究

作者：王姮

《农业产业化融资体系研究》以金融发展和企业融资的基本理论为指导思想，以中国农业产业化各主体的融资现状为出发点，根据农业产业化发展及对商业性金融、政策性金融、合作金融这三类金融的不同要求以及农业产业化各主体——农户、合作组织、龙头企业的融资特点，对适宜其生产力发展水平的金融供给方式进行研究，构建了具有特色的合理的农业产业化的融资体系。第一章　绪论，第二章　相关理论综述，第三章　农业产业化融资现状及融资体系总体结构，第四章　农业产业化的小额信贷，第五章　项目融资与农业产业化项目建设，第六章　农业产业化商业性融资分析，第七章　农业产业化政策性融资分析，第八章　合作金融与农业产业化，第九章　农业产业化融资体系完善状况评价模型及完善对策。

23. 金融市场与风险管理

作 者：陈收，马超群

《金融市场与风险管理》论文集集中反映了金融市场与风险管理领域的新的科学研究成果，包括产业金融与投融资决策，金融复杂系统与风险管理，金融市场管理与宏观审慎监管，金融企业与金融创新，信用管理与评估技术等金融领域的学术论文。一、产业金融与投融资决策，二、金融复杂系统与风险管理，三、金融市场管理与宏观审慎监管，四、金融企业与金融创新，五、信用管理与评估技术。

24. 中国艺术金融产业引论

作 者：西沐

该书对中国艺术品市场的金融产业问题进行了全面、系统的分析研究，是中国首部研究中国艺术品市场金融产业问题的专著。《中国艺术金融产业引论》的推出，显示了中国艺术金融产业作为一门学科的形成与不断发展，标志着中国艺术金融产业研究已进入一个新的发展阶段，中国艺术金融产业研究多元化、多层次的发展格局正在不断形成，更预示着中国艺术金融产业从幕后正式在理论的支持下，正在走向中国艺术品市场发展的前台，并在以后会发挥越来越重要的作用。

《中国艺术金融产业引论》主要内容包括：第一章　绪论，第二章　中国艺术品市场与中国艺术品资本市场，第三章　中国艺术金融产业的理论背景研究，第四章　艺术产权研究，第五章　艺术资本研究，第六章　艺术基金会及其运作，第七章　中国艺术品投资基金，第八章　中国艺术品投资对冲基金，第九章　中国艺术品信托投资，第十章　中国艺术银行，第十一章　中国艺术品投资顾问，第十二章　中国艺术金融衍生品，第十三章　中国艺术品保险，第十四章　中国艺术品担保，第十五章　中国艺术品质押贷款，第十六章　中国艺术品租赁，第十七章　艺术资产与金融对接的交易平台，第十八章　艺术金融产业结合机制的分析，第十九章　中国艺术金融产业的生产、流通与消费，第二十章　中国艺术品投资的税收研究，第二十一章　中国艺术金融产业的发展战略，第二十二章　中国艺术金融产业的组织，第二十三章　中国艺术金融产业的空间集聚，第二十四章　中国艺术金融产业的国际竞争力，第二十五章　中国艺术金融产业支撑体系研究，第二十六章　中国艺术金融产业的行为研究，第二十七章　中国艺术金融产业的人才培养，第二十八章　中国艺术金融产业的政策，第二十九章　中国艺术金融产业的发展展望。

25. 碳金融与碳市场方法与实证

作 者：魏一鸣等

本书以国际碳市场为主要研究对象，采用计量经济学、统计学和金融学等领域的方法和模型，围绕碳金融与碳市场展开相关研究。第 1 章　碳市场的历史背景及经济理论基础，第 2 章　碳市场排放配额分配机制研究，第 3 章　碳价格的外部影响因素研究，第 4 章　欧盟排放交易体系结构性变化研究，第 5 章　欧盟排放交易体系碳价波动性研究，第 6 章　欧盟排放交易体系价格收益率分布特征研究，第 7 章　基于资本资产定价模型的碳市场系统风险与期望收益研究，第 8 章　基于极值理论的碳市场风险度量，第 9 章　碳市场流动性风险相依性和风险集成研究，第 10 章　国际碳市场对中国的机遇与挑战。

26. 碳金融与业务创新

作者：蓝虹

《碳金融与业务创新》一书，内容新颖、前

沿，观点鲜明，论述了碳金融产生、发展的制度基础，并阐述了其内涵、交易机制、功能和发展前景，碳金融市场的运行机制和定价机制；重点研究了碳金融衍生品、碳基金、碳证券与保险、银行业机构碳金融业务、企业碳金融管理等碳金融业务的特点、功能、促进低碳经济发展的机理，并对国内外领先金融机构碳金融业务的成功实践经验进行了全面总结。第一章　碳金融发展的基石，第二章　碳金融的交易与发展，第三章　碳金融市场与定价机制，第四章　碳金融衍生品的功能与交易，第五章　碳基金运行机制与发展实践，第六章　碳证券与保险业务的交易机制，第七章　银行业机构的碳金融业务创新，第八章　企业碳金融业务管理与创新策略，第九章　碳税制度与政策的实践和完善。

27. 中国发展低碳经济的金融支持研究

作者：郭福春

本书准确地把握经济、金融发展的最新趋势，将低碳经济与碳金融有机地结合起来，从国内外低碳经济发展的现状与碳金融的源起，以及碳金融的内涵本质出发，深入探析了中国低碳经济发展的可行路径，并就中国在全球低碳经济发展的大背景下，如何科学地构建符合中国低碳经济发展的碳金融支持体系进行了较为全面的研究，构建了以碳金融市场为基础，碳金融服务为载体，碳金融政策为导向的市场、服务和政策“三位一体”的碳金融支持低碳经济发展的逻辑体系与框架。同时，从理论、实证、案例 3 个维度对金融支持低碳经济发展进行了全面分析与论证。在上述分析的基础上，给出了金融支持中国低碳经济发展的政策建议。第一章　导论，第二章　中国低碳经济发展背景与路径选择，第三章　金融支持低碳经济发展的体系构建，第四章　金融支持低碳经济发展的理论分析，第五章　金融支持低碳经济发展的实证分析，第六章　金融支持低碳经济发展的案例分析，第七章　金融支持低碳经济发展的政策建议。

28. 碳金融研究－国际经验与中国实践

作者：雷立钧

《碳金融研究：国际经验与中国实践》研究金融促进低碳经济发展的机理，在此基础上，系统研究国内外发展低碳经济的金融创新，提出完善中国碳金融体系的思路与对策。采用系统分析与逻辑分析方法，运用经济发展理论分析了低碳经济发展模式，提出了低碳经济是基于资源约束与环境约束的经济增长，运用 Pagano 模型分析了金融促进低碳经济发展的机理，提出了金融促进低碳经济发展的机制；在对金融促进低碳经济发展理论研究的基础上，本书从金融市场和金融机构两个方面研究了国际社会、西方经济发达国家发展低碳经济的金融创新情况；研究了中国碳金融创新的实践；最后，提出了中国发展低碳经济金融创新的思路和对策。第 1 章　导论，第 2 章　金融促进低碳经济发展的机制研究，第 3 章　国外碳金融市场创新研究，第 4 章　国外金融机构碳金融创新研究，第 5 章　中国发展低碳经济的金融创新实践，第 6 章　完善中国碳金融体系的思路与对策。

29. 低碳金融

作者：张健华

《低碳金融》全面总结了低碳金融的原理、现状和实际案例分析，以期对中国建设低碳经济和低碳金融发展有所贡献。具体内容包括：第一章　气候变化概述，第二章　低碳经济，第三章　低碳交易，第四章　低碳市场，第五章　低碳金融。

30. 开放条件下中国金融与产业发展研究

作者：杨艳琳，占明珍等

《开放条件下中国金融与产业发展研究》为有关开放条件下金融与产业发展研究提供了新的研究内容。在对金融与产业发展的理论探讨之中提出了一些有创见性的学术观点。这些研究成果为促进金融与产业发展理论研究和优化政策设计，特别是为现在和未来金融与产业发展提供了理论参考，对于中国在扩大开放条件下有效化解全球金融经济危机冲击、促进中国金融与产业的新发展具有重要的现实意义。第一章　中国银行安全研究，第二章　中国金融业的产业关联研究，第三章　中国银行业有效竞争研究，第四章　中国保险产业发展研究，第五章　国际视角的中国银行产业组织研究，第六章　中国钢铁产业的市场势力研究，第七章　中国软件业的产业组织研究，第八章　中国房地产产业集中度与市场绩效研究，第九章　中国可再生能源产业发展战略研究，第十章　经济开放对中国产业结构优化的影响研究。

31. 中国战略性新兴产业投融资与并购战略

作者：中国电子信息产业发展研究院，赛迪顾问股份有限公司，北京赛迪经智投资顾问有限公司

《中国战略性新兴产业投融资与并购战略》以战略性新兴产业融资渠道分析与选择、产业投资、引导基金、并购重组为主线，深入剖析新一代信息技术、节能环保、电池等产业的资本运作状况、特征、机遇。战略篇对企业资本运营、政府引导扶持等战略性新兴产业发展关键环节的途径、手段、创新进行了研究和归纳；产业篇对集成电路、软件、云计算、物联网等战略性新兴产业的发展现状、投融资机遇做了总结与分析，对其股权融资、IPO、并购整合进行了刻画与解剖；案例篇对战略性新兴产业各类融资渠道与投资、并购所对应的相关案例进行了介绍，并提炼出其创新特点与借鉴价值。第一章　战略性新兴产业资本运营战略，第二章　战略性新兴产业融资渠道与选择，第三章　战略性新兴产业私募股权融资，第四章　战略性新兴产业上市融资，第五章　战略性新兴产业新三板融资，第六章　战略性新兴产业投资，第七章　战略性新兴产业政府引导基金，第八章　战略性新兴产业企业并购整合，第九章　集成电路产业，第十章　软件产业，第十一章　云计算产业，第十二章　物联网产业，第十三章　第三方支付产业，第十四章　工业节能产业，第十五章　环保产业，第十六章　电池产业。

32. 战略性新兴产业金融支持研究

作者：梁茹，凌江怀等

《战略性新兴产业金融支持研究》对战略

性新兴产业、金融支持等概念进行界定，并综合运用产业生命周期理论、创新理论、金融发展理论和现代融资理论等相关理论，将金融体系的功能与新兴产业的发展规律有机联系起来，从理论上全面、深入地阐述了金融支持与战略性新兴产业发展的关系。通过对战略性新兴产业企业和产业园区进行广泛、深入的调研，进一步以实证方式分析了战略性新兴产业融资需求和资金供给的现实状况及主要问题，探讨了战略性新兴产业的金融风险，并通过比较、借鉴国际上发达国家和地区战略性新兴产业金融支持的做法和经验，构建了符合实际且比较系统、深入的战略性新兴产业金融支持体系。第一章　导论，第二章　金融支持与战略性新兴产业发展关系分析，第三章　战略性新兴产业金融需求分析，第四章　战略性新兴产业的金融支持结构体系分析，第五章　战略性新兴产业金融风险分析，第六章　战略性新兴产业金融支持国际比较及借鉴，第七章　战略性新兴产业金融支持体系构建。

33. 创新型企业的金融解决方案：2011中国科技金融案例研究报告

作者：赵昌文等

《创新型企业的金融解决方案：2011中国科技金融案例研究报告》以五大创新特点、四大主要领域、三大致力于解决的问题、两大瓶颈限制和一大核心目标为主线。第一篇　科技贷款，第二篇　创业风险投资及私募股权投资，第三篇　多层次资本市场，第四篇　综合篇。

34. 现代流通产业与金融制度创新

作者：洪涛

《现代流通产业与金融制度创新》内容新颖、通俗易懂、跨流通业和金融业，适应了流通产业与金融业的融合趋势，是一本专著性教材。第一章　现代流通产业与结构创新，第二章　流通产业与相关重要理论，第三章　现代流通产业与现代金融制度，第四章　流通产业与资本市场，第五章　流通产业与银行、股票、债券市场，第六章　农村流通与农村金融，第七章　流通产业对外开放与金融业开放，第八章　现代采购、物流与金融制度创新，第九章　电子商务与结算方式创新，第十章　21世纪流通产业的发展趋势。

35. 能源金融

作 者：林伯强，黄光晓

本书遵循循序渐进、深入浅出的原则，在全面介绍国际能源市场现状和发展方向的基础上，重点对能源价格的形成机制进行深入阐述，并以此为切入点，系统地介绍了各类能源及其相关衍生金融产品的发展演化、市场结构、产品设计及在能源风险管理中的应用。

本书内容广泛、资料翔实，不仅涵盖石油、天然气、煤炭和电力等传统能源领域，还涉及碳交易市场与碳金融、能源税与碳税、能源效率市场、新能源与可再生能源投融资等国际能源领域最新发展动向。除针对目前中国能源及其相关市场的发展现状，本书还系统性、前瞻性地提出了未来中国能源价格体系的演变和改革方向以及能源金融市场体系的构建和完善。第一章　能源金融与能源战略，第二章　石油市场与石油金融，第三章　天然气市场与天然气金融，第四章　煤炭市场与煤炭金融，第五章　电力市场与电力金融，第六章　环境金融与节能减排，第七章　碳交易市场与碳金融，第八章　能源税与碳税，第九章　能源效率市场，第十章　新能源和可再生能源开发。

36. 科技金融——理论与实践

作者：李心丹，束兰根

《科技金融——理论与实践》在借鉴前人理论研究的基础上，从全新的视角对国内外科技金融实践的时代性、区域性、创新性进行经验性总结和理论概括，基于政府、金融机构、科技型企业等参与主体，具体分析了科技金融发展之路的障碍和应对策略，前瞻性地构想了科技金融的前景和发展趋势。第一章　科技金融发展综述，第二章　国外科技金融发展现状，第三章　国外科技金融区域典型分析：以美国为例，第四章　国内科技金融发展现状，第五章　国内科技金融区域典型分析：以苏州为例，第六章　科技金融创新案例分析：基于产品视角，第七章　科技金融难题与对策：基于参与主体视角的分析，第八章　科技金融的未来和发展趋势。

37. 科技金融

作者：赵昌文等

《科技金融》对科技金融的重大理论与现实问题进行了系统研究，全书分为总论和分论。总论从财富创造的源泉出发讨论了科学、技术和金融的关系，科技金融的产生背景、发展过程及主要理论，中国科技金融发展 30 年的历史回顾与评价；分论从中国与国际比较的视角分别研究了以政府科技投入为主的科技财力资源配置、创业风险投资、科技贷款、科技资本市场和科技保险等科技金融的几个主要组成部分，同时，每一部分都提供了相关的案例。第 1 篇　总论，第 2 篇　科技财力资源配置，第 3 篇　创业风险投资，第 4 篇　科技贷款，第 5 篇　科技资本市场，第 6 篇　科技保险。

38. 金融效率与中国产业发展问题研究

作者：余剑

《金融效率与中国产业发展问题研究》以促进宏观经济增长与三次产业发展为政策目标，聚焦金融效率问题，并从金融功能效率（宏观层面）、金融配置效率（中观层面）、金融产业效率（微观层面）3 个视角展开研究。第一章　导论，第二章　文献综述，第三章　金融功能效率与中国产业发展研究，第四章　金融配置效率与中国产业发展研究，第五章　金融管理效率分析——金融产业与其他产业效率的比较研究，第六章　新一轮金融危机后中国金融效率分析，第七章　进一步发挥金融效率的政策选择。

39. 房地产信托投融资实务及典型案例

作者：王巍

《房地产信托投融资实务及典型案例》着重介绍最新的、实战型的房地产信托操作模式，以“房地产信托能为房地产项目解决哪些问题”为切入点，从房地产信托融资的主体、业态以及类型等多角度全方位阐述运用信托，以解房地产项目融资的燃眉之急。《房地产信托投融资实务及典型案例》直击市场热点，向读者介绍了房地产信托融资的业务流程、模式和案例，并涉及房地产基金等前沿的实务信息、实务知识、实务案例和融资技巧等。与此同时，该书以“专业知识阐述＋经典案例展示”的模式，展现给读者一个个房地产信托融资的经典、鲜活的实务操作案例，为房地产和金融专业人士提供了完整的知识和信息以及实用的参考方案。第一章　F房地产集团的信托融资“成长故事”，第二章　房地产信托融资的典型模式及其案例，第三章　房地产信托的操作流程与风险控制，第四章　不同主体的房地产信托融资及其案例，第五章　不同时点的房地产信托融资及其案例，第六章　不同业态的房地产信托融资及其案例，第七章　不同需求的房地产信托融资及其案例，第八章　房地产基金：信托型、公司型、有限合伙型及其组合。

40. 航运金融

作者：上海海洋大学航运金融课题组

中国的航运相关产业发展迅速，而航运金融业却相对落后。中国航运金融发展的瓶颈之一是缺乏足够的航运与金融复合型人才，培养航运金融人才必须有相应的教材和资料，《航运金融》的编著主要基于这个现实需求。第一章　港口金融，第二章　物流金融，第三章　船舶金融，第四章　航运金融，第五章　国际航运中心建设。

41. 房地产金融

作者：董藩，赵安平

《21世纪房地产经营管理系列教材：房地产金融》以基本经济理论为基础，以房地产企业的开发经营为主线，以相关业务和关键内容为编写重点。注重理论联系实际，在阐述房地产金融基本知识和基本理论的基础上，系统地编排了实务方面的内容。同时特别引入了有关房地产市场运行与金融支持间关系的内容，帮助读者加深对房地产行业在整个国民经济中地位和作用的理解，并为进一步投身理论研究做好准备。

《21世纪房地产经营管理系列教材：房地产金融》在正文或阅读材料中适当增加了对社会焦点问题的介绍，如“假按揭”“房价地价之争”“次贷危机”等内容。第一章　金融基础知识，第二章　房地产金融概述，第三章　中国房地产金融发展概况，第四章　房地产开发贷款，第五章　房地产开发企业的上市融资、债券融资和项目融资，第六章　房地产信托与房地产投资信托基金，第七章　个人住房贷款，第八章　住房金融体系与住房公积金，第九章　房地产证券化。

42. 产业金融工程

作者：叶永刚，张培，宋凌峰等

《产业金融工程》力求探讨一个全新的研究领域。将宏观金融工程的基本原理和方法运用于产业经济的研究。编者努力构建一个全新的理论框架。将产业看作一种产品或工具，从而进行定价分析、风险分析和工程化分析。将产业金融工程的理论和方法运用于实践。作者在内蒙古自治区提出了草原生态金融工程的构想，在广西壮族自治区设计了蔗糖产业金融工程体系，在湖北省鄂西自治州设计了牲畜金融工程方案，在金融行业和通信行业等方面进行了大量的研究和探讨。而这些研究工作及其成果，都在本书中有了较为全面和系统的介绍。第一章　导论，第二章　产业金融工程的理论基础，第三章　产业价值体系研究，第四章　产业价值工程研究，第五章　产业资金工程研究，第六章　产业风险控制体系研究，第七章　产业管理体系研究，第八章　产业绩效考核与战略管理，第九章　农业金融工程，第十章　制糖业金融工程，第十一章　草原生态金融工程，第十二章　银行产业金融工程，第十三章　房地产业金融工程，第十四章　高科技产业金融工程，第十五章　旅游产业金融工程，第十六章　城市基础设施金融工程，第十七章　信息产业金融工程。

43. 汽车金融与贸易

作者：张国新

该书紧密围绕当今汽车金融与贸易的实际操作需要，具体阐述了汽车保险、汽车消费信贷、汽车置换、汽车贸易方式和贸易支付、汽车贸易合同、汽车贸易货物运输、汽车贸易货物运输保险以及汽车贸易货物的检验、索赔和仲裁的相关知识与实际的操作方法。

44. 银行供应链金融：中小企业信贷的理论、模式与实践

作者：汤曙光

《中小企业信贷的理论、模式与实践》一书以理论结合实践的方式，对银行如何通过供应链金融服务，利用银行信用增强商业信用，促进企业融资和商业交易活动的有效开展进行了系统性的阐述，这在国内银行界甚至国际上都具有一定的领先性。

45. 产业园区内企业的股权投资链条研究

作者：李秉祥等

《产业园区内企业的股权投资链条研究》主要分析了中国特定产业园区内企业的股权投资链条，将创业风险投资（venture capital）、私募股权投资（private equity）以及公募股权投资（public equity）三阶段的股权投资方式从割裂状态融会贯通为一个顺畅的链条，并指出三者的有机结合是创业型企业成功的关键。书中系统地梳理了涉及股权融资的经典理论，对欧美和亚洲的股权投资市场进行了国际比较，在此基础上，以实证和案例分析为主，对中国产业园区内企业股权投资链条的三个环节分别进行了详细的描述，最后提出了企业投资链条一体化模式的近期策略和远期规划。

46. 金融效率与中国产业发展问题研究

作者：余剑

《金融效率与中国产业发展问题研究》将金融与产业结合起来研究效率问题。在金融功能效率视角上，中国金融发展对于促进构建完备的产业体系、保持较快的经济增长及产业扩张、优化升级产业结构等目标上总体有效；在金融配置效率视角上，优化模型的分析结果显示，一定时期中国金融资源的配置效率有所提高，但在应对国际金融危机过程中，中国金融资源的配置效率不容乐观；在金融管理效率视角上，近年来金融产业是国民经济中赢利能力较强、经营效益较好的产业，但这得益于特定的发展阶段及受到保护的政策环境，中国金融业的竞争能力仍然

有待进一步加强。

47. 现代流通产业与金融制度创新

作者：洪涛

《现代流通产业与金融制度创新》内容新颖、通俗易懂、跨流通业和金融业，适应了流通产业与金融业的融合趋势，是一本专著性教材，适宜范围广泛的社会读者。

48. 中美住房政策与金融比较

作者：上海社会科学院房地产业研究中心，上海市房产经济学会

《中国房地产丛书：中美住房政策与金融比较（2011年第4卷）（总第47卷）》主要内容包括："两房"与美国的住宅金融市场——兼论中国保障房融资机制创新，房地产上市公司发展战略与经营策略比较研究，房地产抵押品本书主要内容包括："两房"与美国的住宅金融市场——兼论中国保障房融资机制创新，房地产上市公司发展战略与经营策略比较研究，房地产抵押品变现能力分析研究等。变现能力分析研究等。

49. 中国经济文库·应用经济学精品系列：农业产业化中的农业保险经营模式

作者：杨琦，杨树华

《中国经济文库·应用经济学精品系列：农业产业化中的农业保险经营模式》主要内容包括：农业风险管理和农业保险的相关理论分析，农业保险的经济学分析，农业保险的国际借鉴，国内农业保险的经营模式分析，云南省农业产业结构调整和农业产业化进程，云南省农村固定观察点得农村保险案例分析，云南省农业保险经营模式的构建。

50. 中国农村金融产业组织研究

作者：杜兴端

《中国农村金融产业组织研究》从产业组织的角度，运用产业组织理论系统研究中国农村金融市场，分析了中国农村金融市场结构，探讨了农村金融组织行为，测度了农村金融市场绩效，提出了农村金融产业组织政策目标和相应的政策措施，为推进中国的农村金融体制改革做出了有益的探索。

51. 房地产基金

作者：张健

《房地产基金》主要内容简介：房地产股权投资基金，对中国房地产业和金融业有巨大的积极作用，它是金融创新，也使投资者有一个新的投资渠道以及房地产企业拥有更多和更灵活的融资渠道。房地产股权投资基金在中国从无到有，业内关注度极高，《房地产基金》依据作者20多年海内外直接的市场操作经验和深厚的理论知识，系统介绍了房地产股权投资基金的运用与管理。全书共分4章，包括房地产基金的起源，房地产基金的内容。房地产基金的现状和前景以及怎样投资房地产基金。为方便阅读掌握最新政策，最后还附有与房地产基金相关的法律法规文件。《房地产基金》题材新颖，案例生动，文字严谨，资料丰富，内容达到一定深度和广度。适合的读者包括投资者、房地产、银行、信托、私募股权基金、公募和私募证券基金、保险等相关行业的专业人士和学者。

52. 房地产投资分析（第2版）

作者：王建红

《房地产投资分析（第2版）》共3部分10章。第一部分　基础篇，包括第1～4章，主要讲解了房地产投资概述、房地产投资环境与市场分析、资金的时间价值计算及其应用、房地产投资经济评价等内容。第二部分　置业投资篇，包括第5～7章，主要讲解了住房抵押贷款理论与实务、住宅房地产投资和商业房地产投资等内容。第三部分　开发投资篇，包括第8～10章，主要讲解了房地产开发项目财务评价、房地产开发投资风险分析和房地产开发投资分析报告等内容。

53. 中国电影产业投融资机制研究

作者：虞海峡

《中国电影产业投融资机制研究》以古典经济学理论、制度经济学理论和战略管理理论为指导，对电影产业的特征和盈利模式、中国电影产业的内外部环境、中国电影产业投融资机制的沿革与现状等问题进行了全面的梳理，并利用系统经济学理论和博弈论工具对中国现有电影产业投融资机制存在的问题进行了深入剖析，尝试为构建中国电影产业投融资创新机制提供一个新的思路。

54. 移动金融：创建移动互联网时代新金融模式

作者：李麟，钱峰

本书既有理论深度，又结合了国内商业银行的实际，系统化地提出了现阶段中国商业银行移动金融的发展策略。本书立足于中国商业银行发展移动金融的现实背景，立足于浦发银行与中国移动的战略合作，将研究重点放在移动金融发展的商业模式、客户定位、产品创新和渠道经营四大方面，提出了中国商业银行移动金融发展的关键在于全面创新。本书旨在通过论述这四个主要领域的不断创新，推动中国商业银行移动金融的快速发展。第1章　移动金融导论，第2章　中国商业银行发展移动金融的外部环境，第3章　商业银行移动金融商业模式创新，第4章　商业银行移动金融客户定位创新，第5章　商业银行移动金融产品创新，第6章　商业银行移动金融渠道策略创新。

55. 大数据时代的历史机遇：产业变革与数据科学

作者：赵国栋，易欢欢，糜万军等

《大数据时代的历史机遇：产业变革与数据科学》力图系统、全面地阐述大数据在社会、经济、科学研究等方方面面的影响，或许可以帮助大家澄清一些认知误区，有助于大数据在各行各业落地生根。全书分为三大部分，第一部分重点讲述大数据时代产业发展的三大趋势以及驱动产业融合、升级、转型的根本因素，并给出践行大数据的最佳范式。第二部分首次完整阐述“数据科学”的基础性价值，论述数据科学对科学研究、社会研究、产业发展的影响，并提出数据科学的教育体系。第三部分全景式的重点介绍国家、经济体、新兴企业在大数据领域取得的进展，展示一幅真实的大数据图景。第一章　大数据概述，第二章　大数据时代已经到来，第三章　数据成为资产，第四章　大数据颠覆媒体行业，第五章　大数据冲击金融行业，第六章　大数据加剧产业的垂直整合趋势，第七章　泛互联网化是发挥大数据价值的最佳范式，第八章　大数据掀起的企业组织变革，第九章　数据科学，第十章　数据技术：当前进展及关键问题，第十一章　国家选择，第十二章　巨头碰撞，第十三章　创新凶猛。

56. 金融革命：财富管理的互联网竞争

作者：吴成丕

《金融革命——财富管理的互联网竞争》深入分析了互联网对金融业的影响，勾勒了在互联网影响下金融市场的现状和变革的全景，以丰富的案例为基础，剖析了传统金融企业互联网创新、金融超市、电子商务信贷、信贷网络互联网平台、互联网保险、互联网支付、第三方理财等各类模式，讨论了在以互联网为基础的金融革命中，互联网金融企业的商业模式、盈利模式、创新方法、面临的问题以及可能的变革路径，为互联网金融企业、部门及相关人士提供借鉴。第 1 章　现状与问题，第 2 章　机遇与挑战，第 3 章　是蓝海，还是红海，第 4 章　需要根本改变的范式，第 5 章　明天你的钱放在哪里，第 6 章　看不见的手，第 7 章　成长的烦恼。

57. 中国 P2P 借贷服务行业白皮书（2013）

作者：第一财经新金融研究中心

本白皮书对 20 余家 P2P 平台进行了长达一年的数据采集工作，对 P2P 借贷的行业概况、行业风险与行业监管进行研究，针对 P2P 借贷的核心问题及性质做了深刻阐述，以宜信行业案例解读 P2P 借贷，并对美国的 P2P 行业发展概况与监管进行了专门描述。第一章　P2P 借贷综述，第二章　P2P 的核心问题及其性质，第三章　P2P 行业数据统计分析，第四章　P2P 平台案例分析，第五章　P2P 行业的风险，第六章　P2P 行业自律与监管，第七章　美国 P2P 行业的发展与监管。

58. 网络金融

作者：崔泽园

本书涉及电子货币、电子支付系统、网上银行业务、网上证券业务、网上保险业务、网上安全支付技术等内容。本书编写目的明确，针对性强，注重理论与实践相结合，全书大量引用实际案例，实践性强。第 1 章　网络金融概述，第 2 章　电子货币与应用，第 3 章　网上支付与结算，第 4 章　网上银行实务，第 5 章　网上证券实务，第 6 章　网上保险实务，第 7 章　网上金融安全技术，第 8 章　网络金融的法律问题。

59. 物联网与金融支付

作者：刘风军，肖波

《物联网与金融支付》是一本专题介绍物联网与金融支付内容及其关系的普及型著作。它从现代服务产业发展角度，剖析了物联网环境下以银行卡为核心的金融支付服务的基本概念与现状、应用模式与实践，以及发展需求与展望。《物联网与金融支付》分为三部分。第一部分（第 1 章和第 2 章）从现代服务业发展的宏观角度介绍了物联网和金融支付的概念、特征、功能、体系、类别等基本内容。第二部分（第 3 章到第 6 章）重点围绕支付服务特别是银行卡业务、产业、应用、服务等介绍了银行卡支付服务的情况，探讨了金融支付特别是银行卡支付在物联网产业链中的重要作用和解决方案，从应用的角度分类介绍了物联网环境下的不同金融支付实践。第三部分（第7章）则提出了物联网环境下针对金融支付服务巨大需求进一步需要关注的关键技术、模式创新、应用方向和政策建议。

附录

政策与法规

一、中央政府

2 月 17 日，中国人民银行、发展改革委、旅游局、银监会、证监会、保监会、外汇局联合发布了《关于金融支持旅游业加快发展的若干意见》(银发［2012］32 号)。

3 月 1 日，中国人民银行、发展改革委、财政部、水利部、银监会、证监会、保监会联合发布了《关于进一步做好水利改革发展金融服务的意见》(银发［2012］51 号)。

3 月 17 日，财政部制定《民航发展基金征收使用管理暂行办法》(财综［2012］17 号)。

3 月 19 日，财政部制定《国家级经济技术开发区、国家级边境经济合作区基础设施项目贷款中央财政贴息资金管理办法》(财建［2012］94 号)。

4 月 28 日，财政部重新修订《文化产业发展专项资金管理暂行办法》（财文资［2012］4 号)。

5 月 4 日，财政部、文化部制定了《国家非物质文化遗产保护专项资金管理办法》(财教［2012］45 号)

5 月 18 日，铁道部发布《关于鼓励和引导民间资本投资铁路的实施意见》，进一步明确了民间资本投资铁路的领域、方式及相关政策措施，并提出探索建立铁路产业投资基金，积极支持铁路企业股改上市，创新铁路债券发行方式，鼓励保险基金投资铁路。

5 月 21 日，财政部、环境保护部、国家发展改革委、工业和信息化部、海关总署、国家税务总局联合发布了《废弃电器电子产品处理基金征收使用管理办法》（财综［2012］34 号)。

6 月 29 日，新闻出版总署制定了《关于支持民间资本参与出版经营活动的实施细则》。

7 月 9 日，文化部产业司制定《关于鼓励和引导民间资本进入文化领域的实施意见》(文产发［2012］17 号)。

7 月 9 日，国务院出台《“十二五”国家战略性新兴产业发展规划》(国发［2012］28 号)，其中，政策措施之一加大财税金融政策扶持，设立战略性新兴产业发展专项资金。

7 月 12 日，文化部产业司制定“十二五”时期国家动漫产业发展规划（动漫办发［2012］1 号)。保护措施之一是完善投融资政策。鼓励引导各类文化产业投资基金、中小企业创业投资基金加大对动漫产业的投资，鼓励有实力的大型企业通过参股、控股或兼并等方式进入动漫产业。引导社会资本以多种形式投资动漫产业，参与各类动漫产品的研发、创作和生产，参与重大项目实施。推动政策性银行对符合条件的动漫企业提供融资支持。将符合条件的动漫企业纳入相关政策性基金资助范围。支持动漫企业上市融资。

8 月 3 日，国务院出台《关于深化流通体制改革加快流通产业发展的意见》（国发［2012］39 号)，其中，支持政策之一是完善流通产业财政金融支持政策，针对流通产业特点，创新金融产品和服务方式。

8 月 3 日，财政部、工业和信息化部制定《工业转型升级资金管理暂行办法》(财建［2012］567 号)。

8 月 5 日，财政部、民航局联合制定了《民航节能减排专项资金管理暂行办法》（财建［2012］547 号）。

11 月 7 日，财政部出台《国有冶金矿山企业发展专项资金管理办法》（财企［2012］362 号）。

11 月 9 日，财政部、工业和信息化部联合出台《稀土产业调整升级专项资金管理办法》(财企［2012］375 号)

12 月 11 日，民航局、财政部联合制定了《通用航空发展专项资金管理暂行办法》(民航发［2012］111 号)。

12 月 21 日，财政部出台《中央财政农业技术推广与服务补助资金管理办法》财农［2012］501 号。

12 月 31 日，财政部、国家发展改革委联合制定了《战略性新兴产业发展专项资金管理暂行办法》(财建［2012］1111 号)。

国家发展改革委办公厅关于境内外资银行申请 2012 年度中长期外债规模有关问题的通知

发改办外资［2012］167 号

北京市、上海市、广东省、云南省、厦门市、宁波市、深圳市发展改革委，有关境内外资银行：

根据《境内外资银行外债管理办法》(国家发展改革委、中国人民银行、中国银监会令第 9 号，以下称“9 号令”)，现就境内外资银行（以下称“外资银行”）2012 年度中长期外债发生额申报工作有关事项通知如下：

一、关于 2012 年度中长期外债申报

（一）申请程序及截止时间

外资独资银行、中外合资银行分别通过商业注册所在地的发展改革委逐级向我委提出申请。外国银行分行由其境内主报告行直接向我委提出申请；没有主报告行的通过商业注册所在地发展改革委向我委提出申请。

原外国银行分行转制为境内法人银行的，其法人机构和保留分行应作为两个独立的主体分别按照外资独资银行和外国银行分行的申报程序提出申请；正在筹建尚未完成改制的，仍以现有各分行的名义申报。

请有关省市发展改革委和外资银行确保申请材料于 2012 年 2 月 29 日前送达我委外资司。

（二）申请材料内容

1. 2011 年度的业务经营状况、中长期外债发生额执行情况（实际借入额，行业投向以及用于固定资产投资项目贷款、企业流动资金贷款等用途的比例）、短期外债余额执行情况。

2. 2011 年年底本行外汇资金来源情况，包括总行拨付的营运资金（或资本金）、境内外存款及借款（包括中长期和短期）等。

3. 2012 年度中长期外债发生额申请规模及用途。请将拟用中长期外债支持的贷款分为已签约、洽谈中和业务发展预留三部分。对于已签约贷款，请附简要证明材料（贷款协议中反映借方和贷方、贷款期限、贷款用途、贷款规模、还款方式的部分和签字页等关键页的复印件等）。

4. 总行或地区管理部批准的对中国境内债务人的 2012 年度授信限额文件，如果没有年度授信的，需提供境外总行或地区管理部出具的相应文件。

5. 外资独资银行、中外合资银行请提供报送银监会的 2011 年度境内合并资产负债表和损益表；外国银行分行请提供报送银监会的分行 2011 年度资产负债表和损益表，以及境内营业性分支机构 2011 年度合并资产负债表和损益表。

6. 凡属第一次申请中长期外债发生额的外资银行，请提供金融许可证、营业执照、外资金融机构在中国常驻机构的批准书等复印件。

请认真填写附表一、表二、表三，并同时提供纸质文本与电子版（纸质文本一份，电子版发送至联系人信箱）。

二、关于2012年度中长期外债额度调整

（一）额度调增

外资银行可在年内向我委申请调整增加中长期外债额度一次。申请材料应包括以下内容：

1. 2012年年初至申请日的业务经营情况，2012年度中长期外债额度实际使用情况（请提供详细的项目清单，格式参照附表二）以及2012年度短期外债的执行情况。

2. 申请调整的中长期外债发生额规模及用途。请将拟用中长期外债支持的贷款分为已签约和洽谈中两部分，并提供详细的项目清单（格式参照附表二），对于已签约贷款，需附简要证明材料。

相关申请须在2012年12月30日前送达，逾期不予受理。

（二）额度调剂

外国银行各境内分行的中长期外债额度可相互调剂使用。调剂申请由境内主报告行报我委备案，若10个工作日内未提出异议，即视为同意。

获银监会批准正在筹建改制为境内法人银行的外国银行在华分行，在改制工作完成之后，已核定的2012年度中长期外债发生额规模由相应的法人银行总行和承担外汇批发业务的保留分行承继，二者间的额度分配原则上根据各自的中长期外汇贷款余额规模自行协商，并将商定的结果报我委备案，若10个工作日内未提出异议，即视为同意。

对于已经完成法人化转制的外资银行，2012年的中长期外债额度将分别核定给法人银行总行和保留分行，法人银行总行统一管理其下属分行额度，保留分行自主管理其额度；法人机构和相应的保留分行之间不得调剂中长期外债额度。

三、其他说明

（一）为降低期限错配风险，我委在核定中长期外债额度时，将主要考虑固定资产投资项目贷款的外债需求。对于提供给外籍人士的个人住房按揭贷款的外债需求，不予安排中长期外债额度。境外中长期同业存款及其他非居民存款（大额可转让存单除外）由外汇局按短期外债进行管理。

（二）外资银行从境外借入1年期以上人民币资金，纳入中长期外债额度管理（填表时折算为美元）。外资银行借入的1年期本外币外债总和，不得超过中长期外债额度。

（三）请于每年1月、4月、7月、10月的第1周将上季度中长期外债实际执行情况以电子表格形式报送我委（具体格式和内容要求见附表四。请及时发送电子版至联系人信箱）。

国家发展改革委办公厅

二〇一二年一月二十一日

国家发改委发布《“十二五”利用外资和境外投资规划》

2012年7月17日，国家发展改革委发布了《“十二五”利用外资和境外投资规划》（以下称《规划》）。《规划》总结了“十一五”期间中国在利用外资和境外投资方面取得的长足进展，对“十二五”面临的形势进行了展望和判断。在此基础上，《规划》围绕“十二五”规划纲要主题主线的总体要求，明确了“十二五”时期利用外资和境外投资工作的指导思想、主要目标、重点任务和政策措施。

《规划》的制定和发布，是利用外资和境外投资领域落实“十二五”规划纲要的重要工作，也是国家发展改革委继《“十一五”利用外资规划》后，再次发布利用外资和境外投资领域的五年规划。与《“十一五”利用外资规划》相比，在体例上更加体现统筹国际国内两个大局，加强“引进来”与“走出去”政策协调的精神。《规划》的编制工作始终贯彻科学发展观的要求，是落实《国务院关于进一步做好利用外资工作的若干意见》(国发［2010］9号）和《国务院办公厅转发发展改革委等部门关于加快培育国际合作和竞争新优势指导意见的通知》（国办发［2012］32号）等对外开放领域重要文件的有力举措。《规划》的对外发布既体现了中国政府继续坚持扩大开放，推动形成稳定、透明的利用外资和境外投资管理体制的意愿和决心，又有助于向社会各界提供公平、可预见的政策环境。《规划》在编制过程中广泛征求了各省区市和国务院各有关部门的意见，也是地方各级人民政府、国务院有关部门和有关企业制定本地区本部门本企业有关规划、政策和发展战略时的重要参考。

国家发展和改革委员会　商务部

中西部地区外商投资优势产业目录(2013年修订)

第1号

《中西部地区外商投资优势产业目录(2013年修订)》已经国务院批准，现予以发布，自2013年6月10日起施行。2008年12月23日国家发展和改革委员会、商务部发布的《中西部地区外商投资优势产业目录(2008年修订)》（国家发展和改革委员会、商务部令2008年第4号）同时废止。

根据《指导外商投资方向规定》(国务院令2002年第346号）的规定，属于本目录的外商投资项目，享受鼓励类外商投资项目优惠政策。符合本目录规定的外商投资在建项目，可按照本目录的有关政策执行。

国家发展和改革委员会主任：徐绍史

商务部部长：高虎城

2013年5月9日

国家发展改革委办公厅关于进一步改进企业债券发行审核工作的通知

发改办财金［2013］957号

各省、自治区、直辖市及计划单列市、新疆生产建设兵团发展改革委：

为进一步改进企业债券发行审核工作，更好地发挥企业债券融资在中国经济“稳增长、调结构、转方式”中的导向作用，我委将对企业债券发行申请，按照“加快和简化审核类”、“从严审核类”以及“适当控制规模和节奏类”三种情况进行分类管理，有保有控，支持重点，防范风险，处理好推进改革、提高效率和防范风险之间的关系。现通知如下：

一、加快和简化审核类对于以下两类发债申请，加快审核，并适当简化审核程序。

(一）项目属于当前国家重点支持范围的发债申请

1. 国家重大在建续建项目。重点支持企业发债用于国家审批或核准的国家重大铁路、交通、通信、能源、原材料、水利项目建设。支持电网改造、洁净煤发电、发展智能电网，加强能源通道建设，促进北煤南运、西煤东运、西气东输、油气骨干管网工程、液化天然气储存接收设施和西电东送，加快推进国家快速铁路网、城际铁路网建设，国家级高速公路剩余路段、瓶颈路段和内河水运建设项目。

2. 关系全局的重点结构调整或促进区域协调发展的项目。支持国家重大技术装备自主化项目。支持国家大飞机项目和重点航空航天工程；支持飞机租赁业通过试点发行项目收益债券，购汇买飞机并将租赁收入封闭还债。支持国家重大自主创新和结构调整项目，推动战略性新兴产业健康发展。支持国家钢铁产业结构调整试点。发展新一代信息技术，加强网络基础设施建设，大力发展高端装备制造、节能环保、生物、新能源汽车、新材料、新能源、海水综合利用、现代物流等产业。重点支持太阳能光伏和风电应用。支持列入《战略性新兴产业重点产品和服务指导目录》、《重点产业布局和调整中长期发展规划》等专项规划或国家区域规划涉及的项目通过债券方式融资。

3. 节能减排和环境综合整治、生态保护项目。支持城镇污水垃圾处理设施建设，历史遗留重金属污染和无主尾矿库隐患综合治理，荒漠化、石漠化、水土流失治理、草原生态保护建设，京津风沙源区、石漠化地区等重点区域综合治理。支持太湖、三峡库区、丹江口库区等重点流（海）域水污染防治和环境保护治理。支持京津冀、长三角、珠三角等重点区域以及直辖市和省会城市开展微细颗粒物（PM2.5）等项目监测及相应的大气污染防治、燃煤城市清洁能源改造等。鼓励节能、节水、节地、节材和资源综合利用，大力发展循环经济。

4. 公共租赁住房、廉租房、棚户区改造、经济适用房和限价商品房等保障性安居工程项目，重点支持纳入目标任务的保障性住房建设项目，城镇基础设施建设项目，大宗农产品及鲜活农产品的储藏、运输及交易等流通项目。

5. 小微企业增信集合债券和中小企业集合债券。

（二）信用等级较高，偿债措施较为完善及列入信用建设试点的发债申请

1. 主体或债券信用等级为AAA级的债券。

2. 由资信状况良好的担保公司（指担保公司主体评级在AA＋及以上）提供无条件不可撤销保证担保的债券。

3. 使用有效资产进行抵质押担保，且债项级别在AA＋及以上的债券。

4. 资产负债率低于30％，信用安排较为完善且主体信用级别在AA＋及以上的无担保债券。

5. 由重点推荐的证券公司、评级公司等中介机构提供发行服务，且主体信用级别在AA及以上的债券（中介机构重点推荐办法另行制定）。

6. 全信用记录债券，即发行人法人代表、相关管理人员等同意披露个人信用记录且签署信用承诺书的债券。

7. 同意列入地方政府负债总规模监测的信用建设试点城市平台公司发行的债券。信用建设试点城市指向省级信用体系建设领导小组申请试点获批复，并向我委进行备案的城市。

8. 地方政府所属区域城投公司申请发行的首只企业债券，且发行人资产负债率低于50％的债券。

二、从严审核类对于以下两类发债申请，要从严审核，有效防范市场风险。

（一）募集资金用于产能过剩、高污染、

高耗能等国家产业政策限制领域的发债申请

（二）企业信用等级较低，负债率高，债券余额较大或运作不规范、资产不实、偿债措施较弱的发债申请

1. 资产负债率较高（城投类企业65%以上，一般生产经营性企业75%以上）且债项级别在AA+以下的债券。

2. 企业及所在地地方政府或为其提供承销服务的券商有不尽职或不诚信记录。

3. 连续发债两次以上且资产负债率高于65%的城投类企业。

4. 企业资产不实，运营不规范，偿债保障措施较弱的发债申请。

三、适当控制规模和节奏类除符合“加快和简化审核类”、“从严审核类”两类条件的债券外，其他均为适当控制规模和节奏类，要根据国家宏观调控政策和债券市场发展情况，合理控制总体发行规模，适当把握审核和发行节奏。

我委将根据国家产业政策和发行审核工作实际，不定期对上述分类范围进行更新调整，并及时通知各地发展改革部门。请你委根据有关审核制度安排，做好企业债券发行转报工作。

国家发展改革委办公厅

2013年4月19日

中国人民银行发布《银行业标准体系》

为全面推进银行业标准化工作，促进银行业国际化与信息化发展，在深入分析银行业发展趋势和标准化现状、广泛征求银行业机构意见的基础上，人民银行组织各商业银行编制完成《银行业标准体系》。该体系已通过全国金融标准化技术委员会评审，于日前由人民银行正式发布。

《银行业标准体系》描绘了未来五年银行业标准全貌和标准化发展蓝图，是银行业标准制修订计划的主要依据和银行业标准化工作的重要参考，涵盖了基础通用、产品服务、运营管理、信息技术和行业管理五大类金融国家标准和行业标准。《银行业标准体系》的出台解决了银行业标准体系缺失的问题，对于促进银行业建立标准体系总体框架、协调标准关系、提高标准质量、完善标准体系、加强标准工作机制、提升经营管理水平和竞争力具有积极意义。

近年来，人民银行认真履行金融标准化组织协调管理职责，实施金融标准化战略，加大金融领域标准化的研制和实施力度，健全和完善管理体制和工作机制，有效地促进了金融改革和发展。《银行业标准体系》发布后，将与证券、保险等标准体系共同构成金融业标准体系，成为金融标准化工作整体规划和宏观指导的重要基础。

中国促进创业风险投资发展的主要政策文件（见附表1）。

附表1　中国促进创业风险投资发展的主要政策文件

文件名称	出台时间	出台组织及部门等	主要精神
《关于建立风险投资机制的若干意见》	1999年	科技部、国家计委、国家经贸委、财政部、中国人民银行、国家税务总局、中国证监会	明确发展创业风险投资重要意义，并提出指导、规范中国创业风险投资发展的基本原则

（续）

文件名称	出台时间	出台组织及部门等	主要精神
《中华人民共和国信托法》	2001 年	第九届全国人民代表大会常务委员会第十一次会议通过	明确了委托人和受托人之间的法律关系，为创业风险投资发展提供依据
《中华人民共和国中小企业促进法》	2002 年	第九届全国人民代表大会常务委员会第二十八次会议通过	提出通过税收政策鼓励各类依法设立的创业风险投资机构增加对中小企业的投资
《外商投资创业投资企业管理规定》	2003 年	外经贸部、科技部、国家工商总局、国家税务总局、国家外汇管理局	为鼓励、规范外国公司、企业和其他经济组织或个人从事创业风险投资提供管理依据
《关于外商投资创业投资公司缴纳企业所得税有关税收问题的通知》	2003 年	国家税务总局	为外商投资创业风险投资企业组建为法人及非法人的创业风险投资企业明确了有关税收问题
《关于外商投资举办投资性公司的规定》	2004 年	商务部	对外商投资举办投资性公司的注册资本、组织形式、投资行为等提出了管理规定
《关于促进创业投资企业发展有关税收政策的通知》	2007 年	财政部、国家税务总局	对投资支持中小高新技术企业的创业风险投资企业给予税收优惠
《科技型中小企业创业投资引导基金管理暂行办法》	2007 年	财政部、科技部	开展设立科技型中小企业创业风险投资引导基金，支持引导创业风险投资机构向初创期科技型中小企业投资
《关于创业投资引导基金规范设立与运作的指导意见》	2008 年	国家发改委、财政部、商务部	开展设立科技型中小企业创业风险投资引导基金，支持引导创业风险投资机构向初创期科技型中小企业投资
《关于外商投资创业投资企业创业投资管理企业审批有关事项的通知》	2009 年	商务部	对总投资在 1 亿美元以下的外商投资创业风险投资企业、创业风险投资管理企业的审批权限等进行了下放
《关于加强创业投资企业备案管理严格规范创业投资企业募资行为的通知》	2009 年	国家发改委	明确创业风险投资企业备案条件，严控“募集有限合伙基金”和“从事代理业务”等名义的非法集资活动
《关于实施创业投资企业所得税优惠问题的通知》	2009 年	国家税务总局	对合伙企业、外商投资创业风险投资企业等有关问题明确了税收优惠政策
《关于实施新兴产业创投计划、开展产业技术研究与开发资金参股设立创业投资基金试点工作的通知》	2009 年	国家发改委、财政部	扩大产业技术研发资金创业风险投资试点，推动利用国家产业技术研发资金，参股设立创业风险投资基金（即创业投资企业）试点工作

（续）

文件名称	出台时间	出台组织及部门等	主要精神
《首次公开发行股票并在创业板上市管理办法》	2009年	中国证监会	创业板的推出为中国创业风险投资发展提供了良好的退出渠道，将进一步促进创业风险投资事业健康快速发展
《关于豁免国有创业投资机构和国有创业投资引导基金国有股转持义务有关问题的通知》	2010年	财政部	规避相关政策影响，提高了国有创业风险投资机构的积极性，鼓励和引导国有创业风险投资机构加大对中早期项目的投资
《科技型中小企业创业投资引导基金股权投资收入收缴暂行办法》	2010年	财政部	明确了科技型中小企业创业投资引导基金收入的上缴办法及相关管理权责等事宜
《国家科技成果转化引导基金管理暂行办法》	2011年	财政部、科技部	明确提出以政府创业风险投资引导基金模式运作支持科技成果转化的相关事宜
《新兴产业创投计划参股创业投资基金管理暂行办法》	2011年	财政部、国家发改委	提出政府公共资金以直接投资或参股投资等方式支持战略性新兴产业发展的事宜
《关于促进科技和金融结合加快实施自主创新战略的若干意见》	2011年	科技部、财政部、中国人民银行、国务院国资委、国家税务总局、中国银监会、中国证监会、中国保监会	八部委联合文件指导全国开展科技和金融结合工作，对于各级政府开展创业风险投资提出了指导建议
《关于促进股权投资企业规范发展的通知》	2011年	国家发改委	对于股权投资企业的设立、募资、投资，以及风险控制、基本职责、信息披露等提出了要求

数据来源：中国创业风险投资发展报告2012。

商业银行数据中心监管指引

第一章　总则

第一条　为加强商业银行数据中心风险管理，保障数据中心安全、可靠、稳定运行，提高商业银行业务连续性水平，根据《中华人民共和国银行业监督管理法》及《中华人民共和国商业银行法》制定本指引。

第二条　在中华人民共和国境内设立的国有商业银行、股份制商业银行、邮政储蓄银行、城市商业银行、省级农村信用联合社、外商独资银行、中外合资银行适用本指引。中国银行业监督管理委员会（以下简称中国银监会）监管的其他金融机构参照本指引执行。

第三条　以下术语适用于本指引：

（一）本指引所称数据中心包括生产中心和灾难备份中心（以下简称灾备中心）。

（二）本指引所称生产中心是指商业银行对全行业务、客户和管理等重要信息进行集中存储、处理和维护，具备专用场所，为业务运营及管理提供信息科技支撑服务的组织。

（三）本指引所称灾备中心是指商业银行为保障其业务连续性，在生产中心故障、停顿或瘫痪后，能够接替生产中心运行，具备专用场所，进行数据处理和支持重要业务持续运行的组织。

（四）本指引所称灾备中心同城模式是指灾备中心与生产中心位于同一地理区域，一般距离数十公里，可防范火灾、建筑物破坏、电力或通信系统中断等事件。灾备中心异地模式是指灾备中心与生产中心处于不同地理区域，一般距离在数百公里以上，不会同时面临同类区域性灾难风险，如地震、台风和洪水等。

（五）本指引所称重要信息系统是指支撑重要业务，其信息安全和服务质量关系公民、法人和组织的权益，或关系社会秩序、公共利益乃至国家安全的信息系统。包括面向客户、涉及账务处理且时效性要求较高的业务处理类、渠道类和涉及客户风险管理等业务的管理类信息系统，以及支撑系统运行的机房和网络等基础设施。

第四条 《信息安全技术信息系统灾难恢复规范》(GB/T20988－2007) 中的条款通过本指引的引用而成为本指引的条款。

第二章 设立与变更

第五条 商业银行应于取得金融许可证后两年内，设立生产中心；生产中心设立后两年内，设立灾备中心。

第六条 商业银行数据中心应配置满足业务运营与管理要求的场地、基础设施、网络、信息系统和人员，并具备支持业务不间断服务的能力。

第七条 总资产规模一千亿元以上且跨省设立分支机构的法人商业银行，及省级农村信用联合社应设立异地模式灾备中心，重要信息系统灾难恢复能力应达到《信息安全技术信息系统灾难恢复规范》中定义的灾难恢复等级第 5 级（含）以上；其他法人商业银行应设立同城模式灾备中心并实现数据异地备份，重要信息系统灾难恢复能力应达到《信息安全技术信息系统灾难恢复规范》中定义的灾难恢复等级第 4 级（含）以上。

第八条 商业银行应就数据中心设立，数据中心服务范围、服务职能和场所变更，以及其他对数据中心持续运行具有较大影响的重大变更事项向中国银监会或其派出机构报告。

第九条 商业银行应在数据中心规划筹建阶段，以及在数据中心正式运营前至少 20 个工作日，向中国银监会或其派出机构报告。

第十条 商业银行变更数据中心场所时应至少提前 2 个月，其他重大变更应至少提前 10 个工作日向中国银监会或其派出机构报告。

第三章 风险管理

第十一条 商业银行信息科技风险管理部门应制定数据中心风险管理策略、风险识别和评估流程，定期开展风险评估工作，对风险进行分级管理，持续监督风险管理状况，及时预警，将风险控制在可接受水平。

第十二条 商业银行信息科技部门应指导、监督和协调数据中心明确信息系统运营维护管理策略，建立运营维护管理制度、标准和流程，落实信息科技风险管理措施。

第十三条 商业银行数据中心应建立健全各项管理与内控制度，从技术和管理等方面实施风险控制措施。

第十四条 商业银行数据中心应设立专门管理岗位，监督、检查数据中心各项规范、制度、标准和流程的执行情况以及风险管理状况。

第十五条 商业银行应根据业务影响分

析所识别出风险的可能性和损失程度，决定是否购买商业保险以应对不同类型的灾难，并定期检查其保险策略及范围。投保资产清单应保存于安全场所，以便索赔时使用。

第十六条　商业银行内部审计部门应至少每三年进行一次数据中心内部审计。

第十七条　商业银行在采取有效信息安全控制措施的前提下，可聘请合格的外部审计机构定期对数据中心进行审计。

第十八条　商业银行数据中心应根据内、外部审计意见，及时制订整改计划并实施整改。

第四章　运行环境管理

第十九条　商业银行进行数据中心选址时，应进行全面的风险评估，综合考虑地理位置、环境、设施等各种因素对数据中心安全运营的潜在影响，规避选址不当风险，避免数据中心选址过度集中。

第二十条　数据中心选址应满足但不限于以下要求：

（一）生产中心与灾备中心的场所应保持合理距离，避免同时遭受同类风险。

（二）应选址于电力供给可靠，交通、通信便捷地区；远离水灾和火灾隐患区域；远离易燃、易爆场所等危险区域；远离强振源和强噪声源，避开强电磁场干扰；应避免选址于地震、地质灾害高发区域。

第二十一条　数据中心基础设施建设应以满足重要信息系统运行高可用性和高可靠性要求、保障业务连续性为目标，应满足但不限于以下要求：

（一）建筑物结构，如层高、承重、抗震等，应满足专用机房建设要求。

（二）应根据使用要求划分功能区域，各功能区域原则上相对独立。

（三）应配备不间断电源、应急发电设施等以满足信息技术设备连续运行的要求。

（四）通信线路、供电、机房专用空调等基础设施应具备冗余能力，进行冗余配置，消除单点隐患。

（五）机房区域应采用气体消防和自动消防预警系统，内部通道设置、装饰材料等应满足消防要求，并通过消防验收。

（六）应采取防雷接地、防磁、防水、防盗、防鼠虫害等保护措施。

（七）应采用环保节能技术，降低能耗，提高效率。

第二十二条　数据中心安防与基础设施保障应满足但不限于以下要求：

（一）各功能区域应根据使用功能划分安全控制级别，不同级别区域采用独立的出入控制设备，并集中监控，各区域出入口及重要位置应采用视频监控，监控记录保存时间应满足事件分析、监督审计的需要。

（二）应具备机房环境监控系统，对基础设施设备、机房环境状况、安防系统状况进行7×24小时实时监测，监测记录保存时间应满足故障诊断、事后审计的需要。

（三）每年至少开展一次针对基础设施的安全评估，对基础设施的可用性和可靠性、运维管理流程以及人员的安全意识等方面进行检查，及时发现安全隐患并落实整改。

第二十三条　数据中心应来用两家或多家通信运营商线路互为备份。互为备份的通信线路不得经过同一路由节点。

第五章　运营维护管理

第二十四条　商业银行应建立满足业务发展要求的数据中心运营维护管理体系，根据业务需求定义运营维护服务内容，制定服务标准和评价方法，建立运营维护管理持续改进机制。

第二十五条　数据中心应建立满足信息

科技服务要求的运营管理组织架构，设立生产调度、信息安全、操作运行维护、质量合规管理等职能相关的部门或岗位，明确岗位和职责，配备专职人员，提供岗位专业技能培训，确保关键岗位职责分离，通过职责分工和岗位制约降低数据中心操作风险。

第二十六条　数据中心应建立信息科技运行维护服务管理流程，提高整体运行效率和服务水平，包括：

（一）应建立事件和问题管理机制。明确事件管理流程，定义事件类别、事件分级响应要求和事件升级、上报规则，及时受理、响应、审批和交付服务请求，保障生产服务质量，尽可能降低对业务影响；建立服务台负责受理、跟踪、解答各类运营问题；建立问题根源分析及跟踪解决机制，查明运营事件产生的根本原因，避免事件再次发生。

（二）应建立变更管理流程，减少或防止变更对信息科技服务的影响。根据变更对业务影响大小进行变更分级，对变更影响、变更风险、资源需求和变更批准进行控制和管理；变更方案应包括应急及回退措施，并经过充分测试和验证；建立变更管理联动机制，当生产中心发生变更时，应同步分析灾备系统变更需求并进行相应的变更，评估灾备恢复的有效性；应尽量减少紧急变更。

（三）应建立配置管理流程，统一管理、及时更新数据中心基础设施和重要信息系统配置信息，支持变更风险评估、变更实施、故障事件排查、问题根源分析等服务管理流程。

（四）应对重要信息系统和通信网络的容量和性能需求进行前瞻性规划，分析、调整和优化容量和性能，满足业务发展要求。

（五）应统一调度各项运维任务，协调和解决各项运维任务冲突，妥善记录和保存运维任务调度过程。

（六）应制定验收交接标准及流程，规范重要信息系统投产验收管理。加强版本控制，防范因软件版本、操作文档等不一致产生的风险。

（七）应根据商业银行总体风险控制策略及应急管理要求，从基础设施、网络、信息系统等不同方面分别制订应急预案，并及时修订应急预案，定期进行演练，保证其有效性。

（八）应集中监控重要信息系统和通信网络运行状态。采用监控管理工具，实时监控重要信息系统和通信网络的运行状况，通过监测、采集、分析和调优，提升生产系统运行的可靠性、稳定性和可用性。监控记录应满足故障定位、诊断及事后审计等要求。

第二十七条　数据中心应建立信息安全管理规范，保证重要信息的机密性、完整性和可用性，包括：

（一）应设立专门的信息安全管理部门或岗位，制定安全管理制度和实施计划，定期对信息安全策略、制度和流程的执行情况进行检查和报告。

（二）应建立和落实人员安全管理制度，明确信息安全管理职责；通过安全教育与培训，提高人员的安全意识和技能；建立重要岗位人员备份制度和监督制约机制。

（三）应加强信息资产管理，识别信息资产并建立责任制，根据信息资产重要性实施分类控制和分级保护，防范信息资产生成、使用和处置过程中的风险。

（四）应建立和落实物理环境安全管理制度，明确安全区域、规范区域访问管理，减少未授权访问所造成的风险。

（五）应建立操作安全管理制度，制定操作规程文档，规范信息系统监控、日常维护和批处理操作等过程。

（六）应建立数据安全管理制度，规范数据的产生、获取、存储、传输、分发、备份、恢复和清理的管理，以及存储介质的台账、转储、抽检、报废和销毁的管理，保证数据的保密、真实、完整和可用。

（七）应建立网络通信与访问安全策略，隔离不同网络功能区域，采取与其安全级别对应的预防、监测等控制措施，防范对网络的未授权访问，保证网络通信安全。

（八）应建立基础设施和重要信息的授权访问机制，制定访问控制流程，保留访问记录，防止未授权访问。

第六章　灾难恢复管理

第二十八条　商业银行应将灾难恢复管理纳入业务连续性管理框架，建立灾难恢复管理组织架构，明确灾难恢复管理机制和流程。

第二十九条　商业银行应统筹规划灾难恢复工作，定期进行风险评估和业务影响分析，确定灾难恢复目标和恢复等级，明确灾难恢复策略、预案并及时更新。

第三十条　商业银行灾难恢复预案应包括但不限于以下内容：灾难恢复指挥小组和工作小组人员组成及联系方式、汇报路线和沟通协调机制、灾难恢复资源分配、基础设施与信息系统的恢复优先次序、灾难恢复与回切流程及时效性要求、对外沟通机制、最终用户操作指导及第三方技术支持和应急响应服务等内容。

第三十一条　商业银行应为灾难恢复提供充分的资源保障，包括基础设施、网络通信、运维及技术支持人力资源、技术培训等。

第三十二条　商业银行应建立与服务提供商、电力部门、公安部门、当地政府和新闻媒体等单位的外部协作机制，保证灾难恢复时能及时获取外部支持。

第三十三条　商业银行应建立灾难恢复有效性测试验证机制，测试验证应定期或在重大变更后进行，内容应包含业务功能的恢复验证。

第三十四条　商业银行应每年至少进行一次重要信息系统专项灾备切换演练，每三年至少进行一次重要信息系统全面灾备切换演练，以真实业务接管为目标，验证灾备系统有效接管生产系统及安全回切的能力。

第三十五条　商业银行进行全面灾备切换和真实业务接管演练前应向中国银监会或其派出机构报告，并在演练结束后报送演练总结。

第三十六条　商业银行因灾难事件启动灾难恢复或将灾备中心回切至生产中心后，应及时向中国银监会或其派出机构报告，报告内容包括但不限于：灾难事件发生时间、影响范围和程度，事件起因、应急处置措施、灾难恢复实施情况和结果、回切方案。

第七章　外包管理

第三十七条　商业银行董事会对外包负最终管理责任，应推动和完善外包风险管理体系建设，确保商业银行有效应对外包风险。

第三十八条　商业银行应根据信息科技战略规划制定数据中心外包策略；应制定数据中心服务外包管理制度、流程，建立全面的风险控制机制。

第三十九条　商业银行应确定外包服务所涉及的信息资产的关键性和敏感程度，审慎确定数据中心外包服务范围。

第四十条　商业银行应充分识别、分析、评估数据中心外包风险，包括信息安全风险、服务中断风险、系统失控风险以及声誉风险、战略风险等，形成风险评估报告并报董事会和高管层审核。

第四十一条　实施数据中心服务外包时，商业银行的管理责任不得外包。

第四十二条　数据中心服务外包一般包括：

（一）基础设施类：外包服务商向商业银行提供数据中心机房、配套设施或运行设备的服务。

（二）运营维护类：外包服务商向商业银行提供数据中心信息系统或基础设施的日常运行、维护等服务。

第四十三条　商业银行在选择数据中心外包服务商时，应充分审查、评估外包服务商的资质、专业能力和服务方案，对外包服务商进行风险评估，考查其服务能力是否足以承担相应的责任。评估包括：外包服务商的企业信誉及财务稳定性，外包服务商的信息安全和信息科技服务管理体系，银行业服务经验等。提供数据中心基础设施外包服务的服务商，其运行环境应符合商业银行要求，并具有完备的安全管理规范。

第四十四条　商业银行应与数据中心外包服务商签订书面合同，在合同中明确重要事项，包括但不限于双方的权利和义务、外包服务水平、服务的可靠性、服务的可用性、信息安全控制、服务持续性计划、审计、合规性要求、违约赔偿等。

第四十五条　商业银行应要求外包服务商购买商业保险以保证其有足够的赔偿能力，并告知保险覆盖范围。

第四十六条　商业银行应加强对数据中心外包服务活动的安全管理，包括但不限于：

（一）商业银行应将数据中心外包服务安全管理纳入数据中心的整体安全策略，保障业务、管理和客户敏感数据信息安全。

（二）商业银行应按照“必须知道”和“最小授权”原则，严格控制外包服务商信息访问的权限，要求外包服务商不得对外泄露所接触的商业银行信息。

（三）商业银行应要求外包服务商保留操作痕迹、记录完整的日志，相关内容和保存期限应满足事件分析、安全取证、独立审计和监督检查需要。

（四）商业银行应要求外包服务商遵守商业银行有关信息科技风险管理制度和流程。

（五）商业银行应要求外包服务商每年至少开展一次信息安全风险评估并提交评估报告。

（六）商业银行应要求外包服务商聘请外部机构定期对其进行安全审计并提交审计报告，督促其及时整改发现的问题。

第四十七条　商业银行应禁止外包服务商转包并严格控制分包，保证外包服务水平。

第四十八条　商业银行应制定数据中心外包服务应急计划，制订供应商替换方案，以应对外包服务商破产、不可抗力或其他潜在问题导致服务中断或服务水平下降的情形，支持数据中心连续、可靠运行。

第四十九条　商业银行应建立外包服务考核、评价机制，定期对外包服务活动和外包服务商的服务能力进行审核和评估，确保获得持续、稳定的外包服务。

第五十条　商业银行在实施数据中心整体服务外包以及涉及影响业务、管理和客户敏感数据信息安全的外包前，应向中国银监会或其派出机构报告。

第五十一条　商业银行应在外包服务协议条款中明确商业银行和监管机构有权对协议范围内的服务活动进行监督检查，包括外包商的服务职能、责任、系统和设施等内容。

第八章　监督管理

第五十二条　中国银监会及其派出机构可依法对商业银行的数据中心实施非现场监

管及现场检查。现场检查原则上每三年一次。

第五十三条　针对商业银行数据中心设立、变更、运营过程存在的风险，中国银监会或其派出机构可向商业银行提示风险并提出整改意见。商业银行应及时整改并反馈结果。

第九章　附则

第五十四条　本指引由中国银监会负责解释、修订。

第五十五条　本指引自公布之日起执行。

附件：《商业银行数据中心监管指引》报告材料目录和格式要求

附件：

《商业银行数据中心监管指引》报告材料目录和格式要求

一、数据中心规划报告材料目录

（一）数据中心建设规划报告，包括：

1. 立项报告和可行性分析报告，包括建设背景、建设目标、风险评估、效益分析、成本投入等。

2. 基础设施规划方案，包括选址、建筑物结构、功能区域划分、监控、防雷接地及消防等配套设施、机房等级等。

3. 信息系统建设规划方案，包括功能与技术方案规划、人员配置计划、系统服务的区域和业务范围等。灾备中心还需提供灾难恢复目标、灾难恢复等级、灾备技术方案规划及风险评估报告等。

（二）区域环境及基础设施风险评估说明，包括风险识别，风险分析和风险控制策略等。

（三）建设及运营模式说明，包括技术支持及运行维护体系等。如采用外包，需提供外包的服务内容和外包风险评估报告。

（四）组织架构规划。包括拟设立的部门与岗位职责、计划采用的人员数量等。

（五）建设及投入运营的时间进度计划和财务预算（基础设施建设和运维管理费用等）。

（六）中国银监会或其派出机构要求提供的其他文件和资料。

二、数据中心设立报告材料目录

（一）由商业银行法定代表人签署的数据中心投产审批文件，包括数据中心上线申请，数据中心上线审批报告等。

（二）基础设施情况，包括地址、建筑物结构、功能区域划分、监控、防雷接地及消防等配套设施验收报告、机房及附属设施验收报告等。

（三）信息系统情况，包括系统架构、系统名称、系统服务的区域和业务范围、数据备份方案、灾备技术方案等。

（四）运营模式说明，包括技术支持及运行维护体系等。如采用外包需说明主要外包管理情况，包括主要外包项目名称、外包内容（业务类型及范围等）、外包商基本情况、外包合同（包括安全保密条款、知识产权保护条款）、外包服务水平协议和外包风险评估报告等。

（五）组织架构，包括部门设置与岗位职责、人员配备、主要负责人名单等。

（六）管理制度和规范清单及相关说明，包括运行管理流程、安全管理制度、应急管理制度和规范（含应急恢复策略、信息系统备份和恢复方案、应急管理流程及预案、应急演练及培训计划等）、灾难恢复预案。

（七）中国银监会或其派出机构要求提供的其他文件和资料。

三、数据中心重大变更报告材料目录

（一）变更说明，包括变更原因、目的、

内容、时间和影响范围等。

（二）变更方案，包括变更准备、变更计划和步骤、变更应急和回退措施。

（三）风险评估报告，包括风险分析，控制措施、变更有效性评估。

（四）中国银监会或其派出机构要求提供的其他文件和资料。

中华人民共和国国务院令第631号

《征信业管理条例》已经2012年12月26日国务院第228次常务会议通过，现予公布，自2013年3月15日起施行。

总理　温家宝

2013年1月21日

征信业管理条例

第一章　总　则

第一条　为了规范征信活动，保护当事人合法权益，引导、促进征信业健康发展，推进社会信用体系建设，制定本条例。

第二条　在中国境内从事征信业务及相关活动，适用本条例。

本条例所称征信业务，是指对企业、事业单位等组织（以下统称企业）的信用信息和个人的信用信息进行采集、整理、保存、加工，并向信息使用者提供的活动。

国家设立的金融信用信息基础数据库进行信息的采集、整理、保存、加工和提供，适用本条例第五章规定。

国家机关以及法律、法规授权的具有管理公共事务职能的组织依照法律、行政法规和国务院的规定，为履行职责进行的企业和个人信息的采集、整理、保存、加工和公布，不适用本条例。

第三条　从事征信业务及相关活动，应当遵守法律法规，诚实守信，不得危害国家秘密，不得侵犯商业秘密和个人隐私。

第四条　中国人民银行（以下称国务院征信业监督管理部门）及其派出机构依法对征信业进行监督管理。

县级以上地方人民政府和国务院有关部门依法推进本地区、本行业的社会信用体系建设，培育征信市场，推动征信业发展。

第二章　征信机构

第五条　本条例所称征信机构，是指依法设立，主要经营征信业务的机构。

第六条　设立经营个人征信业务的征信机构，应当符合《中华人民共和国公司法》规定的公司设立条件和下列条件，并经国务院征信业监督管理部门批准：

（一）主要股东信誉良好，最近3年无重大违法违规记录；

（二）注册资本不少于人民币5 000万元；

（三）有符合国务院征信业监督管理部门规定的保障信息安全的设施、设备和制度、措施；

（四）拟任董事、监事和高级管理人员符合本条例第八条规定的任职条件；

（五）国务院征信业监督管理部门规定的其他审慎性条件。

第七条　申请设立经营个人征信业务的征信机构，应当向国务院征信业监督管理部门提交申请书和证明其符合本条例第六条规定条件的材料。

国务院征信业监督管理部门应当依法进行审查，自受理申请之日起60日内做出批准或者不予批准的决定。决定批准的，颁发个人征信业务经营许可证；不予批准的，应当书面说明理由。

经批准设立的经营个人征信业务的征信

机构，凭个人征信业务经营许可证向公司登记机关办理登记。

未经国务院征信业监督管理部门批准，任何单位和个人不得经营个人征信业务。

第八条　经营个人征信业务的征信机构的董事、监事和高级管理人员，应当熟悉与征信业务相关的法律法规，具有履行职责所需的征信业从业经验和管理能力，最近3年无重大违法违规记录，并取得国务院征信业监督管理部门核准的任职资格。

第九条　经营个人征信业务的征信机构设立分支机构、合并或者分立、变更注册资本、变更出资额占公司资本总额5%以上或者持股占公司股份5%以上的股东的，应当经国务院征信业监督管理部门批准。

经营个人征信业务的征信机构变更名称的，应当向国务院征信业监督管理部门办理备案。

第十条　设立经营企业征信业务的征信机构，应当符合《中华人民共和国公司法》规定的设立条件，并自公司登记机关准予登记之日起30日内向所在地的国务院征信业监督管理部门派出机构办理备案，并提供下列材料：

（一）营业执照；

（二）股权结构、组织机构说明；

（三）业务范围、业务规则、业务系统的基本情况；

（四）信息安全和风险防范措施。

备案事项发生变更的，应当自变更之日起30日内向原备案机构办理变更备案。

第十一条　征信机构应当按照国务院征信业监督管理部门的规定，报告上一年度开展征信业务的情况。

国务院征信业监督管理部门应当向社会公告经营个人征信业务和企业征信业务的征信机构名单，并及时更新。

第十二条　征信机构解散或者被依法宣告破产的，应当向国务院征信业监督管理部门报告，并按照下列方式处理信息数据库：

（一）与其他征信机构约定并经国务院征信业监督管理部门同意，转让给其他征信机构；

（二）不能依照前项规定转让的，移交给国务院征信业监督管理部门指定的征信机构；

（三）不能依照前两项规定转让、移交的，在国务院征信业监督管理部门的监督下销毁。

经营个人征信业务的征信机构解散或者被依法宣告破产的，还应当在国务院征信业监督管理部门指定的媒体上公告，并将个人征信业务经营许可证交国务院征信业监督管理部门注销。

第三章　征信业务规则

第十三条　采集个人信息应当经信息主体本人同意，未经本人同意不得采集。但是，依照法律、行政法规规定公开的信息除外。

企业的董事、监事、高级管理人员与其履行职务相关的信息，不作为个人信息。

第十四条　禁止征信机构采集个人的宗教信仰、基因、指纹、血型、疾病和病史信息以及法律、行政法规规定禁止采集的其他个人信息。

征信机构不得采集个人的收入、存款、有价证券、商业保险、不动产的信息和纳税数额信息。但是，征信机构明确告知信息主体提供该信息可能产生的不利后果，并取得其书面同意的除外。

第十五条　信息提供者向征信机构提供个人不良信息，应当事先告知信息主体本人。但是，依照法律、行政法规规定公开的不良信息除外。

第十六条　征信机构对个人不良信息的保存期限，自不良行为或者事件终止之日起为5年；超过5年的，应当予以删除。

在不良信息保存期限内，信息主体可以对不良信息做出说明，征信机构应当予以记载。

第十七条　信息主体可以向征信机构查询自身信息。个人信息主体有权每年两次免费获取本人的信用报告。

第十八条　向征信机构查询个人信息的，应当取得信息主体本人的书面同意并约定用途。但是，法律规定可以不经同意查询的除外。

征信机构不得违反前款规定提供个人信息。

第十九条　征信机构或者信息提供者、信息使用者采用格式合同条款取得个人信息主体同意的，应当在合同中做出足以引起信息主体注意的提示，并按照信息主体的要求做出明确说明。

第二十条　信息使用者应当按照与个人信息主体约定的用途使用个人信息，不得用作约定以外的用途，不得未经个人信息主体同意向第三方提供。

第二十一条　征信机构可以通过信息主体、企业交易对方、行业协会提供信息，政府有关部门依法已公开的信息，人民法院依法公布的判决、裁定等渠道，采集企业信息。

征信机构不得采集法律、行政法规禁止采集的企业信息。

第二十二条　征信机构应当按照国务院征信业监督管理部门的规定，建立健全和严格执行保障信息安全的规章制度，并采取有效技术措施保障信息安全。

经营个人征信业务的征信机构应当对其工作人员查询个人信息的权限和程序做出明确规定，对工作人员查询个人信息的情况进行登记，如实记载查询工作人员的姓名，查询的时间、内容及用途。工作人员不得违反规定的权限和程序查询信息，不得泄露工作中获取的信息。

第二十三条　征信机构应当采取合理措施，保障其提供信息的准确性。

征信机构提供的信息供信息使用者参考。

第二十四条　征信机构在中国境内采集的信息的整理、保存和加工，应当在中国境内进行。

征信机构向境外组织或者个人提供信息，应当遵守法律、行政法规和国务院征信业监督管理部门的有关规定。

第四章　异议和投诉

第二十五条　信息主体认为征信机构采集、保存、提供的信息存在错误、遗漏的，有权向征信机构或者信息提供者提出异议，要求更正。

征信机构或者信息提供者收到异议，应当按照国务院征信业监督管理部门的规定对相关信息做出存在异议的标注，自收到异议之日起20日内进行核查和处理，并将结果书面答复异议人。

经核查，确认相关信息确有错误、遗漏的，信息提供者、征信机构应当予以更正；确认不存在错误、遗漏的，应当取消异议标注；经核查仍不能确认的，对核查情况和异议内容应当予以记载。

第二十六条　信息主体认为征信机构或者信息提供者、信息使用者侵害其合法权益的，可以向所在地的国务院征信业监督管理部门派出机构投诉。

受理投诉的机构应当及时进行核查和处理，自受理之日起30日内书面答复投诉人。

信息主体认为征信机构或者信息提供者、

信息使用者侵害其合法权益的，可以直接向人民法院起诉。

第五章　金融信用信息基础数据库

第二十七条　国家设立金融信用信息基础数据库，为防范金融风险、促进金融业发展提供相关信息服务。

金融信用信息基础数据库由专业运行机构建设、运行和维护。该运行机构不以营利为目的，由国务院征信业监督管理部门监督管理。

第二十八条　金融信用信息基础数据库接收从事信贷业务的机构按照规定提供的信贷信息。

金融信用信息基础数据库为信息主体和取得信息主体本人书面同意的信息使用者提供查询服务。国家机关可以依法查询金融信用信息基础数据库的信息。

第二十九条　从事信贷业务的机构应当按照规定向金融信用信息基础数据库提供信贷信息。

从事信贷业务的机构向金融信用信息基础数据库或者其他主体提供信贷信息，应当事先取得信息主体的书面同意，并适用本条例关于信息提供者的规定。

第三十条　不从事信贷业务的金融机构向金融信用信息基础数据库提供、查询信用信息以及金融信用信息基础数据库接收其提供的信用信息的具体办法，由国务院征信业监督管理部门会同国务院有关金融监督管理机构依法制定。

第三十一条　金融信用信息基础数据库运行机构可以按照补偿成本原则收取查询服务费用，收费标准由国务院价格主管部门规定。

第三十二条　本条例第十四条、第十六条、第十七条、第十八条、第二十二条、第二十三条、第二十四条、第二十五条、第二十六条适用于金融信用信息基础数据库运行机构。

第六章　监督管理

第三十三条　国务院征信业监督管理部门及其派出机构依照法律、行政法规和国务院的规定，履行对征信业和金融信用信息基础数据库运行机构的监督管理职责，可以采取下列监督检查措施：

（一）进入征信机构、金融信用信息基础数据库运行机构进行现场检查，对向金融信用信息基础数据库提供或者查询信息的机构遵守本条例有关规定的情况进行检查；

（二）询问当事人和与被调查事件有关的单位和个人，要求其对与被调查事件有关的事项做出说明；

（三）查阅、复制与被调查事件有关的文件、资料，对可能被转移、销毁、隐匿或者篡改的文件、资料予以封存；

（四）检查相关信息系统。

进行现场检查或者调查的人员不得少于2人，并应当出示合法证件和检查、调查通知书。

被检查、调查的单位和个人应当配合，如实提供有关文件、资料，不得隐瞒、拒绝和阻碍。

第三十四条　经营个人征信业务的征信机构、金融信用信息基础数据库、向金融信用信息基础数据库提供或者查询信息的机构发生重大信息泄露等事件的，国务院征信业监督管理部门可以采取临时接管相关信息系统等必要措施，避免损害扩大。

第三十五条　国务院征信业监督管理部门及其派出机构的工作人员对在工作中知悉的国家秘密和信息主体的信息，应当依法保密。

第七章 法律责任

第三十六条 未经国务院征信业监督管理部门批准，擅自设立经营个人征信业务的征信机构或者从事个人征信业务活动的，由国务院征信业监督管理部门予以取缔，没收违法所得，并处5万元以上50万元以下的罚款；构成犯罪的，依法追究刑事责任。

第三十七条 经营个人征信业务的征信机构违反本条例第九条规定的，由国务院征信业监督管理部门责令限期改正，对单位处2万元以上20万元以下的罚款；对直接负责的主管人员和其他直接责任人员给予警告，处1万元以下的罚款。

经营企业征信业务的征信机构未按照本条例第十条规定办理备案的，由其所在地的国务院征信业监督管理部门派出机构责令限期改正；逾期不改正的，依照前款规定处罚。

第三十八条 征信机构、金融信用信息基础数据库运行机构违反本条例规定，有下列行为之一的，由国务院征信业监督管理部门或者其派出机构责令限期改正，对单位处5万元以上50万元以下的罚款；对直接负责的主管人员和其他直接责任人员处1万元以上10万元以下的罚款；有违法所得的，没收违法所得。给信息主体造成损失的，依法承担民事责任；构成犯罪的，依法追究刑事责任：

（一）窃取或者以其他方式非法获取信息；

（二）采集禁止采集的个人信息或者未经同意采集个人信息；

（三）违法提供或者出售信息；

（四）因过失泄露信息；

（五）逾期不删除个人不良信息；

（六）未按照规定对异议信息进行核查和处理；

（七）拒绝、阻碍国务院征信业监督管理部门或者其派出机构检查、调查或者不如实提供有关文件、资料；

（八）违反征信业务规则，侵害信息主体合法权益的其他行为。

经营个人征信业务的征信机构有前款所列行为之一，情节严重或者造成严重后果的，由国务院征信业监督管理部门吊销其个人征信业务经营许可证。

第三十九条 征信机构违反本条例规定，未按照规定报告其上一年度开展征信业务情况的，由国务院征信业监督管理部门或者其派出机构责令限期改正；逾期不改正的，对单位处2万元以上10万元以下的罚款；对直接负责的主管人员和其他直接责任人员给予警告，处1万元以下的罚款。

第四十条 向金融信用信息基础数据库提供或者查询信息的机构违反本条例规定，有下列行为之一的，由国务院征信业监督管理部门或者其派出机构责令限期改正，对单位处5万元以上50万元以下的罚款；对直接负责的主管人员和其他直接责任人员处1万元以上10万元以下的罚款；有违法所得的，没收违法所得。给信息主体造成损失的，依法承担民事责任；构成犯罪的，依法追究刑事责任：

（一）违法提供或者出售信息；

（二）因过失泄露信息；

（三）未经同意查询个人信息或者企业的信贷信息；

（四）未按照规定处理异议或者对确有错误、遗漏的信息不予更正；

（五）拒绝、阻碍国务院征信业监督管理部门或者其派出机构检查、调查或者不如实提供有关文件、资料。

第四十一条 信息提供者违反本条例规

定，向征信机构、金融信用信息基础数据库提供非依法公开的个人不良信息，未事先告知信息主体本人，情节严重或者造成严重后果的，由国务院征信业监督管理部门或者其派出机构对单位处 2 万元以上 20 万元以下的罚款；对个人处 1 万元以上 5 万元以下的罚款。

第四十二条　信息使用者违反本条例规定，未按照与个人信息主体约定的用途使用个人信息或者未经个人信息主体同意向第三方提供个人信息，情节严重或者造成严重后果的，由国务院征信业监督管理部门或者其派出机构对单位处 2 万元以上 20 万元以下的罚款；对个人处 1 万元以上 5 万元以下的罚款；有违法所得的，没收违法所得。给信息主体造成损失的，依法承担民事责任；构成犯罪的，依法追究刑事责任。

第四十三条　国务院征信业监督管理部门及其派出机构的工作人员滥用职权、玩忽职守、徇私舞弊，不依法履行监督管理职责，或者泄露国家秘密、信息主体信息的，依法给予处分。给信息主体造成损失的，依法承担民事责任；构成犯罪的，依法追究刑事责任。

第八章　附则

第四十四条　本条例下列用语的含义：

（一）信息提供者，是指向征信机构提供信息的单位和个人，以及向金融信用信息基础数据库提供信息的单位。

（二）信息使用者，是指从征信机构和金融信用信息基础数据库获取信息的单位和个人。

（三）不良信息，是指对信息主体信用状况构成负面影响的下列信息：信息主体在借贷、赊购、担保、租赁、保险、使用信用卡等活动中未按照合同履行义务的信息，对信息主体的行政处罚信息，人民法院判决或者裁定信息主体履行义务以及强制执行的信息，以及国务院征信业监督管理部门规定的其他不良信息。

第四十五条　外商投资征信机构的设立条件，由国务院征信业监督管理部门会同国务院有关部门制定，报国务院批准。

境外征信机构在境内经营征信业务，应当经国务院征信业监督管理部门批准。

第四十六条　本条例施行前已经经营个人征信业务的机构，应当自本条例施行之日起 6 个月内，依照本条例的规定申请个人征信业务经营许可证。

本条例施行前已经经营企业征信业务的机构，应当自本条例施行之日起 3 个月内，依照本条例的规定办理备案。

第四十七条　本条例自 2013 年 3 月 15 日起施行。

国务院关于同意调整社会信用体系建设部际联席会议职责和成员单位的批复

国函［2012］88 号

发展改革委、人民银行：

你们《关于社会信用体系建设部际联席会议制度调整有关问题的请示》（发改财金［2012］1014 号）收悉。现批复如下：

同意调整社会信用体系建设部际联席会议（以下简称联席会议）成员单位和主要职责。（一）联席会议牵头单位为发展改革委、人民银行，召集人由发展改革委主任和人民银行行长担任。（二）增加中央纪委、中央宣传部、中央政法委、中央文明办、高检院、教育部、监察部、民政部、司法部、财政部、农业部、文化部、卫生部、预防腐败局、公务员局、知识产权局、食品药品监管局为成员单位。(三）调整联席会议主要职责，增加以下内容：推进政务诚信、商务诚信、社会诚信和司法公信建设；推进信用标准和联合征信技术规范的建立；协调推进政府信用信息资源整合和交换，建立健全覆盖全社会的征信系统，推进信用信息的开放和应用；指导地方和行业信用体系建设，推进有条件的地区和重点领域试点先行；协调推进信用文化建设和诚信宣传工作；承办国务院交办的其他事项。

联席会议不刻制印章，不正式行文，请按照有关文件精神认真组织开展工作。

自本批复印发之日起，《国务院关于同意调整社会信用体系建设部际联席会议职责和成员单位的批复》（国函［2008］101号）停止执行。

附件：社会信用体系建设部际联席会议制度

国务院

2012年7月17日

附件

社会信用体系建设部际联系会议制度

为贯彻落实十七届六中全会和国务院第176次常务会议精神，统筹推进社会信用体系建设各项工作，经国务院同意，由发展改革委、人民银行牵头建立社会信用体系建设部际联席会议制度。

一、主要职责

在国务院领导下，联席会议履行以下职责：

（一）统筹协调社会信用体系建设相关工作，综合推进政务诚信、商务诚信、社会诚信和司法公信建设。

（二）研究制定社会信用体系建设中长期规划。

（三）专题研究社会信用体系建设的重大问题。

（四）推动并参与制定与社会信用体系建设相关的法律法规，推进建立信用标准和联合征信技术规范。

（五）协调推进政府信用信息资源整合和交换，建立健全覆盖全社会的征信系统，推动信用信息的开放和应用工作。

（六）加强与地方人民政府的沟通协调，指导地方和行业信用体系建设，推进有条件的地区和重点领域试点先行。

（七）指导、督促、检查有关政策措施的落实。

（八）协调推进信用文化建设和诚信宣传工作。

（九）承办国务院交办的其他事项。

二、成员单位

联席会议由中央纪委、中央宣传部、中央政法委、中央文明办、发展改革委、教育部、工业和信息化部、公安部、监察部、民政部、司法部、财政部、人力资源社会保障部、环境保护部、住房城乡建设部、农业部、商务部、文化部、卫生部、人民银行、海关总署、税务总局、工商总局、质检总局、知识产权局、预防腐败局、法制办、银监会、证监会、保监会、公务员局、食品药品监管局、外汇局、高法院、高检院共35个部门和单位组成，发展改革委、人民银行为牵头单位。

联席会议召集人由发展改革委主任、人民银行行长担任，发展改革委一位副主任、人民银行一位副行长作为召集人助手，联席会议成员为有关部门、单位负责同志。联席会议成员因工作变动需要调整的，由所在单位提出，联席会议确定。

三、工作规则

联席会议由召集人或召集人助手主持，以会议纪要形式明确会议议定事项，经与会单位同意后印发有关方面，同时抄报国务院。根据工作需要，联席会议可邀请其他部门参加会议，研究相关工作。

四、工作机构及职责

联席会议办公室设在发展改革委、人民银行，主要负责联席会议的组织、联络和协调工作；根据召集人的提议或成员单位的建议，研究提出联席会议议题；汇总并通报成员单位有关工作情况；协调、督促成员单位履行工作职责和落实联席会议决定事项；承办联席会议交办的其他事项。联席会议设联络员，由联席会议成员单位有关司局负责同志担任。

五、工作要求

各成员单位要统一认识，按照职责分工，主动研究社会信用体系建设工作的有关问题，积极参加联席会议，认真落实联席会议布置的工作任务。要加强沟通配合和信息共享，相互支持，认真做好社会信用体系建设有关工作。

各省、自治区、直辖市人民政府应与联席会议建立相应有效的信息沟通协调机制。

社会信用体系建设部际联席会议成员名单

召　集　人：张　平　发展改革委主任
周小川　人民银行行长
召集人助手：连维良　发展改革委副主任
潘功胜　人民银行副行长
成　　　员：王　伟　中央纪委常委、监察部副部长
申维辰　中央宣传部副部长
王其江　中央政法委副秘书长
王世明　中央文明办专职副主任
林蕙青　教育部部长助理
杨学山　工业和信息化部副部长
张新枫　公安部副部长
姜　力　民政部副部长
郝赤勇　司法部副部长
李　勇　财政部副部长
胡晓义　人力资源社会保障部副部长
潘　岳　环境保护部副部长
郭允冲　住房城乡建设部副部长
陈晓华　农业部副部长
姜增伟　商务部副部长
赵少华　文化部副部长
尹　力　卫生部副部长
鲁培军　海关总署副署长
宋　兰　税务总局副局长
刘玉亭　工商总局副局长
刘平均　质检总局副局长
贺　化　知识产权局副局长
崔海容　预防腐败局副局长
安　建　法制办副主任
蔡鄂生　银监会副主席
姚　刚　证监会副主席
周延礼　保监会副主席
杨春光　公务员局副局长
边振甲　食品药品监管局副局长
邓先宏　外汇局副局长
江必新　高法院副院长
杨振江　高检院检察委员会专职委员

中国征信行业标准简介

中国人民银行征信管理局于2005年年底启动了征信标准化工作，迄今共发布了7项标准。其中，《征信数据元 个人征信数据元》《征信数据元 数据元设计与管理》《信贷市场和银行间债券市场信用评级规范 信用评级主体规范》《信贷市场和银行间债券市场信用评级规范 信用评级业务规范》和《信贷市场和银行间债券市场信用评级规范 信用评级业务管理规范》于2006年11月发布；《征信数据元 信用评级数据元》和《征信数据交换格式 信用评级违约率数据采集格式》于2009年1月发布。

通过多年的推广实施，上述标准对提高征信数据质量、规范评级市场行为以及促进企业和个人征信系统推广应用发挥了重要作用。

7项标准内容概述如下：

一、《征信数据元 数据元设计与管理》：规定了征信数据元的基本概念和结构、征信数据元的表示规范以及设计规则和方法等，并给出了征信数据元的动态维护管理机制；适用于与征信业务有关的机构进行数据元设计与管理，并为建立征信数据元的注册与维护管理机制提供指导。

二、《征信数据元 个人征信数据元》：规定了与个人征信业务有关的机构使用的数据元；适用于从事个人征信业务的机构与相关机构间的个人征信信息交换与共享。

三、《征信数据元 信用评级数据元》：规定了与信用评级相有关的数据元；适用于对信用评级机构及金融机构内部评估系统的评级结果进行质量评价，以及相关机构间的信用评级信息交换与共享。

四、《征信数据交换格式 信用评级违约率数据采集格式》：规定了信用评级违约率数据采集业务中对数据的要求、数据采集对象和来源、数据采集指标体系、数据采集报文的结构以及数据采集流程和方式；适用于从事信用评级违约率数据采集业务的机构与相关数据报送机构间的信用评级违约率数据的交换与共享。

五、《信贷市场和银行间债券市场信用评级规范 信用评级主体规范》：规定了在信贷市场和银行间债券市场从事信用评级的机构进入和退出该市场的程序、从事信用评级业务的基本原则及要求；适用于信贷市场和银行间债券市场中从事信用评级业务的主体。

六、《信贷市场和银行间债券市场信用评级规范 信用评级业务规范》：规定了信用评级业务中信用评级程序、信用等级符号及含义、信用评级报告内容等；适用于信用评级机构进行信用评级时的业务操作。

七、《信贷市场和银行间债券市场信用评级规范 信用评级业务管理规范》：规定了开展信用评级业务准则、信用评级的跟踪与检验、信用评级业务的质量检查和信用评级业务数据的管理与统计等内容；适用于信用评级市场信用评级业务的管理和控制。

2012年全国融资性担保行业的主要法规和政策（见附表2）。

2012年地方性融资性担保行业的主要法规和政策（见附表3）。

附表 2　2012 年全国融资性担保行业主要法规和政策

全　国　性	
4 月	融资性担保业务监管部际联席会议印发了《关于规范融资性担保机构客户担保保证金管理的通知》，规范各融资担保机构规范保证金的收取，明确指出担保机构不得超额收取，不得挪用或占用客户保证金
6 月	财政部、工业和信息化部研究制定了《中小企业信用担保资金管理办法》，要求融资性担保公司要合法高效地管理担保金
7 月	融资性担保业务监管部发出《关于部分融资性担保机构违法违规经营的提示和开展风险排查的函》，警告违法涉黑的融资担保机构，并要求融资性担保公司依法开展业务
8 月	中国投资担保专家委员会出台了《担保公司开展诉讼财产保全担保业务管理办法指导意见》，对担保公司开展诉讼财产保全担保业务，给出了管理办法指导意见，供各级人民法院

附表 3　2012 年地方性融资性担保行业的主要法规和政策

时 间	地　方　性
2 月	重庆市人民政府出台了《重庆市融资性担保公司管理实施细则（试行）》，陕西省出台了《陕西省融资性担保公司管理暂行办法》
5 月	北京市印发了《关于进一步加强融资性担保机构管理的通知》
8 月	哈尔滨市出台了《小型和微型企业贷款担保暂行管理办法》
10 月	河北省出台了《河北省小额担保贷款实施办法》
11 月	湖北省人民政府出台了《湖北省融资性担保公司管理暂行办法》 天津市人民政府办公厅印发《关于开展融资性担保机构专项检查工作的通知》 陕西省财政厅出台了《融资性担保机构风险补偿资金管理办法》

资料来源：融资担保在线。

金融综合改革方案主要内容（见附表 4）。

附表 4　金融综合改革方案主要内容

目　　标	做　　法
1. 建立服务实体经济的多元化金融组织体系，逐步形成门类齐全、协调发展的金融组织体系	完善金融机构网点布局，扩大网点覆盖面，提升网点功能和服务水平，使服务均等化。推动泉州银行、泉州辖内农村商业银行、农村信用社等引进战略投资者，支持民间资本参股地方法人金融机构，壮大资本实力
2. 加大对小微型企业及民生的金融支持力度	完善信贷管理机制，推动金融资源向小微型企业倾斜和集聚。支持银行业金融机构加大服务小微型企业专营机构建设力度，开辟小微型企业贷款审批，建立专门的小微企业审贷机制和服务平台。促进科技与金融结合等
3. 提升农村金融服务能力	深化农村信用社改革，支持中国邮政储蓄银行泉州分行在扩大业务范围、增强涉农金融服务功能等方面先行先试；扩大农村金融服务覆盖面，实现农村金融便民支付点村村全覆盖等

（续）

目　标	做　法
4. 加强泉台港澳侨金融合作	支持符合条件的台湾金融机构进驻泉州，允许台资企业投资入股泉州地方法人金融机构。支持泉台合资设立产业投资基金、创业投资基金。建立泉台金融合作交流平台和信息共享平台，鼓励台湾金融人才来泉发展。支持符合条件的台资企业上市融资。适当放宽港澳金融机构来泉难入条件
5. 规范发展民间融资	推动民间投资主体多元化。支持民间资金参与地方金融机构改革。稳妥发展小额贷款公司，发挥再担保公司的增信和共担风险作用，按照“疏堵结合、疏导为主”的原则，促进民间资金有序进入不同的投资领域，或以股权投资等方式进入实体经济和成长型骨干企业
6. 扩大直接融资规模	支持符合条件的企业上市，支持上市公司优化重组，通过增发、配股等方式筹集资金，增强资本实力。支持企业以股权对价进行换股收购、合并。提高直接融资比重，支持符合条件的企业发行非金融企业债务融资工具、企业（公司）债。立健全中小企业再担保体系，提供增信服务。积极推进非上市公司股份转让试点
7. 提升保险服务水平	开发针对民营企业的包括财产保险、责任保险、信用保证保险等在内的“一揽子”保险保障计划。探索推进巨灾保险试点。支持保险资金投资泉州重点工程、基础设施或参与地方企业股权投资、并购、重组、改制上市
8. 完善金融风险防控机制	加强社会信用体系建设，加大对失信行为的惩戒力度。完善信用服务市场，推动征信产品应用，规范发展信用评级机构。构建金融监管协作机制，进一步完善征信产品应用，规范发展信用评级机构。构建金融监管协作机制，进一步完善沟通机制，加强协调配合，增强监管合力。加大对非法集资、内幕交易和非法证券活动等非法金融活动的打击和防范力度，为金融服务实体经济创造良好运行环境

2012 年中国各地小额贷款业相关法规政策（见附表 5）。

附表 5　2012 年中国各地小额贷款业相关法规政策

11 月	《广东省小额贷款公司风险补偿专项资金使用管理办法（试行）》	规范小额贷款公司风险补偿专项资金的使用管理，提高财政资金使用效益
8 月	《北京市小额担保贷款担保基金管理实施办法》	
7 月	《海南关于深入推进小额贷款公司改革发展的若干意见》	为进一步推动小额贷款公司试点工作深入开展，改革管理体制，消除制度障碍，促进小额贷款公司规范、健康和可持续发展，提出意见以发展
7 月	《内蒙古自治区小额贷款公司试点管理暂行办法》《内蒙古自治区小额贷款公司从业人员资格管理暂行办法》	
7 月	《关于开展小额贷款公司涉农贷款增量奖励试点的通知》	为加大对“三农”发展的支持力度，从 2012 年起，在天津、辽宁、山东、贵州 4 省（直辖市）开展小额贷款公司涉农贷款增量奖励试点

（续）

7月	《宁波海曙区关于深入推进小额贷款公司改革发展的实施办法》	
6月	杭州市人民政府办公厅《关于深入推进全市小额贷款公司健康快速发展的实施意见》	杭州市出台新政支持小额贷款公司发展，将小额贷款公司主发起人及其关联股东首次入股比例上限扩大至30%，并对新设小额贷款公司注册资本金不再设上限
6月	重庆《关于进一步加强小额贷款公司贷款利率管理的通知》	为维护正常的经济金融秩序，避免个别小额贷款公司为追逐高额回报其贷款利率超过规定标准和收取不合理费用等问题重庆市金融办决定进一步加强小额贷款公司贷款利率管理
6月	杭州市出台《关于推进全市小额贷款公司健康快速发展的实施意见》	杭州市试图扩大小额贷款公司试点，并向中心镇倾斜，同时，扩大小额贷款公司服务范围，还将融资比例从原来的50%提高到100%
5月	《江西省小额贷款公司监督管理办法（试行）》	
5月	《福建省小额贷款公司年度考核评价办法（试行）》	
4月	《山东省关于促进小额贷款公司规范健康发展的意见》	
3月	《黑龙江省小额贷款公司管理办法》	
2月	广东省《关于贯彻落实促进小额贷款公司平稳较快发展意见的通知》	
2月	《浙江省小额贷款公司融资监管暂行办法》	对小额贷款公司融资方式做了新规定，并要求须向工商部门如实申报融资信息，规范开展融资操作。规定中提出可以向本市范围内的小额贷款公司进行资金调剂拆借，可以用回购方式开展资产转让业务，增加小额贷款公司的融资渠道

资料来源：融资担保在线网，中国人民银行网。

国家发展改革委办公厅关于加强企业发债过程中信用建设的通知

发改办财金［2012］2804号

各省、自治区、直辖市及计划单列市、新疆生产建设兵团发展改革委：

为进一步防范企业债券市场风险，切实加强拟发债企业信用建设，加快建立诚信企业守信受益、失信企业得到惩戒的良好机制，使企业信用信息更好地服务于企业债券市场发展，现就加强企业发债融资过程中的信用建设有关问题通知如下。

一、审核企业发债申请时重视对企业征信记录的使用 近年来，中国信用体系建设积极推进，征信服务机构快速发展，一些征信服务机构积累了一定量的企业信用信息。这些信用信息对审核企业债券发行申请，具有重要参考价值，有必要在今后工作中加以使用。今后，各省、自治区、直辖市及计划单列市发展改革部门（以下简称省级发展改革部门）向我委转报企业发债申请前，需向征信服务机构调取申请发债企业的征信记录或信用报告。调取工作须由省级发展改革部门负责企业债券工作的人员直接完成，可以请发债企业协助办理，但不得委托发债企业或主承销商等独自代为办理。调取信用记录的征信服务机构应当是依法设立并规范运行的征信服务机构，并逐步过渡到以信用体系建设主管部门推荐的征信服务机构。省级发展改革部门向我委转报企业发债申请时，一并转报征信服务机构提供的企业征信记录或信用报告。今后，企业征信记录或信用报告将作为我委审核企业发债申请的重要参考材料。

二、已向我委转报发债申请但尚未核准的，需及时补报征信记录　今年以来随着债券审批和发行速度的加快，申请发行债券的企业数量也在增加。目前，尚有一批债券发行申请正在我委审核。为保证这批债券的审核质量，防范潜在信用风险，请省级发展改革部门尽快调取这些企业的信用记录或信用报告，并报送我委。我委将参考企业信用记录或信用报告的情况，加快对企业发债申请的审核。

三、逐步加强对发债企业多方面征信采集　中国征信服务机构目前可以做到对企业信贷信用记录的较充分采集，为审核企业发债提供了重要信息参考，但仅掌握和分析这些信息尚不能满足债券审核需要。各级发展改革部门在推动社会信用体系建设过程中，应组织力量加快对企业各方面信用信息的采集，对企业过去是否有弄虚作假、恶意拖欠等违法违规和不诚信行为，进行重点采集，尽快形成比较完善的信用信息采集制度。在此基础上，尽快实现在转报企业发债申请时同时报送企业更全面的信用信息，为债券审核工作提供更全面的信息支持。

四、加强对主承销商征信记录的调用和分析　主承销商在企业债券发行中承担着重要作用，对发债企业遵守相关规定和认真履约负有重要的监督指导职责。主承销商的信用状况可以作为企业债券发行核准的参考指标。为此，我委将加强对债券主承销商信用记录的调用，通过定期调用券商的最新信用记录信息，及时掌握债券主承销商信用状况，强化对主承销商履行职责的信用水平和能力的分析。

五、逐步建立申请发债企业及保荐人综合信用承诺制度　企业债券综合信用承诺，指申请发债前，发行人、各中介机构等利益相关方分别签署信用承诺书，承诺遵守法律法规、规范性要求和发债约定，规范与债权人利益有关的各项行为，承诺如有违规或违约将自愿接受惩戒。建立企业债券综合信用承诺制度，有利于强化发行人和中介机构的责任意识，建立各主体自我约束、自我规范的机制，接受社会和市场的广泛监督，防范债券市场信用风险，也有利于推进和完善以信用承诺、信息披露为中心的债券发行和监管模式，提高管理效率，优化管理效果，进一步提高企业债券管理的市场化程度。各级发展改革部门要加快研究建立债券发行中的综合信用承诺制度，加快推进发债企业和市场中介机构的信用建设，为企业债券市场稳定健康发展创造更加良好的信用条件。

六、新申请发债须同时报送综合信用承诺书　作为综合信用承诺制度的基本工作，企业申请发债前，要按本通知要求，由发行人、主承销商、会计师事务所、律师事务所、评级机构等签署提交综合信用承诺书，与债券发行申请文件一并报送我委。具体要求是：

（一）发行人须承诺：发行条件符合要求，信息披露真实准确，向中介机构提供真实完整情况，严格按照约定使用募集资金，不擅自变更募集说明书条款，资产重组需履行规定义务，按时还本付息，以及发行人自愿做出的其他承诺，并针对每项承诺提出违约后自愿接受的惩罚措施。

（二）主承销商须承诺：内设机构健全，专业人员齐备，对发行人进行了尽职调查，对发债文件材料进行了准确核查和验证，出具的文件真实准确，协调其他中介机构认真完成了发行申报材料的编制，严格按照核准的方案发行债券，不误导投资者，不操纵市场，不以不正当手段发行债券，建立债券档案并做好后续服务和管理，及时督促发行人划拨资金兑付本息，并逐项提出违约后自愿接受的惩罚措施。

（三）会计师事务所须承诺：出具的文件真实准确没有重大遗漏，严格执行了质量控制制度和程序，核查了发行文件材料与本所出具的文件一致，不存在以不正当竞争手段招揽业务，并提出违约自愿接受的惩罚措施。

（四）律师事务所须承诺：对出具文件所依据的文件资料确认真实、准确、完整，本所签字律师不存在影响律师独立性情形，没有涉嫌违法违规，经核查发债申请文件材料与本所出具的文件一致，不存在以不正当竞争手段招揽业务，并提出违约自愿接受的惩罚措施。

（五）评级机构须承诺：出具的文件真实、准确、完整，评级结果客观公正且充分揭示了债券风险，不存在协商评级或以价定级行为，经核查发债申请文件材料与本机构出具的文件一致，不存在以不正当竞争手段招揽业务，并提出违约自愿接受的惩罚措施。

特此通知。

国家发展改革委办公厅

2012 年 10 月 9 日

关于印发《中小企业信用担保资金管理办法》的通知

财企［2012］97 号

各省、自治区、直辖市、计划单列市财政厅（局）、中小企业主管部门，新疆生产建设兵团财务局、工业和信息化委员会：

为进一步规范和完善中小企业信用担保资金管理，财政部、工业和信息化部对《中小企业信用担保资金管理暂行办法》进行了修改。现将修改后的《中小企业信用担保资金管理办法》印发给你们，请遵照执行。

附件：中小企业信用担保资金管理办法

财政部　工业和信息化部

二〇一二年五月二十五日

中小企业信用担保资金管理办法

第一章　总　则

第一条　为规范和加强中小企业信用担保资金管理，提高资金使用效率，根据《中华人民共和国预算法》《中华人民共和国中小企业促进法》等法律、法规的有关规定，制定本办法。

第二条　中小企业信用担保资金（以下简称担保资金）是由中央财政预算安排，专门用于支持中小企业信用担保机构（以下简称担保机构）、中小企业信用再担保机构（以下简称再担保机构）增强业务能力，扩大中小企业担保业务，改善中小企业特别是小型微型企业融资环境的资金。

第三条　本办法所称中型、小型、微型企业的划分标准，按照国家规定执行。

第四条　担保资金的使用和管理应当遵循公开透明、定向使用、科学管理、加强监督的原则，确保资金使用规范、安全和高效，并向中西部地区倾斜。

第五条　财政部负责担保资金的预算管理及资金拨付，会同工业和信息化部确定项目资金分配方案，并对资金的使用情况进行监督检查。

工业和信息化部会同财政部确定担保资金的年度支持重点，建立担保资金项目管理系统，组织项目申报和审核，并对项目实施情况进行监督检查，在担保机构业务信息报送工作基础上开展担保（再担保）项目储备工作。

第二章　支持方式及额度

第六条　担保资金采取以下几种支持方式：

（一）业务补助。鼓励担保机构和再担保机构为中小企业特别是小型微型企业提供担保（再担保）服务。对符合本办法条件的担保机构开展的中型、小型、微型企业担保业务，分别按照不超过年平均在保余额的1%、2%、3%给予补助。对符合本办法条件的再担保机构开展的中型和小型微型企业再担保业务，分别按照不超过年平均在保余额的0.5%和1%给予补助。

（二）保费补助。鼓励担保机构为中小企业提供低费率担保服务。在不提高其他费用标准的前提下，对担保机构开展的担保费率低于银行同期贷款基准利率50%的中小企业担保业务给予补助，补助比例不超过银行同期贷款基准利率50%与实际担保费率之差，并重点补助小型微型企业低费率担保业务。

（三）资本金投入。鼓励担保机构扩大资本规模，提高信用水平，增强业务能力。特殊情况下，对符合本办法条件的担保机构、再担保机构，按照不超过新增出资额的30%给予注资支持。

（四）其他。用于鼓励和引导担保机构、再担保机构开展中小企业信用担保（再担保）业务的其他支持方式。

第七条　符合本办法条件的担保机构、再担保机构可以同时申请以上不限于一项支持方式的资助，但单个担保机构当年获得担保资金的资助额最多不超过2 000万元，单个再担保机构当年获得担保资金的资助额最多不超过3 000万元。（资本金投入方式除外）

第三章　申请条件及要件

第八条　申请担保资金的担保机构必须同时具备下列条件：

（一）依据国家有关法律、法规设立和经营，具有独立企业法人资格，取得融资性担保机构经营许可证。

（二）经营担保业务2年及以上，无不良信用记录。

（三）担保业务符合国家有关法律、法规、业务管理规定及产业政策，当年新增中小企业担保业务额占新增担保业务总额的70%以上或当年新增中小企业担保业务额10亿元以上。

（四）对单个企业提供的担保责任余额不超过担保机构净资产的10%，对单个企业债券发行提供的担保责任余额不超过担保机构净资产的30%。

（五）东部地区担保机构当年新增担保业务额达平均净资产［即：（年初净资产+年末净资产）/2，下同］的3.5倍以上，且代偿率低于2%；中部地区担保机构当年新增担保业务额达平均净资产的3倍以上，且代偿率低于2%；西部地区担保机构当年新增担保业务额达平均净资产的2.5倍以上，且代偿率低于2%。

（六）平均年担保费率不超过银行同期贷款基准利率的50%。

（七）内部管理制度健全，运作规范，按

规定提取准备金，并及时向财政部门报送企业财务会计报告和有关信息。

（八）近 3 年没有因财政、财务或其他违法、违规行为受到县级以上财政部门及其他监管部门的处理处罚。

（九）应当具备的其他条件。

第九条　申请担保资金的再担保机构必须同时具备下列条件：

（一）依据国家有关法律、法规设立和经营，具有独立企业法人资格。

（二）以担保机构为主要服务对象，经营中小企业再担保业务 1 年及以上。

（三）再担保业务符合国家有关法律、法规、业务管理规定及产业政策，当年新增中小企业再担保业务额占新增再担保业务总额的 70%以上。

（四）当年新增再担保业务额达平均净资产的 5 倍以上。

（五）平均年再担保费率不超过银行同期贷款基准利率的 15%。

（六）内部制度健全，管理规范，及时向财政部门报送企业财务会计报告和有关信息。

（七）近 3 年没有因财政、财务或其他违法、违规行为受到县级以上财政部门及其他监管部门的处理处罚。

（八）应当具备的其他条件。

第十条　申请担保资金的担保机构、再担保机构应按要求及时报送业务信息。

第十一条　申请担保资金的担保机构、再担保机构应提交担保资金申请报告，同时提供下列资料：

（一）营业执照副本及章程（复印件）。

（二）经会计师事务所审计的会计报表和审计报告（复印件）。

（三）经会计师事务所专项审计的担保业务情况（包括担保业务明细、风险准备金提取及担保业务收费等）。

（四）对申请资料真实性负责的声明。

（五）其他需提供的资料。

第四章　资金申请、审核及拨付

第十二条　工业和信息化部、财政部每年按照本办法规定，联合下发申报通知，明确当年担保资金支持重点、资助比例、具体条件、申报组织等内容。

第十三条　各省、自治区、直辖市、计划单列市及新疆生产建设兵团财政（财务）部门和同级中小企业主管部门（以下简称省级财政部门和省级中小企业主管部门）依据本办法规定和当年申报通知的要求，负责本地区担保资金的申请审核工作。

第十四条　省级中小企业主管部门会同同级财政部门在本地区范围内公开组织担保资金的项目申报，建立专家评审制度，结合业务信息报送情况，对申请项目进行评审，并纳入担保资金项目管理系统进行管理。

第十五条　省级财政部门会同同级中小企业主管部门依据专家评审意见确定申报的项目，并在规定时间内，将担保资金申请报告及其他相关资料上报财政部、工业和信息化部。

第十六条　工业和信息化部会同财政部对各地上报的申请报告及项目情况进行审核，并提出项目计划。

第十七条　经工业和信息化部、财政部审核批准后，项目计划向社会公示，接受监督，公示期不少于 7 个工作日。

对项目公示期内提出异议的项目，工业和信息化部会同财政部及时组织调查核实。

第十八条　项目公示期结束后，工业和信息化部将公示期内没有异议和经调查核实没有问题的项目列为支持项目，向财政部提出资金使用计划。

第十九条　财政部对资金使用计划进行

审定，将预算指标下达到省级财政部门，并根据预算管理规定及时拨付担保资金。

省级财政部门按照规定程序，及时、足额将资金拨付至担保机构、再担保机构。

第二十条　担保机构、再担保机构收到担保资金后，应在 10 日内将资金到位时间、额度以及账务处理等信息以书面形式向省级财政部门反馈。

第五章　监督检查

第二十一条　省级财政部门和中小企业主管部门对担保资金申报、审核及使用共同实施管理和监督。财政部驻各地财政监察专员办事处，对担保资金的拨付使用情况进行不定期监督检查。

第二十二条　获得担保资金支持的担保机构、再担保机构应按财务规定妥善保存有关原始票据及凭证备查，积极配合各级财政部门、财政部驻各地财政监察专员办事处和中小企业主管部门的专项检查。

第二十三条　获得担保资金支持的担保机构、再担保机构应于每年 2 月底前向省级中小企业主管部门和省级财政部门报送上一年度有关资产财务、担保资金使用、绩效等材料。

第二十四条　省级中小企业主管部门和财政部门应建立担保资金使用跟踪问效和绩效评估机制，综合评估资金的经济效益和社会效益，并于每年 3 月底前向工业和信息化部、财政部上报上年度资金使用汇总报告及本地区中小企业信用担保机构发展报告。汇总报告应包括担保机构、再担保机构反馈的资金到位时间、额度及账务处理等信息。

第二十五条　担保资金必须专款专用，对违反规定使用、骗取担保资金的行为，依照《财政违法行为处罚处分条例》(国务院令第 427 号）的规定进行处理。

第六章　附则

第二十六条　省级财政部门和省级中小企业主管部门可根据本办法并结合实际，制定具体的实施办法。

第二十七条　本办法由财政部会同工业和信息化部负责解释。

第二十八条　本办法自印发之日起施行。《财政部　工业和信息化部关于印发〈中小企业信用担保资金管理暂行办法〉的通知》(财企［2010］72 号）同时废止。

关于印发《中国资产评估行业发展规划》的通知

财企［2012］330 号

各省、自治区、直辖市、计划单列市财政厅(局)：

为适应新时期经济社会发展要求，促进中国资产评估行业加快发展，我部制定了《中国资产评估行业发展规划》，明确了财政部门管理的资产评估行业发展目标及相关要求。现印发给你们，请认真遵照执行。

附件：中国资产评估行业发展规划

财政部

2012 年 10 月 23 日

附件：

中国资产评估行业发展规划

资产评估行业是指运用专业优势，对市场主体的各类资产价值及相关事项，提供测算、鉴证、评价、调查和管理咨询等各种服务的现代服务业。二十多年来，中国资产评估行业不断发展，执业范围和服务领域日益拓展，执业能力和监管水平稳步提高，社会影响力和国际话语权逐步增强，在建立社会主义市场经济体制、促进企业兼并重组、国有产权改革等领域，做出了重要贡献，已成为市场经济发展中不可或缺的力量。但由于起步较晚、基础薄弱等原因，资产评估行业整体水平与经济社会发展要求还有较大差距。为加快中国资产评估行业发展，制定本规划。

一、加快发展资产评估行业的重要意义

（一）加快发展资产评估行业，是完善社会主义市场经济体制的制度安排。在市场经济条件下，市场在资源配置中起基础性作用。坚持公有制为主体、多种所有制经济共同发展的基本经济制度，转变政府职能，强化社会管理和公共服务，需要加快发展现代服务业。资产评估行业作为现代服务业的组成部分，在完善市场经济体制、引导资源合理配置、优化公司治理结构、服务政府管理方式创新、规范市场经济秩序、维护公共利益中发挥着重要作用。

（二）加快发展资产评估行业，是促进经济结构调整、转变发展方式的客观需要。合理的经济结构，是国家竞争力的重要体现。国家“十二五”规划确定了以科学发展为主题、以加快转变经济发展方式为主线的方针，支持企业自主创新、兼并重组，优化产业布局，推进国有经济战略性调整，已成为新时期的重要任务。加快发展资产评估行业，能为企业兼并重组、经济结构调整和转变发展方式提供专业服务。

（三）加快发展资产评估行业，是支持企业参与国际合作的重要举措。随着经济全球化的深入发展，坚持“引进来”和“走出去”相结合，利用外资和对外投资并重，充分利用两个市场、两种资源，要求中国企业在更高层次和更广领域开展国际合作，实现互利共赢。企业跨国经营、资本跨境流动，需要资产评估机构延伸国内外服务链条，为战略并购、项目论证、价值评估和境外资产管理等提供综合性高端服务。

二、指导思想和发展目标

（一）指导思想。

以社会主义市场经济理论为指导，按照资产涉及的范围以及资产与评估、评价的关系，大力拓展资产评估的服务领域，指导和促进资产评估行业做优、做强、做大，为市场经济主体提供专业服务，加强行政监管和行业自律，全面提升行业执业质量和专业服务能力，切实改善执业环境和内部治理，实现资产评估行业跨越式发展。

（二）发展目标。

力争用5年左右时间，实现以下主要发展目标：

——法律制度基本健全、有效实施。着力推动资产评估立法工作，加强资产评估相关配套制度建设。加强评估理论创新研究，完善资产评估准则体系，适应不断拓展执业范围和服务领域的要求。切实加强资产评估法律制度的贯彻实施，促进资产评估行业执业科学化、规范化、法制化。

——执业范围和服务领域不断拓展。适应完善社会主义市场经济体制和转变发展方式的要求，充分发挥资产评估的专业优势，开展测算、鉴证、评价、调查和管理咨询等全方位服务。在巩固和发展传统业务领域的基础上，大力开拓高附加值业务，延伸服务链条，促进资产评估专业服务的转型升级。力争实现资产评估行业传统业务收入年递增20%以上，全部收入300亿元的目标。

——资产评估机构规模优化、布局合理。加快形成特大型、大型和中小资产评估机构协调发展、有序竞争的合理布局。重点培育5家左右年收入超过10亿元、20家左右年收入超过5亿元的特大型资产评估机构。积极扶持50家左右年收入超过1亿元的大型资产评估机构。科学引导众多中小资产评估机构规范有序发展。

——资产评估机构管理科学、核心竞争力增强。资产评估机构根据其发展战略、业务特点和规模，选择相应的组织形式，完善内部治理结构和运行机制，健全业务、人事、财务、分配等各项制度，充分运用信息化手段，强化风险管理和质量控制，全面提升核心竞争力。

——从业人员队伍壮大、素质过硬。制定和实施资产评估行业人才规划，采取有效措施，有计划、有步骤、多渠道、分层次地培养从业人员队伍，努力打造300名左右能够提供高端服务的复合型人才，培养5 000名左右业务骨干，执业人员数量超过10万人，从业人员数量超过30万人。

——执业环境切实改善、规范有序。切实打破行业壁垒和地方保护，有效治理指定业务、索取回扣等行为。规范资产评估收费和项目招投标管理，着力形成统一、开放、竞争、有序的市场。保护资产评估行业依法执业、独立出具评估报告和专业意见，不受任何单位和个人的非法干预。

三、适应新时期经济社会发展要求，提供全方位服务

国家“十二五”规划提出的经济社会发展目标和要求，为资产评估行业提供了广阔的市场需求。资产评估行业要适应新形势、新要求，熟悉和掌握股票、债券、基金、期货等现代金融业务，充分发挥专业技术优势，为深化国有企业改革，健全国有资本有进有退、合理流动机制，实现国有经济战略性调整，促进国民经济重点产业结构调整和转型升级，优化产业布局等，提供全方位服务。同时，重视知识产权等无形资产评估，服务于文化、林权、海岛、玉石等相关特殊产业，积极参与财政资金绩效评价、行政事业单位资产管理、涉税评估等业务领域。

贯彻“引进来”、“走出去”战略，要求充分利用国内外两种资源和两个市场，在更大范围、更广领域和更高层次上参与国际合作，全面提升企业经营管理水平和核心竞争力，对资产评估行业提出了国际化服务需求。资产评估机构要努力拓展国际业务，积极探索与境外评估机构合作等多种方式，为利用外资、境外投资、国际合作区建设、海外工程承包等提供全过程支持。

企业内部控制与财务管理能力评估等制度安排，是促进企业全面提升管理水平和核心竞争力的重大举措。财政部等五部委联合发布的企业内部控制规范体系已在全国范围实施，企业财务管理能力评估制度建设有序推进。资产评估机构应当大力拓展管理咨询业务，或吸收管理咨询机构加入，积极参与企业内部控制以及企业财务管理能力评估等工作。资产评估协会要加强对管理咨询工作的专业指导和行业规范，更好地服务于市场主体。

四、构建大中小资产评估机构协调发展的合理布局

（一）重点扶持特大型、大型资产评估机构加快发展。

特大型、大型资产评估机构是在业务收入、人员数量、执业水平、服务质量等方面居于行业领先地位，具有核心竞争力、能够提供国际化综合服务的资产评估机构。支持资产评估机构通过兼并、联合、重组等方式，实现规模化、品牌化发展。鼓励特大型、大型资产评估机构在平等互利的基础上加强与国际评估机构的合作。探索适合特大型、大型资产评估机构加快发展的组织形式，总结母子公司试点经验，促进母子公司在执业标准、质量控制体系、信息系统等方面的统一，引导具备条件的特大型、大型资产评估机构依法、有序向特殊普通合伙组织形式转换。

（二）积极促进中型资产评估机构健康发展。

中型资产评估机构是在业务收入、人员数量、执业水平、服务质量等方面具有较高水准，能够为大中型企事业单位提供高质量服务的资产评估机构。要稳步扩大中型资产评估机构数量，不断提高中型资产评估机构专业服务能力和内部管理水平，增强机构的风险防范意识，提升机构的社会公信力，满足所在区域经济社会发展需求。鼓励信誉良好、成长快速或者具有区域代表性的中型资产评估机构重组联合，成为大型资产评估机构或其分支机构。

（三）科学引导小型资产评估机构规范发展。

小型资产评估机构数量众多，主要面向众多小型微型企业等提供相关专项服务。小型资产评估机构应当突出服务特色，重在做精做专，满足市场经济多元化发展需求。小型资产评估机构要把握国家支持小型微型企业发展的战略契机，为众多的小型微型企业提供特色专业服务。

五、全面实施资产评估行业人才战略

（一）改进注册资产评估师考试制度。

注册资产评估师考试是执业人员市场准入的重要环节，要根据市场需求，研究改进适合行业特点的注册资产评估师考试制度，调整报名条件，优化考试科目，完善考试大纲和考试教材，改进考试命题，着力促进资产评估从业人员知识结构更新和能力提升，适应执业范围和服务领域不断拓展的市场需求。加强考试组织管理，严格考风考纪，确保考试质量。

（二）重视资产评估专业硕士培养工程。

加强全国资产评估专业学位研究生教育指导委员会工作，培养具有扎实理论功底、丰富实践经验的应用型高层次专门人才。鼓励应届毕业生取得资产评估硕士专业学位，加快建立在职人员攻读资产评估硕士专业学位制度。健全院校与资产评估机构合作机制，促进产、学、研结合。积极探索资产评估专业学位教育与资产评估考试制度的衔接。

（三）建立胜任能力评价机制。

制定注册资产评估师胜任能力指南，鼓励资产评估机构建立胜任能力评价制度，开展专业胜任能力评价工作。制定注册资产评估师职业发展规划，促进资产评估机构建立注册资产评估师专业晋级和职务晋升等评价制度。研究建立行业其他相关人员胜任能力评价制度。

（四）完善继续教育培训体系。

建立、健全分类分级继续教育培训体系，对行业管理人员及机构负责人、项目负责人和一般从业人员实行岗位分级和专业分类培训，加大行业高端管理人才、国际化人才、新型业务人才和特殊需求专门人才的培训力度。扩充继续教育师资库，开发适用的培训教材。充分发挥网络教育平台的作用，丰富继续教育方式和手段。完善继续教育评价和考核体系，提升培训质量和效果。引导和鼓励资产评估机构开展内部继续教育培训，与行业协会培训形成优势互补。

六、加强资产评估行业管理

财政部门要依法规范资产评估机构审批管理，严格市场准入。加强对资产评估行业的监督检查，及时清理和注销不符合设立条件的机构或其分支机构。充分发挥资产评估机构的专业支撑作用，支持其为国企改革、结构调整和转型升级，促进产融结合和企业管理创新，贯彻“引进来”“走出去”战略等提供专业服务。加强与相关部门的沟通协调，为行业加快发展创造良好环境。

资产评估协会要进一步加强行业协会组织体系建设，不断健全和完善协会管理制度。加强注册资产评估师注册管理，组织开展资产评估机构综合评价。加强资产评估执业质量检查，实现对执业质量的动态管理。进一步完善收费管理措施，加强收费自律管理。完善会员管理模式，扩大会员队伍，不断加强会员诚信档案建设。完善和发展资产评估准则体系，及时制定或修改完善相关准则，推动资产评估准则国际趋同。加强资产评估行业理论研究和成果转化，促进可持续发展。深化资产评估行业国际交流与合作，积极参与国际评估事务，提升国际影响力。加强行业信息化建设，完善信息系统管理和服务，形成满足行业和政府管理需求的数据库服务共享平台。加强行业文化建设，建立行业诚信价值体系，提升行业软实力。

财政部门要关心和支持资产评估协会建设，资产评估协会要积极协助财政部门做好资产评估机构审批和监督管理等工作。

中国银监会关于规范商业银行使用外部信用评级的通知

2011年2月17日，中国银监会的官方网站上发布了《中国银监会关于规范商业银行使用外部信用评级的通知》，全文如下。

中国银监会关于规范商业银行使用外部信用评级的通知

银监发［2011］10号

各银监局，各政策性银行、国有商业银行、股份制商业银行，邮政储蓄银行：

为进一步规范商业银行使用外部信用评级机构和使用外部信用评级结果，防范商业银行因外部评级调整产生的系统性风险，现将有关事项通知如下：

一、商业银行应当审慎使用外部信用评级，外部信用评级结果不应直接作为商业银行的授信依据。

二、商业银行应当指定专门部门负责在授信业务过程中管理全行的外部信用评级使用情况，确保外部评级机构具有独立性、专业能力和评级公信力。

（一）商业银行在决定使用外部信用评级机构时，应当对其进行下列内容的尽职调查：

1. 具有法人资格，在形式和实质上均保持独立性；

2. 具有一定规模的实缴注册资本与净资产；

3. 拥有足够数量具有资信评级业务经验的评级从业人员；

4. 具有健全的组织机构、内部控制机制和管理制度；

5. 具有完善的信用信息数据库系统，以及相匹配的营业场所、技术设施；

6. 具有健全的业务制度，包括信用等级划分及定义、评级标准、评级程序、评级委员会制度、评级信息披露制度、跟踪评级制度、信息保密制度、评级业务档案管理制度等；

7. 具有良好的职业声誉，无重大不良记录；

8. 其他需要调查的内容。

（二）商业银行在使用外部评级结果时，应当知悉评级原理并阅读相关披露文件，外部评级结果只能作为内部判断的补充参考。

（三）商业银行应当建立外部评级机构的持续评估机制，至少每两年对评级机构的独立性、专业性与内部控制能力进行一次评估。商业银行应当将认可的外部评级机构的变更情况和评估报告书面报送中国银监会（或其派出机构）及中国银行业协会。

三、商业银行的重大投资行为原则上应以内部评级为依据。

（一）如果重大投资产品没有内部评级，则该投资产品的信用风险评估必须引用至少两家外部评级机构的评级结果进行比较，选择使用评级较低、违约概率较大的外部评级结果。

（二）重大投资金额下限由商业银行总行依据其内部授权机制确定。

四、商业银行的内部评级体系如果在评级确定方面引用或参考外部评级结果，应当至少选择两家外部评级机构的评级结果和违约概率数据进行比较，并选择使用评级较低、违约概率较大的外部评级结果。

五、商业银行应当建立应对本银行外部评级变化的制度和措施，评估因外部评级机构业务中断或其他问题导致的可能后果，制订替换外部评级机构的应急计划。

六、如果商业银行认为外部评级机构对本银行的评级结果有失公正，则商业银行可向银行业协会申诉，银行业协会应组织对该项评级的流程、方法、依据、结果等进行调查，并公开调查结果。

七、外部评级机构存在下列情况之一的，商业银行不得使用其评级结果：

（一）客户数量、规模与专业评级能力明显不相称的；

（二）受到过刑事处罚或两年以内受到过行政处罚的；

（三）与被评级机构存在关联关系、缺乏评级独立性的。

八、外国银行分行及其他银行业金融机构使用外部信用评级参照本通知要求执行。

二〇一一年一月二十六日

中国保监会关于加强保险资金投资债券使用外部信用评级监管的通知

保监发［2013］61号

各保险资产管理公司、保险公司：

为进一步加强保险资金信用风险管理，规范外部信用评级使用行为，根据《保险资金运用管理暂行办法》《保险资金投资债券暂行办法》及相关规定，现就有关事项通知如下：

一、保险资金投资企业（公司）债券（以下简称债券）的外部信用评级机构（以下简称评级机构），应当符合以下能力条件：

（一）已经获得国家相关部门许可的债券市场信用评级业务资质，具有持续经营能力和成熟稳定充足的专业队伍；

（二）具有完善的组织结构、内部控制和业务制度，公开披露评级方法和评级程序等信息，已经建立完善的评级基础数据体系、违约统计体系和评级质量管控体系；

（三）评级体系运作良好，评级结果具备稳健的风险区分和排序能力，评级报告能够充分发挥风险揭示作用，跟踪评级报告发布及时。

二、自评符合本通知第一条所列能力条件的评级机构，可以向中国保监会申请能力认可。中国保监会依照法定条件和程序，在20个工作日内对符合能力条件的评级机构予以认可，并公布认可结果。

三、评级机构应当遵守行业规范、职业道德和业务规则，诚实守信，勤勉尽责，切实防范利益冲突，保证信用评级的公正性、及时性、一致性和完整性。

四、评级机构应当接受中国保险业相关协会组织（以下称行业协会）的自律管理。行业协会每年组织保险机构，从投资者使用角度对评级机构评级质量进行评价，并公布评价结果。评价规则由行业协会制订发布。

五、评级机构应当配合中国保监会对相关信用评级业务的询问和检查，并在每年 4 月 30 日前，向中国保监会提交年度报告。年度报告应当包括公司基本情况、经营情况、专业人员及高管人员变动情况、评级方法、程序与业务制度变动情况、评级结果的准确性及稳定性的统计情况、经审计的年度财务会计报告等内容。发生可能影响公司专业能力或经营管理的重大事项的，评级机构应当在 5 个工作日内向中国保监会提交书面报告。

六、中国保监会将跟踪监测、定期检验评级机构的能力变化情况及评级行为，必要时可以聘请中介机构协助。评级机构不再符合本通知第一条规定的能力条件，或评级项目出现破产、债务重组、延期支付等重大信用事件，但未及时给予预警或采取适当评级行动，或行业协会评价结果为不合格的，中国保监会将不再认可其能力。

七、保险资金已投资债券的评级机构不再符合本通知规定的，不得增加投资，保险公司及保险资金受托管理机构应当认真评估相关风险，及时妥善处理。

八、保险资金投资其他信用类金融产品使用外部信用评级，参照本通知执行。

中国保监会

2013 年 7 月 31 日

中国人民银行信用评级管理指导意见

银发［2006］95 号

人民银行上海总部，各分行、营业管理部、省会（首府）城市中心支行，大连、青岛、宁波、厦门、深圳市中心支行：

为指导中国人民银行分支行管理信用评级工作，规范信用评级机构在银行间债券市场和信贷市场信用评级执业行为，促进信用评级业的健康发展，现就信用评级管理提出以下指导意见：

一、本指导意见适用于中国人民银行对信用评级机构在银行间债券市场和信贷市场从事金融产品信用评级、借款企业信用评级、担保机构信用评级业务的管理和指导。

二、信用评级机构应拥有相当的有一定经验的金融、会计、证券、投资、评估等专业知识的专业评估人员。

三、信用评级机构应向中国人民银行提供下列材料：

（一）工商行政管理部门核发的《企业法人营业执照》和税务管理部门核发的《税务登记证》副本复印件并出示副本原件；

（二）公司章程；

（三）注册资本验资报告复印件并出示原件；

（四）信用评级工作制度和内部管理制度；

（五）最近三年的财务报表；

（六）经物价部门核定或备案的收费标准；

（七）办公场所及组织机构的设置情况；

（八）法定代表人及其高级管理人员（指副总经理以上人员）的身份证明复印件、简历及有关资料。

四、信用评级机构应具备以下信用评级

工作制度和内部管理制度：

（一）信用评级程序细则；

（二）信用评级方法规则；

（三）专业评估人员执业规范；

（四）信用评级报告准则；

（五）信用评级工作实地调查制度；

（六）信用评级评审委员会管理制度；

（七）跟踪评级及复评制度；

（八）防火墙制度、回避制度等避免利益冲突的相关制度；

（九）业务信息保密制度；

（十）违约率检验制度；

（十一）信用评级结果公示制度。

五、从事信用评级业务的信用评级机构应遵循以下原则：

（一）按照国家有关法律、法规、政策和中国人民银行有关规定，开展信用评级业务；

（二）根据独立、公正、客观、科学的原则设定信用评级方法体系，采用宏观与微观、动态与静态、定量与定性相结合的科学分析方法，确定被评对象的信用等级；

（三）严格依据公开的评级方法和程序，独立地开展信用评级工作，保证评级的公正性、一致性、完整性，信用评级结果不受任何单位和个人的影响；

（四）信用评级机构和评估人员如与被评对象有利益关系的，应当回避。

六、信用评级机构要依据国家有关法律、行政法规、政策，按照中国人民银行对信用评级要素、标识及含义的要求（见附件），在对债务人主体的财务状况、风险管理、经营能力、盈利能力等整体信用状况进行分析的基础上，对债务的违约可能性及清偿程度进行综合判断，并以简单、直观的符号表示信用等级。

七、信用评级机构应遵循以下信用评级程序：

（一）被评对象与信用评级机构当事双方签订评级合同，支付评估费；

（二）被评对象按合同规定向信用评级机构提供所需的真实、完整的有关资料、报表；

（三）信用评级机构收到被评对象提供的资料、报表后，在合同规定期限内按有关规定进行详细审核，并就被评对象经营及财务状况组织现场调查和访谈；

（四）信用评级机构综合搜集到的与被评对象有关的信息资料，经加工分析后提出信用评级报告书；

（五）信用评级机构召开内部信用评级评审委员会，评定等级；

（六）如被评对象有充分理由认为评级结果与实际情况存在较大差异，可在规定的时限内向信用评级机构提出复评申请并提供补充资料，复评次数仅限一次；首次评级后，信用评级机构应将评级结果书面告知被评对象并向中国人民银行报告；

（七）拟发行债券的信用评级结果由债券发行人在中国人民银行指定的国内有关媒体上公告。借款企业和担保机构信用评级结果，由信用评级机构在企业自愿的原则下，将其信用等级在国内有关媒体上公告；

（八）信用评级机构在债券存续期和企业信用等级有效期内，应进行跟踪评级。跟踪评级结果与公告结果不一致的，由信用评级机构及时通知被评对象。信用评级机构应将变更后的债券信用等级在指定媒体上向社会公布并书面报告中国人民银行；变更后的借款企业信用等级和担保机构信用等级，信用评级机构除书面报告中国人民银行外，还应在企业自愿的原则下，将其信用等级在国内有关媒体上公告。

八、信用评级机构及其评估人员不得有下列行为：

（一）向中国人民银行报送有虚假陈述或者重大遗漏的文件、资料；

（二）对本机构的股东及有利益关系者进行评级；

（三）同被评对象合谋篡改评级资料从而歪曲评级结果；

（四）以承诺、分享投资收益或者分担投资损失、承诺高等级、压价竞争、诋毁同行等不正当竞争手段招揽业务，进行恶性竞争；

（五）未经被评对象的同意将有关评级资料和信息向社会公布或泄露给他人，但国家法律和行政法规另有规定的除外；

（六）为委托人提供担保；

（七）高级管理人员从事与信用评级业务有利益冲突的兼职业务；

（八）国家法律、行政法规及中国人民银行规定的其他禁止行为。

九、信用评级机构应就评级资料建立数据库并进行永久保存。

十、信用评级机构应按规定向中国人民银行报送信用评级机构统计报表、信用评级报告全文、跟踪评级安排及跟踪评级报告等材料。

十一、中国人民银行建立以违约率为核心考核指标的检验体系，对信用评级机构的评级质量进行验证，并向社会公示评级违约结果。

信用评级机构应按时向中国人民银行报送违约率统计所需的信息，包括企业组织机构代码、贷款卡号等。

十二、对信用评级机构不遵守评级程序、恶性竞争、评级诈骗、以级定价或以价定级等行为，中国人民银行将向社会公开披露，并中止违规机构在银行间债券市场和信贷市场信用评级业务。

请人民银行上海总部、各分支行将本指导意见转发给辖区内信用评级机构、人民银行各地（市）中心支行和各金融机构，并结合当地实际情况，组织辖区内信用评级机构遵照执行。对实施过程中出现的新情况、新问题，及时向总行报告。

附件：信用评级要素、标识及含义

中国人民银行

二〇〇六年三月二十九日

附件

信用评级要素、标识及含义

一、银行间债券市场金融产品信用评级要素、标识及含义：

（一）对金融产品发行主体评级应主要考察以下要素：宏观经济和政策环境，行业及区域经济环境，企业自身素质，包括公司产权状况、法人治理结构、管理水平、经营状况、财务质量、抗风险能力等。对金融机构债券发行人进行资信评估还应结合行业特点，考虑市场风险、信用风险和操作风险管理、资本充足率、偿付能力等要素。

（二）对金融产品评级应包括以下要素：募集资金拟投资项目的概况、可行性、主要风险、盈利及现金流预测评价、偿债保障措施等。

（三）信用等级的划分、符号及含义：

1. 银行间债券市场长期债券信用等级划分为三等九级，符号表示分别为：AAA、AA、A、BBB、BB、B、CCC、CC、C。等级含义如下：

AAA 级：偿还债务的能力极强，基本不受不利经济环境的影响，违约风险极低。

AA 级：偿还债务的能力很强，受不利经济环境的影响不大，违约风险很低。

A 级：偿还债务能力较强，较易受不利

经济环境的影响，违约风险较低。

BBB级：偿还债务能力一般，受不利经济环境影响较大，违约风险一般。

BB级：偿还债务能力较弱，受不利经济环境影响很大，有较高违约风险。

B级：偿还债务的能力较大地依赖于良好的经济环境，违约风险很高。

CCC级：偿还债务的能力极度依赖于良好的经济环境，违约风险极高。

CC级：在破产或重组时可获得保护较小，基本不能保证偿还债务。

C级：不能偿还债务。

除AAA级，CCC级以下等级外，每一个信用等级可用“+”“-”符号进行微调，表示略高或略低于本等级。

2. 银行间债券市场短期债券信用等级划分为四等六级，符号表示分别为：A-1、A-2、A-3、B、C、D。等级含义如下：

A-1级：为最高级短期债券，其还本付息能力最强，安全性最高。

A-2级：还本付息能力较强，安全性较高。

A-3级：还本付息能力一般，安全性易受不良环境变化的影响。

B级：还本付息能力较低，有一定的违约风险。

C级：还本付息能力很低，违约风险较高。

D级：不能按期还本付息。

每一个信用等级均不进行微调。

二、借款企业信用评级要素、标识及含义：

(一) 信用评级机构对企业进行信用评级应主要考察以下几个方面内容：

1. 企业素质：包括法人代表素质、员工素质、管理素质、发展潜力等；

2. 经营能力：包括销售收入增长率、流动资产周转次数、应收账款周转率、存货周转率等；

3. 获利能力：包括资本金利润率、成本费用利润率、销售利润率、总资产利润率等；

4. 偿债能力：包括资产负债率、流动比率、速动比率、现金流等；

5. 履约情况：包括贷款到期偿还率、贷款利息偿还率等；

6. 发展前景：包括宏观经济形势、行业产业政策对企业的影响；行业特征、市场需求对企业的影响；企业成长性和抗风险能力等。

(二) 借款企业信用等级应按不同行业分别制定评定标准。

(三) 借款企业信用等级分三等九级，即：AAA、AA、A、BBB、BB、B、CCC、CC、C。等级含义如下：

AAA级：短期债务的支付能力和长期债务的偿还能力具有最大保障；经营处于良性循环状态，不确定因素对经营与发展的影响最小。

AA级：短期债务的支付能力和长期债务的偿还能力很强；经营处于良性循环状态，不确定因素对经营与发展的影响很小。

A级：短期债务的支付能力和长期债务的偿还能力较强；企业经营处于良性循环状态，未来经营与发展易受企业内外部不确定因素的影响，盈利能力和偿债能力会产生波动。

BBB级：短期债务的支付能力和长期债务偿还能力一般，目前对本息的保障尚属适当；企业经营处于良性循环状态，未来经营与发展受企业内外部不确定因素的影响，盈利能力和偿债能力会有较大波动，约定的条件可能不足以保障本息的安全。

BB级：短期债务支付能力和长期债务偿还能力较弱；企业经营与发展状况不佳，支付能力不稳定，有一定风险。

B级：短期债务支付能力和长期债务偿还能力较差；受内外不确定因素的影响，企业经营较困难，支付能力具有较大的不确定性，风险较大。

CCC级：短期债务支付能力和长期债务偿还能力很差；受内外不确定因素的影响，企业经营困难，支付能力很困难，风险很大。

CC级：短期债务的支付能力和长期债务的偿还能力严重不足；经营状况差，促使企业经营及发展走向良性循环状态的内外部因素很少，风险极大。

C级：短期债务支付困难，长期债务偿还能力极差；企业经营状况一直不好，基本处于恶性循环状态，促使企业经营及发展走向良性循环状态的内外部因素极少，企业濒临破产。

每一个信用等级可用“＋”“－”符号进行微调，表示略高或略低于本等级，但不包括AAA＋。

三、担保机构信用评级要素、标识及含义：

（一）信用评级机构对担保机构进行信用评级应主要考察以下方面内容：

1. 经营环境：主要包括宏观和地区经济环境、行业环境、监管与政策、政府支持等；

2. 管理风险：主要包括管理层、专业人员等人力资本、法人治理结构、内部管理和运营体制；

3. 担保风险管理：包括担保政策、策略与原则，担保业务的风险管理制度、程序，实际运作情况；

4. 担保资产质量：包括担保资产信用风险、集中程度、关联担保风险，并根据各方面的情况对未来的担保风险进行预测；

5. 担保资本来源与担保资金运作风险：包括担保资本补偿与增长机制、担保资金流动性、安全性和盈利性等；

6. 偿债能力与资本充足性：主要包括资本充足率、货币资本充足率、流动性等。

（二）担保机构信用等级的设置采用三等九级。符号表示分别为：AAA、AA、A、BBB、BB、B、CCC、CC、C。等级含义如下：

AAA级：代偿能力最强，绩效管理和风险管理能力极强，风险最小。

AA级：代偿能力很强，绩效管理和风险管理能力很强，风险很小。

A级：代偿能力较强，绩效管理和风险管理能力较强，尽管有时会受经营环境和其他内外部条件变化的影响，但是风险小。

BBB级：有一定的代偿能力，绩效管理和风险管理能力一般，易受经营环境和其他内外部条件变化的影响，风险较小。

BB级：代偿能力较弱，绩效管理和风险管理能力较弱，有一定风险。

B级：代偿能力较差，绩效管理和风险管理能力弱，有较大风险。

CCC级：代偿能力很差，在经营、管理、抵御风险等方面存在问题，有很大风险。

CC级：代偿能力极差，在经营、管理、抵御风险等方面有严重问题，风险极大。

C级：濒临破产，没有代偿债务能力。

除CCC级以下等级外，每一个信用等级可用“＋”“－”符号进行微调，表示略高或略低于本等级，但不包括AAA＋。

中国人民银行关于推进农村信用体系建设工作的指导意见

（银发〔2009〕129号）

人民银行上海总部，各分行、营业管理部、省会（首府）城市中心支行，各政策性银行、国有商业银行、股份制商业银行、中国邮政储蓄银行：

农村信用体系建设是现代农村经济发展的基石。为贯彻落实党的十七届三中全会关于加快农村信用体系建设的决定，改善农村信用环境，促进农村经济发展，现就进一步做好农村信用体系建设工作提出以下意见。

一、农村信用体系建设的重要性

农村金融是现代农村经济的核心，是支持服务“三农”的重要力量。做好以改善农村信用环境和融资环境为主要内容的农村信用体系建设工作，不仅关系农村金融的稳健运行，更关系农村基础建设和现代农业发展，关系农村经济繁荣和农民增收。对贯彻落实科学发展观，支持社会主义新农村建设，构建社会主义和谐社会意义重大。

二、农村信用体系建设的原则与目标

农村信用体系建设以“统一部署、健全机制；因地制宜、科学合理；先易后难、稳步推进；改革创新、支农惠农”为原则，依托农村地区金融机构为农户、农民专业合作社、农村企业等农村经济主体建立电子信用档案，建立健全适合农村经济主体特点的信用评价体系；通过信用及相关金融知识的宣传普及，提高农村经济主体信用意识，改善农村地区的信用环境；以征信服务为切入点，协调政府加大政策扶持力度，引导金融机构增加对“三农”的信贷投入，促进农村经济发展，实现农民增收、农业增效、金融稳健的局面。

三、农村信用体系建设的工作任务与要求

（一）加大农村地区信用宣传力度。联合地方政府、社团组织、金融机构等各方力量开展适合农村特点、形式多样的信用及相关金融知识的宣传、教育活动，提高农村经济主体对金融产品与服务的认识，增强农村经济主体的信用意识和风险意识，积极营造“守信光荣、失信可耻”的良好社会氛围，改善农村地区的信用环境。

（二）推进农户电子信用档案建设。组织农村地区金融机构，根据当地农村经济特点，因地制宜、科学合理设计涵盖农户基本信息、生产经营、主要收入来源、住房结构等信息的农户信用信息指标，充分考虑农村金融机构的业务需求和现有设施的情况，从信用条件较好的地区、贷款农户或种养殖大户入手，按照先易后难、稳步推进的原则，依托农村地区金融机构现有的客户管理系统，充分利用财政、农业主管部门等地方政府部门掌握的农户信息，建立农户电子信用档案，推进电子化农户信用档案建设，推动建立农村信用信息共享机制。

（三）积极开展农户信用评价工作。以农户信用档案为基础，引导、推动农村金融机构开发农户信用评价模型，建立、完善农户信用评价方法体系，根据农村经济特点和评价结果信息反馈，不断提高农户信用评价的科学性、有效性。推动农户信用评价结果与农户贷款审核、管理相结合，促进农村金融机构建立健全信贷业务及信用风险管理体系，逐步形成“农户＋征信＋信贷”的业务模式。在农户信用评价的基础上，继续规范和深入开展“信用户”“信用村”“信用乡（镇）”建设工作。

（四）探索建立农民专业合作社等农村新型经济组织的信息采集与信用评价机制。针对农民专业合作社等新型农村经济组织的特点，设计客观、有效的信用信息指标体系，结合农户信用档案信息，建立农民专业合作社等农村新型经济组织的电子信用档案，组织金融机构、信用中介机构等研究建立适合农民专业合作社的信用评价机制，推动信用评定工作，将分散的农户信用整合为有组织的集体信用，推进农户之间的风险共担、利益共享。

（五）加快农村中小企业信用体系建设。加强针对农村中小企业信用体系建设的力度，引导农村地区中小企业建立、健全内部信用管理制度和财务制度，建立、完善农村地区中小企业信用档案，鼓励、引导农业产业化龙头企业参与第三方外部信用评级，推动地方政府增加对中小企业的扶持，指导金融机构延伸对中小企业的金融服务，增加对信用好、有市场、有效益的中小企业的信贷支持，建立健全“守信受益、失信惩戒”的信用约束机制，加快推进农村地区中小企业信用体系建设。

（六）提高企业和个人信用信息基础数据库在农村地区的服务水平。在电子化的农户、农民专业合作社、农村中小企业信用档案建设的基础上，加快推进将农村地区金融机构信贷业务信息纳入企业和个人信用信息基础数据库，依托其所提供的征信服务，为农村地区金融机构准确识别借款人身份、判断借款人信用状况、有效防范信贷风险提供科学、便捷、有效的参考依据，提高农村金融机构的信贷资金投放效率，缓解农户和农村中小企业贷款难问题，支持农村经济发展。

（七）引导农村地区金融机构改善金融服务。促进征信管理与金融稳定、支付清算以及支农再贷款等货币信贷政策相结合，以信用为切入点，出台相应的政策措施，鼓励农村地区金融机构增加对“三农”的信贷支持，引导农村地区金融机构对信用良好的农户、农民专业合作社、农村企业在贷款额度、期限、利率等方面给予优惠，发挥信用引导信贷资金配置的正向激励作用。联合政府部门、金融监管部门、农村地区金融机构针对农村特殊环境开展动产抵押、权利质押、第三方担保等保证创新方式，积极推广小额信用贷款，提高农村金融服务水平。

（八）争取地方政策支持，推广信用信息产品使用。积极参与地方政府组织规划的农村发展项目，加强与地方政府的沟通、协调，争取地方政府出台与金融服务、信用体系建设相配套的资金支持与补助、税收减免等优惠政策措施。推动信用信息产品在社会各个领域的应用，将经济主体信用状况与行政管理、公共服务等有机结合，推动建立健全信用约束机制。

（九）健全风险分担机制，提升信用管理水平。积极鼓励担保机构开展农村担保业务，推动建立“信用协会”、“信用联保”等信用风险分担组织，支持农村地区经济社会协调发展。引入信用评级、信用调查与咨询等信用中介机构，借鉴其专业知识与技能，帮助农村经济主体提高信用管理水平与防范信用风险，培育并规范征信业务，促进征信市场发展。

四、组织领导

农村信用体系建设是一项系统工程，需要全社会的共同参与。人民银行负责组织推进农村信用体系建设工作，人民银行总行负责综合协调与业务指导，跟踪、督促、反馈各项工作的进展和落实情况。人民银行各分支机构要加强与地方政府的沟通与协调，推动建立由人民银行牵头，政府相关部门、金融监管部门、农村金融机构等参与的农村信用体系建设组织架构，结合本地实际制订实施方案，制定与落实各项工作措施，并及时向总行报告进展情况及遇到的新情况、新问题及相应的政策建议。各农村地区金融机构要指定专门部门和人员，负责农村信用体系建设工作。

农村信用体系建设工作是一项长期、艰巨的任务，人民银行各分支机构要积极探索，深入研究，协调合作，发展创新，大力推动开展农村信用体系建设工作。

请人民银行上海总部，各分行、营业管理部、省会（首府）城市中心支行将本指导意见转发至辖区内城市商业银行、农村商业银行、农村合作银行、城乡信用社、村镇银行、贷款公司、农村资金互助社及小额贷款公司。

二〇〇九年四月二十一日

中小企业信用体系试验区建设指导意见

银发［2010］176号

为贯彻落实党中央、国务院关于促进中小企业发展的政策要求，支持有市场、有效益、有信用的中小企业发展，发挥信用信息服务在缓解中小企业融资难中的重要作用，探索有地方特色的中小企业信用体系建设长效机制，人民银行决定开展中小企业信用体系试验区建设，特制定本指导意见。

一、指导思想

按照人民银行中小企业信用体系建设的总体思路和要求，以科学发展观为指导，探索建立中小企业信用体系建设长效机制，引导地方政府、金融机构依托中小企业信用档案系统加大对守信中小企业的政策扶持和融资培育，拓展中小企业融资渠道，积极推进中小企业融资难问题的有效解决，充分发挥中小企业信用信息“服务政府、辅助银行、助推企业”的作用，逐步构建起守信受益、失信惩戒的信用约束机制。

二、工作原则

一是实事求是，量力而行，要在各部门都有积极性、条件成熟的地区适时开展试验工作；宁缺毋滥，不鼓励每个省、区、市都开展，也不要求在一个省（区、市）内多个地市同时开展。

二是因地制宜、积极创新，可以借鉴其他地区的成功经验，但必须与当地实际相结合，不要求照搬某种既定模式。

三是稳步推进、务求实效，不贪大求快，试验区范围不宜过大，工作内容要从易到难、扎实稳健、追求实效、长效，切忌走过场。

三、主要工作内容

（一）建立工作协调与保障机制

1. 加强与地方政府、相关部门、金融机构的沟通，协调建立由人民银行牵头，当地发展改革委、财政局、中小企业局、法院、环保、工商、税务、公共事业缴费（电费、水费、煤气）等部门、金融机构参加的工作领导小组，构建高效、务实的外部协调联动工作机制。

2. 建立人民银行内部协调联动领导机构和工作机制，进一步整合货币信贷、调查统计、国库、支付结算、科技及外汇等部门的相关资源，并从人力、技术、财力等方面加大对中小企业信用体系建设实验区建设工作的支持力度。

（二）建立信息采集与更新机制

1. 人民银行要根据地方中小企业的特点与条件，在充分了解地方政府、金融机构需求的基础上，结合中小企业信用档案库数据项，确定中小企业信用信息数据项，多种模式采集、更新数据信息，建立地方中小企业信用信息数据库。

2. 人民银行要积极与掌握企业信息的政府部门合作，建立试验区中小企业电子信息共享机制，推动各相关部门中小企业电子信息的整合，实现信息批量采集与更新。同时，要加强人民银行各部门间的信息整合。

（三）完善信用信息服务机制

1. 开发中小企业信用信息服务平台，构建中小企业信用信息共享服务机制，为地方政府、相关部门、金融机构提供中小企业信息查询、批量筛选、统计汇总功能，强化中小企业信用信息服务。

2. 引导金融机构加强对中小企业信息的使用，开展适合中小企业特点的金融产品和服务方式创新，跟踪监测中小企业信贷客户，降低贷后管理成本与风险，促进银行和企业建立长期信用关系。

3. 建立中小企业信用评价机制。充分依托专业评级机构，联合金融机构和相关政府部门共同参与，建立符合中小企业特点的信用评价方法，实现对优秀中小企业的筛选推荐，为实施中小企业融资培育计划提供数据支持。

4. 推动开展中小企业融资培育计划，搭建多渠道、多形式的政银企融资推荐对接平台，共同开展以政策扶持、信用评价、融资对接、定期监测等为主要内容的中小企业融资培育计划。

（四）加强中小企业信用宣传

联合地方政府、金融机构、信用中介机构等多方力量开展适合中小企业特点、形式多样的征信和金融知识宣传、教育、培训活动，为中小企业提供公司治理、财务管理、技术咨询等专业培训和辅导，提高中小企业使用银行支付结算工具和其他金融产品的能力，增强中小企业信用意识和风险意识，提升中小企业经营管理水平，促进中小企业重视和积累自身信用记录，积极营造“守信受益，失信惩戒”的良好社会氛围，改善中小企业信用环境。

（五）完善信用支持服务体系

1. 推动地方政府及相关部门出台支持中小企业发展的政策措施，建立中小企业发展基金、风险补偿基金、财政扶持及税收减免措施，降低中小企业融资成本及金融机构的信贷风险，构建有利于中小企业发展的政策环境。

2. 加快中小企业信用增进机制建设。一是推动完善中小企业信用担保体系，提高担保机构信息透明度，培育担保机构与金融机构的良好合作关系，提高担保机构的融资担保能力。二是发展中小企业联保、上下游合作关系担保、个人资产担保等信用增进方式，提高中小企业信用水平。三是引导中小企业利用应收账款、动产等登记公示系统，扩展中小企业可用于抵押、质押等保证范围。

3. 充分运用货币信贷政策工具，改善中小企业金融服务。推广使用商业票据，通过贴现、再贴现票据选择引导信贷投向，增加对中小企业融资；推动商业银行建立针对中小企业的审贷管理制度，在贷款额度、期限等方面给予优惠，提供中小企业融资便利；大力推广非现金工具支付，提高支付结算服务水平，完善金融服务基础设施。试验区可根据实际，选择性地开展上述五项全部或部分工作。

四、组织实施

人民银行省级分支机构可根据辖区内实际情况，选择地方政府领导重视、支持中小企业信息共享、积极提供财政资金与政策配套支持，及商业银行发展中小企业信贷业务积极性较高、金融服务意识较强的一个地区、县或开发区作为中小企业信用体系建设试验区，并负责组织、指导与督促。

人民银行总行将负责统筹协调，定期总

结各试验区的进展和成效并及时通报，对有一定共性的做法和模式将向全国推广，对成绩显著的试验区将给予表彰。

中国人民银行

二〇一〇年六月四日

关于印发《保险资金参与金融衍生产品交易暂行办法》的通知

保监发［2012］94号

各保险集团（控股）公司、保险公司、保险资产管理公司：

为规范保险资金参与金融衍生产品交易，防范资金运用风险，维护保险当事人合法权益，我会制定了《保险资金参与金融衍生产品交易暂行办法》，现印发给你们，请遵照执行。

中国保监会

2012年10月12日

保险资金参与金融衍生产品交易暂行办法

第一章 总 则

第一条 为规范保险资金参与金融衍生产品交易，防范资金运用风险，维护保险当事人合法权益，根据《中华人民共和国保险法》及《保险资金运用管理暂行办法》等法律法规，制定本办法。

第二条 在中国境内依法设立的保险集团（控股）公司、保险公司、保险资产管理公司（以下统称保险机构）参与金融衍生产品交易，适用本办法。

第三条 本办法所称金融衍生产品（以下简称衍生品），是指其价值取决于一种或多种基础资产、指数或特定事件的金融合约，包括远期、期货、期权及掉期（互换）。

本办法所称金融衍生产品交易（以下简称衍生品交易），是指境内衍生品交易，不包括境外衍生品交易。

第四条 保险集团（控股）公司、保险公司可以自行参与衍生品交易，也可以根据本办法及相关规定，委托保险资产管理公司及符合中国保险监督管理委员会（以下简称中国保监会）规定的其他专业管理机构，在授权范围内参与衍生品交易。

第五条 保险机构参与衍生品交易，仅限于对冲或规避风险，不得用于投机目的，包括：

（一）对冲或规避现有资产、负债或公司整体风险；

（二）对冲未来一个月内拟买入资产风险，或锁定其未来交易价格。

本条第（二）项所称拟买入资产，应当是保险机构按其投资决策程序，已经决定将要买入的资产；未在决定之日起一个月内买入该资产，或在上述期限内放弃买入该资产，应当在规定期限结束后或决定之日起的5个交易日内，终止、清算或平仓相关衍生品。

第六条 中国保监会将根据市场发展和实际需要，适时发布衍生品具体品种交易规定。

第二章 资质条件

第七条 保险集团（控股）公司、保险公司自行参与衍生品交易，应当符合以下要求：

（一）董事会知晓相关风险，并承担参与衍生品交易的最终责任；

（二）建立符合本办法规定的衍生品交易业务操作、内部控制和风险管理制度；

（三）建立投资交易、会计核算和风险管理等信息系统；

（四）配备衍生品交易专业管理人员，包括但不限于分析研究、交易操作、财务处理、风险控制和审计稽核等；

（五）其他规定要求。

第八条　保险集团（控股）公司、保险公司委托保险资产管理公司及其他专业管理机构参与衍生品交易，除符合第七条第（一）项外，还应当配备与衍生品交易相适应的监督和评价等专业管理人员。

保险资产管理公司及其他专业管理机构受托参与衍生品交易，应当符合本办法第七条第（二）项至第（五）项规定的要求。

第九条　保险机构参与衍生品交易，选择的交易结算等专业机构，应当符合中国保监会有关衍生品交易的规定。

第三章　管理规范

第十条　保险集团（控股）公司、保险公司参与衍生品交易，董事会应当根据公司管理情况，制定授权制度，建立决策机制，明确管理人员职责及报告要求。

第十一条　保险机构自行或受托参与衍生品交易，业务操作制度应当涵盖研究、决策、交易、清算与结算等全过程，明确责任分工，确保业务流程清晰，环节紧密衔接。

第十二条　保险机构自行或受托参与衍生品交易，内部控制制度应当明确岗位职责，确保业务操作和风险管理流程可执行，关键岗位相互制衡，重点环节双人复核。

第十三条　保险机构自行或受托参与衍生品交易，风险管理制度应当纳入公司总体风险管理架构，能够覆盖衍生品交易前、中、后台，并符合本办法第四章规定要求。

第十四条　保险机构自行或受托参与衍生品交易，信息系统应当包括业务处理设备、交易软件和操作系统等，并通过可靠性测试。包括但不限于：

（一）投资管理部门与风险管理部门应当配置量化投资系统，计算对冲资产组合风险所需的衍生品数量，并根据市场变化，调整衍生品规模，逐步实现担保品动态调整；

（二）财务系统应当配备相应的衍生品估值与清算模块，会计确认、计量、账务处理及财务报告应当符合规定。保险机构委托托管银行进行财务核算的，应当确认托管银行的信息系统合规可靠。

第十五条　保险集团（控股）公司、保险公司参与衍生品交易，应当制定业务指引。该指引可以单独制定，也可以作为公司年度投资计划和投资指引的组成部分，包括但不限于以下内容：

（一）拟运用衍生品种类；

（二）使用衍生品的限制；

（三）风险管理要求。

第十六条　保险机构自行或受托参与衍生品交易，应当制定风险对冲方案，并经公司风险管理部门及有关决策人员审批。对冲未来拟买入资产的风险，应当逐项向风险管理部门报备拟买入资产的书面文件。

第四章　风险管理

第十七条　保险机构参与衍生品交易，应当建立动态风险管理机制，制定衍生品交易的全面风险管理制度与业务操作流程，建立实时监测、评估与处置风险的信息系统，完善应急机制和管理预案。

第十八条　保险机构参与衍生品交易，应当制定量化的风险指标，采用适当的计量模型与测评分析技术，及时评估衍生品交易风险。

第十九条　保险机构参与衍生品交易，应当根据公司风险承受能力，确定衍生品及其资产组合的风险限额，按照一定的评估频率定期复查更新。

保险机构应将风险限额分解为不同层级，由风险管理部门控制执行。对违反风险限额等交易情况，风险管理部门应当及时报告。确有风险对冲需求并需要灵活处理的，应严格履行内部审批程序。

第二十条　保险机构参与衍生品交易，应当密切关注外部市场变化，审慎评估价格变化趋势，及时调整衍生品交易方案，防范市场风险。

第二十一条　保险机构参与衍生品交易，应当建立交易对手评估与选择机制，充分调查交易对手的资信情况，评估信用风险，并跟踪评估交易过程和行为。

保险机构应当综合内外部信用评级情况，为交易对手设定交易限额，并根据需要采用适当的信用风险缓释措施。

第二十二条　保险机构参与衍生品交易，应当维持一定比例的流动资产，通过现金管理方法，监控与防范流动性风险。

第二十三条　保险机构参与衍生品交易，应当及时评估避险有效性。评估工作应当独立于决策和交易部门。评估衍生品价值时，应当采用市场公认或者合理的估值方法。

第二十四条　保险机构参与衍生品交易，应当制定有效的激励制度和机制，不得简单将衍生品交易盈亏与业务人员收入挂钩。后台及风险管理部门的人员报酬，应当独立于交易盈亏情况。

第二十五条　保险机构参与衍生品交易，应当在不同部门之间设立防火墙体系，实行严格的业务分离制度，确保投资交易、风险管理、清算核算、内审稽核等部门独立运作。

保险机构应当制定衍生品交易主管人员和专业人员的工作守则，建立问责制度。

第二十六条　保险机构参与衍生品交易，内部审计与稽核部门应当定期对衍生品交易的风险管理情况进行监督检查，独立提交季度和年度稽核报告。检查内容包括但不限于以下方面：

（一）衍生品交易活动合规情况；

（二）业务操作、内部控制及风险管理制度执行情况；

（三）专业人员资质情况；

（四）避险政策及有效性评估等。

第二十七条　保险机构参与衍生品交易，应当确保交易记录的及时、真实、准确与完整。记录内容包括衍生品交易决策流程、执行情况及风险事项等。

第五章　监督管理

第二十八条　保险机构参与衍生品交易，应当向中国保监会报告，并提交以下书面材料：

（一）保险集团（控股）公司、保险公司自行参与衍生品交易，应当报送董事会批准参与衍生品交易的决议（以下简称董事会决议）、董事会的风险知晓函及本办法第七条第（二）项至第（五）项要求的书面证明文件。

（二）保险集团（控股）公司、保险公司委托保险资产管理公司及其他专业管理机构参与衍生品交易，委托人应当报送董事会决议、风险知晓函、相关委托协议及符合规定的专业人员资料，受托人应当报送符合本办法第七条第（二）项至第（五）项要求的书面证明文件，受托的其他专业管理机构还应当报送书面承诺函，承诺接受中国保监会的质询和检查，并如实提供衍生品交易的各种资料。

第二十九条　保险机构、其他专业管理机构参与衍生品交易，应当及时向中国保监会报告以下事项：

（一）修改本办法第十条至第十三条规定的各项制度；

（二）不再满足第十四条规定的业务系统和设备要求；

（三）不再满足中国保监会规定的专业人员配备要求；

（四）提前终止委托或到期后不再继续委托开展衍生品交易。

保险机构及其他专业管理机构在上述第（一）项情况下，应当报告制度修改情况；在上述第（二）项或者第（三）项情况下，应当暂停其衍生品交易，在明确期限内了结衍生品业务头寸，直至能够满足有关规定，并向中国保监会提交书面报告后，才可恢复相关业务。

第三十条　保险集团（控股）公司、保险公司应当按照规定向中国保监会报送以下报告：

（一）每个月结束后的 10 个工作日内，报送该月份衍生品交易的月末风险敞口总额、各类衍生品风险敞口金额，以及该月的风险对冲情况；

（二）每个季度结束后的 30 个工作日内，报送该季度衍生品交易的稽核审计报告；

（三）每个年度结束后的 60 个工作日内，报送该年度衍生品交易总结报告，内容包括但不限于衍生品交易总体风险、对冲有效性及合规情况等；

（四）及时报告衍生品交易违规行为、重大风险或异常情况，及采取的应对措施；

（五）中国保监会规定的其他材料。

本条所指的各项报告应当包括保险集团（控股）公司、保险公司以自己名义开展衍生品交易和委托保险资产管理公司及其他专业管理机构开展衍生品交易的情况。

第三十一条　中国保监会依法对保险机构、其他专业管理机构参与衍生品交易，开展现场和非现场检查。

第三十二条　保险机构违反规定参与衍生品交易的，中国保监会将依法对相关机构和人员给予行政处罚。

其他专业管理机构违反有关法规和本办法规定的，中国保监会将记录其不良行为；情节严重的，中国保监会有权责令保险机构予以更换。

涉嫌犯罪的相关机构和人员，中国保监会将依法移送司法机关查处。

第三十三条　保险集团（控股）公司、保险公司参与境外衍生品交易，应当遵守保险资金境外投资规定，委托境外投资管理人，按照授权开展相关业务，并将衍生品交易纳入其业务管理体系。

第三十四条　保险机构受托管理的非保险资金，可以依照合同约定，参照本办法执行。

第三十五条　本办法由中国保监会负责解释。

第三十六条　本办法自发布之日起施行。

关于保险资金投资股权和不动产有关问题的通知

保监发［2012］59 号

各保险集团（控股）公司、保险公司、保险资产管理公司：

为进一步规范保险资金投资股权和不动产行为，增强投资政策的可行性和有效性，防范投资风险，保障资产安全，根据《保险资金运用管理暂行办法》、《保险资金投资股权暂行办法》（以下简称《股权办法》）和《保险资金投资不动产暂行办法》（以下简称《不动产办法》），现就有关事项通知如下：

一、调整事项

1. 保险公司投资股权或者不动产，不再执行上一会计年度盈利的规定；上一会计年度净资产的基本要求，均调整为 1 亿元；偿付能力充足率的基本要求，调整为上季度末偿付能力充足率不低于 120%；开展投资后，偿付能力充足率低于120%的，应当及时调整投资策略，采取有效措施，控制相关风险。

2. 保险公司投资自用性不动产，其专业人员的基本要求，调整为资产管理部门应当配备具有不动产投资和相关经验的专业人员。

3. 保险资金直接投资股权的范围，增加能源企业、资源企业和与保险业务相关的现代农业企业、新型商贸流通企业的股权，且该股权指向的标的企业应当符合国家宏观政策和产业政策，具有稳定的现金流和良好的经济效益。

4. 保险资金投资股权投资基金，发起设立并管理该基金投资机构的资本要求，调整为注册资本或者认缴资本不低于1亿元。

5. 保险资金投资的股权投资基金，包括成长基金、并购基金、新兴战略产业基金和以上股权投资基金为投资标的的母基金。其中，并购基金的投资标的，可以包括公开上市交易的股票，但仅限于采取战略投资、定向增发、大宗交易等非交易过户方式，且投资规模不高于该基金资产余额的20%。新兴战略产业基金的投资标的，可以包括金融服务企业股权、养老企业股权、医疗企业股权、现代农业企业股权以及投资建设和管理运营公共租赁住房或者廉租住房的企业股权。母基金的交易结构应当简单明晰，不得包括其他母基金。

6. 保险资金投资的股权投资基金，非保险类金融机构及其子公司不得实际控制该基金的管理运营，或者不得持有该基金的普通合伙权益。

7. 保险公司重大股权投资和购置自用性不动产，除使用资本金外，还可以使用资本公积金、未分配利润等自有资金。保险公司非重大股权投资和非自用性不动产投资，可以运用自有资金、责任准备金及其他资金。

8. 保险公司投资未上市企业股权、股权投资基金等相关金融产品，可以自主确定投资方式，账面余额由两项合计不高于本公司上季末总资产的5%调整为10%。其中，账面余额不包含保险公司以自有资金直接投资的保险类企业股权。

保险公司投资同一股权投资基金的账面余额，不高于该基金发行规模的20%；保险集团（控股）公司及其保险子公司，投资同一股权投资基金的账面余额，合计不高于该基金发行规模的60%，保险公司及其投资控股的保险机构比照执行。

9. 保险公司投资非自用性不动产、基础设施债权投资计划及不动产相关金融产品，可以自主确定投资标的，账面余额合计不高于本公司上季末总资产的20%。其中，投资非自用性不动产的账面余额，不高于本公司上季末总资产的15%；投资基础设施债权投资计划和不动产相关金融产品的账面余额，合计不高于本公司上季末总资产的20%。

保险公司投资同一基础设施债权投资计划或者不动产投资计划的账面余额，不高于该计划发行规模的50%，投资其他不动产相关金融产品的账面余额，不高于该产品发行规模的20%。保险集团（控股）公司及其保险子公司，投资同一基础设施债权投资计划或者不动产相关金融产品的账面余额，合计不高于该计划（产品）发行规模的60%，保险公司及其投资控股的保险机构比照执行。

10. 保险公司和托管机构向中国保监会提交投资股权和不动产季度报告的时间，调整为每季度结束后30个工作日内；保险公司、投资机构和托管机构向中国保监会提交投资股权和不动产年度报告的时间，调整为每年4月30日前。

二、明确事项

1. 保险集团（控股）公司及其保险子公司投资股权和不动产，可以整合集团内部资源，在保险机构建立股权和不动产投资专业团队，由该专业团队统一提供咨询服务和技术支持。该专业团队所在的保险机构，应当分别符合《股权办法》有关专业机构、《不动产办法》有关投资机构的规定。不动产投资机构仅为保险公司投资不动产提供咨询服务和技术支持的，应当具有10名以上不动产投资和相关经验的专业人员，其中具有5年以上相关经验的不少于2名，具有3年以上相关经验的不少于3名。

保险公司投资股权和不动产，聘请专业机构或者投资机构提供投资咨询服务和技术支持的，该保险公司资产管理部门应当配备不少于2名具有3年以上股权投资和相关经验的专业人员，以及不少于2名具有3年以上不动产投资和相关经验的专业人员。保险公司间接投资股权或者不动产相关金融产品的，专业人员的基本要求不变。

2. 保险资金投资的股权投资基金，发起设立并管理该基金的投资机构，其退出项目的最低要求，是指该机构专业人员作为投资主导人员，合计退出的项目数量；其管理资产的余额，是指在中国境内以人民币计价的实际到账资产和资金的余额。

3. 保险资金以间接方式投资公共租赁住房和廉租住房项目，该类项目应当经政府审定，权证齐全合法有效，地处经济实力较强、财政状况良好、人口增长速度较为稳定的大城市。

4. 保险公司不得用其投资的不动产提供抵押担保。保险公司以项目公司股权方式投资不动产的，该项目公司可用自身资产抵押担保，通过向其保险公司股东借款等方式融资，融资规模不超过项目投资总额的40%。

5. 保险公司根据业务发展需求，可以自主调整权属证明清晰的不动产项目属性，自用性不动产转换为投资性不动产的，应当符合投资性不动产的相关规定，并在完成转换后30个工作日内，向中国保监会报告。

三、其他事项

1. 保险公司投资股权和不动产，应当制定完善的管理制度、操作流程、内部控制及稽核规定，防范操作风险、道德风险和利益输送行为，杜绝不正当关联交易和他项交易。保险公司高级管理人员和相关投资人员，不得以个人名义或假借他人名义，投资该公司所投资股权或不动产项目。

2. 保险公司以股权方式投资不动产，应当严格规范项目公司名称，限定其经营范围。项目公司不得对外进行股权投资。

3. 保险公司投资不动产项目，应当明确投资人定位，委托具备相应资质的开发机构代为建设，不得自行开发建设投资项目，不得将保险资金挪作他用。

4. 保险公司投资不动产，不得以投资性不动产为目的，运用自用性不动产的名义，变相参与土地一级开发。保险公司转换自用性不动产和投资性不动产属性时，应当充分论证转换方案的合理性和必要性，确保转换价值公允，不得利用资产转换进行利益输送或者损害投保人利益。

5. 保险公司以外币形式出资，投资中国境内未上市企业股权或者不动产，纳入《保险资金境外投资管理暂行办法实施细则》管理。

中国保险监督管理委员会

二〇一二年七月十六日

关于跨境人民币结算再保险业务有关问题的通知

保监发［2011］49号

各保险公司：

为规范跨境人民币结算再保险业务，防范潜在风险，促进跨境人民币结算再保险业务平稳健康发展，现就有关问题通知如下：

一、跨境人民币结算再保险业务，是指中国境内（不含港澳台）的保险公司从中国境外分入以人民币为结算货币的再保险业务。

二、开展跨境人民币结算再保险业务的保险公司（包括以转分保方式接受跨境人民币结算再保险业务的保险公司，下同），偿付能力充足率应在最近两个季度连续保持在150%以上；偿付能力充足率低于150%时，应停止签订新的跨境人民币结算再保险合同。

三、开展跨境人民币结算再保险业务的保险公司，最新财务实力评级至少应符合下列标准之一：

（一）标准普尔（Standard & Poor's）评级应不低于A－；

（二）A. M. BEST评级应不低于A－；

（三）穆迪（Moody's）评级应不低于A3；

（四）惠誉（Fitch）评级应不低于A－。

保险公司最新财务实力评级低于上述标准的，应停止签订新的跨境人民币结算再保险合同。

四、保险公司进行再保险业务跨境人民币结算，应当是根据《企业会计准则》、《保险合同相关会计处理规定》及有关规定，能够确认为保费收入的部分。

五、保险公司接受跨境人民币结算再保险业务，应制定完善的业务管理制度和财务管理制度，从境内外金融市场环境、境外合作保险公司风险管理水平、分入业务综合成本等方面，审慎评估分入业务风险，提高对跨境人民币结算再保险业务的风险管理能力。

（一）根据自身的承保能力，合理确定风险累积水平。

（二）密切关注交易对手风险，对境外合作保险公司的风险管理能力建立动态评估方法，实时关注境外合作保险公司承保策略、理赔管理的变动。

（三）对于比例分保业务

1. 应合理确定分保比例。原则上，保险公司接受每一原保险保单的分保比例不得达到100%。

2. 应要求境外合作保险公司建立实名投保制度，对于财产保险业务，应提供被保险人名称和地址等；对于人身保险业务，应提供被保险人的姓名及其有效身份证明等。

3. 应合理确定每一原保险保单的分保限额。

（四）全面、准确评估与分出公司之间的信息不对称性和滞后性造成的风险。

（五）提高资金跨境结算的时效，防范流动性风险。

（六）加强汇兑风险管理，防范汇率波动对业务经营造成不利影响。

六、开展跨境人民币结算再保险业务的保险公司，应建立完善的再保险业务信息系统。

（一）应按照《再保险数据交换规范》（详见保监发［2007］132号）的规定，建立标准的再保险业务数据管理系统。

（二）应建立单独的境外再保险分入业务管理模块，从分保方式、险种类别、产品设计类型、期限长短、业务年度等维度对业务经营结果进行实时查询和统计分析。

（三）应建立完善的报表管理体系，控制每一生命或危险单位在不同业务来源中的风险累积，分析识别大额、可疑交易。

（四）应建立完善的电子核保体系，切实管理再保险交易中的业务风险。

七、开展跨境人民币结算再保险业务的保险公司，应向我会提交下列材料：

（一）在开展跨境人民币结算再保险业务前，应向我会提交本通知第五、第六条规定的有关制度。若上述制度发生变更，应在变更后的10个工作日内向我会报告。

（二）应在每一份跨境人民币结算再保险合同生效后10个工作日内，向我会报告该项业务的风险评估材料、再保险合同简要文本、最近2个季度的偿付能力充足率、签约时的财务实力评级、再保险业务确认为保费收入的依据和方法。

（三）每季后50天内向我会提交《跨境人民币结算再保险业务经营情况统计表》（见附件2），并将统计表的电子版发送至reinsurance@circ.gov.cn邮箱。

附件：关于跨境人民币结算再保险业务经营情况统计表的填写说明

中国保险监督管理委员会

二〇一一年八月二十三日

附件1：

关于跨境人民币结算再保险业务经营情况统计表的填写说明

1. 险种类别：对于产险公司业务，按全险种、非水险、水险、财产险、车险、工程险、船舶险、船建险、船舶船建险、责任险、货运险、意外险、短期健康险、信用险、保证险、农险、航天航空险、石油险、核保险和其他进行分类；对于寿险公司业务，按人寿保险、意外伤害保险、健康保险和其他进行分类。

2. 产品设计类型：对于产险公司业务，按保障型产品、预定收益产品、非预定收益产品进行分类；对于寿险公司业务，按普通型、分红型、万能型、投资联结型、其他新型产品进行分类。

3. 合同止期：若为开口合同，没有设定合同结束时间，则不用填写。

4. 分保方式：按成数方式、溢额方式、超赔方式进行填写。

5. 原始保单分出比例：对于成数方式，按原保险单分出的比例填写；对于溢额方式和超赔方式，不用填写。

6. 再保险人接受比例：按分入公司对再保险合同的接受份额填写。

7. 自留额：对于溢额方式，是指分出公司在合同中的自留部分；对于超赔方式，是指分出公司在合同中的起赔点。成数方式不用填写。

8. 合同限额：对于产险公司业务，是指再保险合同的责任限额；对于寿险公司业务，是指再保险合同所能接受的累计保费。未设定合同限额的不用填写。

9. 资金运用收益率：该业务投资收益未能实现独立核算的保险公司，按公司总资产本年平均资金运用收益率计算；实现独立核算的保险公司，按该业务本年实际资金运用收益率计算。

10. 年化分保手续费率：分入公司按合同约定向分出公司支付的历年手续费率的算术平均值。

11. 合同承诺收益：分入公司按合同约定当年支付给分出公司，后者用于支付被保险人投资收益的金额，包括分保手续费中用于弥补分出公司红利支出的部分。

12. 年化承诺收益率：分入公司对历年的合同承诺收益的算术平均值。

13. 预定赔付率：分出公司对该业务赔付率的精算假设。

14. 管理费用率：该业务未能实现单独核算的保险公司，按公司平均管理费用率计算；实现单独核算的保险公司，按该业务实际管理费用率计算。

15. 综合成本率：该业务按照精算方法测算的包括各项成本在内的年均成本率。

16. 分保余额＝分入保费－分保手续费（含税）－合同承诺收益－赔款金额－满期给付－退保金额。

17. 填写的电子表格应发送至 reinsurance@circ. gov. cn。